Willy Sanders

Das neue Stilwörterbuch

Willy Sanders

Das neue Stilwörterbuch

Stilistische Grundbegriffe für die Praxis

Umschlaggestaltung: Peter Lohse, Büttelborn

Die Deutsche Nationalbibliothek verzeichnet diese Publikation
in der Deutschen Nationalbibliografie;
detaillierte bibliografische Informationen sind im Internet über
http://dnb.d-nb.de abrufbar.

© 2007 by WBG (Wissenschaftliche Buchgesellschaft), Darmstadt
Die Herausgabe des Werkes wurde durch
die Vereinsmitglieder der WBG ermöglicht.
Gedruckt auf säurefreiem und alterungsbeständigem Papier
Satz: SatzWeise, Föhren

Printed in Germany

Besuchen Sie uns im Internet: www.wbg-darmstadt.de

ISBN 978-3-534-20414-4

Inhaltsverzeichnis

Zur Einführung

Stilwörterbücher gibt es von höchst unterschiedlicher Art und Nutzbarkeit – Grund genug, einleitend die spezielle Gestaltung und Zweckbestimmung des nachstehenden Kompendiums kurz zu umreißen. Was ist, was kann, was will es? Was macht es anders als vergleichbare Stilwörterbücher? Vor allen Dingen: Wem verspricht sein Gebrauch welchen praktischen Nutzen oder Wissenszuwachs?

1. Stilwörterbücher im Überblick

Duden – ein berühmter Name, der für viele fachlich anerkannte Sprach-Wörterbücher des Deutschen steht: zur Rechtschreibung, Aussprache, Grammatik usw., auch zum Stil. Der zweite Band der Duden-Reihe ist – in ausdrücklicher Selbstbezeichnung – ein «Stilwörterbuch» (8. Auflage 2001). Außer grammatischen Angaben finden sich dort die syntaktisch richtigen und semantisch sinnvollen Wortverbindungen verzeichnet, dazu Beispiele, feste Fügungen, Redensarten und Sprichwörter. Die stilistische Spezifik liegt hauptsächlich in zwei Punkten: Erstens ist das Wortgut in bestimmte Stilschichten eingeteilt (von „dichterisch, gehoben" über eine Mittellage „normalen" Gebrauchs bis zu „umgangssprachlich" oder „derb"), um die Anwendungssphäre der Wörter und Wendungen zu erfassen. Zweitens wird manchen Ausdrücken eine ihnen gewissermaßen anhaftende Stilfärbung zugeschrieben, in der sich eine emotionale Einstellung zu diesen Redeweisen ausdrückt („abwertend, scherzhaft, beschönigend" usw.). Können solche nur für einen relativ geringen Teil unseres Wortschatzes geltenden Gebrauchsangaben, die zudem längst in andere Duden-Bände und Wörterbücher Eingang gefunden haben, wirklich ein „Stilwörterbuch" konstituieren, das seinen Namen verdient? Die schwedische Stilforscherin B. Stolt (1973, 148) jedenfalls rät dem Stil-Duden, sich für die nächste Auflage einen neuen Titel einfallen zu lassen: „Der jetzige sitzt wie ein schlechter Anzug: hier zu eng, dort zu weit." Kein Zweifel, dass E. Agricolas Titelformulierung «Wörter und Wendungen» (das frühere ostdeutsche Pendant, 1977) aussagekräftiger war.

Von „Stilwörterbüchern" spricht man auch im Falle sog. Synony-
miken (vgl. Antos 1996, 103 ff.), also Wörterbüchern, die den Wortschatz in zusammengehörige Sinn- und Sachgruppen ordnen. ‚Synonyme' sind sich in ihrer Bedeutung nahe stehende Begriffe. Sie sollen vor
allem in zweifacher Hinsicht stilistische Hilfe bieten: zum einen bei der
Suche nach dem möglichst prägnanten Wort („treffender Ausdruck");
zum andern zur Vermeidung störender Wiederholungen mittels stilistischer Variation („Wechsel im Ausdruck"). Aber so nützlich Synonym-
wörterbücher als Nothelfer in Formulierungsschwierigkeiten sein mö-
gen – letztlich bleibt den Benutzenden selbst, gerade wenn ihnen das
Nachschlagen mehrere Ausdrucksvarianten eröffnet, die Entscheidung
der Stilwahl: Was in welchem Textzusammenhang das stilistisch angemessene oder allein passende Wort ist, kann kein Wörterbuch der Welt
angeben.

Auch die Stilistik, die während der letzten Jahrzehnte im Sog des
Höhenflugs der Linguistik einen bemerkenswerten Aufschwung genommen hat, kann sich nicht dem allgemeinen Hang und Drang zur Terminologisierung entziehen. Ein Großteil ihres spezifischen Fachvokabulars
verdankt sie der rhetorisch-poetischen Tradition, aus der sie ja hervor-
gegangen ist, und nach wie vor bilden diese sog. Stilfiguren die Folie aller
modernen Stilistika. Entsprechend breit ist das Spektrum von Wörterbüchern, die sich dieser Nomenklatur widmen: von einfachen Auflistungen
der alten rhetorischen Figuren und Tropen über systematisierende Darstellungen bis zu einschlägigen Handbüchern (auswahlweise Lang 1966,
Lange 1975; englisch Lanham 1969, französisch Suhamy 1992, Bacry
1992; darstellend Dubois u. a. 1974, Plett 1977, Schüttpelz 1996, auch
in einführenden Rhetorik-Werken; als „Klassiker" Arbusow 1963 und
namentlich Lausberg 1990, 1993). Ergänzend schöpft die neuere Stilistik
verständlicherweise aus dem linguistischen, speziell textlinguistischen
und kommunikativ-pragmatischen Begriffsreservoir (vgl. insbesondere
Sandig 1986, Fix u. a. 2003). Ein fachwissenschaftliches Grundlagenwerk
ist das «Historische Wörterbuch der Rhetorik» (1992 ff.), jetzt bis zum
7. Band gediehen, dessen umfassende Informationen sich allerdings auf
zentrale Begriffe des rhetorischen Bereichs konzentrieren.

Wer nicht vom Fach ist, wird sich vermutlich mit „Stilwörterbüchern" dieser letzten Art schwertun, soweit sie ausgesprochene Fach-
bücher der rhetorisch-stilistischen Terminologie sind und sich vorzugsweise um die theoretische Seite dieses Begriffsinstrumentariums

bemühen. An einem stilistischen Wörterbuch mit praktischer Nutzbarkeit auch für Nichtfachkundige, die sog. „Laien", fehlt es zur Zeit im
Deutschen (fremdsprachig Wales 1989; Mazaleyrat/Molinié 1989). Das
vor Jahren für den universitären Unterricht in der DDR entworfene
«Wörterbuch stilistischer Termini» von W. Spiewok (1977) ist ebenso
veraltet, zudem nicht mehr greifbar, wie das sich sehr kurz fassende
«Kleine Wörterbuch der Stilkunde» von S. Krahl und J. Kurz (Ersterscheinen 1970). Anerkanntermaßen besteht ein dringendes Bedürfnis
nach einer aktuellen, sachlich fundierten Darstellung des stilistischen
Grundwissens als handliches Nachschlagewerk für Schule, Studium
und allgemeinen Gebrauch.

2. Zum vorliegenden «Stilwörterbuch»

Bekanntlich dienen Wörterbücher dem Zweck, die ‚Lexik' – den Wortschatz bzw. Ausschnitte dieses Wortschatzes – der eigenen oder fremder
Sprachen in Wortformen, Bedeutungen, Verwendungsweisen usw. zu
erfassen. Einfacher ausgedrückt, sie wollen uns deren Wörter und Wendungen in sprachlicher wie sachlicher Hinsicht verständlich und nutzbar
machen. Wenn es dabei nicht um den bekannten Allgemeinwortschatz
geht, sondern um das spezielle Fachvokabular eines bestimmten Wis-
sensgebietes, so handelt es sich um ‚Fachwörterbücher'. Sie haben es
mit einer zumeist komplizierten, fremdwortreichen ‚Terminologie' zu
tun, die zunächst einmal für Fachleute bestimmt ist. In unserer Zeit
spricht man jedoch von einer „Verwissenschaftlichung der Welt" – was
heißen soll, dass heutzutage Vorstellungen und Begriffsbildungen der
verschiedensten Wissenschaften auch im alltäglichen Leben, Denken
und Reden eine immer größere Rolle spielen. Viele von ihnen gehören
bereits zum Grundbestand einer guten Allgemeinbildung.

Dies trifft in besonderem Maße auf Stil und Stilistik zu: Früher war
das nur ein Thema für Literatur- und Sprachwissenschaftler (auch Vertreter anderer humanwissenschaftlicher Disziplinen), die es vor dem
Hintergrund des aus Antike und Mittelalter überkommenen Wissens
unserer humanistischen Bildungstradition betrachteten. Mittlerweile
hat sich ‚Stil' zum Allgemeinbegriff gewandelt, sozusagen ein Wort für
alle Lebenslagen, vom „Verbrechen großen Stils" bis zum modischen
„Lifestyle" – kurz, ein Allerweltswort, das jeden und jede angeht. Auch
die ehemals streng wissenschaftliche ‚Stilistik' ist derzeit besonders in
der Form „laien-linguistischer" Sprachratgeber, Stil-Lehrbücher (von

Stilfibeln bis zu Stilkünsten), Schreibschulen, Top-Trainings usw. allgemein gefragt. In unserer fortschritts- und leistungsbesessenen Zeit gilt eine „gekonnte", attraktive Ausdrucksweise, schriftlich vor allem, nicht nur als prestigeträchtiges Können an sich, sondern verleiht geradezu die Aura geistig-intellektueller Befähigung. Kein Wunder, dass zahlreiche Menschen eine stilistische Weiterbildung anstreben. „Mit dem Stil ist das wie mit so vielen Dingen: man hat ihn, oder man hat ihn nicht", schrieb Kurt Tucholsky einst – diese Ansicht hält zweifellos heutigem Wissensdurst und Bildungswillen nicht mehr stand.

Zum elementaren Handwerkszeug der stilistischen Praxis zählt vor allem die Kenntnis, besser noch Beherrschung der in einer weiteren Öffentlichkeit verbreiteten Grundbegriffe und des damit verbundenen Sachwissens. Peinlich, wenn einschlägige Stilvokabeln falsch verwendet werden, noch peinlicher, wenn das gelegentlich sogar „am grünen Holze" und gedruckt geschieht: Ein so gescheiter Schriftsteller wie Hans Weigel, der sich in seinem Buch «Die Leiden der jungen Wörter» auf das Glatteis der Sprachkritik gewagt hat, ringt dort um die Benennung eines Stilphänomens, das seiner Meinung nach keinen Namen hat (Formulierungen wie „noch einmal wiederholen, das angebliche Gerücht, die Möglichkeit zu können" usw.). Als Bezeichnung für derartige Verbindungen mehrerer Ausdrücke, die dasselbe sagen, schlägt er ‚Dualismus' vor – ein Terminus, von dem wir alle wissen, dass er längst anderen Sinnes im Reich der Fremdwörter festgelegt ist. Und worum geht es? Um die altehrwürdigen, schon seit dem klassischen Altertum bekannten und damals auch benannten Figuren des ‚Pleonasmus' und der ‚Tautologie'.

Wer also im Rahmen einer gediegenen Allgemeinbildung den Anspruch erhebt, auch in Stildingen kompetent mitreden zu können, bedarf unstreitig des Einblicks in die heute bildungssprachlich geläufige Begriffswelt unserer Stilistik. Wer sich darin noch unsicher fühlt, der sollte die Möglichkeit nutzen, sich durch gezieltes Nachschlagen von Fall zu Fall schnell, sachgerecht und instruktiv zu informieren. Das nachstehende Wörterbuch stilistischer Grundbegriffe vermittelt dazu in eingängiger Lesbarkeit dreierlei Informationen: erstens eine sachgerechte Erklärung der Stichwörter nach Begriff und Bedeutung; zweitens eine möglichst instruktive Skizzierung des historischen und aktuellen Gebrauchs dieser Stilistika mit vielen Beispielen; drittens nützliche Hinweise zum Einsatz solcher Stilmittel in der Formulierungspraxis.

3. Anleitung zum Gebrauch des Wörterbuchs

Oberster Gesichtspunkt eines Stilwörterbuchs ist seine praktische Nutzbarkeit und Wissensvermittlung, die in einer sachgerechten Information
zu allen Fragen des Stils liegt: zum Grundsätzlichen wie Begrifflichen
der Stilistik, insbesondere über die Stilmittel und das „Know-how" attraktiven Formulierens. Dies geschieht in einer Darstellung, die möglichst klar, fundiert und für Stilinteressierte ohne weiteres fasslich alle
wichtigen Sachauskünfte an Ort und Stelle erteilt (mit Querverweisen
auf andere Artikel, die eine systematische Behandlung des Stichworts
oder zusätzliche Einzelheiten bieten). Ausdrücklich handelt es sich nicht
um ein in jeder Hinsicht vollständiges Handbuch fachwissenschaftlichen
Zuschnitts, das für Nicht-Fachleute viel zu kompliziert und damit un-
praktikabel wäre. Die Wahl des Begriffshorizonts orientiert sich vielmehr an den Bedürfnissen eines modernen, sprachinteressierten und
allgemein gebildeten Benutzerkreises. Aus diesem Grund und weil Aktualität als eine wichtige Voraussetzung des Wörterbuchs gilt, sind viele
zu spezielle oder nur historische, d.h. in der Gegenwart kaum mehr
gebräuchliche Stichwörter nicht aufgenommen worden. Ausgeklammert
bleiben ebenso spezifisch linguistische und grammatische Termini wie
auch das poetologische Begriffsgut der Dichtungstheorie, Gattungsleh-
re, Metrik usw. Unverzichtbar waren hingegen die stets brillanten und
somit besonders instruktiven Beispiele aus der Literatur, auch Weltliteratur – wohlgemerkt mit einem ausdrücklichen Hinweis darauf, wenn
derartige poetische Stilmittel (Stichwort „dichterische Freiheit") in normaler Prosa nicht statthaft sind.

Die problemlose Benutzung des Wörterbuchs ist dadurch ge-
währleistet, dass es als praktisches Nachschlagewerk den Buchstaben
des Alphabets folgt: das stilistische Vokabular also von *A(bbreviatur)* bis
Z(ynismus). Ein grundsätzliches Problem bildete die Anordnung in Fällen, wo Fremdwort und deutsche Entsprechung gleichrangig nebeneinander stehen, wie z.B. *Hyperbolie* und *Übertreibung*. Da Fremdbegriffe
weniger bekannt sind und darum wohl in erster Linie gesucht werden,
bilden sie das Stichwort. Der entsprechende deutsche Ausdruck findet
sich dann an seinem alphabetischen Ort in Verweisform (ohnehin handelt es sich häufig um spätere Eindeutschungen, die in der Regel nicht
terminologisch sind): *Übertreibung* kennen wir ja auch als ganz und gar
normales Alltagswort.

Jeder Artikel besteht, graphisch abgehoben, aus einem Wortkopf und dem eigentlichen Artikeltext. Die Stichwörter haben durchweg Substantivform (mit Angabe des Geschlechts, wo nötig auch des Plurals) und bilden zusammen mit einem generalisierten Bedeutungsansatz die Kopfzeile. Darauf folgt in komprimierter Form ein Absatz mit den wichtigsten wortgeschichtlichen Angaben: Da viele Begriffe aus der griechisch-lateinischen, durch Antike und Mittelalter überlieferten abendländischen Bildungstradition stammen, bedürfen sie naturgemäß einer knappen Erklärung der Wortherkunft und Begriffsentwicklung. Zum Vergleich sind vor dem gemeinsamen europäischen Geisteshintergrund die französischen und englischen Ausdrücke angeführt, dies besonders sinnvoll dann, wenn es sich um jüngere Neu- oder Alternativbildungen handelt. Anschließend folgen die oft sehr variablen Bezeichnungen des Deutschen, auch gebräuchliche Umschreibungen.

Die Wortartikel selbst enthalten regelmäßig eine Begriffsbestimmung, die nicht in jedem Fall den Anspruch einer wissenschaftlich hieb- und stichfesten ‚Definition‘ erhebt. Wichtiger ist es, das Verständnis der Begriffe – sei es auch umschreibend oder exemplifizierend – für alle, insbesondere fachlich nicht Vorgebildete eindeutig klarzustellen. Es folgen Sacherläuterungen zu Geschichte, Form und Funktion des betreffenden Stilphänomens, um seine frühere und heutige Verwendungsweise in den Hauptzügen zu skizzieren. Mit Rücksicht auf den angesprochenen Benutzerkreis wird nach Möglichkeit vermieden, zu tief in die komplizierten Theorien der sprach- oder literaturwissenschaftlichen Stilistik einzudringen (zu manchen Stichwörtern existieren höchst verschiedene Auffassungen, oft mit einem Schrifttum, das ganze Bücherregale füllt). Grundsätzliches Anliegen ist es, die wirkliche Stilpraxis eingängig darzustellen, die einzelnen Stilistika in ihrer sinnvollen Verwendung zu erläutern und nicht zuletzt ihren praktischen Gebrauch anhand möglichst zahlreicher, aussagekräftiger Beispiele zu veranschaulichen.

Entgegen raumsparender Wörterbuch-Gepflogenheit sind zu starke Abkürzungen vermieden worden, da sie schlimmstenfalls einen Artikel zur mühsamen Entzifferungsaufgabe machen können (abgekürzt nur, hauptsächlich im Artikelkopf, grammatische Angaben, Sprachbezeichnungen und häufig vorkommende Adjektive wie *grammatisch, stilistisch, rhetorisch* usw., als Sonderfall *Jahrhundert*). Um eine glatte Lesbarkeit zu gewährleisten, ist im Artikeltext – mit Ausnahme allgemein geläufiger Kürzel wie *vgl., z.B., usw.* – kaum Gebrauch von Abbreviaturen gemacht. Auf die anfänglich zu jedem Stichwort vorgesehenen Literatur-

angaben wurde verzichtet, weil dadurch nicht nur der Buchumfang ins
Unhandliche angewachsen wäre, sondern dies auch dem Charakter
eines allgemein, nicht fachspezifisch informierenden Nachschlagewerks
widersprochen hätte (als bibliographische Hilfsmittel vgl. die Studienbibliographie Sanders 1995 sowie die Literaturverzeichnisse im angeführten Fachschrifttum, namentlich Spillner 1974, Sandig 1986, Sowinski 1991/99, Fix u. a. 2003 und die umfassende Bibliographie im
«Historischen Wörterbuch der Rhetorik», 1992 ff.).

Die Vorarbeiten zu diesem Wörterbuch reichen in die frühen 1990er
Jahre zurück. Iris Diem und Vinzent Rast, damals Studierende des Faches
Deutsche Sprache an der Universität Bern, haben im Rahmen einer ein-
semestrigen Tätigkeit erste Textexzerpte, Literaturangaben und eine
Stichwortliste erarbeitet, wofür ihnen nach einem guten Jahrzehnt nochmals gedankt sei. Seit der Emeritierung im Jahre 2000 fand sich endlich
die nötige Zeit, um systematisch die Konzeption des «Stilwörterbuchs»
anzugehen und dann Artikel für Artikel zu Papier zu bringen. Mein alter
Studienfreund G. Wienold (vormals Linguistik-Professor an der Universität Konstanz, jetzt in Japan) hat selbstlos die große Mühe auf sich
genommen, das Manuskript kritisch zu sichten; für viele wertvolle Hinweise und Verbesserungen gilt ihm mein besonders herzlicher Dank!
Nicht zuletzt möchte ich auch der Wissenschaftlichen Buchgesellschaft
aufrichtig danken, die in bewährter Zuverlässigkeit die Drucklegung
betrieben hat, namentlich der verantwortlichen Lektorin Frau J. Stern.

Als Resultat mehrjähriger Arbeit liegt nun ein zweifellos notwendiges und hoffentlich nutzbringendes Nachschlagewerk im Bereich des
stilistischen Sach- und Fachwortschatzes vor: handlichen Formats, sachlich fundiert, eingängig formuliert und damit, wie gesagt, wohlgeeignet
für Schule, Studium und allgemeinen Gebrauch.

4. Verzeichnis der verwendeten Abkürzungen

(a) Grammatische Angaben

Adj.	Adjektiv (Eigenschaftswort)
Adv.	Adverb (Umstandswort)
Akk.	Akkusativ (4. Fall)
f.	Femininum (weiblich)
m.	Maskulinum (männlich)
n.	Neutrum (sächlich)
Nom.	Nominativ (1. Fall)
Part.	Partizip (Mittelwort)
Pl.	Plural (Mehrzahl)
Präf.	Präfix (Vorsilbe)
Prät.	Präteritum (Vergangenheitsform)
Sg.	Singular (Einzahl)
Subst.	Substantiv (Hauptwort)
Vb.	Verbum (Tätigkeits- oder Zeitwort)

(b) Sprachbezeichnungen
(außer solchen, bei denen nur die Nachsilbe -isch zu ergänzen ist)

ahd.	althochdeutsch
dt.	deutsch (hochdeutsch)
engl.	englisch
frz.	französisch
germ.	germanisch
griech.	altgriechisch
idg.	indogermanisch
ital.	italienisch
lat.	lateinisch
mhd.	mittelhochdeutsch
nl.	niederländisch
prov.	provenzalisch
skand.	skandinavisch

(c) Notationen:

↗ Pfeil	Verweis auf ein anderes Stichwort
⇗ Doppelpfeil	Verweis auf mehrere Begriffe
„ " Anführungszeichen	zitierte Wörter oder Stellen
, ' einfache Anführungszeichen	Fachbegriffe
‹ › einfache Häkchen	Bedeutungsangaben
« » doppelte Häkchen	Titel und Überschriften
* Sternchen (Asterisk)	angesetzte, so nicht belegte Form
† (vor Wörtern)	veraltet, außer Gebrauch

5. Verzeichnis ausgewählter Fachliteratur

AGRICOLA 1970 – Christiane Agricola: Sprachliche Bilder/Stilfiguren, in: Die deutsche Sprache. Kleine Enzyklopädie II, Leipzig 1970, S. 1084–1118.

AGRICOLA 1977 – Erhard Agricola (Hrsg.): Wörter und Wendungen. Wörterbuch zum deutschen Sprachgebrauch, Leipzig 1962, 8. Aufl. 1977.

ANTOS 1996 – Gerd Antos: Laien-Linguistik. Studien zu Sprach- und Kommunikationsproblemen im Alltag, Tübingen 1996.

ARBUSOW 1963 – Leonid Arbusow: Colores rhetorici. Eine Auswahl rhetorischer Figuren und Gemeinplätze …, Göttingen 1948, 2. Aufl. (hrsg. von H. Peter) 1963.

BACRY 1992 – Patrick Bacry: Les figures de style et autres procédés stylistiques, Paris 1992.

DUBOIS u. a. 1974 – Jaques Dubois/Francis Edeline/Jean-Marie Klinkenberg/François Pire/Hadelin Trinon: Rhétorique générale, Paris 1970; deutsch: Allgemeine Rhetorik, München 1974.

DUDEN-STILWÖRTERBUCH 2001 – Duden. Stilwörterbuch der deutschen Sprache. Die Verwendung der Wörter im Satz. Bearb. von Günther Drosdowski u. a., (Ersterscheinen Leipzig 1934) Mannheim/Wien/Zürich 8. Aufl. 2001.

FAULSEIT/KÜHN 1969 – Dieter Faulseit/Gudrun Kühn: Stilistische Mittel und Möglichkeiten der deutschen Sprache, Leipzig 1965, 4. Aufl. 1969.

FIX/POETHE/YOS 2000 – Ulla Fix/Hannelore Poethe/Gabriele Yos: Textlinguistik und Stilistik für Einsteiger. Ein Lehr- und Arbeitsbuch, Frankfurt a. M./Berlin/Bern usw. 2000, 3. Aufl. 2003.

FLEISCHER/MICHEL 1975 – Wolfgang Fleischer/Georg Michel u. a.: Stilistik der deutschen Gegenwartssprache, Leipzig 1975, 3. Aufl. 1978; darin U. Kändler: Stilfiguren, S. 151–189.

FLEISCHER/MICHEL/STARKE 1993 – Wolfgang Fleischer/Georg Michel/Günter Starke: Stilistik der deutschen Gegenwartssprache, Frankfurt a. M./Berlin/Bern usw. 1993, 2. Aufl. 1996; darin G. Starke: Stilfiguren, S. 247–288.

HARJUNG 2000 – J. Dominik Harjung: Lexikon der Sprachkunst. Die rhetorischen Stilformen, München 2000.

KRAHL/KURZ 1984 – Siegfried Krahl/Josef Kurz: Kleines Wörterbuch der Stilkunde, Leipzig 1970, 6. Aufl. 1984.

LANG 1966 – Wilhelm Lang: Tropen und Figuren, in: Der Deutschunterricht 18 (1966), S. 105–152.

LANGE 1973 – Gerhard Lange: Figuren und Tropen, in: Breviarium Rhetoricum, Bayreuth 1969, 5. Aufl. 1975. Auch in: H. Geißner (Hrsg.): Rhetorik, München 1973, S. 37–53.

LANHAM 1969 – Richard A. Lanham: A Handlist of Rhetorical Terms, Berkeley 1969, 2. Aufl. 1991.

LAUSBERG 1960 – Heinrich Lausberg: Handbuch der literarischen Rhetorik I–II. Eine Grundlegung der Literaturwissenschaft, München 1960; Stuttgart 3. Aufl. 1990.

LAUSBERG 1963 – Heinrich Lausberg: Elemente der literarischen Rhetorik. Eine Einführung ..., (Ersterscheinen 1949) München 1963, 10. Aufl. 1990.

LEECH 1966 – Geoffrey N. Leech: Linguistics and the Figures of Rhetoric, in: R. Fowler (Hrsg.): Essays on Style and Language. Linguistic and Critical Approaches to Literary Style, London 1966, S. 135–156.

MAZALEYRAT/MOLINIÉ 1989 – Jean Mazaleyrat/Georges Molinié: Vocabulaire de la stylistique, Paris 1989.

PLETT 1977 – Heinrich F. Plett: Die Rhetorik der Figuren. Zur Systematik, Pragmatik und Ästhetik der „Elocutio", in: Ders. (Hrsg.): Rhetorik. Kritische Positionen zum Stand der Forschung, München 1977, S. 125–165. Auch in: J. Kopperschmidt (Hrsg.): Rhetorik I. Rhetorik als Texttheorie, Darmstadt 1990, S. 129–154.

RIESEL 1970 – Elise Riesel: Der Stil der deutschen Alltagsrede, Moskau 1964; Leipzig 2. Aufl. 1970.

RIESEL/SCHENDELS 1975 – Elise Riesel/Eugenie Schendels: Deutsche Stilistik, Moskau 1975; darin: Stilistika (Stilfiguren) aus mikro- und makrostilistischer Sicht, S. 205–263.

SANDERS 1995 – Willy Sanders: Stil und Stilistik. Studienbibliographie Sprachwissenschaft 13, Heidelberg 1995.

SANDERS 1998 – Willy Sanders: Stilwörterbücher. Forschungsstand und Möglichkeiten sinnvoller Nutzung, in: Lexicographica 14 (1998), S. 68–73.

SANDIG 1986 – Barbara Sandig: Stilistik der deutschen Sprache, Berlin/ New York 1986.

SANDIG 2006 – Barbara Sandig: Textstilistik des Deutschen, Berlin/New York 2006 (nach Abschluss des Manuskripts).

SCHÜTTPELZ 1996 – Eduard Schüttpelz: Figuren der Rede. Zur Theorie der rhetorischen Figur, Berlin 1996.

SEIFFERT 1977 – Helmut Seiffert: Stil heute. Eine Einführung in die Stilistik, München 1977; darin: Rhetorische Figuren, S. 80–94.

SOWINSKI 1991 – Bernhard Sowinski: Stilistik. Stiltheorien und Stilanalysen, Stuttgart 1991, 2. Aufl. 1999.

SPIEWOK 1977 – Wolfgang Spiewok: Wörterbuch stilistischer Termini, Rostock/Greifswald 1977.

SPILLNER 1974 – Bernd Spillner: Linguistik und Literaturwissenschaft. Stilforschung, Rhetorik, Textlinguistik, Stuttgart/Berlin usw. 1974.

STOLT 1973 – Birgit Stolt: Deutsche Stilwörterbücher, in: Moderna språk 67 (1973), S. 144–150.

SUHAMY 1981 – Henri Suhamy: Les figures de style, Paris 1981, 8. Aufl. 1997.

UEDING 1992 ff. – Gert Ueding (Hrsg.): Historisches Wörterbuch der Rhetorik, Tübingen 1992 ff.; von den geplanten 10 Bänden bisher erschienen I – VII (bis zum Stichwort *Rhetorik*), 2005.

UEDING/STEINBRINK 1994 – Gert Ueding/Bernd Steinbrink: Grundriß der Rhetorik. Geschichte, Technik, Methode, Stuttgart 1976, 3. Aufl. 1994.

WALES 1989 – Katie Wales: A Dictionary of Stylistics, London/New York 1989; Paperback 1990, 5. Aufl. 1997.

A

Abbreviatur, veraltet **Abbreviation** (Pl.-en) f. ‹Abkürzung›
Derzeit vor allem ein Begriff der Wortbildung, darum auch ‹Abkürzungs-
wort›: vorgängig griech. *meiosis, tapeinosis* ‹Verkleinerung› (zur Etymologie
vgl. *meion* ‹kleiner› bzw. Adj. *tapeinos* ‹niedrig, unbedeutend›), daneben lat.
(di)minutio ‹Verminderung, Abschwächung›, auch *extenuatio* ‹Verringerung›
(vgl. *minus* ‹weniger› bzw. Adj. *tenuis* ‹dünn, gering›); mittellat. *abbreviatura,*
daneben *abbreviatio* ‹Abkürzung von Wörtern oder Silben in Schrift und später Druck› (zum Adj. *brevis* ‹kurz›), entsprechend frz. *abréviation,* engl. *abbreviation,* dt. *Abkürzung* seit dem 17. Jh. als Verdeutschung von *abbreviatura,*
als Fachbegriff bleibt *Abbreviatur (Abbreviation)* für Abkürzungen aller Art.

In der antiken Rhetorik, Grammatik und Poetik verstand sich die A.
unter ihrer alten Begrifflichkeit der Diminution (Meiosis) sozusagen
als Umkehrphänomen zur ↑ Amplifikation. Wie diese vollzog sie in der
hochmittelalterlichen Entwicklung den Wandel zu quantitativer Auffassung, also im Sinne der Kürzung und Vermeidung weitläufiger Aus-
schmückungen (vgl. ↑ Kürze, das Stilprinzip der Brevitas). Sie erfüllte
damals bestimmte Aufgaben, so die „Übertreibung nach unten" als
schwächere Darstellung, um anderes stärker hervorzuheben, oder die
Abschwächung aus Bescheidenheit (z. B. die antike *Captatio benevolen-
tiae* ‹Werben um die Publikumsgunst› oder die bekannten „Demutsfor-
meln" mittelhochdeutscher Dichter). In der Fachdiskussion werden die
einzelnen Begriffe noch bis ins 18. Jh. erörtert, in neueren Lehrbüchern
jedoch kaum mehr eigens behandelt.

A. heutigen Sinnes geht auf die Abkürzungspraxis der mittelalter-
lichen Handschriften zurück, die sich im frühen Buchdruck fortsetzte.
Die modernen Abkürzungen und Kurzwörter sind sehr vielgestaltig:
eigentliche Abkürzungssiglen wie *bzw., Dr.* oder *km;* Akronyme, d. h. Ini-
tialbildungen aus Großbuchstaben (*LKW, UNO,* auch gemischt *S-Bahn*),
Silbenwörter (*Azubi* ‹Auszubildender›), „Kopf- und Schwanzwörter" wie
Auto(mobil), (Omni)Bus, Klammerformen des Typs *Bier(glas)deckel* usw.
Das Überhandnehmen der A. in der Gegenwart, das die Bezeichnung
Abkürzungssprache („Akü-Sprache") zur Folge hatte, wird meist als

sprachökonomische Tendenz erklärt. Doch lässt sich nicht verkennen, dass es bei aller sachlichen Praktikabilität mehr als nur stilistische Schönheitsfehler gibt: Kürzeln dieser Art wirken, besonders gehäuft, allein schon optisch störend; sie können darüber hinaus den Lesefluss hemmen und sogar zu Verständnisschwierigkeiten führen. In belletristischen Texten fehlen sie gewöhnlich; über ihren Gebrauch als „Hüllwörter" vgl. ↑ Euphemismus.

Abkürzung ↑ **Abbreviatur**

Abstraktum (Pl. -ta) n. ‹Begriffswort›
> Meist Pl. *Abstrakta* ‹begriffliche Allgemeinbezeichnungen› im Gegensatz zu *Konkreta* ‹Substantive, die Gegenständliches bezeichnen›: zugrunde liegend die Adj. mittellat. *abstractus* ‹„abgezogen", verallgemeinert› (von lat. *abs-trahere* ‹abziehen, herleiten›) – *concretus* ‹fest, gegenständlich› (von *con-crescere* ‹zusammenwachsen, sich verdichten›), frz. *abstrait – concret*, engl. *abstract – concrete*, dt. *abstrakt – konkret* ‹begrifflich – gegenständlich›; in allen Sprachen auch als Substantivierung *abstraction, Abstraktion* f. ‹Verallgemeinerung, begrifflicher Ausdruck›.

Das spätantik-mittelalterliche Begriffspaar ‚abstrakt – konkret', ursprünglich der philosophischen Logik zuzuordnen, gelangte seit dem 15. Jh. im Deutschen auch zu grammatischer Verwendung: *die abstract wortter*, Chr. Hueber (1477). In der Gegenwart sind die A. – entsprechend frz. *noms abstraits*, engl. *abstract nouns* usw. – eine durch ihre Bedeutung definierte Klasse von Substantiven, die Vorstellungen wie *Vernunft*, Eigenschaften wie *Würde*, Zustände wie *Ärger* und andere Erscheinungen ohne gegenständlichen Objektbezug (fachlich ‚Referenz') begrifflich festlegen. Nach Entstehung und Wortbildung handelt es sich im Deutschen durchweg um Ableitungen, so verbale A. auf *-ung* wie *Darstellung*, adjektivische A. auf *-heit, -keit* wie *Frechheit, Ewigkeit* oder nominale A. auf *-schaft, -nis* wie *Feindschaft, Bündnis* usw.; außerdem Substantivierungen aller Wortarten (meist durch einfachen Vorsatz eines Artikels). Komplementär hierzu bestimmen sich Konkreta als Klasse derjenigen Substantive, die eine gegenständliche Bedeutung haben und damit auf sinnlich wahrnehmbare Objekte bezogen sind: Eigen- und Gattungsnamen, z. B. *Albrecht Dürer*, der bekannte *Maler*, oder Stoff- und Sammelbezeichnungen wie *Wein, Gebirge* – dies der grammatische Befund. Im Textzusammenhang verfügen A. über die Fähigkeit, ganze

Satzinhalte wieder aufzunehmen: wenn etwa „jemand klagt, *daß es so kalt sei*, und dann die Hoffnung äußert, die *Kälte* werde nicht mehr lange dauern" (W. Porzig).

Die stilistische Diskussion dreht sich um die Bewertung des Gebrauchs abstrakter oder konkreter Wörter. In Einklang damit, dass Abstraktheit immer schon mit Schwierigkeit und erschwertem Verständnis assoziiert worden ist, vertritt die neuere Stillehre eindeutig die Forderung weitestgehender Konkretheit des Ausdrucks. Seit dem 18. Jh. war die ↑ Anschaulichkeit zu einem maßgebenden Stilprinzip aufgestiegen, wozu sich als immer schärfer kontrastiertes Pendant die *Abgezogenheit* (damals für ,Abstraktion') herausbildete. In diesem Sinne handelt der Stillehrer E. Engel über die konkreten „Dingwörter" im Gegensatz zu den abstrakten „Denkwörtern", wie überhaupt der scharfe, besondere, nicht der blasse, allgemeine Ausdruck als probates Mittel anschaulichen Schreibens gilt: „Das treffende Wort ist kurz, direkt, konkret, besonders" (W. Schneider) – und das heißt: nicht vielsilbig, umständlich, allgemein, abstrakt.

Eine derartige Pauschallösung des Problems gibt es jedoch nicht: So unzweifelhaft vor allem in unterhaltenden Texten eine „anschauliche", also konkret-gegenständliche, sinnenfreudige, bildhafte Darstellung am Platze ist, so sicher verbietet sich eine gleichermaßen ausschmückende, „blumige" Formulierungsweise in allen Sach- und Fachtexten. Der Gebrauch abstrakter oder konkreter Ausdrucksformen regelt sich folglich als Textsortenfrage (↑ Textstilistik). So werden – von der Belletristik abzusehen – Textsorten wie etwa journalistische Reportagen, Reiseberichte, Texte beschreibenden oder erzählenden Inhalts, teilweise auch die Werbung, um eine möglichst anschauliche Darstellung bemüht sein: konkrete Personen, Situationen, Zustände oder Vorgänge gegenstandsnah in lebendige Sprache gefasst. Schon die normale Sachprosa aber (Geschäftsbriefe, behördliche Schriftstücke, Gebrauchsanleitungen usw.) richtet sich in ihrer Formulierung nach dem Was, für Wen und Wozu des Textes; infolgedessen herrscht dort eher ein Ton sachlicher Zweckmäßigkeit. Vollends abstrakt wird die Ausdrucksform in den fachgebundenen technisch-wissenschaftlichen Textsorten, begrifflich wie stilistisch: Alle Fächer verfügen über ein spezielles Fachvokabular definierter Begriffe (,Terminologie'), die oft mehrgliedrig zusammengesetzt, Fremdwörter und von hoher Abstraktheit sind. Dazu bedient sich die objektive, unpersönliche Formulierungsweise der Wissenschaft ohne sprachliche Ausschmückung eines meist nominal geprägten, funktionalen Sachstils (↗ Nominalstil). Sowohl strenge Begrifflichkeit als auch stilistische Komprimierung sind aber nötig, um eine exakte, knappe und schnörkellose Verständigung unter Fachleuten zu gewährleisten, auch wenn dadurch das Verstehen für Nichtfachkundige erheblich beeinträchtigt wird.

Über die Berücksichtigung der Textsorte hinaus gelten in der Frage konkreten oder abstrakten Ausdrucks zwei generelle Gesichtspunkte: sachliche ↗ Angemessenheit und sprachliche ↗ Verständlichkeit, die in jedem Fall gewahrt sein müssen. Sachliche Angemessenheit bedeutet, dass jedes Thema sozusagen seine eigene, ihm gemäße Darstellungsweise verlangt: Über Flöhe könne man nicht in erhabenem Stil schreiben, stellte Lessing einst kategorisch fest. Auch die sprachliche Verständlichkeit, sosehr diese als stilistische Grundforderung gilt, ist im Sinne einer breiten Allgemeinverständlichkeit nicht unbedingt erstrebenswert; vielmehr besteht die Kunst darin, das Abstraktionsniveau stets auf die Wissens- und Verstehensvoraussetzungen des jeweiligen Hörer- oder Leserkreises, auch eines nicht sachverständigen Publikums, abzustimmen. Selbst bei der Vermittlung technischer und wissenschaftlicher Sachverhalte gibt es, von der internen Fachkommunikation bis zum populärwissenschaftlichen Vortrag, eine weit gefächerte Skala von Darstellungsmöglichkeiten.

Abweichung (von der Norm), auch **Deviation** (Pl. -en) f. ‹sprachliche Ausdrucksweise, die bewusst gegen bestehende Normen, Konventionen oder Regeln verstößt›

> Unter dem Oberbegriff der ‚Abweichungsstilistik' sowohl theoretisch eine Stilkonzeption als auch praktisch ein stilanalytisches Verfahren der Moderne: frz. *écart*, auch *déviation*, engl. *deviation*, *deviance* ‹Abweichung, Verstoß› (zugrunde liegend mittellat. *de-viare* ‹vom richtigen Weg abirren›, zu lat. *via* ‹Weg›), dt. meist *Abweichung*, fachsprachlich auch *Deviation*.

‚A. von der Norm', durchweg in dieser Koppelung gebraucht, gilt als ein stiltheoretisches Schlagwort vor allem der 60er Jahre des letzten Jh. (frz. *la science des écarts*, engl. *theory of deviation*). Darin drückt sich aus, dass ungewöhnliche, also von der Sprachnormalität „abweichende" Formulierungen einen Stil auffällig prägen können. Diese Beobachtung ist im Grunde uralt: Schon in der «Rhetorik» des Aristoteles steht, die poetische Ausdrucksweise müsse der Umgangssprache etwas „Fremdartiges" ver-

leihen, um Wirkung zu erzielen, und die ganze Figurenlehre der Antike
stellt praktisch eine Inswerksetzung dieser Theorie dar. Ihr Wiederauf-
leben in moderner Zeit kam nicht von ungefähr: Ideen der russischen
Formalisten fortführend, hatte der Prager strukturalistische Zirkel in
den 30er Jahren die Funktion dichterischer Sprache als ‚Aktualisation‘
erklärt, dies im Gegensatz zur ‚Automatisation‘ der sog. Mitteilungssprache. In der anglophonen Linguistik entspricht dem das Begriffspaar
‚Foregrounding – Backgrounding‘, worin bildhaft die Sprachgestaltung
als eine poetische „Reliefbildung" vor dem gewissermaßen flachen „Hintergrund" der Normalsprache erscheint. Deren Elemente und Strukturen
erhalten im literarischen Text durch ‚Fokussierung‘, Hervorhebung, ja
Spracheffekte eine besondere Auffälligkeit und Andersartigkeit: eine
künstlerische Ästhetisierung. Für dieses Verfahren des Andersagens als
erwartet hat der Schriftsteller B. Brecht später den sehr weit (weiter jedenfalls als die sprachwissenschaftliche A.) gefassten Begriff der
‚Verfremdung‘ aufgenommen und in griffiger Abkürzung die Formel
„V-Effekt" geprägt: eine stilistische Technik, die der so nicht mehr selbst-
verständlichen, erwartbaren Darstellung Aufmerksamkeit und Erklä-
rungsbedürftigkeit verleiht.

Abweichende Ausdrucksformen sind beispielsweise die Versform
(‚Metrum‘) gegenüber dem natürlichen Rhythmus, bewusst akzentuie-
rende Wiederholungen, ungewöhnliche Vergleiche und Bilder, vor allem
aber jene absichtlichen, originellen Verstöße gegen sprachliche Konventionen, oft sogar grammatische Regeln, die als solche auf allen linguistischen Ebenen vorkommen: phonologisch, morphologisch-syntaktisch,
semantisch, auch pragmatisch. Während die Beispiele der Linguistik
meist künstlich konstruiert waren – berühmtes Exempel: *Colourless green
ideas sleep furiously* („Farblose grüne Ideen schlafen wütend", N. Chom-
sky) –, wurden vornehmlich Irregularitäten in der Literatur untersucht:
„Hirtengang *eichhörnchent* in das Laub" (G. Benn), „Zweimal entzwei
dreimal *entdrei*" (J. Arp), „die *tränen* fassen sich kurz" (M. Enzensber-
ger), usw. Zeitweise glaubte man allen Ernstes, durch Zusatzregeln eine
eigene Grammatik der Poesie aufstellen zu können. Namentlich die
Richtung der ‚Linguistischen Poetik‘ mit ihrem Wortführer R. Jakobson
verfocht die These, dass Linguistik und Poetik nicht voneinander zu
trennen seien, weil in Sprachkunst und Alltagssprache von denselben
Sprachmitteln nur unterschiedlich Gebrauch gemacht werde.

Von Anfang an ist gegen die Theorie der A. eingewendet worden, dass der Begriff ‚Norm‘ sich nicht schlüssig definieren lasse (↗ Stil-norm): Etwa als Deskription des Sprachsystems einer Sprache? Als eine im Vergleich mit dem stilistisch markierten Sprachinventar ‚neutrale‘, meist als „normal" apostrophierte Sprachebene? Eine ‚Gebrauchsnorm‘, die vom gültigen, sog. „guten" Sprachgebrauch ausgeht? Eine statistische ‚Durchschnittsnorm‘ oder subjektive ‚Erwartungsnorm‘? Oder ein sprachnormativ gesetztes ‚Stilideal‘, das immer eine mehr oder weniger intuitive Abstraktion von der Sprachwirklichkeit sein wird? Als Schluss-folgerung ergab sich, dass weder die Norm als sprachliche Grundlage, von der abgewichen wird, noch die A. selbst exakt bestimmbar seien. Im letzten Punkt schien die ebenfalls während der 60er/70er Jahre in höchs-ter Geltung stehende ‚Generative Transformationsgrammatik‘ Hilfe zu bieten. Ihr Regelapparat ermöglichte immerhin eine formale Beschrei-bung und Klassifizierung von Regeldurchbrechungen bzw. Konventi-onsverletzungen und erlaubt es sogar, den Schweregrad ihrer Fehler-haftigkeit auf einer ‚Grammatikalitäts‘- und ‚Akzeptabilitäts‘-Skala zu bestimmen.

Wie schon die antik-mittelalterliche Figurenlehre für Redekunst und Dichtung bestimmt war, zielt auch die moderne Abweichungsstilis-tik eindeutig auf die literarische Sprachverwendung: A. lassen sich in diesem Sinne als bewusst kalkulierte, ins Auge fallende Stileffekte der Sprachkunst betrachten (↗ Stilelement). Dort und dort allein gelten sie als Stilmittel; in der Normalsprache werden solche Regelverstöße schlechtweg als ‚Fehler‘ und damit als unzulässig angesehen. Unter dem Etikett poetischer Lizenz, der allbekannten „dichterischen Freiheit", sind A. aber nicht nur erlaubt, sondern sogar Kennzeichen der künst-lerischen Qualität eines Sprachwerks. Trotz der Bedeutung, die ihnen zweifellos für die Erklärung literarischer Texte zukommt, können sie jedoch keineswegs den poetischen Stil im Ganzen repräsentieren; denn die Folgerung, dass eine Sprache, die auf solche Mittel verzichtet, darum weniger poetisch sein müsse, trifft nicht zu. Die Stilauffassung ‚A. von der Norm‘ kann daher lediglich den Rang einer stilistischen Teiltheorie beanspruchen.

Adressatenbezug m. ‹die (stilistische) Berücksichtigung des Lesers›
Ein moderner, der linguist. Terminologie vorbehaltener Ausdruck, in dem
meist nur die angesprochene Person benannt ist (*Adressat*, engl.
addressee): dt. *Adressatenbezug*, auch *Adressatenberücksichtigung*, beide aus der Perspektive schriftlicher Textabfassung.

In dem Dreieck Sprecher/Schreiber – Text – Hörer/Leser kann dem Letz-
teren eine aktive (↗ Stilrezeption) oder eine passive Rolle zugewiesen
werden: Diese besteht darin, dass der Schreiber eine „partnertaktische"
Ausrichtung seines Textes auf den oder die Leser, Leserschaft, Publikum
usw. vornimmt. Für den Hörer kommt das weniger in Betracht, weil er
nicht auf seine Rolle fixiert ist, sondern selbst sowohl agieren kann als
auch reagieren (mit Ausnahmen, z.B. bei Vorträgen, Hörspielen oder
Theateraufführungen), und sein Verhältnis zum Sprecher regelt sich
meistens durch ihre direkte Kontaktsituation. Anders beim Schreiber,
dessen Text sich gewissermaßen verselbstständigt und dann völlig von
der Art seiner Rezeption abhängt. Der Leser oder Adressat ist es folglich,
der informiert oder unterhalten, belehrt oder überzeugt werden soll.
Der Schreiber muss darum so zwingend formulieren, dass jener seinem
Textverständnis strikt folgt.

Gesichtspunkte positiven A. sind u. a. die Berücksichtigung persönlicher Eigenschaften und Einstellungen des intendierten Lesers, seiner
sozialen Merkmale, seines Wissensstandes und Erwartungshorizonts,
der beiderseitigen Beziehung, dann die Wahl des angemessenen Sprachregisters sowie allgemein eine gute Verständlichkeit und Attraktivität
des Textes. Auch im Falle unbekannter Adressaten oder eines weitläu-
figen Publikums ist es besser, sich irgendeinen Durchschnittsleser vorzustellen, als im luftleeren Raum zu schreiben. Diese starke Beachtung
des Lesers (Adressaten), der sozusagen die stilistische „Zielscheibe" des
Schreibers (Autors) bildet, ist uralt. Schon in der Antike galt der A. als
ein Kernpunkt der rhetorischen Wirksamkeit, linguistische Textstrate-
gien verfolgen heute den gleichen Zweck, und für die Stillehre haben
wir es mit einer Schlüsselfrage des ganzen Schreibens zu tun. Die moderne Haltung reicht bis zur Forderung, seinen Leser buchstäblich zu
„fesseln" oder – in biblischer Pose – völlig dessen Standpunkt einzuneh-
men: „Liebe deinen Leser wie dich selbst" (W. Schneider).

Adynaton ↗ **Hyperbel**

Akkumulation (Pl. -en) f. ‹Häufung›
Eine Sonderform der Amplifikation und wie dieses Stilmittel nur noch als Fachbegriff gebräuchlich: lat. *accumulatio* ‹Anhäufung› (zu *cumulus* ‹Haufen›), frz. engl. *accumulation*, dt. *Akkumulation* für Ausdruckshäufung.

Es handelt sich um eine Wiederholungsfigur, die in verschiedenen Formen der Erweiterung und Verstärkung dient – mit der Gefahr stilwidriger Aufblähung. Am einfachsten, zugleich häufigsten sind alte Paarformeln der Art *mit Leib und Leben, kreuz und quer, Brief und Siegel geben*, überhaupt die Aneinanderreihung synonymer Ausdrücke, oder variierende Wiederholungen („Ärger, Gereiztheit, Überspannung lagen von Anfang an in der Luft", Th. Mann), insbesondere Aufzählungen („Alles rennet, rettet, flüchtet", F. Schiller); beliebt die Zusammenfassung vorher vereinzelt aufgeführter Angaben, wie im Volkslied: „Amsel, Drossel, Fink und Star | und die ganze Vogelschar" usw. Heute wird die A. meist in diesem Sinne als Detaillierung eines übergeordneten Begriffs beschrieben. Während die sinngleiche ↗ Amplifikation über eine Vielzahl verschiedener Stilmöglichkeiten verfügt, beschränkt sich die A. vorzugsweise auf eine bloße Zusammenstellung synonymer oder anderer, assoziativ gereihter Sprachelemente.

Akronym ↗ **Abbreviatur, Euphemismus**

Allegorie ↗ **Metapher, Personifikation**

Alliteration (Pl. -en) f. ‹An(laut)reim, Stabreim›
Eine Begriffsneubildung des ital. Humanisten G. Pontanus (†1503), die sich aber erst seit dem 18. Jh. zur Bezeichnung der Anlautgleichheit durchgesetzt hat: spätlat. *alliteratio* (zu lat. *littera* ‹Buchstabe›), frz. *allitération*, engl. *alliteration*, dt. neben *Alliteration* auch *Anreim* oder *Anlautreim*, speziell *Stabreim*.

Unter A. versteht man die Gleichheit, damit Wiederholung der anlautenden Konsonanten von zwei oder mehr unmittelbar oder in kurzem Abstand aufeinander folgenden, bedeutungstragenden Wörtern (nur betonte Silben). In Altertum und Mittelalter fehlte der Begriff, nicht aber die Sache: *Polemos panton men pater* („Krieg ist der Vater aller Dinge", Heraklit) oder *At tuba terribili sonitu taratantara dixit* („Doch die Trompete schmetterte mit Furcht erregendem Klang *taratantara*", Ennius). Solch ungeregelte Häufung anlautgleicher Wörter wurde seit Vergil auf

drei beschränkt und fiel damals wie auch die Reimung selbst unter das
↑ Wortspiel. Als Wiederholungsphänomen übt die A. stilistisch eine besondere Klangwirkung aus, die bis heute vor allem in Literatur, Werbung
und Alltagsformeln eine Rolle spielt.

Während sich in Fortsetzung der antiken Tradition immer mehr der
Endreim (↑ Reim) durchsetzte, wurde der Anlautreim – bedingt durch
einen starken Initialakzent der germanischen Sprachen und den formel-
haft-spruchartigen Stil feierlichen Sprechens – zum wesentlichen Wir-
kungselement der altgermanischen Stabreim-Dichtung. Nicht zuletzt
diente der Stabreim damals auch als probates Mittel der Memorierbar-
keit, d. h. als Gedächtnisstütze für den freien Vortrag. Das in die Runen-
zeit zurückweisende Wort *Stab* steht im Sinne von *Buchstabe* ‹littera› für
die nunmehr zum Schreiben verwendeten lateinischen Schriftzeichen.
Strenge Regeln bestimmten die Qualität der Stäbe sowie ihre Stellung in
der Langzeile. So reimen alle Vokale untereinander, hingegen Konsonan-
tenverbindungen wie *sp, st, sk* nur mit sich selbst, und die Stäbe sind
festgelegt auf besondere Tonstellen des An- und Abverses: „*E*ines *w*eiß
ich, das *e*wig lebt: | Des *T*oten *T*atenruhm" (übersetzt aus der altnordi-
schen «Edda», 13. Jh.). Stabung und Versschema bilden das metrische
Formprinzip des germanischen Alliterations- oder Stabreimverses. Als
altertümliche Relikte sind in unserer Umgangssprache noch ↑ Zwillingsformeln geläufig, wie *Land und Leute, Haus und Hof* oder *singen und sagen*.

Mit dem Sieg des Endreims wurde die A. zur reinen Klang- und
Schmuckfigur, ein wirkungsvolles Stilistikum in allen Arten älterer wie
neuer Literatur: *sterrono straza, wega wolkono* („Sternenstraße, Wolken-
wege", Otfried von Weißenburg, 9. Jh.), „Lust und Leid und Liebes-
klagen" (J. von Eichendorff), „selig lächelnd wie ein satter Säugling"
(Chr. Morgenstern) usw. – interessant ihr vermehrtes Auftreten in der
oft reimlosen Lyrik der Gegenwart. Prosaisch nutzen moderne Werbetexter die A. als rhetorischen Sprachreiz zur Aufmerksamkeitserregung
und besserer Einprägsamkeit: „Milch macht müde Männer munter",
und Parodisten bedienen sich ihrer für humoristische Effekte: „Wo weiland Wagners Wiege wogte …" (Leipzig, in Anspielung auf Richard
Wagners Stabreim-Stil). Vom Buch bis zur Zeitungsüberschrift erfreut
sich bei Schriftstellern wie Journalisten nichts größerer Beliebtheit als
der alliterierende Dreiertitel (vgl. ↑ Dreigliedrigkeit), nach C. W. Cerams
berühmtem Muster «Götter, Gräber und Gelehrte». In normalen Prosa-
texten wirken alliterierende Formulierungen, wenn sie nicht bewusst

und sinnvoll eingesetzt, sondern nur Zufallsprodukte sind, eher störend: „Ziffern sind Zeichen für Zahlen" (Mathematikbuch). Grundsätzlich aber gilt, dass die A. wie alle Wiederholungsfiguren hervorhebt; sie setzt zudem gefällige, auch rhythmisierende Klangakzente und trägt zur Pointierung des Textes bei.

Alltagssprachstil m. ‹stilistische Besonderheiten der Alltags-/Umgangssprache›

Eine Sprachform des Dt., die traditionellerweise zwischen Hochsprache und Mundarten angesetzt wird; vergleichbare Bezeichnungen anderer Sprachen decken sich nur teilweise: griech. *dialektos* (wörtlich ‹Unterredung›, von *dialegein*) ‹gewöhnliche Sprache, Mundart›, ebenso lat. *dialectos, -us*, ferner *sermo* ‹Gespräch, Sprech- und Ausdrucksweise› (*sermo cot(t)idianus, communis* ‹Umgangssprache›); umschreibend auch frz. *langage courant, langue usuelle* und engl. *colloquial speech*; dt. *Alltags-* oder *Umgangssprache*, ein besonderer *Alltagssprachstil* nach E. Riesel («Der Stil der dt. Alltagsrede», 1970).

In vielen Sprachen besteht ein strikter Gegensatz zwischen der überregional gültigen Hoch- und Schriftsprache, die der Norm eines offiziellen, schriftsprachlich fixierten Standards entspricht, sowie kleinräumigen und – mit Ausnahme spezieller Mundarttexte – nur gesprochenen, lokal verwurzelten Mundarten oder ‚Dialekten‘ (↗ Mündlichkeit und Schriftlichkeit). Im Deutschen gibt es zwischen diesen beiden Bereichen eine historisch herausgebildete weitere ‚Sprachvarietät‘, die *Alltags-* oder mit fachlichem Unterton *Umgangssprache* genannt wird. Sie ist, genauer gesagt, ein Komplex verschiedener großstädtischer oder weiträumig differenzierter Ausgleichssprachen auf landschaftlicher Grundlage: die Berliner, rheinische, bayrische, sächsische usw. Umgangssprache. Diese haben, seitdem der Mundartgebrauch zuerst in den Städten, dann weithin im deutschen Sprachgebiet immer stärker zurückgegangen war, die Funktion der dort in Alltag und informellem Verkehr gesprochenen Sprache übernommen. Derart bilden sie bis heute die nicht streng reglementierte, ungezwungene, „saloppe" Form eines mündlichen Hochdeutsch mit mundartlicher Färbung, wodurch jedoch das allgemeine Verständnis und die Verwendung als territoriale ‚Verkehrssprache‘ keinesfalls beeinträchtigt sind. Unter den ↗ Funktionalstilen figuriert der A. als ↗ Stilschicht mit dem Etikett ‚salopp-umgangssprachlich‘ und nimmt – außerhalb der Literatur – allenfalls in Briefen, persönlichen Notizen und dergleichen schriftliche Form an.

Die dialektale ↗ Konnotation macht sich vor allem in einer charakteristischen Sprechweise bemerkbar (Artikulation, Sprechmelodie und -tempo, Akzentuierung usw.), doch auch in signifikanten Sprachformen speziell des landschaftlichen Wortschatzes. Wenn diese nur kleinräumige Geltung haben, spricht man von ‚Dialektizismen‘, bei großräumigerer Verbreitung von ‚Regionalismen‘. Alte Handwerkernamen sind beliebte Demonstrationsstücke territorialer Vielfalt, wie *Schlachter* oder *Schlächter, Metzger, Fleischer, Fleischmann, Fleischhacker, Knochenhauer*, auch *Wurstmacher, Wurst(l)er, Kuttler* usw. Einen Sonderfall bilden landschaftliche Dubletten (fachlich ‚Heteronyme‘) wie ursprünglich mittel- und norddt. *Sonnabend* – süddt. *Samstag*. Sie können zu „Kennwörtern" nicht nur bestimmter Landschaften (‚Provinzialismen‘), sondern sogar von Eigensprachen innerhalb des deutschen Sprachraums werden: z.B. *Paradeiser* ‹Tomate›, *Obers* ‹Sahne›, *Palatschinken* ‹Eierkuchen›, als typischer Gruß *Küss die Hand!* für das Österreichische (‚Austriazismen‘ genannt); oder *Anken* ‹Butter›, *Nidel* ‹Sahne›, *Matte* und *Alp* ‹Wiese, Bergweide›, als Gruß *Grüezi!* für das „Schwyzerdütsch" der Deutschschweiz (sog. ‚Helvetismen‘). Ausgesprochene Dialektwörter werden umgangssprachlich im Allgemeinen aus Verständnisgründen vermieden; sie lassen sich stilistisch aber zur Personencharakterisierung, Andeutung von Lokalkolorit oder Milieukennzeichnung einsetzen, etwa norddt. *kieken* ‹schauen›, westfäl. *Pumpernickel*, bayr. *Gamsbart* oder *Krachlederne*. Ebenso stehen Wörter wie *Klamauk* oder *Radau* ‹Lärm›, *Mumpitz* ‹Unsinn›, *schnieke* ‹piekfein›, *mies* ‹schlecht› oder der lobende Ausruf *knorke!* für Berlin, das allerdings längst nicht die sprachliche Ausstrahlung erreichen konnte wie vergleichsweise London oder Paris.

Kennzeichnend für den A. als solchen ist zweifellos seine lockere, anschauliche und emotionale Ungezwungenheit der spontanen Rede: nachlässige Artikulation, Verschleifungen (wie *Haste nich ..., Gehmer mal ...*), oft auf Satzbruchstücke reduzierte Syntax und Konstruktionswechsel. Charakteristisch sind Freiheiten in Wortwahl und Ausdruck, so Ungenauigkeiten (z.B. das *Dingsda, Zeugs, irgendwie*), unverbindliche „Kontaktfloskeln" (*Wie geht's? ...*) und auffällig viele ‚Abtönungspartikeln‘ (den Sinn modifizierendes *ja, doch, eigentlich* usw.); ferner ‚Phraseologismen‘ als bequem verfügbare Formulierungsklischees oder Übertreibungen, die bis zu drastischen Vergleichen und Kraftausdrücken reichen (*ins Fettnäpfchen treten, Haare auf den Zähnen haben, reinhauen wie ein Scheunendrescher* oder *Mordskerl*). Andrerseits darf nicht übersehen werden, dass die Umgangssprache als das mittlerweile auch im öffentlichen Leben gesprochene regionale Hochdeutsch ein breites Spektrum vielfältiger Sprachmöglichkeiten mit großer Toleranzbreite umfasst. Schon im 19. Jh. war sie in den Städten die Sprache des wohlhabenden, gebildeten Bürgertums, die mit der Zeit auf die gesamte städtische Einwohnerschaft und den umliegenden Einflussbereich ausstrahlte. Verbesserte Schulbildung, Bevölkerungsmischung (Stadt – Land, nach dem zweiten Weltkrieg Ostumsiedler, berufliche Mobilität) und nicht zuletzt die modernen Massenmedien haben die einstige „Ausgleichssprache" im 20. Jh. als allgemeine Gebrauchssprache zum geläufigen, routiniert-informellen bis „flotten" Verständigungsmittel für alle Volkskreise werden lassen. Eine lehrreiche Alternative bildet der Sprachgebrauch der Deutschschweiz, wo im Alltag ausschließlich Mundart gesprochen und mündlich verwendetes Hochdeutsch bezeichnenderweise „Schriftdütsch" genannt wird.

Allusion (Pl. -en) f. ‹Anspielung›
> Eine vornehmlich lit., doch auch alltagssprachliche Form der andeutenden Referenz auf bestimmte Personen, Sachverhalte oder Texte: spätlat. *allusio* (Verbalsubst. von lat. *ad-* + *ludere* ‹an-spielen›, zu *ludus* ‹Spiel›), frz. *allusion*, *emprunt* ‹Entlehnung›, auch *demimot* (eigentlich „Halbwort") ‹Andeutung, Anspielung›, engl. *allusion*, ferner *hint* ‹Wink, Andeutung›, *reference* ‹Verweisung, Anspielung›; dt. als Fachwort *Allusion*, seit dem 17. Jh. das heute allgemein gebräuchliche *Anspielung*.

A. meint die absichtsvolle Andeutung, den versteckten Hinweis, eben die „Anspielung" auf eine als bekannt vorausgesetzte Person, Begebenheit oder Situation, vor allem aber Sprachäußerungen, sei es Anekdotisches, Literarisches, Sprichwörtliches usw., auf das in Rede oder Schrift Bezug genommen wird. Sie stellt ein außerordentlich kunstvolles Stilmittel dar: Anspruchsvoll einerseits für den Sprecher/Schreiber, der eine gedankliche oder wörtliche A. ohne Zitierhinweis in seine eigene Äußerung einbezieht, „unauffällig" zwar, aber doch so, dass die beabsichtigte Bezugnahme deutlich genug erkennbar wird. Anspruchsvoll andrerseits auch für die Hörer/Leser, die diesen Bezug aufgrund ihres Bildungswissens und ihrer intellektuellen Kompetenz selbst herstellen müssen. Darin liegt die besondere Wirkung der A., die sich in den meisten Fällen als ein anonymisiertes, verknapptes oder umgeformtes ↗ Zitat erklären lässt.

Formal bedingt der Andeutungscharakter sowohl eine relative Kürze als auch die wenigstens eine „Minimalidentität" wahrende Umformulierung. Von Homer bis heutigentags ist das Anspielen ein vielseitiges, beliebtes Kunstmittel – nicht zuletzt als Grundlage zahlloser ↗ Wortspiele, und zwar in aller Art von Texten (Schriftstellerei, Werbung, Film und Journalistik, mit besonderer Attraktivität in Titeln). Bekanntlich sind viele Werke der Literatur gar nicht zu verstehen ohne Kenntnis von Bibel, antiker Mythologie, älterer Dichtung usw. Den ungebrochenen Reiz der A. auch in der Gegenwart zeigen Beispiele wie E. Kästners „Kennst du das Land, wo die Kanonen blühn?" (*Zitronen*, J. W. Goethe), «Der mit dem Wort tanzt» (im Filmtitel *Wolf*, W. Sanders), das aphoristisch umgeformte Sprichwort „Was lange gärt, wird endlich Wut" (Schüttelreim *währt: gut*, H. H. Kersten) usw.

Altertümlicher (veralteter) Ausdruck ↗ **Archaismus**

Ambiguität (Pl. -en) f. ‹Mehrdeutigkeit›
Der moderne, vor allem linguist. Begriff ist Fortsetzer der antik-mittelalterlichen, heute veralteten Amphibolie, die – außer philosophisch die Zweideutigkeit im logischen Sinn – stil. die Mehrdeutigkeit von Wörtern und Sätzen bezeichnet hat: griech.-lat. *amphibolia* ‹Zweifel, Doppelsinn› (aus *amphi* ‹zweifach› + Verbalsubst. *-bolia*, zu *ballein* ‹werfen›), lat. auch *ambiguitas* ‹Zweideutigkeit, Doppelsinn› (zu *amb-igere* ‹zweifeln, unschlüssig sein›), frz. *amphibologie, ambiguité*, engl. *ambiguity*, älter auch *amphiboly, -bology*, dt. fachlich *Amphibolie, Ambiguität*, ferner als Bildungsbegriff *Äquivokation* (nach lat. *aequi-vocus* ‹gleich benannt›), allgemein *Mehrdeutigkeit* für die Zwei-, Doppel- oder Vieldeutigkeit von Ausdrücken.

In der Linguistik ist lexikalische, grammatische oder syntaktische (auch ‚konstruktionell' genannte) A. die Eigenschaft bestimmter Spracheinheiten, mehrere „Lesarten", also Interpretationen zuzulassen; weil sie damit mehrdeutig sind, müssen sie von Fall zu Fall vereindeutigt (‚disambiguiert') werden. Stilistisch lässt sich die A. als bewusster Kunstgriff einsetzen, um ein anderes als das gewohnte Verständnis zu provozieren: Fälle gewollter Doppeldeutigkeit (↗ Wortspiel). Am geläufigsten ist eine besondere Art des „Wörtlichnehmens", die zugleich das jedem Wortspiel eigene Überraschungsmoment enthält: frz. *chocolat commence par c et finit par f* – „das Wort *chocolat* fängt mit *c* an und (das Wort) *finit* ‹endet› mit *f*". Indem das Konkrete an die Stelle einer Abstraktion tritt, der literale Sinn also statt des figurativen, das Gegenständliche statt eines Bildes steht oder auch umgekehrt, handelt es sich letztlich um ein bewusst provoziertes „Missverständnis". Dies ist insofern wichtig, als jede unfreiwillige Unklarheit als Stilfehler gilt, die beabsichtigte Doppelsinnigkeit jedoch kunstvoll mit unerwarteten Möglichkeiten der Sprache spielt.

Ansatzpunkte für A. bieten vor allem die lexikalische ‚Polysemie' und ‚Homonymie'. Von den verschiedenen Bedeutungen, über die polyseme Wörter verfügen (und das sind die meisten unseres Wortschatzes), wird eine als die sog. aktuelle Bedeutung aktiviert und normalerweise in ihrem Sinn durch Kontext, Intonation, Situation usw. eindeutig festgelegt. Das Wortspiel sucht demgegenüber eine mögliche Mehrdeutigkeit (z.B. *einsilbig* von Wörtern oder einem Menschen), die ein anderes Verstehen oder das Mitverstehen einer Zweitbedeutung suggeriert: „Er war ein guter Bürger und ein *ganzer* Mann, bis er überfahren wurde" (Trauerrede für das Opfer eines Verkehrsunfalls); *Le cœur a ses raisons que le raison ne connaît point* („Das Herz hat seine Gründe, von denen der Verstand nichts weiß", B. Pascal). Bei homonymen, also gleich lautenden Wörtern verhält es sich im Ergebnis genauso; denn dass sie ihrer Herkunft nach nichts miteinander zu tun haben, wissen die wenigsten Sprachbenutzer. Wortdubletten dieser Art sind schon von alters her zu Wortspielen genutzt worden, z.B. im christlich-mittelalterlichen *mundus immundus*, dem Bild der „unheilen Welt" (lat. *mundus* ‹Welt› und negiertes Adjektiv *mundus* ‹rein›), oder im Deutschen: „Die Stunden nach Mitternacht, das ist die Zeit, in der man dem Laster auf den Straßen am häufigsten begegnet" (*Laster* ‹Unsitte› oder Kurzform von Lastkraftwagen). Die kunstgeübte Hand des Sprachmeisters hilft gelegentlich nach, so wenn F. Nietzsche von „Gassen-Trompetern und andern *Schmetterlingen*" spricht.

Amphibolie ↗ **Ambiguität**

Amplifikation (Pl. -en) f. ‹Erweiterung, Ausschmückung›
Ein heute dem Fachwortschatz angehörender Ausdruck der rhet.-poet. Tradition: griech. *auxesis* ‹Vermehrung, Erhöhung› (Verbalsubst. zu *auxein* ‹mehren›), lat. *amplificatio* ‹Vergrößerung, Steigerung› (entsprechend aus *amplus* ‹weit› + *facere* ‹machen›), entlehnt frz. *amplification*, engl. *amplificatio(n)* ‹Erweiterung, Verstärkung›, dt. *Amplifikation*.

Im Gegensatz zur antiken *auxesis* und *amplificatio*, die sich im Sinne einer Erhöhung und Verstärkung als die Kunst verstehen, durch rhetorische Mittel die Wirkung zu steigern, galt die A. in den mittelalterlichen Poetiken des 12./13. Jh. als einfache Texterweiterung. Diese erfolgte mittels ↗ Variation und Akkumulation, Aufzählung, Abschweifung, Vergleich, Beschreibung und anderer Stilfiguren, die als solche nach wie vor in Gebrauch stehen. Im Unterschied zur nächstverwandten Akkumulation weist die A. meist eine eröffnende oder abschließende Zusammenfassung auf: „Nun ruhen alle Wälder, | Vieh, Menschen, Städt und Felder. | Es schläft die ganze Welt" (P. Gerhardt). In der Gegenwart fällt diese Figur, die sich als rein umfangmäßige Erweiterung, Ausschmückung und allenfalls ausnahmsweise als kunstvollere Ausweitung einer Aussage versteht, durchweg unter negativ konnotierte Stichwörter wie Sprachschmuck, Ziererei, Aufschwellung, Bombast usw. (↗ Ornatus, Schwulst). Der A., die bis ins 18. Jh. vor allem von Dichtern des großen epischen Stils gepflegt wurde, haftet meist – zum Teil metrisch gestützt – etwas Ornamentales an, das in der Moderne eher selten als bewusstes Kunstmittel Verwendung findet.

Anachronismus (Pl. -men) m. ‹versehentlicher oder beabsichtigter Verstoß gegen die Zeitenfolge›
Entweder Stilfehler oder, im Falle bewussten Einsatzes, Stilmittel: griech. *anachronismos* neben metrischen Bedeutungen die ‹zeitlich widersprüchliche Einordnung› (Verbalsubst. von *anachronizein* ‹in eine andere Zeit verlegen›, zu *chronos* ‹Zeit›); neulat. *anachronismus*, frz. *anachronisme*, engl. *anachronism*; dt. im 18. Jh. aus dem Frz. übernommen und latinisiert *Anachronismus*, bildungssprachlich für den zeitwidrig gebrauchten Ausdruck.

Der A. hat mit unserer Zeiteinteilung in eine chronologische Abfolge geschichtlicher Perioden zu tun, indirekt also mit der Zeitrechnung. Er besteht darin, dass ein Sprachausdruck, der in bestimmter Weise zeitgebunden ist, auf Personen, Gegenstände oder Sachverhalte einer anderen Zeitebene angewendet wird, wodurch eine Diskrepanz entsteht. Man unterscheidet zwischen A. des Wortes und der Sache, obwohl einsichtigerweise die Sachverhalte mit ihren Bezeichnungen verknüpft sind, sowie zwischen vor- und rückgreifendem A.: Im Vorgriff können Dinge zu einer Zeit auftreten, als es sie noch gar nicht gab (z.B. wenn die Germanen in der Varus-Schlacht mit Kanonen schießen oder im Märchen Hänsel und Gretel Radio hören würden). Im Rückgriff wird altes, längst der

Vergessenheit anheim gefallenes Wortgut erneuert, so bei der Wieder-belebung mittelalterlicher Ritterausdrücke im 19. Jh. (wie *Abenteuer, Fehde, Harnisch, Minne, Turnier* usw.).

Während ⇑ Archaismen als veraltete Wörter und Neologismen als Neuwörter stilistisch das Zeitkolorit von Vergangenheit (Altertümlich-keit) bzw. Gegenwart (Modernität) heraufbeschwören, steht der A. in einem zeitlich nicht passenden Kontext. Er ist also in jedem Fall ein Stil-bruch, der bei unfreiwilliger oder irrtümlicher Verwendung als Stilfehler gilt. Einem Versehen entsprang sicherlich der erst im 17. Jh. gebräuchlich werdende Weihnachtsbaum in J. V. von Scheffels «Ekkehard»-Roman, der im 10. Jh. spielt; wohl ein kulturhistorischer Irrtum ist die schlagen-de Uhr, eine Erfindung des 14. Jh., in W. Shakespeares «Julius Cäsar». Andrerseits stellt der bewusste, in witziger, ironischer oder satirischer Absicht eingesetzte A. ein besonderes stilistisches Kunstmittel dar. So spottete H. Heine: „Sterbend spricht zu Salomo | König David: *Apro-pos …*“; W. Wackernagel zitiert den *„Bürgermeister Kikero“*, oder E. Wei-nert bezieht sich in seiner «Bänkelballade vom Kaiser Nero» satirisch auf die ins alte Rom projizierte Nazizeit: „Gefährlich *agitieren* diese Christen. | Doch jetzt ist Schluß mit diesen *Kommunisten!*“ Wie die älteren Traves-tien (humoristische Umgestaltungen ernsthafter Dichtwerke, vor allem der Antike und Klassik) ist beispielsweise auch F. Dürrenmatts «Romulus der Große» anachronistisch angelegt. Umgekehrt lässt sich der Begriff des A. nicht ohne weiteres auf die ältere Literatur anwenden: Wenn z. B. die antiken Helden in mittelalterlichen Nachdichtungen wie höfische Ritter agieren, so entspricht das einer „naiv-anachronistischen“ Aktuali-sierung, die weder ein Interesse an korrekter Historie noch an der sich erst später ausprägenden Zeitperspektive hat. Eine gewissermaßen über-zeitliche Aktualität versuchen manche Theaterinszenierungen der Ge-genwart zu erreichen, indem sie Gestalten und Geschehnisse der Litera-turgeschichte „modernisieren“ (Shakespeares Hamlet auf dem Motorrad, Schillers Räuber in neuzeitlichen Uniformen usw.).

Anadiplose (Pl. -n) f. Sonderform der wörtlichen ‹Wiederholung›
Eine Wortfigur der rhet.-poet. Tradition: griech.-lat. *anadiplosis* ‹Verdoppe-lung› (Subst. zu *diplous* ‹doppelt, zweifach› mit verstärkendem Präf. *ana-*, entsprechend lat. *duplex*), frz. *anadiplose*, engl. *anadiplosis*, dt. als Fach-begriff *Anadiplose* für die Ausdruckswiederholung über eine Kompositions-fuge hinweg.

Wenn das letzte Wort oder eine Wortgruppe am Ende einer Glie-
derungseinheit (Satz, Satzabschnitt, Zeile oder Vers) unverändert am
Anfang der folgenden Einheit wieder aufgenommen wird, spricht man
seit der Antike von A. Berühmtes Beispiel ist Ovids Nachahmung des
Fröschequakens: *Quamvis sint sub aqua,* | *sub aqua maledicere temptant*
(„Wenn sie auch unter Wasser sind, noch unter Wasser versuchen sie zu
schmähen", übersetzt K. Bartels). Diese ↗ Wiederholung hat vor allem
Klangwirkung, schafft aber auch eine betonte Zäsur und Eindringlichkeit. Die Fortführung nach der ‚Kompositionsfuge' kann als Entsprechung oder (negiert bzw. nach Negation) als Gegensatz formuliert wer-
den: „Sein Mantel war aus Eisen, | aus Eisen sein Habit" (P. Hacks) –
„Wenn Sie jetzt nichts tun, tun Sie genau das Richtige" (Werbung). Eine
Folge mehrerer A. (nach dem Schema A – – B | B – – C | C – – D usw.)
wird in frz. *concaténation* f. ‹Verkettung› als eine besonders kunstvolle
Wiederholungsfigur angeführt, die ebenso selten ist wie der hohen Literatur vorbehalten bleibt: … *les bons préceptes valent mieux que les belles*
paroles; les belles paroles se trouvent à la cour; a la cour sont les courtisans;
les courtisans usw. („gute Regeln sind mehr wert als schöne Worte; die
schönen Worte macht man bei Hofe; am Hof sind die Höflinge; die
Höflinge …", J.-B. Poquelin genannt Molière); als deutsches Beispiel:
„Die Bauern sind nun Bürger worden, | die Bürger sind im edlen Orden,
| die Edlen sind den Fürsten gleich, ein Fürst" usw. (G. Greflinger). Vgl.
auch Kyklos, ↗ Symploke.

Anakoluth (Pl. -e) n., auch m. ‹Satzbruch›
> Ein alter, gramm.-rhet. Fachbegriff für Inkonsequenzen des Satzbaus: griech.
> *anakolouthon* (zum Adj. *an-akolouthos* ‹zusammenhanglos, nicht folgerich-
> tig›, vgl. *anakolouthia* ‹inkorrekte Anordnung der Wörter im Satz›), danach
> lat. *anacoluthon*, frz. *anacoluthe* f., engl. *anacoluthon*, dt. fachlich *Anakoluth*,
> allgemein *Satzbruch*.

Unter Satzbruch, nicht zu verwechseln mit Satzabbruch (↗ Aposiopese),
versteht man einen regelwidrigen Konstruktionswechsel im syntaktischen Gefüge eines Satzes: „Ich habe eine neue Bekanntschaft von einem
alten Manne gemacht, welcher, wenn ich nicht wüßte, daß er Goethe wäre,
x und dennoch hat er keinen angenehmen Eindruck auf mich gemacht"
(Ch. Kestner). Im Beispiel passen Satzanfang und Satzfortführung von
einem bestimmten Punkt an (x) nicht mehr zusammen. Für dieses als
grammatische Regelverletzung und Verstoß gegen die schriftsprachliche

Norm geltende Phänomen werden meist psychologische Erklärungen geboten: Unkonzentriertheit vor allem beim Sprechen, umgekehrt auch als Symptom von Erregtheit und Emphase, ferner kurzfristige Blockaden, Nachlässigkeit oder sprachliche Unbeholfenheit; am plausibelsten klingt unter Verweis auf die beschränkte Kapazität unseres Kurzzeitgedächtnisses, dass man bei komplexer Satzbildung einfach den Faden verliert. Die erst in neuerer Forschung deutlich gewordene Vielfalt der Erscheinungsformen des A. in gesprochener Sprache hat zu einer kommunikationsgerechteren Deutung geführt: Oft liegen spontane, situationsbedingte Änderungen der Sprachplanungsstrategie zugrunde, also Korrekturvorgänge während des Sprechens, die mit einer logisch-semantischen Verschiebung des Gedankenganges zugleich eine Modifizierung des ursprünglichen Informations- und auch Satzkonzeptes bewirken.

Das A. steht in einer langen Tradition. Seine hauptsächliche Vorkommensweise in Antike und Mittelalter war das Partikel-A., im Lateinischen *particula pendens* genannt, weil diese gewissermaßen in der Luft „hängt". Das ist der Fall, wenn korrespondierende Partikeln (hauptsächlich Konjunktionen, Adverbien) nur in ihrem ersten Teil(satz) ausgeführt werden, z. B. eine Konstruktion mit lat. *quamquam* ohne folgendes *tamen*; entsprechend dt. *zwar – aber, teils – teils, erstens – zweitens* usw.: „Er sagte unkorrekterweise ‚erstens', obgleich er gar kein ‚zweitens' folgen ließ" (Th. Mann). Eine besondere Form ist das ‚proleptische A.', wenn bestimmte Satzglieder grammatisch vorweggenommen werden und damit eine Konstruktionsänderung verbunden ist; als Standardbeispiel lat. *homines – eorum hominum*, dt. etwa „*Esel, die* die Schule schwänzen, *deren* gibt es viele" (⁊ Prolepse). Hingewiesen sei auch auf einige als anakoluthisch zu betrachtende Formulierungstypen, die dabei sind, aus der deutschen Umgangssprache ins Schriftliche überzugreifen; so an Stelle einer korrekten Infinitivkonstruktion einfache Parataxe: „Sei so gut und gib mir das Buch" oder der schon verbreitete Übergang mit *weil* eingeleiteter Nebensätze in Hauptsatzform („… weil das ist nun wirklich kein gutes Deutsch"). Beim A. als Satzbruch handelt es sich wie im Falle von ⁊ Ellipsen, Parenthesen und Redundanzen um eine genuine Eigenheit der gesprochenen Sprache. Jedenfalls lässt sich oft kaum eine Abweichung von der Normalität mündlicher Kommunikationspraxis erkennen: „und jetzt trainiere ich seit Jahren täglich, so dass, wenn ich sehe, was ich heute leiste, im Vergleich zu früher, x dann muss ich sagen, das ist besser als vor 20 Jahren" – wer den glatten, in seiner spontanen

Mündlichkeit völlig normal erscheinenden Sprachablauf dieses Satzes als fehlerhaft empfindet, geht eindeutig von den grammatischen Regeln der Schriftlichkeit aus. In strengem Sinne natürlich ein Stilfehler, wird das A. in literarischen Werken immer wieder bewusst als Stilistikum eingesetzt. H. von Kleist verwendet es beispielsweise zur dramatischen Gestaltung von Erregung und Leidenschaft, zur ‚Figurencharakterisierung' also, und in den Grimm'schen Märchen trägt es als Auflockerung des Erzählstils zum typischen „Märchenton" bei. Neuere Schriftsteller erzielen damit humoristische Effekte: „Korf erfindet eine Mittagszeitung, | welche, wenn man sie gelesen hat, | ist man satt" (Chr. Morgenstern). Nicht zuletzt fungiert es aber als beliebtes Kunstmittel, um ein umgangssprachliches Kolorit zu erzeugen: „Ich komme also – ah, endlich die Suppe! Guten Appetit! tu auf – ich komme also nachm Theater, ich glaube, es war im Schauspielhaus, nein, doch nicht … im Deutschen Theater, richtig, komm ich raus …" (K. Tucholsky). Vor allem wenn der Eindruck spontaner Alltagsrede hervorgerufen werden soll, dient es als künstlerische Nachbildung echter sprechsprachlicher Muster: ein spezieller Fall ‚schriftlich konzipierter Mündlichkeit'.

Analepse ↗ **Epanalepse**

Anapher (Pl. -ern) f. ‹Wiederholung (am Anfang)›
Eine Wortfigur der rhet.-poet. Tradition, die von der modernen Satz- und Textgrammatik in neuer Form aufgegriffen worden ist: griech.-lat. *anaphora* ‹Wiederaufnahme, Verweisung› (zu *ana-pherein* ‹zurückführen›), lat. auch *repetitio* ‹Wiederholung›, frz. *anaphore*, engl. *anaphora*, dt. *Anapher*, stil. als Fachausdruck für die Anfangswiederholung.

In seiner neueren grammatischen Anwendung versteht man unter A., Anaphorik und anaphorischen Pronomina, sog. ‚Pro-Formen', rückverweisende Satz- bzw. Textelemente, die also vorerwähnte Informationen meist pronominal wieder aufnehmen und damit Textbezüge innerhalb eines Satzes oder über Sätze hinweg herstellen (z.B. „Als *Alexander der Große* starb, war *er* erst 32-jährig Herrscher eines gewaltigen Weltreichs"). Umgekehrt kann man auch auf nacherwähnte, d.h. im Textzusammenhang folgende Informationen verweisen („Als *er* im Alter von 32 Jahren starb, hinterließ *Alexander der Große* ein gewaltiges Weltreich"), wofür K. Bühler 1934 den Komplementärbegriff ‚Katapher' (nach griech. *kataphora*) prägte. Obwohl es vornehmlich um grammatisch-textlinguistische Phänomene geht, können sie in der Praxis auch von stilistischer Relevanz sein (vgl. ↑ Wiederholung). Als Stilfigur ist die A. definiert als Wiederholung desselben Wortes oder einer Wortgruppe am Anfang grammatisch-textueller Gliederungsstrukturen, die aufeinander folgen: Sätze oder Satzteile, Zeilen, Absätze sowie Verse oder Strophen. In ihrer Spitzenstellung, der mit besonderer Emphase verbundenen ↑ Ausdrucksstelle, bewirkt die A. als rhetorisch effektvolle Wiederholungsfigur immer eine nachdrückliche Hervorhebung, sei es in rednerischem Pathos oder besonderer Expressivität des Textes. Das hat sie zu einem allzeit beliebten Kunstmittel aller Dichtung wie auch Predigt und Rede gemacht: „Kuckuck, Kuckuck, rufts aus dem Wald" (Volkslied), „Spieglein, Spieglein an der Wand" (Märchen); „Das Wasser rauscht, das Wasser schwoll" (J. W. Goethe); „Muscheln, Muscheln, blank und bunt, | Findet man als Kind. | Muscheln, Muscheln, schlank und rund, | Darin rauscht der Wind" (W. Borchert); von starker Rhetorik das siebenfache „Selig sind …" der Bergpredigt oder mehrmals rhetorisch wiederholtes „Wir fordern …" in einem politischen Manifest (nach H. Schlüter). Wenn die A. eine Folge von Absätzen einleitet, kommt ihr architektonische, textgliedernde Funktion zu (so beginnen alle drei Strophen der berühmten Alterselegie Walthers von der Vogelweide mit *Owê* …). Die entsprechende Figur am Schluss ist die ↑ Epipher, die kunstvolle Verbindung beider heißt ↑ Symploke.

Anastrophe ↑ **Hyperbaton**

Angemessenheit f. ‹stilistische Formulierungsweise, die allen Umständen der Schreib- oder Redesituation gerecht wird›

Obwohl eine junge Begriffsbildung des Dt., hat sie ihre Wurzeln in alten rhet. Vorbildern: griech. *to prepon* ‹das Geziemende›, lat. *aptum* ‹das Passende, Angemessene›, auch ‹Schickliche, Schöne› (*decorum*, Quintilian), seitdem als Eigenschaft der *proprietas* die kennzeichnende, treffsichere Redeweise (zu *proprius* ‹eigentümlich, charakteristisch, von besonderer Art›); dieselbe Begrifflichkeit später in frz. *mot propre* und engl. *proper word* für den richtigen, treffenden Ausdruck, Adj. frz. *approprié* ‹angemessen›, Subst. engl. *appropriatness* ‹Angemessenheit›; dt. seit dem 18. Jh., abgeleitet vom Adj. *angemessen* (ursprünglich Part. zu *anmessen*, wörtlich also ‹angepasst›), die stil. *Angemessenheit*, daneben älter in gleichem Sinne *Zweckmäßigkeit*, modern auch das Fremdwort *Adäquatheit* (von lat. *ad-* + *aequare* ‹an-passen›) für

den Sachverhalt „passender", d.h. wohlabgewogener und zweckentspre-
chender Sprachgestaltung.

In allen Bezeichnungen der stilistischen A. steckt nicht von ungefähr der
Gedanke des Abwägens. Schon bei Aristoteles ist zu lesen, dass die sachgerechte Ausdrucksweise weder zu niedrig noch zu erhaben sei, sondern
‹angemessen› (*prepousa lexis*). Nicht anders als bei den bekannter gewor-
denen *aptum*-Vorschriften des Lateinischen und ebenso Quintilians *proprietas*-Postulat geht es immer um das rechte Verhältnis zwischen den
verba und *res*, den Wörtern und Sachen in der Stilgebung: Die Formulierung muss dem Gegenstand gemäß, ihm angepasst, auf ihn zugeschnitten sein. Dieser Gesichtspunkt der A. gilt seither als oberste Maxime in
der antiken Tradition von ↑ Stilprinzipien und wird in der Folge zu einer
Art „Superprinzip", das alle anderen Prinzipien übergreift. Altertum
und Mittelalter sahen darin vornehmlich die korrekte Anwendung der
Stilarten-Lehre (hoher – mittlerer – schlichter Stil), wogegen der moderne A.-Begriff sämtliche relevanten Faktoren des Redens oder Schreibens
berücksichtigt, zusammengefasst als ‚Kommunikationssituation'. Das
Ziel ist auch hier die Wahl der richtigen Stilebene (↑ Einheitlichkeit des
Stils); denn wer diese verfehlt oder gegen sie verstößt, hat sich im Ton
vergriffen. Von *angemessenheit (der worte)* in dieser stilistischen Auffassung ist erstmals im Jahr 1761 die Rede.

Zur gleichen Zeit kommt als Begriffsvariante das ebenfalls junge
Zweckmäßigkeit auf, das mehr als A. eine zweckgerichtete, funktionsgerechte Stilgebung betont. Hinsichtlich des Gebrauchs beider Wörter
wird heute vorgeschlagen, sie am besten „in eins" zu fassen, weil das
Angemessene meist „zu ästhetisch, das Zweckmäßige einseitig praktisch"
verstanden werde (B. Asmuth). Während ‚Zweckmäßigkeit' begrifflich
in den Sog der Funktionalstilistik geraten ist, gilt A. bis jetzt als eine
stilistische Größe ersten Ranges, die sowohl in den Stillehren als auch
allen Stilistiken eifrig traktiert wird. In ihrer offensichtlichen Koordinie-
rung verschiedener Stilaspekte versteht man darunter hauptsächlich:
– schreiberseitig die Einhaltung eines erkennbar persönlichkeits-
  geprägten Stilverhaltens (‚Individualität');
– leserorientiert die Einstellung auf den Adressaten oder einen Adres-
  satenkreis mit erwartbarem Erwartungshorizont (die Denkfigur der
  ‚Erwartungserwartung');
– sachbezogen die Wahl und konsequente Durchführung des passen-

den Formulierungsrahmens, der sich aus der durch Gegenstand oder Thema vorgegebenen Stilebene, Kommunikationssituation, Textsorte usw. zusammensetzt. Einerseits kann man Fehler in der Formulierung machen (nicht „den richtigen Ton" treffen), andrerseits am Gegenstand vorbeischreiben („Thema verfehlt!") – daraus ergibt sich in stildidaktischer Vereinfachung die bekannte Formel der ‚Angemessenheit in Ton und Sache'. Letztlich geht es also immer noch um die alte Beziehung zwischen Wort und Sache, Ausdruck und Ausgedrücktem. Gutem Stil entspricht die in vollem Umfang akzeptable Ausdrucksform einer intendierten Sachinformation. Unser ↗ Stilgefühl entscheidet unter Berücksichtigung nicht allein der grammatischen Richtigkeit, sondern aller kommunikativen Umstände der jeweiligen Äußerung, ob wir etwas gut oder schlecht formuliert finden oder trotz guter Formulierung gegen die Erfordernisse der A. verstoßen wird (als krasses Beispiel die witzige Grabrede).

Anklang ↗ **Assonanz**

Anlautreim ↗ **Alliteration**

Annominatio(n) ↗ **Paronomasie**

Anschaulichkeit f. ‹aus direkter Anschauung erwachsende Darstellungsweise›

> Vor dem Denkhintergrund der antiken *evidentia* ‹Augenschein› (zu lat. *videre* ‹sehen›), danach frz. *évidence*, engl. *evidence*, dt. bildungssprachlich *Evidenz* ‹Einsichtigkeit, Deutlichkeit, Gewissheit›, als terminologisch selbstständige Leitvorstellung der neueren Stillehre: dt. *Anschaulichkeit* für sinnen- und bildhafte Ausdrucksweise, Deutlichkeit und Konkretheit.

Während des 18. Jh. traten in der damals aus der alten Rhetorik hervorgehenden ↗ Stilistik einige neue, aufs Deutsche beschränkte Stilprinzipien in den Vordergrund, so das inzwischen wieder abgekommene ‚Natürlichkeit' im Sinne von ‹Lebendigkeit, Wirklichkeitsnähe›, später in literarischer Verkürzung ‹kunstlose Einfachheit›; vor allem aber als Neubegriff der Zeit (J. G. Herder 1767/68, F. Schiller 1795, synonym mit ‚Sinnlichkeit' bei Jean Paul, 1804) die A., die sich mehr als das farblos bleibende ‚Konkretheit' zum eigentlichen Gegensatz von ‚Abstraktheit' entwickelte. So schrieb A. Schopenhauer später, Leute von Geist wählten den konkreteren Ausdruck, „weil dieser die Sache der Anschaulichkeit näher bringt, welche die Quelle aller Evidenz ist" (1851). In der noch heute maßgebenden «Stilkunst» von L. Reiners (1944/ 91) wird empfohlen, anschaulich zu schreiben: sichtbare Dinge so zu schildern, dass der Leser sie sozusagen vor Augen sieht, Dingen mit einer anschaulichen und einer begrifflichen Seite die anschauliche abzugewinnen und rein begriffliche Dinge mit Hilfe von Bildern, Metaphern und Vergleichen lebendig zu machen. In Regelform gefasst: „Schreibe anschaulich, lebendig, konkret" (W. Schneider, 1987). Als hauptsächliche Stilmittel der A. werden aufgeführt: kurze, konkrete Wörter, die etwas zu sehen, hören, greifen geben, Vermeidung hingegen von Kollektivbegriffen, Nominalausdrücken, Flick- und Fremdwörtern; ebenfalls kurze, einfache Sätze mit lebensfrischen Vollverben statt blasser Funktionsverbgefüge, wie sie im ↗ Nominalstil vorherrschen; überhaupt immer Bevorzugung des Besonderen gegenüber dem Allgemeinen; Verdeutlichung durch Beispiele, Vergleiche, Bilder usw.

Die Stilwissenschaft hält eine generelle Forderung von A. als Kennzeichen guten Stils für „bedenklich". Wie bei zahlreichen anderen Stilvorschriften handelt es sich, speziell in ihrem Kontrast zur Abstraktheit, um eine Textsortenfrage (↗ Abstraktum, Textstilistik). Mag auch in vielen Fällen der Reiz einer ansprechenden Darstellung nicht zuletzt auf ihrer anschaulichen Präsentation beruhen, so verbietet diese sich doch vor allem in Sach- und Fachtexten. Diese, besonders solche der Wissenschaft, bedienen sich zur Veranschaulichung ihrer Fakten, Denkzusammenhänge und Forschungsergebnisse allenfalls graphischer Schemata, Tabellen, Zeichnungen, Abbildungen oder Modelle. In Alltagskommunikation und journalistischen Texten, von der Literatur zu schweigen, sind illustrierende Beispiele, Vergleiche und Sprachbilder hingegen sehr beliebt. Im Übrigen scheint sich mittlerweile ein Stilwandel der Art vollzogen zu haben, dass an Stelle der A. anderen Stilprinzipien wie Klarheit und Genauigkeit, guter Verstehbarkeit, sprachökonomischer Knappheit und sachlicher Funktionalität der Vorzug gegeben wird; dies neuerdings vermehrt auch im allgemeinen Sprachgebrauch (↗ Stilprinzipien).

Anspielung ↗ **Allusion**

Antiklimax ↗ **Klimax**

Antimetabole ⟋ **Chiasmus**

Antinomie, semantische ⟋ **Paradoxon**

Antiphrase, auch **Antiphrasis** (Pl. -sen) f. ‹Benennung nach dem Gegenteil›

Eine Wortfigur, die durch Verkehrung des Sinnes in sein Gegenteil umschreibt: griech. *antiphrasis* ‹entgegengesetzter Ausdruck› (aus Präf. *anti-* ‹gegen› + *phrasis* ‹Wort, Rede›), spätlat. *antiphrasis*, auch *contrarium* ‹Gegenteil› (Benennung *ex contrario*), frz. *antiphrase*, engl. *antiphrasis*, dt. Antiphrase, seltener *Antiphrasis* für die Verwendung eines Wortes im gegensätzlichen Sinn zu seiner eigentlichen Bedeutung, alle nur in fachlichem Gebrauch.

Ein antikes Gliederungsschema, ausgehend vom Verhältnis zwischen *verba et res*, Wörtern und Sachen, ordnete deren verschiedene Grade der Übereinstimmung in einer Abfolge von *similitudo* (Ähnlichkeit), *vicinitas* (Sachnähe) und *abusio* (wörtlich ‹Missbrauch›), z. B. das von *piscis* ‹Fisch› abgeleitete lat. *piscina* ‹Teich›, auch wenn keine Fische darin sind. Den Endpunkt bildete das *contrarium*, eben die A., in der gerade das bedeutungsmäßige Gegenteil zur Benennung genommen wird: Die Erinnyen, die Rachegöttinnen der griechischen Mythologie, kennen wir unter dem euphemistischen Namen der *Eumeniden*, die ‹Wohlgesinnten›. Immer wieder zitierte Beispiele des Altertums und Mittelalters sind die römischen Schicksalsgöttinnen, die unerbittlichen *Parcae*, die nach alter etymologischer Erklärung so heißen, weil sie eben keinen schonen (*parcere*), wie auch *lucus* ‹Hain›, weil er nicht hell (*a non lucendo*) und *bellum* ‹Krieg›, weil er keine angenehme Sache ist (*res non bella*). Die dementsprechende Definition, nämlich Verwendung eines Wortes im genau das Gegenteil ausdrückenden Sinn, macht eine Abgrenzung von der ebenso beschriebenen ⟋ Ironie nötig, da nicht selten tatsächlich eine Gleichsetzung beider erfolgt: Im Gegensatz zum stets situations- oder kontextgebundenen ironischen Äußerungszusammenhang ist die A. eine Wortfigur, die als solche nur einzelne, isolierte Wörter mit sozusagen umgekehrter Semantik betrifft.

Antistrophe ⟋ **Epipher**

Antithese (Pl. -n) f. ‹Gegenüberstellung gegensätzlicher Begriffe oder
Gedanken›
Antithetik und – als ihr Pendant – Parallelität sind seit ältester Zeit als ele-
mentare Denkformen und Stilfiguren bekannt: griech. *antithesis* wörtlich
‹Gegensatz› (Präf. *anti-* ‹gegen› + *thesis* f. ‹Setzung›), lat. übernommen, auch
antithetum, übersetzt spätlat. *contrapositio* sowie *contentio* (eigentlich
‹Wettstreit›) in der Bedeutung ‹antithetischer Vergleich›; frz. *antithèse*, engl.
antithesis, dt. *Antithese* seit 1777, ein bildungssprachlicher Begriff.

Die A. ist ein universales Grundmuster rhetorisch-stilistischer Sprachgestaltung und definiert sich, dem etymologischen Sinn des Wortes entsprechend, als Opposition logisch-semantisch entgegengesetzter Wörter,
Wortgruppen, Sätze und Texte: *ubi contraria contrariis opponuntur* („wo
Gegensätzlichkeiten kontrastiert werden", Isidor von Sevilla). In ihrer
wirksamsten Form ist sie knapp und zweiteilig, z.B. in der Chamfort
zugeschriebenen Parole der Französischen Revolution: *Paix aux chaumiè-
res! Guerre aux châteaux!* („Friede den Hütten! Krieg den Palästen!").
Sie dient der scharfen Hervorhebung von Gegensätzen oder Widersprü-
chen, und dieser Kontrast wird umso deutlicher, wenn die Symmetrie
einer parallelen Konstruktion die antithetischen Glieder hart aufeinander prallen lässt. Historisch als ‚Gorgianische Figur' geläufig (nach dem
wegen seiner Redekunst gerühmten Sophisten Gorgias von Leontinoi,
4./3. Jh. v. Chr.), galt die A. als eines der wichtigsten Merkmale im griechisch-lateinischen Kunststil asianisch-manirierten Gepräges. Mit Pau-
lus und den Kirchenvätern gelangte sie in die mittelalterlich-christliche
Literatur und erlebte während des 16./17. Jh. ihren Höhepunkt im europäischen „Schwulststil" des Marinismus, Gongorismus, Euphuismus
und deutschen Barock. In neuerer Zeit hat die A. nichts von ihrer
Beliebtheit eingebüßt und spielt, auch außerhalb der Dichtung, eine
bedeutende Rolle, namentlich in wirkungsvoller Publizistik und Werbesprache (z.B. Doornkaat: „Heißgeliebt und kalt getrunken"). Antithetische Formulierungen fördern ganz allgemein die Klarheit der Gedankenführung und die Überzeugungskraft der Aussage. Sie polarisieren
wissenschaftliche Problemstellungen, machen Widersprüche bewusst
und werden zur geschliffenen Sprachwaffe in der politischen Argumentation und Agitation.

Formal unterscheidet man zwischen Wort- und Satzantithesen, je
nachdem, ob es sich um den Gegensatz einzelner Begriffe oder ganzer
Aussagen handelt. Wie in den Beispielen zu sehen, können die Glieder

asyndetisch stehen, also unverbunden, oder durch Konjunktionen wie *und* oder *aber, doch, obwohl* usw. verknüpft sein, dies vor allem in adversativen oder konzessiven Sätzen. Umgangssprachlich kennen wir viele antithetische ⇗ Zwillingsformeln aller Wortarten: *Leben und Tod, Alt und Jung, lachen und weinen, oben und unten,* auch literarisch: „Dauer im Wechsel" (J. W. Goethe) oder «Krieg und Frieden» (L. N. Tolstois Romantitel). Fachlich nennt man solche lexikalischen Begriffspaare ‚Antonyme', also ‹Gegenwörter›, weil sie meist eine Polarität zwischen zwei Extremen ausdrücken. Antithetik herrscht aber auch in Sätzen und im Textzusammenhang: „Der Wahn ist kurz, die Reu' ist lang" (F. Schiller), im Sprichwort: „Die dümmsten Bauern haben die dicksten Kartoffeln" oder in wissenschaftlicher Pointierung: „Rhetorisch begründete Wiederholungen von Wörtern, die man betonen will – ja. Gedankenlose Wiederholung von Wörtern, zu denen einem kein Synonym einfällt – nein" (Th. Stemmler). Die kompositorische Gegenüberstellung von Textelementen, Teiltexten oder Texten, letzteres etwa im Falle der ⇗ Parodie, wird auch ‚architektonische A.' genannt (E. Riesel). Ein Muster dafür bietet Th. Manns Erzählung «Tristan», deren roter Faden die stilistische Kontrastierung des Herrn Klöterjahn und seiner Gattin als Verkörperungen des Lebenstrotzend-Vulgären und des Fragil-Künstlerischen ist. Sonderformen der A. bilden ⇗ Chiasmus und Oxymoron.

Antonomasie (Pl. -n) f. ‹metonymischer Namenersatz›
Eine Sonderform der Metonymie, insofern die Ausdrucksersetzung in diesem Fall Namen betrifft: griech.-lat. *antonomasia* ‹Umbenennung› (Präf. *anti-* ‹gegen, an Stelle von› + Verbalsubst. von *onomazein* ‹nennen›, zu *onoma* ‹Name›), lat. daneben formal entsprechendes *pronominatio,* frz. *antonomase* (seltener *pronomination*), engl. *antonomasia,* dt. *Antonomasie* im Sinne des rhet.-poet. Fachbegriffs.

Wie alle metonymischen Verfahren ist die A. Wort- bzw. Ausdrucksersatz (⇗ Metonymie, Synekdoche), hier speziell von Namen, die durch bestimmte, charakteristische Eigenschaften umschrieben werden. Das geschieht mittels substantivierter Adjektive oder Nominalgruppen, z. B. *der Allmächtige* (Gott), Agamemnon *der Atride* (Sohn des Atreus), Sokrates *der Athener* oder Jesus *der Prophet aus Galiläa* (Herkunft), die französische Nationalhymne *la Marseillaise* (nach der Stadt Marseille), Schiller *der Wallenstein-Dichter* oder Goethe *der Weimarer Dichterfürst.* Was hier auf den ersten Blick wie eine veredelte Berufsangabe aussieht, setzt sich fort in weitläufigeren Umschreibungen der Art „Achill der Löwe in der Schlacht" oder „Götz von Berlichingen der Ritter mit der eisernen Hand". Sie dienen in Form von ⇗ Metapher, Periphrase oder Variation dazu, die A. zu einer stilistisch attraktiven Umformulierung zu nutzen; sie erregt dadurch, dass sie auffällt, nicht nur Aufmerksamkeit, sondern verfügt meistens auch über größere Bildkraft. Dieser Tropus war seit ältester Zeit in religiöser Sprache wie Dichtung beliebt und gilt auch heute noch als wirkungsvolles Stilmittel in Werbeslogans (etwa ein Kaffee, *der magenmilde Muntermacher*) und jounalistischem Sprachusus: *die graue Eminenz*, Fürst Bismarck als *Eiserner Kanzler* oder im modernen Großbritannien M. Thatcher *the Iron Lady*.

Umgekehrt kann ein Eigenname antonomastisch zum Appellativum (Gattungsnamen) verallgemeinert werden, wenn er nämlich anstatt der Benennung des Einzelwesens als prototypische Verkörperung und Inbegriff einer spezifischen Art Mensch steht: ein *Herkules* ‹riesenstarker Mann›, eine *Xanthippe* ‹zänkisches Weib›, *Casanova* ‹der Frauenheld› oder „ein wahrer *Paganini*" ‹Geigenvirtuose›; man spricht hier auch wohl von ‚Vossianischer A.' (im Anschluss an den niederländischen Humanisten J. G. Vossius, 1630) oder von ‚Namenmetaphern'. Der weitere Schritt zu sog. Bei- oder Übernamen – frz. *surnoms*, engl. *nick names* – ist dann nicht sehr groß. Die Palette vielfältiger Möglichkeiten reicht von eingebürgerten A. wie der *Alte Fritz* für den Preußenkönig Friedrich II. über appellativisch erstarrte Namen (unser *Kaiser* und *Zar* nach dem großen *Caesar*) bis zu nationaler Typenbildung im *deutschen Michel*, in der französischen *Marianne* oder dem amerikanischen *Uncle Sam*.

Antonym ⇗ **Antithese, Wortstilistik**

Aperçu ⇗ **Bonmot**

Aposiopese (Pl. -n) f. ‹Satzabbruch›
Die rhet. Figur des willentlichen Redeabbruchs: griech.-lat. *aposiopesis* (zu *apo-siopan* ‹verstummen›, *siope* ‹Schweigen›), lat. auch *reticentia* ‹Stillschweigen› (vom Vb. *re-ticere, tacere* ‹schweigen›), frz. *aposiopèse*, engl. *aposiopesis*, dt. als Fachausdruck *Aposiopese*, allgemein *Satz*- oder *Redeabbruch*.

Die A. unterscheidet sich grammatisch vom ⇗ Anakoluth dadurch, dass die geplante Satzkonstruktion nicht anders, sondern überhaupt nicht zu Ende geführt wird. Dieses Abbrechen betrifft aber nicht nur den Satz,

sondern auch dessen Aussage und ist so genau genommen ein Redeabbruch. Die Ursachen können situationsbedingt sehr verschieden sein,
etwa Unterbrechung durch eine andere Person, Unsicherheit hinsichtlich
der weiteren Formulierung, absichtliche Verhüllung der Aussage oder
Schweigen aus Bequemlichkeit, Vorsicht, Angst, Höflichkeit usw.,
manchmal mit der ausdrücklichen Feststellung: „– mir fehlen die Worte!" Der Sprecher/Schreiber kann sich auch selbst unterbrechen: „Diese
Windbeutel Fichte und Schelling und dieser Scharlatan, der Hegel …
aber der Leser künftiger Zeiten entschuldige, daß ich ihn von Leuten
unterhalte, die er überhaupt nicht kennt" (A. Schopenhauer). Ein besonderer Fall ist die ‚apotropäische‘, d. h. Unheil abwehrende A., heute nur
noch verblasst in Redewendungen wie: „Da soll mich doch …!", wo
meist Namen des Teufels oder andere Tabuwörter ausgespart werden.
In der Regel handelt es sich um Flüche, Verwünschungen oder Drohun-
gen; als klassisches Muster Jupiters göttliches Machtwort: *Quos ego –!*
(„Euch werd ich!", Vergil).

In Rhethorik und Literatur dient die A. als Stilfigur dem bewussten,
geradezu demonstrativen Satzabbruch, um rednerische oder dramatische Spannung zu erzeugen. Trotz vielfältiger Erscheinungsformen lässt
sich dies derart beschreiben, dass Gedanke und Formulierung an einem
bestimmten Punkt plötzlich enden oder unterbrochen werden (meist
angezeigt durch einen Gedankenstrich oder Auslassungspünktchen),
und zwar an Stelle der eigentlichen Aussage, aber nicht ohne vorauswei-
sende Andeutungen: So hat H. von Kleist in seiner Erzählung «Die Mar-
quise von O …» den entscheidenden Punkt der Vorgeschichte in einem –
ausgespart und W. Busch mittels … einen originellen Heiratsantrag for-
muliert: „Mädchen", spricht er, „sag mir, ob …" | Und sie lächelt: „Ja,
Herr Knopp!" Das vorzeitige Verstummen nötigt die Hörer/Leser zu eigenen Folgerungen oder Mutmaßungen über Fortgang und Sinn der
Äußerung. Im Gegensatz zu Verkürzungen nach Art der ↗ Ellipse bleibt
der Sinn der nur fragmentarischen Äußerung also in der Schwebe und
bedarf daher einer Interpretation. Auf diese Weise werden nicht nur
Aufmerksamkeit und Neugier erzielt, sondern auch Scharfsinn und Ein-
bildungskraft gefordert. Vor allem aber schafft die „Leerstelle" Spannung, eine Wirkung, die früher in Zeitungsromanfolgen effektvoll genutzt worden ist: „Voll Entsetzen schrie sie auf, erbleichte und …
(Fortsetzung folgt)."

Archaismus (Pl. -men) m. ‹veralteter oder altertümlicher Ausdruck›
Ein lexikalischer Begriff mit stil. Komponente: griech. *archaismos* ‹Altertümlichkeit, veralteter Sprachgebrauch› (Abstraktbildung von *archaizein* ‹altertümlich sein, altertümeln›, zu *archaios* ‹alt›, *arche* ‹Herkunft, Ursprung›);
neulat. *archaismus*, frz. *archaïsme*, engl. *archaism* (beide 17. Jh.); dt. seit Mitte
des 18. Jh. *Archaismus* als Stilbegriff für den Gebrauch veralteter oder altertümlicher Wörter und Wendungen.

Der A. gehört – zusammen mit seinem Gegenpol ↗ Neologismus ‹Neuwort› – in das Wechselspiel von sprachlicher Veraltung (Archaisierung)
und Erneuerung (Innovation). Archaisierung ist ein Prozess, der sich in
mehreren Phasen vollzieht: In unserem Wortschatz lassen sich veraltete,
veraltende und altertümliche (historische) Ausdrücke unterscheiden.
Formal können dies Einzelwörter, Wortverbindungen oder Redewendungen sein; z. B. *Backfisch* ‹junges Mädchen, Teenager›, *in Bausch und
Bogen* ‹alles in allem›, *nicht viel Federlesens machen* ‹keine großen Umstände machen›. Ein soziostilistisch interessantes Phänomen ist die offensichtlich bewusste Archaisierung im Falle von Wörtern, die im Wandel
der Zeit eine als gesellschaftlich diskriminierend empfundene Assoziati-
on angenommen haben (etwa *Pfaffe*, *Dirne*, *Magd*, *Knecht*, *Dienstmäd-
chen*, *Putzfrau* usw.).

Veraltet sind Ausdrücke, die in der Gegenwartssprache nicht mehr
gebraucht, aber noch verstanden werden (wie *Fittich* ‹Flügel›, *Vatermör-
der* ‹Hemdkragen›, *weiland* ‹damals›). Infolge ihrer Ungewohntheit wirken solche Wortrelikte oft gehoben-preziös oder pedantisch-geziert,
weshalb ihr Gebrauch in der Regel ironisch oder scherzhaft ist. Das gilt
ähnlich für veraltende Ausdrücke; ihr Unterschied besteht darin, dass sie
– vor allem von älteren Menschen – noch als Varianten neben den sie
ersetzenden neuen Begriffen benutzt werden und dadurch ihren besonderen Stilwert erhalten (als Beispiel *Rendezvous*, verdeutscht *Stelldichein*
‹verabredetes Treffen›, heute *Verabredung*, jugendsprachlich *Date*). Altertümliche Ausdrücke, auch als ,Historismen' bezeichnet, sind nur noch
„museale" Namen für nicht mehr existierende Dinge oder Vorstellungen
vergangener Zeiten, etwa *Lindwurm* ‹Drache›, *Kemenate* ‹Frauengemach›,
sehren ‹verletzen› oder *hanebüchen* ‹grobklotzig›. Die romantische Verklä-
rung der Vorzeit hat verbunden mit einer Begeisterung für Sprachgeschichte und altdeutsche Literatur im 19. Jh. zur bewussten Erneuerung und Wiederbelebung solch mittelalterlichen Wortguts geführt:
Aar, *Hain*, *Hort*, *ächten*, *küren*, *fromm*, *hehr*, *weidlich* usw. Als epigonal

kunstvoll stabreimende Sprachversatzstücke in R. Wagners Musikdramen wirken sie nur noch gekünstelt: „Vermählen wollte der Magen Sippe (Verwandtschaft) dem Mann ohne Minne die Maid ..."

Über den allgemeinen Wortschatzwandel und archaisierende Sprachmoden hinaus hat die Bewahrung alter, gemeinhin nicht mehr geläufiger Ausdrucksweisen ihren natürlichen Schwerpunkt in Sprachbereichen, die stark zeremoniell und konservativ geprägt sind. Namentlich in der Sprache der Bibel und Liturgie oder in Gesetzestexten vermitteln altüberkommene kirchliche oder rechtliche Formulierungen den Eindruck von Feierlichkeit, Pathos und Eindringlichkeit. Eigentliches Feld des A. als Stilmittel ist jedoch die Literatur, wo altertümliche Sprachformen hauptsächlich in historischen Romanen, chronikalischen Erzählungen oder Übersetzungen älterer Schriften oft der Darstellung des Zeitkolorits oder der Personenkennzeichnung dienen (ein Meister dieser indirekten Charakterisierung, allerdings meist in ironischer Brechung, ist Th. Mann). Ein archaisierender Stil äußert sich immer in zeittypischen Einzelelementen, die einen durchgehenden ↗ Stilzug bilden. Zuweilen kann solche Stilisierung eine gewisse „Pseudohistorizität" zur Folge haben, so in der späteren volkstümlichen Bearbeitung der Grimm'schen «Kinder- und Hausmärchen». Auch die Alltagssprache kennt archaistische Auflockerung der Art, dass man scherzhaft *Beinkleid, „alter Knabe"* oder *sintemal* und *alldieweil* sagt; mitunter kann man in der Zeitung noch altväterliche Formen wie *gelahrt* (gelehrt) lesen oder in der Werbung: „Aus deutschen *Landen* frisch auf den Tisch", usw. Der A., dessen Wirkung nicht zuletzt auf seiner kontrastiven Einbettung in die moderne Sprache beruht, ist eine spezielle Form unseres stilistischen „Expressivitätspotentials".

Archileser m. ‹heuristische Größe der Stil- und Textanalyse›
Konzept und Begriff stammen von M. Riffaterre: frz. *architecteur*, engl. *average reader* („Durchschnittsleser"), *super-reader*, dt. fachlich *Archileser* – ein Konstrukt zur Entdeckung von Stilelementen in Texten.

In Auseinandersetzung mit der um 1960 boomenden Abweichungsstilistik (↗ Abweichung von der Norm) zog der französische, in Amerika lehrende Stilforscher M. Riffaterre aus seiner Ablehnung der problematischen, in welcher Form auch immer außerhalb des Textes angesetzten ‚Norm' eine verblüffende Schlussfolgerung. Er verlegte die stilnotwendige Vergleichsrelation einfach in den Text und gelangte so zu seiner ‚Kontrast im Kontext'-Theorie: Der vorgängige Kontext (Makrokontext) baut eine bestimmte Erwartung auf, die durch ein unerwartetes, somit stilistisch relevantes Sprachelement durchbrochen wird. Dieser ‚Stileffekt' (*stylistic device*) resultiert aus dem Mikrokontext des Kontrasts zum unmittelbar vorausgehenden Sprachelement; als Riffaterre'sches Beispiel die Opposition „dunkle Klarheit" (*obscure clarté* in einem Corneille-Vers).

Diese strukturalistische Theorie der 60er Jahre fand damals in der (literarischen) Stilanalyse Anwendung. Allerdings, Stileffekte als Kontraste im Kontext werden erst dann existent, wenn und wo ein Leser sie wahrnimmt, und das bleibt in jedem Fall subjektiv. Im Bemühen um eine Objektivierung seines Verfahrens ersann Riffaterre den A., der weder ein idealisierter Superleser noch ein statistischer Durchschnittsleser ist. Vielmehr stellt er eine heuristische Größe dar, in der sich die verschiedensten Informationsquellen zusammenfinden: der Stilforscher selbst mit ein- oder mehrmaliger Lektüre, andere Leser als Informanten, Autorangaben, Kommentierungen und Interpretationen, Übersetzungen des Textes usw. All diese Informationen gelten lediglich der voneinander unabhängigen Auffindung stilrelevanter Textstellen („Kontraste" als potentielle Stileffekte), und zwar ohne weitere Begründung oder Erläuterungen. Der Stilforscher benutzt sie lediglich als Hinweise, gleichsam „Stilsignale", die ihm als Ausgangspunkt für seine eigene stilistische Analyse dienen. Der A., als ein Versuch methodischer Objektivierung bestechend, erfordert viel Aufwand; der Ertrag unterscheidet sich meist wenig von einer Stilinterpretation traditioneller Art.

Architektonik ↗ **Disposition** und **Komposition**

Argot ↗ **Gruppenstil**

Assonanz (Pl. -en) f. ‹Anklang, Halbreim›
    Ein Neubegriff des 18. Jh., vorzugsweise metrischer Natur, nach lat. *assonare* ‹anklingen› gebildet: frz. engl. *assonance*, dt. *Assonanz* für partiellen lautlichen Gleichklang.

Die A. hat eine metrische und eine allgemeinere stilistische Seite. Im ersten Fall wird auf die Geschichte des deutschen Endreims zurückgegriffen (↗ Reim), der in seiner Frühzeit weitgehend assonantisch war, wie sich gelegentlich in alten Kirchen- und Volksliedern oder Kinderversen noch andeutet: „Backe, backe *Kuchen*, | der Bäcker hat *gerufen* ...“ Von A. sprechen wir, wenn ein reimartiger Gleichklang nur der betonten Vokale, z.B. *Friede* x *Liebe* x *Wiege*, seltener auch nur bestimmter Konsonanten besteht, etwa *zickzack*. Im Sinne der Metrik sind das nicht vollkommene, „unreine“ Reime, daher auch die Bezeichnung ,Halbreim‘. In den vokalreichen romanischen Sprachen galt dies zeitweise als legitime Reimform; im Deutschen scheiterten entsprechende Versuche der Romantiker an der Tonlosigkeit unserer Endsilben. Als Reim hat die A. grundsätzlich mit ihrer Unvollkommenheit zu kämpfen: Die reimenden Lautgruppen sind nicht völlig gleich, sondern nur ähnlich; so wird lediglich ein Anklang bewirkt, der leicht zu überhören oder überlesen ist, und auch die Klangwirkung lässt meist zu wünschen übrig.

Unter rhetorischem Gesichtspunkt, in allgemeinerem Verständnis also, hat die A. als Wiederholungsphänomen und Klangfigur durchaus expressive Bedeutung. Das wusste man ohne theoretische Begründung schon in der Antike (lat. *vitium* x *virtus*, *amor* x *ardor*) wie auch in anderen Sprachen, etwa frz. *la belle et la bête*, wo sich A. und Alliteration in einem Wortspiel zusammenfinden. Weiterhin ist auf altüberlieferte paarige Alltagsformeln hinzuweisen, die es hier genauso wie im Falle von Alliteration oder Reim gibt: *Acht und Bann, Schrot und Korn, angst und bange*. Assonantische Vokalsequenzen können in allen Positionen auftreten, weshalb sie oft rhythmisierende Wirkung haben, z.B. in O. Spenglers Titel «Der Untergang des Abendlandes»; zudem führt die Wiederholung bestimmter Vokale in kurzem Abstand zu klangmalerischen Effekten („eine Reihe von heißen Eisen“). Dies alles hat die A. zum beliebten Stilmittel gemacht, nicht nur in Werbesprache und Zeitungen, sondern vor allem in Reden: „Alkohol statt Lohn, die echten Menschenwerte, der mündige Bürger“ usw.; gut verträglich zeigt sich die Alliteration: „Mut zur Muße“ oder „Spannung auf Sparflamme“. Da Reim und Lautmalerei der Poesie vorbehalten sind, versteht sich die A. als zurückhaltenderes Mittel, um in Normaltexten eine entsprechende, aber prosaisch gestattete Sprachwirkung zu erzielen.

Augenblickskompositum ↗ **Nominalstil**

Ausdruck, Ausdruckskraft ↗ **Expressivität**

Ausdrucks- und **Eindrucksstelle** f. ‹Positionen besonderer Aussagegewichtung im Satz›
Innerhalb der Wortstellung befinden sich die stil. wirkungsvollen Positionen am Beginn und Ende eines Satzes: frz. *antéposition* (auch *emphase* ‹Nachdruck›) – *postposition*, engl. *emphasis* – *end-focus* (*end-position*) ‹Hervorhebung am Anfang oder Schluss›; dt. in spezieller Ausprägung *Ausdrucks-* und *Eindrucksstelle* als Fachbegriffe für die satzeinleitenden bzw. -schließenden Spracheinheiten im Aussagesatz (20. Jh.).

Während vergleichsweise in der französischen oder englischen Sprache die Satzgliedstellung relativ starr dem Schema Subjekt – Prädikat – Objekt folgt, verfügt das Deutsche über eine weitaus größere Flexibilität des Satzbaus. E. Drach hat 1937 für die Positionierung der Satzglieder im syntaktischen Rahmen des Aussagesatzes festgestellt, dass sie vielfach stilistischen Ausdrucksabsichten entspreche. Besonderes Gewicht kommt dabei dem Anfang und Ende zu, den Tonstellen des Satzes. Die Füllung des sog. ‚Vorfeldes‘, der einleitenden Satzglieder vor dem finiten Verb, nannte er die „Ausdrucksstelle", die postverbalen Satzglieder des ‚Nachfeldes‘ die „Eindrucksstelle". Die Spitzenposition soll vor allem Gefühl und Emotionen zur Geltung bringen, die Schlussposition mehr mit Verstand und logischer Argumentation arbeiten. In der Tat: Beispiele wie „Hoch auf strebte mein Geist ‥." (F. Hölderlin) oder mit Spitzenstellung des Verbs im sog. Emphasesatz: „Klettert doch der Bursche wieder auf meinen Birnbaum …" (F. Dürrenmatt) zeigen viel satzeinleitende, emotionale Eindringlichkeit, ja mündlichkeitsnahes Pathos. Demgegenüber intensiviert sich zum Ende hin der Aussagegehalt, und nicht selten gipfelt der Satz im letzten, sinnentscheidenden Wort: *I can resist everything except temptation* („Ich kann allem widerstehen, nur keiner Versuchung"). Dieses Zitat von O. Wilde ist nicht zufällig gewählt: Im Englischen, das den Anfang kaum zur Hervorhebung nutzt, sind alle wichtigen und neuen Informationen für das Ende reserviert, den *end-focus* – ‚Fokus‘ ist der linguistische Begriff für das Zentrum informativen Interesses und auch stilistischen Nachdrucks.

Ausdruckswert, stilistischer ↗ **Stilwirkung**

Ausklammerung ↗ **Satzstilistik**

Autorstil ↗ **Individualstil**

B

Barbarismus ⇗ **Fremdwort, Metaplasmus**

Bereichsstil ⇗ **Funktionalstil**

Bild, Bildhaftigkeit, Bildlichkeit ⇗ **Metapher**

Bildbruch ⇗ **Katachrese**

Bonmot (Pl. -s) n. ‹geistreiche oder witzige Bemerkung›
Ein Begriff der europäischen Geistesgeschichte, als Phänomen allgemein, aber unter verschiedenen Bezeichnungen geläufig: schon griech. *apophthegma* und lat. *dictum* ‹Spruch, Sentenz, witziger Ausdruck›; namengebend frz. *bonmot*, buchstäblich ‹gutes (treffendes) Wort›, d.h. die geistreiche oder witzige Bemerkung, ähnlich *aperçu* eigentlich ‹Wahrgenommenes, der Einfall› (Part. von *apercevoir* ‹wahrnehmen, bemerken›), engl. *(bon)mot, aperçu* und *saying* ‹Spruch, Redensart›, dt. gleichfalls zu Beginn des 18. Jh. übernommen *Bonmot, Aperçu,* bildungssprachlich *Diktum,* allgemein *Ausspruch* oder Umschreibungen.

Dem Frankreich des 17./18. Jh., einer Epoche glänzender Geisteskultur und geschliffenen Esprits, verdanken wir B. und Aperçu, die man in einem Atemzug nennen kann. Im Deutschen wird das Phänomen durch Allgemeinbegriffe wie vor allem Ausspruch, Bemerkung, Einfall, Geistesblitz, Scherzwort (⇗ Wortwitz) wiedergegeben, meist spezifiziert mittels Adjektiven wie geist- oder humorvoll, treffend, scharfsinnig, schlagfertig usw. Wo das Sprichwort volksläufige Lebensweisheiten in kernige Sätze fasst und die Sentenz allgemein gültige Erfahrungen oder Erkenntnisse in Form eines prägnanten Sinnspruchs zum Ausdruck bringt, ist das B. die griffige Formulierung eines meist lebensnahen, sei es geistreichen oder witzigen Einfalls: „Ein Gentleman ist ein Mann, der einer Frau gegenüber nicht aus dem Rahmen fällt, auch wenn er über sie im Bilde ist" (W. Finck).

Nächstverwandt ist die literarische Kleinform des ‚Aphorismus' (griech. *aphorismos* wörtlich ‹Abgrenzung›, dann auch ‹Definition und Lehrsatz›, lat. *aphorismus*, frz. *aphorisme*, engl. *aphorism*, in älterer Verdeutschung *Gedankensplitter*). Der Aphorismus stellt einen originellen Gedanken in größter sprachlicher Knappheit dar, die dem Leser „Leerstellen" zur eigenen Reflexion lässt, und die pointierte Formulierung macht ihn zum „Sprichwort der Gebildeten". K. Kraus exemplifiziert aphoristisch: „Der Aphorismus deckt sich nie mit der Wahrheit; er ist entweder eine halbe Wahrheit oder anderthalb." Das B. hat mit Aphorismen, Sprichwörtern, Sentenzen, Denk- und Sinnsprüchen, den ‚geflügelten Worten' der Dichtung sowie anderen Formen von Spruchweisheit eine Gemeinsamkeit: Wegen ihrer gedanklich-sprachlichen Attraktivität werden sie alle gern im ↗ Zitat zur geistigen Bereicherung und stilistischen Ausschmückung von Texten verwendet, namentlich als Einleitung oder zur Schlussabrundung.

Brachylogie, Brevitas ↗ **Kürze**

C

Chiasmus (Pl. -men) m. ‹Kreuzfigur, Überkreuzstellung›
Schon seit den Anfängen der Rhetorik (Gorgias) beliebte, weil effektvolle
Stilfigur der antithetischen Wiederholung: griech. *chiasmos* ‹Kreuzstellung›
(in der Gestalt eines X, des Buchstabens Chi), neulat. *chiasmus*, frz. *chiasme*,
engl. *chiasmus*, dt. *Chiasmus* als Fachbegriff, allgemein *Kreuzfigur* und Umschreibungen.

Normalerweise bedient sich die ↑ Antithese syntaktisch der Form des
↑ Parallelismus; wird die Konstruktion der Satzglieder gleichfalls anti-
thetisch verschränkt, so ergibt dies den Ch. Er besteht also in der Gegenüberstellung zweier Gegensatzpaare von Einzelwörtern oder Wortfol-
gen, die sich in ihrer symmetrischen Überkreuzung entsprechen: „Eng
ist die Welt, und das Gehirn ist weit" (F. Schiller) oder: „Die Stadt ist
groß, und klein ist das Gehalt" (E. Kästner). Angesichts seiner rhetorischen Wirksamkeit stand der Ch. in Antike und Mittelalter hoch im
Kurs; berühmt Gottfrieds von Straßburg Doppelchiasmus: *ein man ein
wip, ein wip ein man,* | *Tristan Isolt, Isolt Tristan.* Später erlebte er einen
erneuten Höhepunkt in der Formkunst der Barockdichtung. Als literarische Beispiele neuerer Zeit nur: „Alle Welt glaubt es, aber was glaubt
nicht alle Welt?" (F. Nietzsche), „Denn was er hier der Fliege, | die Fliege
dort ihm tut" (Chr. Morgenstern) oder: „Die Mühen der Gebirge liegen
hinter uns. Vor uns liegen die Mühen der Ebenen" (B. Brecht). Immer
setzt der Ch. sprachliche Akzente, schafft Rhythmisierung und Variation; zudem bewirkt er eine klare Zuspitzung des antithetischen Kontrasts. Die Moderne handhabt dieses Stilmittel, das heute als kompliziert
und leicht gekünstelt eingeschätzt wird, in öffentlicher Rede wie im Alltag eher mit Zurückhaltung.
  Eine viel geübte Praxis bildet die einfache Wortkonversion, in der
sich die entgegengesetzten Begriffe in umgekehrter Reihenfolge wiederholen: „Kleinigkeiten sind die Bausteine zur Vollendung, aber die Vollendung ist keine Kleinigkeit." Dadurch ergibt sich eine raffinierte Spie-
gelbildlichkeit des Ausdrucks, die vor allem in Titeln, Überschriften oder

Werbeslogans genutzt wird: «Sprache der Kritik – Kritik der Sprache» oder „König der Weine und Wein der Könige", auch literarisch: „Dann gnade Gott denen von Gottes Gnaden" (den Fürsten, G. Chr. Lichtenberg) oder: „... das war kein Schnee, es waren Blumen, Schneeblumen, Blumenschnee" (Th. Mann). Diese knappste, äußerst pointierte Form wird oft terminologisch unterschieden als ‚Antimetabole': griech.-lat. *antimetabole* wörtlich ‹wechseitige Vertauschung›, sinnentsprechend auch lat. *commutatio*, frz. *antimétabole*, engl. *antimetabole*, alle nur in fachlichem Gebrauch.

Contradictio in adiecto ↗ **Oxymoron**

D

Deutlichkeit *↗* **Klarheit**

Deviation *↗* **Abweichung von der Norm**

Dialektizismus, auch Regionalismus *↗* **Konnotation**

Dialog *↗* **Pragmatische Stilistik**

Diminution (Meiosis) *↗* **Abbreviatur, Kürze, Litotes**

Disposition und **Komposition** f. ‹rhetorisch-stilistische Gestaltungs-grundsätze der formalen Gliederung und des künstlerischen Aufbaus von Texten›

Zwei Begriffe der älteren rhet.-poet. Tradition, die bis in die moderne Schul-didaktik weiterwirkten: lat. *dispositio* wörtlich ‹Einteilung, Ordnung›, *com-positio* ‹Zusammensetzung, Gestaltung›, speziell ‹Wort- und Satzstellung, Periodenbau›, später ‹Aufbau eines Kunstwerks›; in der dt. Stilistik als Fach-begriffe *Disposition* und *Komposition*, metaphorisch auch *Architektonik*, so allgemein für Gliederung (formal) und Gestaltung (künstlerisch), ursprüng-lich in der Musik, seit dem 18. Jh. auch für Sprachkunstwerke.

Die antik-mittelalterliche Dispositionslehre (lat. *dispositio*, vorgängig griech. *diathesis*, die ‹Anordnung› der gesammelten Argumente, des „Stoffes") sah eine Gliederung der Rede in mehrere Hauptteile vor, deren Anzahl wechselte:

– *exordium* oder *prooemium* ‹Anfang, Einleitung, Vorrede (Prolog)›;
– *narratio* ‹Darstellung des Sachverhalts und Argumentation (Haupt-teil, Text)›, aufgegliedert in *argumentatio* ‹Beweisführung›, *confirma-tio* ‹Bekräftigung der Argumente›, *refutatio* ‹Widerlegung von Ge-genargumenten› usw.;
– *conclusio* oder *peroratio* ‹Schluss, Zusammenfassung, Nachwort (Epi-log)›.

Diese rhetorischen Redeteile (*partes orationis*) galten in erster Linie für die D. der Rede, die sich sachbedingt nach den Erfordernissen der jeweiligen Redesituation richtete. Zur K. erfährt man in der antik-mittelalterlichen Theorie relativ wenig, und das hat seinen Grund: Da es der Dichtung jener Zeit nicht um die – im Gegensatz zur Moderne – durchweg bekannten Stoffe ging, sondern um deren eigen-artige, kunstvolle Neugestaltung, betraf die *compositio* zunächst nur den Satzbau, indem sie die wirkungsvolle Anordnung der Wörter (Satzglieder) regelte. Erst seit dem 18. Jh. übernahm K. auch die stilistische Bedeutung des künstlerischen, nach bestimmten Formgesetzen erfolgenden Aufbaus eines (musikalischen oder sprachlichen) Kunstwerks. Aus dem alten rhetorisch-poetischen Gliederungsschema resultiert noch jene Grundform schulischer Aufsatzdidaktik, die bekannte Dreiheit von ‚Anfang – Hauptteil – Schluss'. Das scheint insofern eine „natürliche" Grundform zu sein, als in jedem Alltagsgespräch Beginn und Ende durch konventionelle „Floskeln" gekennzeichnet werden, sozusagen gebrauchsfertige Redeeinführungen und Redebeendigungen; hingegen bleibt der eigentliche Gesprächsinhalt äußerst variabel. Als schriftliche Textsorte ist der Brief ähnlich strukturiert. Verallgemeinert bestehen also für Textanfang und -schluss, die eine exponierte Betonungs- und Hervorhebungsfunktion haben (↗ Ausdrucks- und Eindrucksstelle), klare stilistische Vorgaben, während der gemäß Inhalt und Umfang so genannte Hauptteil am wenigsten festgelegt ist. Erst in neuester Zeit wird im Rahmen der Textlinguistik versucht, allgemeine Prozeduren der ↗ Themenentfaltung in Texten zu beschreiben.

Bereits in der mittelalterlichen Dichtungslehre, vor allem den Poetiken des 12./13. Jh., unterschied man einen ‚Ordo naturalis', die sachgemäße, also dem Gang der Dinge geradlinig folgende Anordnung, und einen ‚Ordo artificialis', die „abweichende", effektvoll organisierte Kunstform. Während in der Sachprosa wie schon in den Reden um einer klaren, übersichtlichen Darstellung willen auf die korrekte Einhaltung der Geschehens- und Zeitenfolge geachtet wurde, berief die Dichtung sich für ihre künstlerische Gestaltungsfreiheit auf große Vorbilder wie besonders Homer und Vergils «Aeneis». Die Entscheidung, ob natürlich oder artifiziell, war immer abhängig von Gattung bzw. Textsorte, Tradition und Zeitgeschmack (z.B. liebte man in der Romantik die „chaotische Form"). Für die Gegenwart gilt, dass Gebrauchs- und Sachtexte, insbesondere solche fachlicher und wissenschaftlicher Art, meist in objektiv-präziser Form den realen Tatbeständen oder logisch deduzierenden Denkabläufen folgen. Journalistische, essayistische und vor allem Texte der hohen Literatur bedienen sich meist freierer, kunstvollerer, vom Gewohnten und Regelhaften abweichender Gestaltungsprinzipien (Vor- und Rückgriffe, Exkurse, assoziative Anknüpfungen usw.), jedenfalls kompositorisch raffinierter Darstellungstechniken. Im Allgemeinen gilt die D. als anordnendes, die K. als ganzheitlich vereinigendes Prinzip.

Für den äußeren Textaufbau verwendet man auch den Begriff ‚Architektonik', der sich im Zusammenhang mit der metaphorischen Auffassung des Textes als Gebäude erklärt. So spricht Goethe von der erschaffenden, bildenden, konstruierenden Kraft der „Architektonik im höchsten Sinne"; bei A. Schopenhauer lesen wir: „Wenige schreiben, wie ein Architekt baut, der zuvor seinen Plan entworfen und bis ins Einzelne durchdacht hat ..." Bekannte Bauformen sind seit alter Zeit in der dramatischen Dichtung Akte und Szenen, in der Lyrik Strophen und Verse, in der Prosa Absätze, Abschnitte, Kapitel usw.

Dreierformel, -titel ↗ **Dreigliedrigkeit**

Dreigliedrigkeit f. stilistisch die ‹Kombination dreier zusammengehöriger Spracheinheiten›

Ein universales Sprachphänomen, bei dem einzelsprachliche, doch in der abendländischen Kultur auf alte rhet.-poet. Ansätze zurückführende Bezeichnungen überwiegen: in der Antike griech. *trikolon* ursprünglich ‹der aus drei Kola gefügte Satz› (*tria* n. ‹drei› + *kolon* ‹Satzglied›, nach Isidor von Sevilla lat. *colon, id est membrum*), wobei das Kolon als Teil der Periode zunächst rhythmische Sprecheinheit, dann Teil der Satzgliederung und daher auch Satzzeichen war (vgl. *Semi-kolon* ‹Strichpunkt›), und schließlich bezeichnete man so eine aus mehreren Wörtern bestehende Sprach- und Sinneinheit in Vers oder Prosa; frz. *trias, triade* (griech.-lat. *trias*) ‹Dreizahl, Dreiheit› im Allgemeinen und auf die Ausdrucksweise bezogene Umschreibungen, engl. *triad, triplet* (dies aus griech. *triplous*, lat. *triplex* ‹dreifach›, umgebildet nach *doublet* ‹Doppelform›), dt. ebenfalls meist umschreibend *dreigliedriger Ausdruck*, neben *Dreigliedrigkeit* seltener auch *Dreierformel*.

Bekanntermaßen erfreuen sich sog. ‚binäre' und ‚ternäre', d. h. aus Zweier- oder Dreiergruppen bestehende Sprachstrukturen als Stil- und Wirkungsmittel in Literatur und öffentlicher Sprachverwendung wie auch in der Alltagsrede seit jeher höchster Beliebtheit. Fürs Deutsche sind das alte Paar- oder ↗ Zwillingsformeln, vor allem aber dreigliedrige Formulierungen. Diese stehen statistisch an der Spitze solcher mehrteiligen Ausdruckskombinationen, also in Dreiergruppierungen der Art „Blut, Schweiß und Tränen; Feld, Wald und Wiese; mit Mann und Ross und Wagen", wobei nach dem „Gesetz der wachsenden Glieder" (O. Behaghel) dem dritten Glied silbenmäßig, oft auch sinngemäß ein Übergewicht zukommt. Die D. wird umschrieben als lat. *oratio trimembris* oder engl. „three-part lists", entsprechend im Deutschen meist „dreigliedrige Ausdrücke". Die oft kunstvolle Reihung dreier Wörter, Satzteile oder Sätze gilt als rhetorisch äußerst wirkungsvoll. Klassisches Beispiel ist Cäsars *veni, vidi, vici* („Ich kam, sah und siegte") – drei Wörter nur, formal alle zweisilbig mit gleichem An- wie Auslaut, in lapidarer Kürze und vollendeter Symmetrie, von ihrer Ausdruckskraft ganz zu schweigen. Dreierformeln dieser Art prägen jedenfalls die Reihung von Synonymen, Anaphern und Parallelismen, besonders in Form der ↑ Klimax, deren Glieder sich zum Sinn- und Ausdruckshöhepunkt am Schluss hin steigern.

„Aller guten Dinge sind drei", sagt das Sprichwort. In der Tat geht von dreigliedrigen Formulierungsmustern ein stilistischer Anreiz aus, der in vielen Alltagsformeln, rhetorischen Figuren und einer Hochflut von „Dreierfiguren" in der modernen Werbung seinen Niederschlag findet. Am auffälligsten sind jedoch die modisch alliterierenden Dreiertitel von Büchern, Filmen, Rundfunk- und Fernsehsendungen oder Zeitungsartikeln: «Daten deutscher Dichtung; Nostalgie nach Noten; Titel, Thesen, Temperamente; Sonne, Sand und Segelboote; Liebe, Lust und Leidenschaft» usw. Ursprünglich hat die Faszination dieses Stilmittels sicherlich mit der sakralen und magischen Bedeutung der Dreizahl an sich zu tun. Sprachlich beruht sie aber auch auf dem Gefühl, damit exakt die goldene Mitte zu treffen zwischen einem Zuwenig und Zuviel des Ausdrucks.

Dunkelheit f. stilistisch der ‹Mangel an Klarheit in Ausdruck oder Gedanklichkeit›

> Die Obscuritas nahm im rhet.-poet. Begriffspotential der Antike eine wichtige Stelle ein, in der heutigen Alltagsstilistik ist sie aber nur noch unter dem Stichwort der Unklarheit von Belang: griech. *skotos* ‹Dunkelheit› und *asapheia* ‹Unklarheit› (vom negierten Adj. a-saphes ‹undeutlich›); lat. *obscuritas* ‹Dunkelheit, Unverständlichkeit› (vom Adj. *obscurus* ‹*bedeckt, dunkel, unverständlich›), frz. *obscurité*, engl. *obscurity*, dt. fachlich *Obscuritas*, allgemein *Dunkelheit* der Sprache, *dunkler Stil*.

Wie im Deutschen das Stilprinzip der ⁄ Klarheit den Gegenbegriff der ‚Unklarheit‘ nach sich zog, so stand von alters her neben der lat. *perspicuitas* wörtlich ‹Durchsichtigkeit› die *obscuritas*, die sich als mangelnde gedanklich-sprachliche Klarheit definieren lässt. Beide werden oft in dem Verhältnis *virtus* (Stilqualität) – *vitium* (Stilfehler) gesehen, aber die geschichtliche Realität ist komplizierter: Zwar kann D., also Unklarheit, durch Unvermögen, Oberflächlichkeit oder Unachtsamkeit des Sprechers/Schreibers verursacht sein, woraus Schwerverständlichkeit resultiert. Zu demselben Ergebnis führt jedoch auch eine bewusste Darstellungsstrategie, die mittels selbst geschaffener Schwierigkeit die Aufmerksamkeit des Hörers/Lesers erregen oder eine Interpretation des Textes erzwingen will. Dies war zu allen Zeiten ein Vorrecht der Dichter, denen die *licentia poetarum* („dichterische Freiheit“, modern spricht man auch von „Obskuritätslizenzen“) immer die Verrätselung, Verhüllung und Verfremdung ihrer Werke gestattete.

In bestimmten Epochen entsprach ein „dunkler Stil“ dem persönlichen Dichtergeschmack oder herrschenden Zeitgeist – so in der hellenistischen Mode des ‚Asianismus‘, bei römischen Schriftstellern wie Seneca oder Persius, in der mittelalterlichen, auf Bibel und christliche Allegorese bezogenen *docta obscuritas* (Augustinus), im *trobar clus*, der kunstvoll-schwierigen Verskunst provenzalischer Troubadours, wie in der „geblümten Rede“ mittelhochdeutscher Dichter, in barocken Manierismen und der romantischen Vorliebe für Dunkel-Geheimnisvolles, im modernen „Symbolismus“ usw. Die Obscuritas kann jedenfalls als ein weltweites und zeitübergreifendes Sprachphänomen gelten. Einen stilistisch interessanten Aspekt bildet die *obscura brevitas*, die ‹dunkle Kürze›, wie sie nicht erst seit Horaz («Ars poetica» 25 f.) in allen Rhetoriken und Poetiken thematisiert ist. Im England des 16. Jh. war der *obscure style* wenig geschätzt, französisch *obscurité* wurde damals von der dogmatisierten *clarté* fast verdrängt und auch im Deutschen *Dunkelheit* des Ausdrucks grundsätzlich negativ bewertet. Mittlerweile hat die Linguistik mit ihrer Erforschung sprachlicher Grundprobleme wie ‚Ambiguität‘ (Mehrdeutigkeit), ‚Variabilität‘ (Vielschichtigkeit), ‚Vagheit‘ (Unbestimmtheit) usw. nicht unwichtige Aufschlüsse darüber gewonnen, was Formulierungen „dunkel“ erscheinen lässt.

So selbstverständlich die Sprachkunst (Poesie), ihren eigenen Gesetzen folgend, in komplizierter Satzperiodik, reichem Tropenschmuck und tiefer Symbolik, dazu Bildungswissen und Verfremdungsprozeduren eine gewollte Interpretationsbedürftigkeit ihrer Texte bewirkt, so sehr verbieten sich in der normalen Sprachpraxis (Gebrauchsprosa und Alltagskommunikation) jederlei Unklarheiten. Zwei der gefährlichsten „Dunkelmacher" gehören direkt in unseren Zusammenhang: erstens eine das Verständnis gefährdende Kürze, statt der stets eine sachgerechte Ausführlichkeit am Platze ist (so kurz wie möglich, aber so ausführlich wie nötig); zweitens eine kompliziert-verworrene Darstellung, die nicht in unsere Gegenwart passt, der Gedankenschärfe, Luzidität und Ausdruckspräzision als Inbegriffe guten Stils gelten. Das in Sprachkritik und Stillehre seit langem bestehende Vorurteil von der D. des „Gelehrtenstils" beachtet nicht, dass fast alle Fachsprachen, vor allem solche der Wissenschaften mit ihren speziellen Terminologien und Textkonventionen (in Gesetzesformulierungen, Arztrezepten, naturwissenschaftlichen Formelsprachen usw.), ähnlich wie die Sprachkunst besonderen Regelungen unterliegen. Das allgemeine Erfordernis stilistischer Klarheit und Verständlichkeit wird dadurch nicht berührt.

E

Eindrucksstelle ↗ **Ausdrucksstelle**

Eindruckswert, stilistischer ↗ **Stilwirkung**

Einheitlichkeit des Stils, Stileinheit f. ‹das Zusammenwirken aller Stilmittel im Rahmen eines Textes, wodurch dieser zu einem geschlossenen Ganzen wird›
> Nicht streng terminologisiert, doch in der dt. Stilistik und besonders Stillehre als Strukturprinzip guten Stils vorausgesetzt (in der literaturorientierten franko- und anglophonen Stilistik durch die antike Stilarten-Lehre und die spätere Forderung der „drei Einheiten" von Handlung, Ort, Zeit in Tragödie und dramatischer Dichtung poetologisch abgedeckt): dt. *Einheitlichkeit, Einheit des Stils, Stileinheit* als wichtiges Postulat mikro- und makrostil. Textgestaltung.

Die E. hat im allgemeinsten Sinne zu tun mit dem Gesamtrahmen eines Textes und den Einzelheiten, die diesen ausfüllen, also mit der Problematik des Ganzen und seiner Teile (↗ Makrostilistik, Textstilistik). Wer von Goethes Altersstil, vom Stil der «Buddenbrooks» oder von ‚Barock-Stil' spricht, stellt damit im Stil eines Autors, eines Werks, einer Epoche eine jeweils unterschiedliche Gleichartigkeit fest: eine E., deren Differenzierungen subjektiv oder objektiv durch beteiligte Personen, Thema, Funktion und Art des Textes (‚Textsorte'), den Zeitstil, Ziel und Zweck der Sprachäußerung usw. bedingt sind. Formal kommt ein einheitlicher Textstil durch die konsequente Wahl zusammenstimmender Ausdrucksmittel zustande, und zwar mikro- wie makrostilistisch (↗ Stilelement, Stilzug). Wenn ‚Selektion' und ‚Kombination' die grundlegenden Operationen im Bereich der Sprachstruktur sind, dann folgt die Auswahl der passenden Sprachmittel dem Stilprinzip der ↗ Angemessenheit und ihr Zusammenwirken im Text dem Grundsatz der E., die als allgemeinste Kombinationsregel gilt.

Beide Prinzipien finden Ihre Fundierung in einer für den Textstil entscheidenden ‚Stilebene', die als angemessene, in sich homogene und verbindliche Stillage eines Textes definiert werden kann. „Angemessen" besagt, dass die gewählte Stilebene – als Höhenlage über oder unter dem Normalpunkt einer stilistischen Graduierung (↗ Stilschicht) – der Individualität des Sprechers/Schreibers, dem oder den Adressaten, vor allem auch dem Gegenstand (‚Thema') gerecht werden muss. „In sich homogen" ist eine Stilebene, wenn die angemessene Stilschicht der Wörter und Wendungen ebenso wie das Stilniveau des Gesamttextes konsequent eingehalten werden; unbegründete Abweichungen gelten als Stilfehler. „Verbindlich" soll die Stilebene sein, weil ihre strikte Einhaltung einem Grunderfordernis guten Stils entspricht. In zweierlei Hinsicht kann dagegen verstoßen werden: Erstens hätte jede Missachtung der Angemessenheit (in welchem ihrer Gesichtspunkte auch immer) ein Verfehlen der Stilebene zur Folge; diese wäre dann zwar im Wortlaut stimmig, doch als ganze ein Fehlgriff (so hatte seinerzeit schon ein Lessing dem Ästhetik-Professor J. G. Sulzer vorgeworfen, über Flöhe in erhabenem Stil zu schreiben). Zweitens kann man sich innerhalb der korrekten Stilebene eines nicht passenden Ausdrucks bedienen, der sozusagen aus seinem Kontext herausfällt; eine solche falsch gewählte Formulierung wird als ‚Stilbruch' bezeichnet (vgl. ↗ Katachrese). Die traditionelle Stillehre beschreibt diese Sachverhalte übrigens in einer besonderen, musikalisch inspirierten Begrifflichkeit: Nach dem „Gesetz der gleichen Tonart" soll jedes Sprachkunstwerk, jeder Text auf einen bestimmten „Ton", die richtige „Tonart" gestimmt sein, und wer diese verfehlt oder im Stilbruch verletzt, hat sich „im Ton vergriffen".

Wenn Stil mit der E. identifiziert wird, „die einen Artikel, ein Buch, einen Brief *zu einem geschlossenen Ganzen* macht" (W. Raith), darf dies nicht mit strenger Einförmigkeit verwechselt werden. Der persönliche Brief als Textsorte kennzeichnet sich gerade durch seine Vielgestaltigkeit; je nach angesprochener Thematik werden Darstellung und Stil den neuen Bedingungen angepasst. Die Gründe liegen, allgemein formuliert, in der Verflechtung der stilistischen Textstruktur mit den pragmatischen Voraussetzungen: Neue Personenkonstellationen, Handlungs- und Themenwechsel, sich wandelnde Situationsumstände usw. ziehen sofort entsprechende Veränderungen nach sich, die andere Stilmuster bewirken können. Daher gehört zur E. als Strukturprinzip immer auch der mögliche Stilwechsel, sofern dieser nicht lediglich aus Achtlosigkeit oder bloßer Inkonsequenz erfolgt, sondern begründet und mit Absicht. Ausgeprägt ist das in Werken der Sprachkunst zu beobachten, doch auch

Gebrauchstexten nicht fremd. Der bewusste, überraschende Stilwechsel, der bei Lesern ein irritiertes Aufmerken hervorruft, bildet dann ein besonderes Stilmittel, nicht anders als der gezielte Stilbruch, wie er von Schriftstellern, Werbetextern und Humoristen wirkungsvoll genutzt wird. Letztlich regelt die E., sei es in harmonischer Kontinuität oder sinnvollem Stilwechsel, die stilistische Feinabstimmung im Textzusammenhang.

Einschub (Satzeinschub) ↗ **Parenthese**

Ellipse (Pl. -n) f. ‹Aussparung bestimmter Redeteile/Satzglieder in Äußerung oder Satz›

> Ein ökonomisches Prinzip der Rede: griech. *elleipsis* ‹Mangel, Auslassung› (Verbalsubst. zu *el-leipein* ‹zurücklassen, fehlen›), lat. *ellipsis* ‹Mangel, Wortauslassung›, seit Quintilian auch *detractio* wörtlich ‹Wegnahme›, frz. engl. *ellipse*, dt. *Ellipse* als sprachliche „Sparform", die durch Weglassen entbehrlicher Sprachelemente zu einer Ausdrucksverkürzung führt.

Die E. war in der Antike sehr beliebt, weil sie dem stilistischen Grundsatz der Brevitas (↗ Kürze) diente; modern sieht man in ihr allgemein ein Prinzip ökonomischen Sprachgebrauchs (frz. *le principe d'économie*, engl. *economy of expression*). Dabei werden ganz bestimmte, grammatisch eigentlich notwendige, für die Aussage jedoch weniger wichtige oder aus dem Sinnzusammenhang leicht ergänzbare Wörter, Redeteile oder Satzglieder innerhalb eines fragmentarischen Satzrahmens ausgespart. Die E. verfährt nicht willkürlich, sondern lässt Unwesentliches weg, vermeidet Schwerfälligkeiten der Formulierung und tilgt vor allem ↗ Redundanzen (Wort- und Gedankenwiederholungen). Dadurch wird die Aussage gestrafft, das Wesentliche hervorgehoben und in dieser Verdichtung mittels Kürze eine stärkere Ausdruckswirkung erreicht.

Formeln des alltäglichen Umgangs machen die vielfältige Art elliptischer Muster deutlich: „(Ich bitte um) Entschuldigung! Wie ein kleiner Junge (hast du dich benommen)! Was (machen wir) nun? Je schneller (du es tust), desto besser (wird es sein). Oder (ist es etwa nicht so, wie ich sage)?" usw. Genauso selbstverständlich sind uns jene Alarmrufe – sog. Satzwörter oder Einwortsätze – wie „Achtung! Hilfe! Feuer!", die signalartig für sehr komplexe Situationen stehen. Öffentliche Hinweis- und Verbotsschilder (ganz zu schweigen von militärischen Kommandos) fassen sich kaum weniger knapp: „Heute geschlossen! Betreten verboten!

Bitte nicht stören!" Kraft durch Kürze heißt auch die Devise der Kunstform des Aphorismus (↑ Bonmot) und liegt ebenso der Prägnanz vieler
Sprichwörter zugrunde: „Ende gut, alles gut." Elliptisch sind meist Ant-
worten auf Fragen, weil normalerweise eine Formulierung nicht mehr
wiederholt wird, wenn sie schon in der Frage selbst enthalten war.
Textsortenbedingte Lakonie prägt den mittlerweile allerdings nur noch
historischen ‚Telegrammstil', der vor allem „grammatische" Wörter (Pronomen, Hilfsverben, Partikeln) auslässt. Andere Regeln sprachökonomischer Gestaltung bestehen für Zeitungsüberschriften und Schlagzeilen,
Rezepte und Gebrauchsanweisungen, Gruß- und Höflichkeitsformeln,
Notizen, Formulare usw. Als ausgesprochen „ellipsenträchtig" gelten Alltagsrede, Journalistik, Werbesprache und moderne Literatur, letztere namentlich dann, wenn in Passagen ‚schriftlich konzipierter Mündlichkeit'
der Eindruck gesprochener Sprache hervorgerufen werden soll (↑ Mündlichkeit und Schriftlichkeit).

Legte die alte Begrifflichkeit von ‚Mangel' und ‚Auslassung' ebenso
wie auch die neuere Betrachtung der E. aus der Perspektive des vollständigen Satzes eine negative Wertung nahe, so sieht man heute in ihr eher
ein genuin sprechsprachliches Phänomen, vergleichbar mit ↑ Aposiopese (Satzabbruch), Anakoluth (Satzbruch) und Parenthese (Satzeinschub). In der Mündlichkeit lassen sich lückenhafte Sprachstrukturen
unschwer sinngemäß ergänzen, weil spontane Rede in eine konkrete
Sprechsituation eingebettet ist. Darum kann die E. unbekümmert ihrer
Funktion folgen, nicht alles auszusprechen, was schon gesagt, selbstverständlich oder ohne weiteres erschließbar ist. Letztlich handelt es sich
um „situationsgeprägte Sprachverhaltensmuster", deren unmittelbare
Verständlichkeit sich offenbar gut eingespielten gedanklich-sprachlichen Verstehensmechanismen verdankt. In schriftlicher Formulierung
müssen elliptische Fügungen hingegen stets so durch ihren Kontext abgesichert sein, dass die Verkürzung keine Missverständlichkeiten zur Folge hat. Die grammatisch-syntaktische Kürze der E. bewirkt Natürlichkeit
der Sprache, lockert die Kompaktheit schriftlicher Formulierung auf
und ist in sparsamer Anwendung ein probates Mittel, frischen Wind in
die Satzrhythmik zu bringen.

Emphase f. ‹Nachdruck, sprachliche Eindringlichkeit›
Eine Stilfigur der uneigentlichen Umschreibung, die heute nur noch dem
Zweck der Hervorhebung dient: griech. *emphasis* ‹Verdeutlichung› (zu *em-*

phainein ‹sichtbar machen›), lat. seit Quintilian übernommen, frz. *emphase,*
engl. *emphasis,* auch *emphatic stress,* dt. unter Einfluss des Frz.
Emphase (um
1700), vorwiegend im Sinne nachdrücklicher Steigerung, auch für affektvolle,
überschwängliche Betonung.

Der antik-mittelalterliche Tropus, der mehr Nachdruck in einer umschreibenden Formulierung suchte (als neueres Beispiel J. W. Goethes
„Hier bin ich Mensch, hier darf ich's sein" für Freiheit), ist kaum noch
geläufig. Derzeit steht E. für Expressivität, Ausdrucksverstärkung also,
die vor allem mittels Betonung, Wortwahl oder Wortstellung bewirkt
wird. Die Betonung, ein Phänomen der Mündlichkeit, hebt den fokus-
sierten Ausdruck durch Intonation, Stimmintensität und emotionale Akzentuierung hervor; schriftlich werden diese phonetischen Mittel z.B.
durch Unterstreichung, Großbuchstaben oder Anführungszeichen annäherungsweise nachvollzogen. Im Bereich der Wortwahl gibt es viele
Möglichkeiten, etwa die expressive Wiederholung („Mein Vater, mein
Vater ...", mehrmals im «Erlkönig»), Emotionalvokabeln, auffallende
Wortspiele usw. Emphatische Wortstellung im Satz betrifft vor allem
die betonte Spitzenposition: „Aufsteigt der Strahl ..." (C. F. Meyer) oder
die vorwegnehmende ‚Herausstellung' (↗ Prolepse), z.B. „Eine richtige
Männerfreundschaft ... das ist wie ein Eisberg: nur das letzte Viertel
sieht aus dem Wasser" (K. Tucholsky). Häufig bedient sich der sog. Emphasesatz einer einleitenden Hervorhebungsformel, wie sie auch in frz.
c'est ... qui und engl. *it is ... who* vorliegt: „*Es ist* der Ton, *der* die Musik
macht." Zur syntaktisch besonders wirkungsvollen Anfangs- und
Schlusspositionierung von Satzelementen vgl. ↗ Ausdrucks- und Eindrucksstelle.

Enallage, auch Hypallage ↗ **Metalepse**

Endreim ↗ **Reim**

Epanalepse (Pl. -n) f. ‹wörtliche Wiederholung›
Die einfachste Form der Wiederholung im Satz, die unter verschiedenen
Bezeichnungen auftritt: griech. *epanalepsis* wörtlich ‹Wiederaufnahme› (aus
Doppelpräf. *epi-* ‹hinzu› und *ana-* ‹wieder› + Verbalsubst. zu *lambanein* ‹nehmen›), oder nur *analepsis,* synonym *epizeuxis* wörtlich ‹Hinzufügung›, lat.
repetitio ‹Wiederholung› (auch *geminatio, conduplicatio* ‹Verdoppelung›), frz.
als Allgemeinbegriff *répétition,* fachlich *épanalepse, épizeuxe* (selten *condup-*

lication), engl. *repetition, epanalepsis,* auch *epizeuxis,* dt. ebenfalls als Fachbegriffe *Epanalepse* und *Epizeuxis,* seltener *Repetition,* alle für Wiederholung.

Die Bezeichnungsvielfalt ist so verwirrend wie der Sachverhalt unproblematisch: E. und die anderen Begriffe stehen für einfache Wortwiederholung an beliebiger Stelle des Satzes, vor allem jedoch am Anfang (↑ Wiederholung). Einzelne Wörter oder Ausdrücke kehren, zuweilen durch Konjunktionen verbunden oder durch zwischengeschaltete Sprachelemente unterbrochen, in unveränderter grammatischer Form und Bedeutung im Satzzusammenhang wieder: „Röslein, Röslein, Röslein rot" (J. W. Goethe); „Wir wollen uns den ganzen Tag | Vergolden, ja vergolden!" (Th. Storm); „Alle Vögel sind schon da, alle Vögel, alle" (H. Hoffmann von Fallersleben) usw. Zu ergänzen ist, dass gerade solche einfachen Wiederholungen keineswegs der Literatur vorbehalten sind, sondern häufig auch in Alltagswendungen vorkommen: „Lang, lang ist's her" oder „Und das regnet und regnet". Wie alle Wiederholungen bewirkt die E. eine pathetische, steigernde oder rhythmisierende Ausdrucksintensivierung.

Epipher (Pl. -rn) f. ‹Wiederholung (am Schluss)›
Eine Wortfigur der rhet.-poet. Tradition: griech.-lat. *epiphora* ‹Hinzufügung› (zu *epi-pherein* ‹nachtragen›), synonym *epistrophe* ‹Wiederkehr› (zu *strephein* ‹drehen, wenden›), lat. auch *conversio* ‹Umwendung, Abrundung› (zu *vertere* ‹wenden›), frz. *épiphore, épistrophe,* engl. *epiphora, epistrophe,* dt. *Epipher* oder selten *Epiphora* (nur fachlich *Epistrophe*) für die Schlusswiederholung.

E. ist definiert als die ↑ Wiederholung desselben Wortes oder einer Wortgruppe am Schluss grammatisch-textueller Gliederungsstrukturen, d. h. in aufeinanderfolgenden Sätzen oder Satzteilen, Zeilen, Absätzen sowie Versen oder Strophen. Als Beispiele: „Nacht ist es: nun reden alle springenden Brunnen. Und auch meine Seele ist ein springender Brunnen" (F. Nietzsche) oder: „Ansahen sich die Männer von Mahagony. | Ja, sagten die Männer von Mahagony" (B. Brecht). Unübersehbar haben solche sich am Zeilen- bzw. Versende wiederholenden Ausdrücke etwas Reimartiges (,identischer Reim'), weshalb nicht von ungefähr die Antistrophe, ursprünglich die ‹Gegenstrophe› des Chors im griechischen Drama und damit primär ein metrischer Begriff, vielfach mit der E. identifiziert wird. Die Wirkung der eigentlichen E. beruht auf ihrer Position an der markant betonten ↗ Eindrucksstelle hinter dem finiten Verb, die hervorhebt: „Er (Herr Gingold) tut das alles mit Anteil, er ißt beflissen, trinkt beflissen, liest beflissen" (L. Feuchtwanger). Die Schlusswiederholung ist das Gegenstück zur ↗ Anapher am Anfang, jedoch als Kunstmittel weniger geschätzt, auch jünger und vergleichsweise selten; die Verbindung von Anapher und E. heißt ↗ Symploke.

Epizeuxis ↗ **Epanalepse**

Epochenstil ↗ **Zeitstil**

Euphemismus (Pl. -men) m. ⟨Hüllwort, beschönigender Ausdruck⟩
Ein Tropus der verhüllenden Umschreibung in der rhet.-poet. Tradition: griech. *euphemismos* das ⟨Wohlreden⟩ (Präf. *eu-* ⟨gut⟩, *eu-phemizein* wörtlich ⟨Glück verheißende Worte sprechen⟩), lat. *euphemismus*, frz. *euphémisme*, engl. *euphemism*, dt. bildungssprachlich *Euphemismus* als „Glimpflichkeitsumschreibung".

Der E. ist eine uralte Form der ↗ Periphrase, worin ein als unangenehm, anstößig oder Unheil bringend empfundenes Wort durch eine beschönigende, d. h. positiv färbende Bezeichnung umschrieben wird. Die Motive sind verschiedener Art: Anstand oder Schamgefühl, Höflichkeit, berechnender Opportunismus, Sprachmanipulation, religiöse Scheu oder Aberglauben – dies besonders im Falle sog. Tabus, die weltweit vorkommen (der Begriff aus dem Polynesischen) und letztlich auf magisch-religiösen Vorstellungen beruhen. Als Tabuwörter gelten heute Ausdrücke mit pejorativem Nebensinn, die man aus diesem Grund zu vermeiden pflegt, so seit alter Zeit vor allem Tod und Teufel: Es gibt Hunderte wohlklingend umschreibender Wendungen für ⟨sterben⟩ und für den Teufel verhüllende Bezeichnungen wie *Luzifer* (lat. *lucifer* ⟨Lichtbringer⟩), der *Leibhaftige, Gottseibeiuns* (Stoßgebet), bayr. *Deixl* (Entstellung, um das Wort nicht aussprechen zu müssen, wie *verflixt* statt *verflucht*) usw. Die prinzipielle Zweckbestimmung des E. liegt darin, Schlimmes oder Peinliches angenehmer, Unerfreuliches höflicher und Unheilvolles glimpflicher zu sagen, auf jeden Fall den direkten Ausdruck zu umgehen. Damit besteht Nähe einerseits zu ↗ Litotes und Ironie, die gleichfalls nicht das Gemeinte aussprechen, andrerseits zur extremen Benennung nach dem Gegenteil, der ↗ Antiphrase. Euphemistisch begründeter Wortbedeutungswandel zeigt sich im Ausdruck unserer Geruchsempfindung: *stinken*, ursprünglich wertneutral für jederart Gerüche, wurde mitteldochdeutsch durch „beschönigendes" *riechen* ersetzt, dieses wiederum in neuerer Zeit durch *duften* im Sinne von ‹wohlriechen›.

Auch heute noch steht die Glimpflichkeitsumschreibung, wie man das Phänomen genannt hat, hoch im Kurs, literarisch wie im Alltag. So wird meist bei Obszönitäten, sei es des Intim- und Sexualbereichs oder der „Fäkalsprache", in unverfänglichere Ausdrucksmöglichkeiten ausgewichen, um Derb-Vulgäres zu vermeiden. Umgekehrt herrscht in Werbung und Medien, namentlich auch in Diplomatie und anderen Formen öffentlichen Sprachgebrauchs eine Art von euphemistischem Höflichkeitsprinzip, das alles in ein pseudo-liebenswürdiges Licht rückt: Niemand ist *dick*, sondern *vollschlank*, *mollig* oder *korpulent*, wie überhaupt Fremdwörter sich zu abmildernder Schönung besonders eignen. Gleiches gilt für sog. Akronyme, weil oft nicht gewusst wird, was solche Abkürzungen genau besagen: WC ‹Toilette›, FKK ‹FreiKörperKultur›, AIDS ‹?› (↑ Abbreviatur). Allgemein geläufige Formulierungen wie *älterer Herr* (für einen Hundertjährigen), *in anderen Umständen* ‹schwanger› oder *geistige Umnachtung* für Wahnsinn kleiden klare Tatbestände in die Diskretheit einer gefälligen Formel. Ein nicht erst modernes Phänomen ist die politische Sprachmanipulation, die harmlos erscheinende Ersatzvokabeln als demagogische Verschleierungsmittel für brisante Sachverhalte nutzt: *Nachrüstung, Entsorgung, Nullwachstum* usw. Der E. versucht hier in irgendeiner Hinsicht heikle Fakten sprachlich derart in Watte zu packen, dass sie kaum noch Anstoß erregen; dadurch wird aber eine rosarot gefärbte bis blauäugige Weltsicht vermittelt, die sich nicht mit der Realität deckt.

Exkurs ↑ **Parenthese**

Expressivität (nur Sg.) f. ‹Ausdruckskraft›
Eine stil. Grundkategorie, die sozusagen alle Wirkkräfte sprachlichen Ausdrucks bündelt; keine Begriffsbildung der alten Rhetorik, sondern modern und vor allem in der dt. Terminologie verwendet: Ausgangspunkt ist überall das Adj., frz. *expressif*, engl. *expressive*, dt. *expressiv* (zugrunde liegend lat. *expressus* ‹deutlich, ausdrucksvoll›, zum Vb. *ex-primere* ‹ausdrücken›, Subst. lat. **expressio*, frz. engl. *expression*, dt. *Ausdruck*); frz. *expressivité* ‹Ausdrucks-

fähigkeit›, engl. *expressiveness* ‹Lebhaftigkeit, Wirksamkeit›, dt. aus dem Frz.
übernommenes *Expressivität* für Ausdrucksfülle und Ausdrucksstärke
(18. Jh.).

Ohne bereits während der Antike in einen Begriff gefasst zu sein, macht
E. die Qualität aller ↑ Stilfiguren aus, sozusagen ihr Wesensmerkmal,
das sie von der „normalen" Formulierungsweise abhebt. Diese rhetorisch-stilistische Wirksamkeit verdanken sie einer Ausdrucksverstärkung, die jeweils in Klang, Form, Syntax oder Lexik begründet ist.
Gleichwohl lässt E. sich nicht als generelle Spracherscheinung beschreiben; vielmehr wird sie nur in den einzelnen Sprachelementen greifbar,
die in unterschiedlicher Abstufung expressiv bis „nullexpressiv" sein
können und erst abhängig von Situation oder Kontext durch ihre E. zu
↑ Stilelementen werden. Ähnlich wie konventionelle Situationen bestimmte expressive Reaktionen auslösen, existieren auch hinsichtlich vieler Textsorten mehr oder weniger feste Regeln für den Einsatz expressiver Ausdrucksmittel, die z. B. in Literatur, Werbung oder Reden nahezu
erwartbar, hingegen in fachlichen und wissenschaftlichen Schriften eher
unangebracht sind. Neben den traditionellen Stilfiguren gelten vor allem
intonatorische und emotionale Effekte, überraschende Kontraste, Wiederholungen, Assoziationen usw. als Übermittler expressiver Wirkungen. Mit ihrer Hilfe wird versucht, im Sinne einer effektvollen Ausdrucksverstärkung des Textes, bei den Rezipienten Überraschung,
Aufmerksamkeit und Gefühlsreaktionen hervorzurufen. Allerdings
kann allzu häufiger oder übertriebener Gebrauch – wie im Falle von
„Modewörtern" – zu einer Art Abnutzung und damit Wirkungs-
abschwächung führen.

In der deutschen ↑ Stilgeschichte fand um 1770 ein Paradigmen-
wechsel statt, dessen Hauptereignis der Übergang von der rhetorischen,
also genuin rednerischen Elokutionslehre zur jungen, nunmehr vornehmlich schreiborientierten „Stilistik" war. Hatte J. Chr. Adelung, die
Sprachautorität der ausgehenden Aufklärung, noch eine konventionalis-
tische Regelstilistik verfasst (1785), so propagierte der bekannte Literat
K. Ph. Moritz mit seinem Individualitätsprinzip (das „Eigenthümliche"
der Schreibart, 1793/94) erstmals einen expressiven Stilbegriff. Neues
Leitwort wurde der sprachliche *Ausdruck*, der in seiner Doppelbedeu-
tung sowohl das einzelne Ausdrucksmittel als auch die Ausdrucksweise
im Ganzen meinte, die „eigene Schreibart". Vor allem die Dichtung der

Folgezeit vertrat in ihrer Abkehr von rhetorischem Wortgepränge und bisheriger Regelpoetik einen „natürlichen", subjektiven ↗ Individualstil, der nur der künstlerischen Persönlichkeit und dem sprachlichen Kunstwerk Stil zuerkannte. Mit der Vorbildhaftigkeit der Literatur übertrug sich dieses Prinzip in die schulische Aufsatzerziehung – eine Tradition, die bis in die normativen Stillehren des 20. Jh. reicht: *Ausdruck* und *Stil* wurden nahezu synonym. Der Sprachpsychologe K. Bühler entwarf 1933 eine eigene «Ausdruckstheorie», und auch im Organon-Modell seiner «Sprachtheorie» (1934) nahm die Ausdrucksfunktion der Sprache eine zentrale Position ein. Ebenso wird neben der sprecherbezogenen ‚emotiven Funktion' in R. Jakobsons Kommunikationsmodell (1960) angesichts seiner Synopse von Literatur- und Normalsprache die ‚poetische' Sprachfunktion nach M. Riffaterre zu einer allgemein stilistisch-expressiven. Damit ist die E. auch für die moderne Stilistik theoretisch legitimiert.

F

Figura etymologica (Pl. lat. -ae) f. ‹Wiederholung etymologisch gleich-
stämmiger Wörter›

Ein ausgesprochener Fachbegriff der Rhetorik und Stilistik, der nicht in allen
Sprachen geläufig ist: sehr selten („gelehrt") griech. *paregmenon* ‹das Abgeleitete› (Part. Prät. zum Vb. *par-agein* ‹verändern›), lat. *figura etymologica*, frz.
figure étymologique, accusatif d'objet interne/du contenu, engl. wie dt. rein
fachlich *Figura etymologica* als Figur, die in etymologisierendem Spiel Wörter
gleichen Stammes wiederholt.

Diese Wiederholungsfigur, eine Sonderform des ↑ Polyptoton und Vor-
stufe des ↑ Wortspiels, ist in antiker Rhetorik wie moderner Dichtung
sehr verbreitet. Es handelt sich um die Verbindung meist zweier Wörter
desselben Stammes, vorzugsweise eines Verbs mit gleichstämmigem Objekt (sog. inneres, schon im Verb enthaltenes Objekt), das durch ein
Zusatzelement variiert sein kann: lat. *vitam vivere*, frz. „tournez cent
tours" (P. Verlaine), engl. *to live a lucky life*, dt. „Ich lebe mein Leben in
wachsenden Ringen" (R. M. Rilke), „Gar schöne Spiele spiel ich mit dir"
(Goethes «Erlkönig») oder: „Da knickstest du höflich den höflichsten
Knicks" (H. Heine). Zur ‚Figura pseudoetymologica' und damit zum reinen Wortspiel wird die F., wenn die Wörter zwar gleich lauten, aber
etymologisch verschiedener Herkunft sind (fachlich ‚Homophone'); z. B.
lat. *amare* als Verb ‹lieben›, aber Adverb ‹bitter›, dt. *die Steuer* und *das
Steuer* oder *kosten* ‹einen bestimmten Preis haben› und ‹probieren› – der
Philosoph A. Schopenhauer ließ nur Letzteres gelten: „Der Löwe kostet
mich' darf nicht der Menageriebesitzer, sondern nur der sagen, welcher
vom Löwen gefressen wird ..."

Fremdwort, meist Pl. **Fremdwörter** n. ‹aus anderen Sprachen übernommenes Wortgut›

Primär sprachwiss. Begriff mit stil. Implikationen: griech.-lat. *barbarolexis* f.
‹fremdsprachiger Ausdruck›, lat. ‹in die heimische Sprache eingeführte *barbara verba*› (Adj. *barbaros, -us* ‹fremdländisch, von unverständlicher Sprache›),
eine reduplizierte Lautmalerei, fortgesetzt in frz. *barbare*, engl. *barbarian*, dt.

barbarisch ‹roh, unkultiviert›, verbunden mit griech. *lexis*, lat. *verbum* ‹Wort, Ausdruck›); frz. umschreibend *emprunt à une langue étrangère* ‹Entlehnung aus einer fremden Sprache›, engl. *foreign word* wie dt. Fremdwort für lexikalische Übernahmen aus anderen Sprachen.

In der Antike redete man von *barbarolexis*, und grammatisch war ‚Barbarismus' der (zunächst durch Fremdeinfluss bewirkte) fehlerhafte Wortgebrauch schlechthin. Heute sind F., genauer definiert, aus fremden Sprachen übernommene Wörter oder Wendungen, die sich noch nicht in Lautstand und Schreibweise den Gesetzen der jeweils eigenen, hier deutschen Sprache angepasst haben; ist aber genau das der Fall, so spricht man von ‚Lehnwörtern'. Doch geht dieser Übergang von zunehmender Angleichung bis zur vollen Integration, wenn überhaupt, dann durchaus fließend vor sich; z. B. *Nuance, Niveau,* aber *Büro* (frz. *bureau*), *Likör* (*liqueur*) – *Manager, Clown* (wie im Englischen), aber völlig „eingedeutscht" *Streik* (*strike*), *Film, Sport.* Grundvoraussetzung für den Gebrauch von F. ist ihre fehlerfreie Beherrschung, sonst kommt es zu jenen peinlichen Inkorrektheiten oder Verwechslungen, die als verräterische Zeichen der Halbbildung von Sprachkarikaturisten gern aufs Korn genommen werden: „Bananen sagte sie, Platanen wollte sie sagen, Pinien meinte sie, und Kiefern waren es" (nach E. Hallwass).

Engerer Sprachenkontakt hat immer schon zu einem Austausch von Wortgut geführt, meist auf dem Wege von Verkehr und Handel. Ist die politische, ökonomische oder kulturelle Überlegenheit einer Sprachnation bedeutend, dann kann auch ein starker, einseitiger Zustrom von F. erfolgen, bis zur Gefahr der „Überfremdung". Im Blick auf die deutsche Sprachgeschichte war das so in der Römerzeit und während der christlichen Missionierung, mit einem letzten Höhepunkt im Humanismus, als das Lateinische (auch Griechisches) starken Einfluss auf die Volkssprache hatten. In der Alamode-Zeit des 17./18. Jh. dominierten Frankreichs Kultur und Sprache derart, dass sich als Gegenströmung ein fremdwortfeindlicher ‚Sprachpurismus' einstellte mit vielen Verdeutschungen französischer Wörter. Seit dem ausgehenden 19. Jh., spätestens jedoch nach dem zweiten Weltkrieg haben die englisch-amerikanischen Spracheinflüsse ständig zugenommen, und ‚Anglizismen' gelten mittlerweile als Kennzeichen unserer Zeit: *Swimmingpool, Ghostwriter, Feeling, jobben, ausflippen, cool* und *clever,* bis zu Lehnübersetzungen wie „einmal mehr" (*once more*) oder „Sinn machen" (*to make sense*). Zwar lässt sich die Übernahme solcher Ausdrücke erklären, aber ernsthafte

Bedenken gelten ihrer enormen Anzahl und Allgegenwart sogar im täglichen Sprachumgang.

Die heute in Sprachkritik und Stillehre vorherrrschende Sicht des F. ist jedoch nicht mehr puristisch, sondern durchaus differenziert. In Lautung, Schreibung und Bedeutung vollständig unseren Sprachgesetzmäßigkeiten angepasste Ausdrücke wie *Wein* – lat. *vinum, Perücke* – frz. *peruque, Wolkenkratzer* – engl. *scyscraper* usw., deren fremde Herkunft nur noch mit sprachhistorischem Wissen nachvollziehbar ist, werden selbstverständlich wie genuin deutsche Wörter behandelt. Sonst bestehen manche Vorurteile: F. sollen umso unangemessener sein, je höher die ↗ Stilebene ist, und sich vollends in Lyrik verbieten (was nicht erst durch moderne Gedichte, etwa von E. Kästner, widerlegt wird). Ebenso wenig trifft zu, dass sie nicht zur Vermittlung von Gefühlswerten geeignet seien – *Harmonie, sentimental, prima*! Unentbehrlich sind jene Fremd- oder Lehnwörter, die keine genaue Entsprechung im Deutschen haben und darum kompliziert umschrieben werden müssten: *Tablette* ‹als kleines flaches Stück gepresstes Arzneimittel› (Duden)? *Genie, Banause, elegant, fair* und Hunderte weiterer lassen sich auf Deutsch kaum in ein treffendes Wort fassen; ist *Perfektion* gleichbedeutend mit ‹Vollendung› oder Ironie dasselbe wie ‹Verstellung›? Neben solchen nur schwer ersetzbaren F. stehen viele andere, die zwar vermeidbar wären, sich aber als nützliche Bestandteile unserer Sprache erwiesen haben und nicht selten Stilträger von beachtlicher Treffsicherheit, hohem Bildungswert und sprachlicher Eleganz sind. Unbestritten ist das ohnehin in den Fällen, wo sie dazu dienen, ein bestimmtes personales oder lokales Stilkolorit zu schaffen: der orientalische *Kalif* oder *Sultan*, die japanische *Geisha*, eine russische *Datscha*, der englische *Gentleman* oder französischer *Charme* und *Chic*. Geläufig ist ihre Verwendungsweise auch im Dienste der Ausdrucksvariation (z. B. es gibt, sind, *existieren* …) oder als abmildernder ↗ Euphemismus (*transpirieren* für ‹schwitzen›). Verallgemeinert lässt sich als Stilregel daraus ableiten: Der Gebrauch von F. sollte in jedem einzelnen Fall funktional gerechtfertigt sein: sie müssen, heißt das, eine sachliche oder stilistische Aufgabe im Text bessser erfüllen als die entsprechenden deutschen Wörter.

Wenn heute Kritik geübt wird, dann gilt diese vor allem der modernen Überbewertung des F., die sich in seiner übertriebenen Gebrauchshäufigkeit (insgesamt derzeit wohl mehr als zehn Prozent des deutschen Wortschatzes, also rund 50000) und der ambitiösen Nutzung äußert.

Neben dem ursprünglich griechisch-lateinischen Wortgut der abendländischen Bildungstradition von *Apparat* bis *Zivilisation* sind es jetzt vornehmlich anglophone Übernahmen wie *Baby* (schon um 1900), *City*, *Business*, *Manager*, *sexy*, *topfit*, *up to date* usw., die vielfach zu Modewörtern aufgestiegen oder sogar verdeutscht worden sind: „Genau!" (*exactly*) oder „Vergiss es!" (*forget it*). Wer solche Vokabeln und Floskeln gekonnt im Munde führt, umgibt sich mit einem Flair globaler Sprachenkenntnis und weltläufigen Bildungswissens. Die Kritik ihrerseits spricht dann von „hochtrabender" Fremdwörterei, Bildungsdünkel und sprachlichem ‚Imponiergehabe'.

Eine Sonderrolle spielt das F. in den ‚Fachsprachen'. Namentlich innerhalb der Wissenschaften, ob Medizin, Juristerei, Natur- oder Geisteswissenschaften, verfügt jede Fachrichtung über einen jeweils spezifischen Wortschatz, ihre ‚Terminologie' (eine Begriffsbildung des 18. Jh. aus spätlat. *terminus* ‹festgelegter Ausdruck, Fachwort› und Wissenschaftssuffix *-logie*). Sie besteht zur präzisen, sachgemäßen Verständigung unter Fachleuten aus einer Nomenklatur exakt bestimmter Begriffe, die zu einem großen Teil Fremd- oder Lehnwörter sind. Viele von ihnen haben angesichts der weltweiten „Vernetzung" der Wissenschaften längst den Rang bildungssprachlicher ‚Internationalismen'; darunter versteht man Fachausdrücke, die in einer Anzahl von Kultursprachen sowohl formal als auch inhaltlich übereinstimmen (z. B. nach mittellat. *aequivalens*: ital. *equivalente*, frz. *équivalent*, engl. nl. *equivalent*, skand. *ekvivalent*, dt. *äquivalent* ‹gleichwertig›, in Mathematik, Logik, Linguistik und anderen Bereichen). Alle sprachkritischen Klagen über das unverständliche „Wissenschaftskauderwelsch" verkennen die Tatsache, dass eine synonymische Umschreibung oder Verdeutschung dieser definierten Fachbegriffe sich von der Sache her verbietet. Im Übrigen kann auch ein fremdwortreicher Text ohne Mühe zu verstehen sein, wenn er gut formuliert ist, wie umgekehrt ein hoher Prozentsatz von F. im Text keineswegs dessen „Wissenschaftlichkeit" garantiert.

Funktionale Satzperspektive ↗ **Themenentfaltung**

Funktionalstil, auch **Bereichsstil** m. ‹eine Stilkonzeption, die – von einer funktionalen Differenzierung der Sprache ausgehend – Stil als typische Verwendungsweise aller Sprachmittel in bestimmten gesellschaftlichen Kommunikationsbereichen erklärt›

Seit den 30er Jahren gelangte in den osteuropäischen Ländern eine funktionale Sprach- und Stilauffassung zur Geltung; vor allem ihr Ansatz verschiedener Funktionalstile in bestimmten, gesellschaftlich normierten Bereichen der Sprachpraxis gilt auch heute noch als eine wichtige Teiltheorie der Stilistik: (meist im Pl.) vorgängig tschech. *funčni styly*, frz. *styles fonctionels*, engl. *functional styles (stylistics)*, dt. *Funktionalstile*, neuerdings meist *Bereichsstile*; als stiltypologische Bezeichnung *Funktionalstilistik*, als theoretischer Oberbegriff auch *Funktionsstil* für die funktional und sozial ausgerichtete Stilperspektive.

Den Begriffen ‚Funktion' und ‚Funktionalismus' kam im Prager strukturalistischen Zirkel (seit 1926) grundlegende Bedeutung zu: V. Mathesius, Mitbegründer und Linguist, vertrat gleich anderen Mitgliedern des Kreises eine funktionale Auffassung der Sprache (z.B. die ‚Funktionale Satzperspektive' ↗ Themenentfaltung). Der Wiener Sprachpsychologe K. Bühler, häufig zu Gast in Prag, unterschied in seinem bekannten ‚Organon-Modell' (1934) die drei zentralen Sprachfunktionen von Ausdruck, Appell und Darstellung. R. Jakobson – einer der führenden Köpfe des Zirkels, bevor er nach Amerika emigrierte – hat diese Funktionen später (1960) um drei weitere ergänzt, insbesondere eine auf den Text (*message*) selbst gerichtete ‚poetische' Sprachfunktion (Hauptvertreter einer Theorie der Dichtersprache war J. Mukařovský). Auf dieser Grundlage entwickelten Prager Stilforscher (B. Havránek, L. Doležel, J. Vachek u.a.), Ansätze des russischen Formalismus ausführend, eine viel diskutierte, sich in soziostilistische Überlegungen ausweitende Konzeption differenzierter Sprachfunktionen und ihnen zugeordneter Sprachbereiche. Sie fand seit den 60er Jahren in die sowjetrussische Linguostilistik Eingang (u.a. V. W. Winogradow und I. R. Galperin) wie auch namentlich durch die Moskauer Germanistin E. Riesel in der damaligen DDR. Funktionalstilistik und F. haben in der neueren Stilforschung allgemein Anerkennung gefunden als wichtige, komplementäre Teiltheorie des Stils (↗ Stiltypologie), die – gegenüber der Subjektivität des Individualstils – eine objektive Sicht vertritt. Ein ähnlicher Ansatz, auf variable Kommunikationssituationen bezogen, liegt in der britischen Registerlinguistik vor (↗ Register).

Grundlegend für die Prager Schule war der Unterschied zwischen ‚Dichtersprache‘ und sog. ‚Mitteilungssprache‘, der Sprache des öffentlichen Gebrauchs. Wird diese weitgehend ‚automatisiert‘, d. h. routiniert-gewohnheitsmäßig verwendet, so erklärt sich die Sprache literarischer Texte als ‚entautomatisiert‘, der Unbewusstheit eingeschliffener Routineformulierung entzogen, damit ‚aktualisiert‘: An die Stelle traditionell gewordener poetischer Stilmittel treten neue, auffällige Darstellungs- und Ausdrucksweisen, die Hervorhebung, Attraktivität und eine künstlerische Ästhetisierung bewirken sollen (die Fachbegriffe der ‚Automatisation‘ und ‚Aktualisation‘, im Englischen ‚Foregrounding‘, vgl. ↑ Abweichung von der Norm). Hingegen sind in der Gebrauchssprache bestimmte ‚rekurrente‘, d. h. häufig wiederkehrende Sprachsituationen mit der Zeit durch ständige Wiederholung derart in ihrem sprachlichen Ablauf verfestigt, dass sich für spezielle Kommunikationszwecke und entsprechende Kommunikationsbereiche stereotype, sozusagen normhaft und erwartbar auftretende Sprachgebrauchsmuster herausgebildet haben. Ergebnis dieser Voraussetzungen ist der F., den E. Riesel/ E. Schendels (1975) mit dem Anspruch einer allgemein gültigen Stildefinition folgendermaßen bestimmen: „Stil ist ein historisch veränderliches, durch gesellschaftliche Determinanten bedingtes Verwendungssystem der Sprache, objektiv verwirklicht durch eine qualitativ und quantitativ geregelte Gesamtheit sprachlicher Mittel – mit anderen Worten: realisiert aufgrund kodifizierter (festgelegter) Normen für die einzelnen Kommunikationsbereiche.“

Kernstück dieser Theorie war ihre praktische Umsetzung in ein System verschiedener, durch den Gesichtspunkt funktionaler Zweckgerichtetheit verbundener F., die mit bestimmten Bereichen ihrer öffentlichen Verwendung korrelieren; man gebraucht darum heute meist den weiteren Begriff ‚Bereichsstil‘. Ohne auf Verschiedenheiten der Klassifizierung in Anzahl und Begrifflichkeit einzugehen, folgt hier das bekannteste, die deutsche Sprache betreffende Fünfermodell von E. Riesel:

1. *Stil der öffentlichen Rede* (offizielle Sprache, amtliche Texte, Dokumente, Geschäftskorrespondenz usw.);

2. *Stil der Presse und Publizistik* (Berichterstattung, Nachrichten, Kommentare, Reportagen usw., alle Arten von Medienpublikationen);

3. *Stil der Wissenschaft* (wissenschaftliche, technische, fachliche Veröffentlichungen, Vorträge usw.);

4. *Stil der Alltagsrede* (alle Ausdrucksformen des täglichen, privaten Umgangs der Menschen);

5. *Stil der schönen Literatur* (das literarische Schrifttum, Belletristik).

Solche Aufgliederungen des Querschnitts unserer Sprachverwendung werden in der Regel als ein zu grobes, uneinheitliches Raster kritisiert. Abgrenzungsprobleme und das Fehlen eindeutiger Zuordnungskriterien haben z. B. dazu geführt, dass manche Forscher die Stile der öffentlichen Rede (auch ‚amtlicher Stil‘ oder ‚Direktivstil‘ genannt) und der Wissenschaft als ‚Sachprosa‘ zusammenfassen und dass der Stil der Presse und Publizistik (journalistische Texte) wegen seiner Variationsbreite und Heterogenität ganz unberücksichtigt bleibt. Unbestritten gibt es einen Stil der Alltagsrede (↗ Alltagssprachstil), doch ist nicht zu übersehen, dass dieser sich durch sein Hauptmerkmal spontaner Mündlichkeit stark von den anderen, öffentlichen und durchweg schriftsprachlichen Stilen abhebt. Umstritten ist auch der Stil der schönen Literatur: Angesichts seiner fast unbegrenzten Nutzung aller Sprach- und Stilformen erscheint er, gewissermaßen quer durch das gesamte Sprachspektrum verlaufend, als selbstständiger Stil kaum isolier- und beschreibbar.

Wie alle Stile konstituieren sich F. durch eine bestimmte Auswahl und Kombinatorik charakteristischer Sprachmittel, d. h. signifikanter ↗ Stilelemente und Stilzüge, die insgesamt Hinweise auf einen speziellen Kommunikationsbereich vermitteln. Dies wohlgemerkt im Rahmen von Sachzusammenhängen sowie situativen, textuellen und anderen Sinnkonstellationen, wobei eine besondere Rolle den ‚Textsorten‘ zufällt (↗ Textstilistik). Diese sind ja die konkreten Erscheinungsformen der F. und ihrer Substile, als welche die „funktionalen Gattungs- und Genrestile" gelten. In der Sprachpraxis begegnen wir also der Abstraktion F. immer nur in konkreten Texten. Insofern er letztlich die Summe aller ihm zugehörigen Textsorten bildet, ist er ein ‚Textsortenbündel‘ und hat damit ein literaturwissenschaftliches Analogon in jenen drei traditionellen „Naturformen der Poesie" Epik, Lyrik und Dramatik, die ihrerseits die einzelnen ‚Gattungen‘ bündeln. Die Gattungen wiederum sind nichts anderes als die literarischen Entsprechungen linguistischer Textsorten (vgl. ↗ Textstilistik). Kompetente Sprachbenutzer verfügen offensichtlich über ein intuitives Wissen, das sie befähigt, etwa einen literarischen Text prompt von einem jounalistischen oder wissenschaftlichen zu unterscheiden; oft sogar mit Spezifizierungen wie „Roman, Zeitungskommentar, medizinischer Artikel" usw., also in Unterscheidung nicht nur der Funktionsbereiche, sondern auch ihnen zugeordneter Textsorten.

Funktionsstil ↗ **Funktionalstil**

Funktionsverbgefüge, -formeln ↗ **Nominalstil**

G

Gegensatz ↗ **Antithese**

Gesprächsstilistik ↗ **Pragmatische Stilistik**

Glimpflichkeitsumschreibung ↗ **Euphemismus**

Gradation ↗ **Klimax**

Graphostilistik ↗ **Lautstilistik**

Gruppensprache ↗ **Gruppenstil**

Gruppenstil m. ‹stilistische Eigentümlichkeiten, die für die Sprache bestimmter gesellschaftlicher Gruppen (‚Soziolekte') charakteristisch sind› Innerhalb einer Stiltypologie der soziolektale, gruppenspezifische Aspekt, der in alter Zeit durch den weiten Begriff griech.-lat. *dialektos, dialectos, -us* f. ‹Redeweise, Mundart› miterfasst wurde; die stil. Spezifik ist auch in den vielen Bezeichnungen neuerer Sprachen nicht ausdrücklich benannt: frz. *jargon* ‹unverständliches Gerede› (hergeleitet aus einem vorroman. **gorgone* ‹Vogelgezwitscher, Geschwätz›) und *argot* (Herkunft unbekannt), fachlich *sociolecte*, engl. ebenfalls *jargon, argot*, ferner veraltetes *cant* ‹Zunftsprache› (vielleicht zu lat. *cantare* ‹singen›, nach der weinerlichen Sprechweise von Bettlern?), *slang* ‹saloppe Umgangssprache bestimmter Kreise› (mit unsicherer Etymologie) und *sociolect, social dialect*; dt. übergreifend *Gruppen-* oder *Sondersprache*, fachlich *Soziolekt* sowie *Jargon* (aus dem Frz., 18. Jh.), *Slang* (aus dem Engl., 19. Jh.) und speziell *Gruppenstil* (nach B. Sandig, 1986).

In Entsprechung zum ‚Idiolekt', der eigentümlichen Sprache eines Individuums, werden gruppenspezifische Sprachvarianten als ‚Soziolekte' bezeichnet (vgl. ↗ Individualstil, Stiltypologie). Dem Ausdruck entsprechend handelt es sich um sozial definierte Gruppierungen innerhalb einer Sprachgemeinschaft, deren kollektiver Sprachgebrauch von der Standardsprache merklich abweicht. Im Deutschen spricht man von

Gruppen- oder Sondersprachen, eine Unterscheidung, die ebenso wenig
überzeugt wie eine Einteilung in gesellschaftlich und sachlich gebundene Varietäten (Gruppen- und Berufssprachen einerseits, Fach- und Wissenschaftssprachen andrerseits). Da sich die Kriterien überschneiden,
bleibt der Versuch einer schlüssigen Klassifizierung schwierig. Es geht
im Einzelfall um Stil und sprachliche Eigenheiten einer im weitesten
Sinne sozialen Gruppe, wobei Gruppensprache die Gesamtheit vor allem
ihrer lexikalisch-phraseologischen Sprachmittel (Wörter und Wendungen) meint, G. deren stilistisch signifikanten Einsatz im Rede- oder Textzusammenhang.

Es ist bekannt, dass z.B. Jäger, Seeleute, Winzer oder Drucker, wie
überhaupt alle Berufe, Handwerke und technischen Disziplinen, einen
typischen Sonderwortschatz benutzen; als Beispiel die „Weidmannsspra-
che" mit ihren zwar gemeinsprachlichen, doch sonst selten gebrauchten
Spezialwörtern wie *Brunft, Rute, Schweiß* (‹Blut›), *äsen, wittern* oder *pir-
schen*. Erst recht verfügen die verschiedenen Wissenschaftssprachen
über ein jeweils fachspezifisches Vokabular, ihre ‚Terminologie‘, die sich
mit einem eigenen Fachstil verbindet. Altersspezifische Gruppierungen
sind Schüler- und Studentensprache (umstritten die sog. Jugendsprache), geschlechtsspezifisch der viel diskutierte Gegensatz Männerspra-
che – Frauensprache, usw. Die auffälligste Varietät bilden die schon seit
dem Mittelalter existierenden Sondersprachen der Gauner, Diebe, Bettler, Landstreicher und Vagabunden, für die es eine ganze Reihe von Namen gibt: *Jargon, Argot, Slang* und als deutsche Bezeichnungen *Gaunersprache, Rotwelsch* (aus dem selbst rotwelschen *Rot-* ‹Bettler› und *welsch*
in der Bedeutung ‹unverständliche Sprache›, vgl. *Kauderwelsch*). Zweierlei scheint bemerkenswert: die Beschränkung auf „niedere" Volksschich-
ten – woraus sich der pejorative Unterton der meisten dieser Ausdrücke
erklärt – und die ursprünglich diesen gruppen- und sondersprachlichen
Varietäten offensichtlich abgehende Allgemeinverständlichkeit, wie das
vor allem bei Jargon und Rotwelsch zutage tritt: Es wird deutlich, dass
die Sprecher sich nach innen als Gruppe zusammengeschlossen und
gleichzeitig gegen die Außenwelt abgesondert haben; so galt das großenteils aus dem Jiddischen stammende Rotwelsch in früherer Zeit als
eine nur für die „Insider" bestimmte Geheimsprache.

Obwohl primär das Wortgut ins Auge fällt (z.B. das vielfältige „Ga-
novenvokabular" des Rotwelschen, angefangen bei *Ganove* selbst von
ausbaldowern bis *zinken* und eine Fülle von Geldbezeichnungen wie *Kies,*

Mammon, Moos, Pinke oder *Zaster*), prägt nicht allein diese Nomenklatur die besondere Sprachspezifik der Gruppensprachen, sondern auch ihre ganze, oft bildreiche Ausdruckseigenart, die alltägliche Dinge anders benennt, die Normalsprache „umfärbt" und sich nach dem innerhalb der Gruppe herrschenden Sprachusus richtet. Diese charakteristische Sprechweise wird oftmals bewusst eingesetzt, um im stilistischen Zusammenspiel mit Selbstdarstellung und Beziehungsgestaltung die eigene Zugehörigkeit zur Gruppe zu signalisieren. In literarischer und journalistischer Sprachpraxis werden Elemente des G. für Sprachporträts, Gruppen- und Milieukolorit sowie als Kunstmittel lexikalischer Auflockerung genutzt.

H

Hendiadyoin, auch **Hendiadys** (nur Sg.) n. ‹Aufspaltung einer Vorstellung in zwei Wörter›
Eine rhet. Figur, die als ausgesprochener Fachbegriff fortlebt: griech. *hendia-dyoin* wörtlich ‹eins durch zwei›, mittellat. *hendiadyoin*, frz. *hendiadys*, *hendiadyn*, engl. *hendiadys*, dt. meist *Hendiadyoin*.

Die in der Moderne eher seltene Wortfigur des H., einer Sonderform der ↑ Variation, hatte ihre Höhepunkte in der Antike, im 12./13. Jh. und im Barock. Ihre einfachste Erscheinungsweise ist die schlichte, pleonastische Wortverdoppelung, also synonyme ↑ Zwillingsformeln wie *Hilfe und Beistand* oder *bitten und flehen*, deren Paarigkeit keinen Sinnzuwachs, sondern nur eine Ausdrucksverstärkung erbringt. Auch Sätze können in dieser Art variiert werden: „Die Not besteht nicht nur, sie ist sogar vorhanden" (E. Engel). Eine vor allem literarisch genutzte Hauptform bildet die Koordination zweier Wörter, deren eines subordiniert sein müsste; konkreter ausgedrückt, ein sinngemäßes Attribut wird in ein zweites, mit *und* verbundenes Substantiv verwandelt. Klassisches Beispiel ist der Anfang von Vergils «Aeneis»: *Arma virumque cano* – ‹Waffen und Mann› für „den Mann in Waffen" und so in allen Sprachen: „Van Gogh et sa folie" (P. Gauguin) – Van Goghs Wahnsinn, „The heaviness and the guilt" (W. Shakespeare) – die schwere Schuld, usw.; statt der Verbindung von Attribut und Substantiv kann auch eine entsprechende Wortzusammensetzung zergliedert werden: „Und mir leuchtet Glück und Stern" (J. W. Goethe) – der Glücksstern. Im Doppelausdruck erhalten beide Elemente mehr Gewicht, und die vom normalen Sprachduktus abweichende Formulierung bewirkt eine Höherstilisierung, die sich oft mit dem Eindruck von Pathos und Feierlichkeit verbindet.

Höflichkeit f. sprachbezogen ‹verbale Zuvorkommenheit, gute Umgangsformen in Rede und Schrift›, im Plural auch ‹freundlich-unver-
bindliche Liebenswürdigkeiten›

Wie schon zu röm. Zeit *urbanitas* ‹kultiviertes Benehmen, Bildung, feine
weltgewandte Art› und *humanitas* ‹echte Menschlichkeit, Bildung, guter Geschmack›, fortlebend in den Kulturbegriffen der Urbanität und Humanität,
so haben sich in den modernen Sprachen neue Höflichkeitsformen herausgebildet, die immer auch eine sprachliche Seite besitzen: frz. *politesse, courtoisie* (auch *civilité*), engl. *politeness, courtesy* (abgeleitet von den Adj. *poli*
bzw. *polite* ‹*geglättet, fein, gebildet, höflich› und *courtois* bzw. *courteous*
‹höfisch, ritterlich, freundlich, höflich›); dt. *Höflichkeit* (vom Adj. mhd. *hove-
lich* ‹den Hofsitten gemäß, fein gebildet›) für allgemeine und sprachliche
Verhaltensweisen, die sich durch Feingefühl und Rücksichtnahme, den Anstandsregeln entsprechendes Benehmen und sprachliche Liebenswürdigkeit
auszeichnen; mit negativem Beiklang auch (meist pluralisch) neben *Höflich-
keiten* selbst *Höflichkeitsbezeigungen, -phrasen* und *-floskeln* für hohle Komplimente und Galanterie.

Die H. gehörte zu den Kernbegriffen des hochmittelalterlichen Rittertums, und sie ist wie die meisten von ihnen aus Frankreich übernommen. Der provenzalisch-altfranzösischen *courtoisie* als einer ritterlichen
Grundtugend entsprach im Mittelhochdeutschen *hövescheit*, vom Wort
her die Eigenschaft des Höfischseins, mit einem Bedeutungsspektrum
vom feinen Benehmen „wie bei Hofe üblich" bis zu allgemeiner Bildung
und Gesittung. Die Barockzeit (17./18. Jh.) legte mit ihrer modischen
Galanterie gegenüber Damen und den zeremoniellen Anstandsregeln
äußerer Etikette den Grund für viele Höflichkeitsformen, die bis heute
ihre Spuren hinterlassen haben. Höflich ist, wer sich zuvorkommend
und rücksichtsvoll benimmt, wer die geltenden Konventionen des Umgangs angemessen beachtet und wer auch sprachlich immer den „richtigen Ton" trifft – bis zur unverbindlichen Liebenswürdigkeit von Komplimenten.

„Sei höflich!" gilt als eine zentrale Gesprächsmaxime. Solch „höfli-
ches Reden" kommt besonders in Anrede, Gruß, Dank oder Entschuldigung zum Ausdruck. Hauptsächliche Sprachmittel der H. sind die adres-
satenfreundliche Frage, die einschränkende Möglichkeitsform des
Konjunktivs, abmildernde Modalverben oder bestimmte ‚Abtönungspartikeln', das sind Kleinwörter modifizierenden Sinnes – alles Kunstgriffe
indirekter, flexibler Formulierung: „Wenn ich Sie vielleicht höflichst bit-

ten dürfte ...?" (statt einer direkten Bitte). Man schwächt unangenehme Tatbestände ab, ja bagatellisiert sie: „Nicht der Rede wert!" Andrerseits wird oft entgegen dem tatsächlichen Sachverhalt verstärkt, indem man übertreibt, ja fingiert; dies besonders im Falle sog. ‚Komplimente', deren buchstäbliches Verständnis sich nicht einmal dann empfiehlt, wenn sie ernst gemeint sind. Diese immanente „Halbwahrheit" der H. hat neben der Weitläufigkeit und Phrasenhaftigkeit ihrer Formulierungen die Sprachkritik auf den Plan gerufen. „Im Deutschen lügt man, wenn man höflich ist", steht schon bei Goethe zu lesen, und in der Tat wird etwas anderes gesagt, als gemeint ist. Das entspricht genau der landläufigen Definition von ↗ Ironie; aber ebenso wie dem ironischen Sprechen, das immer durch ‚Ironiesignale' angezeigt wird, fehlt der H. die klare Täuschungsabsicht, die als Merkmal der Lüge gilt. Immerhin kennen wir ja alle bestens die Regeln des höflichen Umgangs und Sprachverhaltens: „Da lob' ich mir die Höflichkeit, | Das zierliche Betrügen. | Du weißt Bescheid, ich weiß Bescheid; | Und allen macht's Vergnügen" (W. Busch).

Hüllwort ↗ **Euphemismus**

Hypallage, auch Enallage ↗ **Metalepse**

Hyperbaton (Pl. -ta) n. ‹Abweichung von der üblichen Wortstellung›
Diese Hauptfigur der alten Wortstellungslehre, der sich speziellere, im Dt. nicht immer nachvollziehbare Figuren unterordnen, umfasst gramm., metrische und rhet.-poet. Aspekte: griech.-lat. *hyperbaton* wörtlich ‹Überschreitung› (Präf. *hyper-* ‹über ... hinaus› + *baton* ‹Gang, Schritt›, zu *bainein* ‹gehen›), lat. auch übersetzt als *transgressio* (zu *gradi* ‹schreiten, gehen›), frz. *hyperbate* f., engl. *hyperbaton*, dt. *Hyperbaton*, alle als Fachbegriff für verschiedene Formen der Wortumstellung.

Die antik-mittelalterlichen Wortstellungsfiguren erstrebten in ihrer grammatischen Besonderheit zum einen klangliche und rhythmische Wirkungen, zum andern die Hervorhebung bestimmter Ausdrücke. In weiterem Sinne versteht man unter H. jede Abweichung von der „normalen" Wortstellung im Satz, sofern diese einer stilistischen Absicht dient. Mittel dazu ist hauptsächlich die betonte Spitzenstellung (engl. *fronting*, linguistisch ‚Topikalisierung', ↗ Ausdrucksstelle), die für Emphase und Nachdruck sorgt: „Droben auf dem Turm der Wächter fröstelte" (L. Feuchtwanger); nicht anders in Alltagsrede und Gebrauchssprache,

wenn man auf expressive Wirkung bedacht ist: „Morgen in aller Herr-
gottsfrühe werde ich abreisen …" statt einfacher Subjekt-Verb-Folge. Im
engeren Sinn meint H. die Stellung bestimmter Satzglieder entgegen den
grammatischen Regeln; im Deutschen etwa nachgestelltes Adjektiv
(„Hänschen *klein*", grammatische Platzwechsel dieser Art werden auch
‚Anastrophe' genannt, griech. *anastrophe* ‹Umkehrung›); ferner die Umstellung von Satzgliedern im syntaktischen Zusammenhang: „Da macht
ein Hauch *mich* von Verfall erzittern" (G. Trakl) oder die Trennung von
Zusammensetzungen, wie im Volkslied die Königskinder: „sie konnten
zusammen nicht *kommen*" (speziell ‚Tmesis', griech.-lat. *tmesis* ‹Ein-
schnitt, Absonderung›). Erwähnt sei auch der berüchtigte „Satzdreh
nach *und*", eine Stileigenart des 18./19. Jh. (z.B. „… und bitten wir Sie
höflichst …", vor allem in Geschäftsbriefen). Solch heute als fehlerhaft
geltende Umstellung der normalen Satzgliedfolge wird grammatisch ‚Inversion' genannt (lat. *inversio* ‹Umkehrung›). Als Sonderfall vgl. das *Hysteron proteron*, ↑ Hysterologie.

Hyperbel (Pl. -ln) f. ‹Übertreibung›
Ein Tropus der übertreibenden Umschreibung: griech. *hyperbole* ‹Übermaß›
(aus Präf. *hyper-* ‹über … hinaus› + Verbalsubst. zu *ballein* ‹werfen›, eigentlich
der ‹Wurf über das Ziel hinaus›), entsprechend lat. *superlatio* (zum Vb. *ferre*
‹tragen›), frz. *hyperbole*, auch *exagération* (wörtlich ‹Aufhäufung›), fachlich
auxèse (griech.-lat. *auxesis* ‹Vermehrung, Steigerung›), engl. *hyperbole*, populär *exaggeration* und *overstatement*, dt. als Fachbegriff *Hyperbel*, allgemein
Übertreibung.

Was wir Übertreibung nennen, heißt in der rhetorisch-poetischen Tradition H. Sie ist die Gegenfigur zur ↑ Litotes ‹Untertreibung› und wie diese
ein Sonderfall der ↑ Periphrase: Umschreibung eines Sachverhalts in
übersteigernder Form, die Glaubwürdigkeit und Wirklichkeitsbezug
graduell bis zur Unwahrscheinlichkeit oder Unmöglichkeit überbieten
kann. Der Hang zum verstärkten Ausdruck liegt offensichtlich in der
menschlichen Natur: Nichts ist schlicht und einfach „gut", sondern
man findet – ob gesprochen oder geschrieben – modisch wechselnd alles
„sehr, höchst, außerordentlich, ja *ungeheuer, unheimlich, wahnsinnig, irre,*
neuerdings *ätzend* oder *tierisch* gut". Auch sonst sehen wir uns auf
Schritt und Tritt mit Hyperbolik konfrontiert, die zumal umgangssprachlich ein wesentliches Mittel expressiven Ausdrucksverhaltens darstellt: *im Schneckentempo, mit Windeseile, todmüde, blitzschnell, eine Ewig-*

keit warten, vor Wut kochen usw. Nicht nur Großes wird größer dargestellt, sondern auch Kleines kleiner (im Gegensatz zur Litotes, die das
Große abschwächt und das Kleine verstärkt): *nicht die Bohne, nur einen
Katzensprung weit.*
    In Antike und Mittelalter gehörte die H. zu den besonders geschätz-
ten Schmuckfiguren in Dichtung und Rede, viel zitiertes Beispiel: *et si-
dera verberat unda* („und die Woge peitscht die Gestirne", Vergil). Zahlreiche hyperbolische Vergleiche („wie Sand am Meer") oder Bilder (wie
das vom „Balken im Auge"), die aus der Bibel stammen, leben im Alltagsdeutsch fort. Wir alle führen volkstümliche Redewendungen im Munde,
etwa „auf keine Kuhhaut gehen" oder „die Haare zu Berge stehen", und
übertreiben in Vergleichen („eine Nussschale von Schiff") und bildhaf-
ter Rede („es faustdick hinter den Ohren haben"). Es gibt eine Reihe
typischer Sprachprozeduren der H.: Super- und Elative (*der größte, am
schnellsten, überaus groß, superschnell*), „Hochwertwörter" (*wunderbar,
phantastisch*) und besonders sog. Volkssuperlative wie *splitterfasernackt*
oder *hundsmiserabelelend*. Bekannt sind die Zahlenhyperbeln – runde
Zahlen, die für ein unbestimmtes „Viel" stehen; bestes Beispiel hierfür
der Tausendfüßler, der es außerhalb der Sprache bestenfalls auf einige
hundert Beine bringt: *zig* Leute, etwas *hundertmal* sagen, *vom Hunderts-
ten ins Tausendste* kommen usw. Die Übersteigerung reicht bis zu den
Sonderformen der ‚Hyperoche' (griech. ‹Überbietung"), z. B. „mehr als
alles Vergleichbare", und des ‚Adynaton' (griech. ‹das Unmögliche›, weil
im Widerspruch zu den Naturgesetzen stehend): wenn ein Löwe so
furchtbar brüllt, dass sein eigener Schatten ihm nicht mehr zu folgen
wagt. Dieselben Sprachmuster dienen in neuerer Zeit Dichtern und
Schriftstellern als erlesene Stilmittel; auch moderne Werbetexter und
Journalisten nutzen sie zu effektvollen Slogans und Schlagzeilen oder
als Versatzstücke sensationell aufgemachter Darstellung.
    Die H. steht für Pathos und Gefühlsüberschwang, lebendige An-
schaulichkeit und Expressivität des Ausdrucks; nicht zuletzt erbringt
sie auch humoristisch-satirische Effekte. Schlecht gemacht oder gedan-
kenlos verwendet, verliert sie aber an Überzeugungskraft: So wie die
meisten der alten, landläufigen Übertreibungsformeln gar nicht mehr
als übertrieben empfunden werden, verblassen auch die neuen mit der
Zeit und verlieren sich in der Sprachnormalität. Stilistisch ist ein sparsamer Umgang mit der H. schon deshalb empfehlenswert, weil sie durch
gehäufte Verwendung, in einem hyperbolischen Kontext also, ihre Wir-

kung einbüßt. Vollends zu warnen ist vor dem Gebrauch falscher Übersteigerungen: „der einzigste, in keinster Weise, der Allerletzteste". Wie *einzig, kein, letzter* oder einsichtigerweise *tot, blind, nackt* usw. lassen sich auch andere Wörter, die einen hohen, nicht mehr steigerungsfähigen Grad der betreffenden Eigenschaft ausdrücken, nicht superlativieren, etwa *absolut, erstklassig* oder *fundamental*. Ebenso wenig gestatten sich Doppelsteigerungen der Art *größtmöglichst* oder *höchstwahrscheinlichst*: so wie „der *rundeste* aller Kreise" purer Unsinn, ist „die *bestangezogenste* Dame" kein Modekompliment, sondern eine Sprachkarikatur.

Hyperoche ↗ **Hyperbel**

Hysterologie f., Stilfigur des **Hysteron proteron** (Pl. -ra, selten) n. wörtlich ‹das Spätere zuerst, Umkehrung der (chrono)logischen Abfolge›
Eine gramm. Umstellungsfigur der Rhetorik, die als ausgesprochener Fachausdruck fortlebt: griech. *hysteron proteron* wörtlich ‹das Spätere als das Frühere› (Adj. *hysteros* ‹hinterer, letzter› + gesteigertes *protos* ‹vorderer, erster›), spätlat. und engl. übernommen (16. Jh.), frz. *hystéron protéron, hystérologie*, dt. *Hysteron proteron* sowie *Hysterologie* für die Veränderung der zeitlichen und logischen Reihenfolge im Satz- und Gedankenablauf.

Die antiken Wortstellungsfiguren (↗ Hyperbaton) dienten außer der Bildung von Klangfiguren und rhythmischen Satzschlüssen vor allem der Hervorhebung von Wörtern oder Satzgliedern. Die H. fällt dadurch auf, dass sie in der Vorziehung des später Geschehenden vor das Frühere nicht nur die zeitliche Abfolge verkehrt, sondern auch alle Regeln gedanklicher Logik und psychologischen Realitätsbezugs missachtet. Trotzdem war diese Figur in der alten Dichtung beliebt, weil sie erlaubte, das Wichtigste betont am Anfang zu nennen (↗ Ausdrucksstelle), z.B. *moriamur et in media arma ruamus* („Sterben wir, und stürzen wir uns mitten ins Waffengetümmel!", Vergil); bekanntlich auch in Goethes «Faust»: „Ihr Mann ist tot und läßt Sie grüßen" oder in ‹Max und Moritz›: „Aber schon sind sie ganz munter | Fort und von dem Dach herunter" (W. Busch). Wegen ihrer Unlogik und oft unfreiwilligen Komik – „Der gestern Morgen Hingerichtete nahm sein Todesurteil gefasst entgegen" – sind solcherart Formulierungen heute eher ungebräuchlich, und die moderne Stillehre empfiehlt: Menschen sollten erst ins Wasser fallen, bevor sie ertrinken.

I

Idealnorm ↗ **Stilnorm**

Idiom (auch Phraseologismus) ↗ **Wortstilistik, Zwillingsformel**

Individualstil, auch **Persönlichkeits-** oder **Autorstil** m. ‹persönlich geprägte Ausdrucksweise eines bestimmten Menschen (Autors)›
In der Typologie der Stile ist dies die auf eine Einzelperson ausgerichtete stil. Perspektive: zugrunde liegend lat. *individuum* n. wörtlich ‹das Unteilbare› (nach griech. *atomos* ‹unteilbar›), mittellat. ‹Einzelding, -wesen› und seit der Renaissance Bezeichnung des menschlichen Einzelwesens (dazu das Adj. mittellat. *individualis*, so noch im Erstglied von Zusammensetzungen, frz. *individuel*, engl. *individual* ‹persönlich, individuell, Einzel-›); im franko- und anglophonen Gebrauch, dem Stil durchweg als lit. Stil gilt, Umschreibungen wie frz. *style d'auteur*, engl. *an author's, a writer's style* ‹Autor-, Verfasserstil›; dt. modern *Individualstil*, daneben älteres *Persönlichkeits-* oder *Personalstil*, literaturbezogen *Autorstil* für die charakteristische Art und Weise, in der ein bestimmtes Individuum (speziell Verfasser, Schriftsteller, Dichter) sich sprachlich ausdrückt.

Der Gedanke, dass der Mensch seine Rede- und Schreibweise als „Individuum" maßgeblich gestaltet, zieht sich toposartig durch unsere ganze Kulturgeschichte, von antiken Sprichwörtern wie *Qualis vir, talis oratio* („Wie der Mensch, so seine Rede", Seneca) bis zum Diktum des Comte de Buffon: *Le style est l'homme même* („Der Stil ist der Mensch selbst", 1753) – trotz seiner Fehldeutung wohl das bis heute bekannteste Stil-Zitat überhaupt. Es wurde zum „Fahnenwort" eines neuen Stilideals im 19. Jh. (↗ Stilgeschichte): seit Herder, Goethe, K. Ph. Moritz usw. überall Abkehr von Rhetorik und Regelpoetik, Hinwendung zu einem „natürlichen", durchaus subjektiven ‚Persönlichkeitsstil'. Dieser war als Ausdruck dichterischer Sprachkunst eingeschränkt auf das Ästhetisch-Künstlerische und verriet deutlich psychologisch-physiognomische Einschläge („Der Stil ist die Physiognomie des Geistes", so A. Schopenhauer, 1851). Die individualistische Stilauffassung beherrschte die

Kunst- und Literaturwissenschaft der Folgezeit und wirkte didaktisch vorbildhaft in der schulischen Aufsatzlehre wie in der praktischen Stillehre – beliebter Titel «Stilkunst» – bis zur Gegenwart fort. Erst die moderne Linguistik brachte seit Mitte des 20. Jh. eine Generalisierung des Konzepts mit neuen Grundsätzen: Auch Sprachkunst ist letztlich Sprache, und jeder Text hat einen Stil. Nicht nur der „Dichtung" kommt also eine persönliche Sprachprägung zu, sondern jeder „normale" Sprecher/ Schreiber zeigt in seinen Texten charakteristische Stilmerkmale. Für dieses sprachstilistische Profil einer Einzelperson, wie es textuell in Erscheinung tritt, wird der wertfreie Begriff I. verwendet, wogegen in ‚Persönlichkeitsstil' die Vorstellung betonter Individualität und gesellschaftlicher Geltung mitschwingt; ‚Autorstil' bleibt schon vom Wort her (lat. *auctor* ‹Urheber, Schöpfer›) der Verfasserschaft sprachkünstlerischer Werke vorbehalten.

Der Sprachgebrauch eines einzelnen Menschen wird linguistisch – in Entsprechung zu ‚Soziolekt' ‹Gruppensprache› – als ‚Idiolekt' bezeichnet (moderne Bildung wohl nach dem Muster von Dialekt, zusammengesetzt aus griech. *idios* ‹eigentümlich› und dem Stamm von *lexis* ‹Wort, Sprache›, *legein* ‹sprechen›): Es ist die Gesamtheit aller Sprachmittel, über die jener verfügt, und damit ein bestimmter, individueller Sprachausschnitt. Die Anwendung dieses Sprachpotentials erklärt sich aber nicht ausschließlich individualstilistisch; denn selbst ein sehr persönlich geprägter Stil enthält ja (neben stilneutralen Sprachelementen) noch andere, z. B. funktionalstilistische, textsortenspezifische oder zeitbedingte Komponenten. Die den I. ausmachenden Eigenheiten in Form und Ausdruck beruhen auf typischen Formulierungspräferenzen der betreffenden Person, die wiederum ihre Begründung finden in deren persönlicher Veranlagung, Lebens- und Erfahrungswelt, Ausbildung und Bildung, Wissenshorizont usw. So kommt, von Mensch zu Mensch unterschiedlich, eine signifikante, zuweilen als „sprachlicher Fingerabdruck" veranschaulichte Stilcharakteristik zustande. Der I. bildet jedoch, das ist wichtig, nur einen unter verschiedenen ↗ Stiltypen.

Die Wahrnehmung von individuell Typischem in Texten setzt entweder ein Hintergrundwissen über „erwartbare" Stilmerkmale des jeweiligen Verfassers voraus, also Vorkenntnisse, oder der Text selbst baut im Verlauf der Lektüre eine verfasserspezifische ‚Erwartungsnorm' bei seinen Lesern auf. Das ist der rezeptive Aspekt. Der Part des Textproduzenten fällt stiltheoretisch unter den Begriff der ‚Selbstdarstellung'

(B. Sandig), eine Perspektive, die gegenüber den anderen stilistischen Funktionen in den Vordergrund rücken kann. Dabei ist zu unterscheiden zwischen Stileigentümlichkeiten, die zum persönlichen Naturell eines Individuums zählen und unbeabsichtigt, sozusagen ‚symptomatisch' zum Ausdruck kommen, sowie solchen, die in wohlbedachter Stilabsicht und damit ‚intentional' zum Ausdruck gebracht werden. Stilistische Sprachgestaltung bewegt sich also zwischen den Polen unbewusster Intuition und bewusster Reflexion (in der Begrifflichkeit von L. T. Milic *stylistic option* und *rhetorical choice*). Stilelemente der zweiten Art haben, aus der Sicht des Produzenten, einen gewissen „Signalcharakter"; sie sollen dem Rezipienten auffallen und wollen bestimmte Wirkungen auslösen, etwa durch Spracheffekte Verblüffung, durch Witzigkeit Erheiterung usw.

Nichts zu tun hat Selbstdarstellung im sprachstilistischen Sinn mit selbstgefälliger Ichsucht (*ich persönlich, höchstpersönlich, in eigener Person …*) und ebenso wenig mit gefühlsbetonter Subjektivität oder egozentrischer Äußerung von Affekten und Emotionen. Falsch verstandene Individualität wäre es auch, sprachliche „Originalität" in gewollter Eigen-Art anzustreben; denn hochgestochene Wortkunst gerät meist zur Künstelei, und maniriert herausgeputzter Stil gilt allgemein als ein Zeichen von Dilettantismus. Das „echte" Individuum ist gefordert: „Die kommunikative Kraft des Geschriebenen ist um so stärker, je stärker die Schreibweise, der Stil den Eindruck vermittelt, daß hinter dem Gesagten der Mensch ist: der ganze Mensch" (H.-M. Gauger).

Interaktionale Stilistik ↗ **Pragmatische Stilistik**

Interjektion ↗ **Onomatopöie**

Internationalismus ↗ **Fremdwort**

Interpunktion f. (stilistisch) ‹Zeichensetzung›
In Antike und Mittelalter dienten bestimmte Notationen in Rede, Dichtung und Kunstprosa der sprechrhythmisch-metrischen Gliederung; daraus entwickelte sich in neuerer Zeit ein Interpunktionssystem für die gramm.-syntakt. Textstrukturierung: lat. *interpunctio* ‹Abteilung durch Punkte› (vom Vb. *inter-pungere* ‹Punkte dazwischensetzen›, zu *punctum* ‹Punkt›), mittellat. auch *punctuatio* (zu erweitertem *punctuare* gleicher Bedeutung); seit dem

17. Jh. frz. *ponctuation,* engl. *punctuation,* dt. fachlich *Interpunktion,* allgemein *Zeichensetzung.*

Im schriftlichen Text sind Satzzeichen unschätzbare Signale, mit denen
wir unsere Ausdrucksabsichten deutlich machen und das Verstehen er-
leichtern können. Formal legen sie nicht nur den Aufbau der Sätze fest,
sondern auch die Sinnabschnitte und Sinnbezüge innerhalb der Sätze
und zwischen Satzsequenzen. Für die Handhabung dieser 12 Zeichen,
in erster Linie Punkt und Komma, bestehen im Deutschen relativ strenge
grammatische Regeln. Über den korrekten Gebrauch der I. hinaus gibt es
aber stilistische Feinheiten, deren einige anmerkungsweise erwähnt sei-
en. Generell wäre ein bewussterer, „kalkulierter" Einsatz der I. im Hinblick auf ihre stilistischen Wirkungsmöglichkeiten wünschenswert.

Stellt sich die Frage, ob man zwei selbstständige, aber doch in engerer Beziehung stehende Aussagen besser durch einen Punkt oder ein
Komma abteilen soll, so bietet sich die Kombination beider an: der
Strichpunkt (J. G. Schottels Eindeutschung des antiken Fachbegriffs ‚Semikolon‘, sinngemäß ‹halber Punkt›). Indem er schärfer als ein Komma,
aber nicht so scharf wie ein Punkt unterbricht, trennt und verbindet er
gleichzeitig: „Manche Leute braucht man nicht zu parodieren; es genügt,
daß man sie zitiert" (R. Neumann) – der Strichpunkt gewissermaßen als
Taille eines Satzkörpers mit Ober- und Unterleib. Dramatischer untergliedert ein Gedankenstrich. Ohne den Satzzusammenhang strikt abzu-
brechen, erlaubt er die überraschende Sinnwendung: „Im Anfang war
das Wort – am Ende die Phrase" (St. J. Lec). In ähnlicher Weise kann
ein Doppelpunkt Überraschungseffekte vorbereiten: „Es gibt nichts Gu-
tes, | außer: Man tut es" (E. Kästner). Üblicherweise vor wörtlicher Rede,
Aufzählungen, Beispielen und dergleichen stehend, wird dieses Zeichen
in seiner Leistungsfähigkeit meist unterschätzt. Stilistisch ermöglicht es
z. B. den konjunktionslosen Anschluss von Begründungen, Folgerungen
oder Verdeutlichungen, wodurch umständliches *nämlich, wie folgt, das
heißt* oder ganze Nebensätze überflüssig werden. Das gilt genauso im
Falle sog. ↗ Vorreiter-Formulierungen wie „Angesichts der Tatsache, dass
… Es sei noch hinzugefügt, dass … Jedenfalls ist festzustellen, dass …",
die immer einen Nebensatz nach sich ziehen, der die eigentliche Aussage
enthält. Es gibt jedoch genug entsprechende Einführungsformeln mit
Doppelpunkt, denen die Hauptsache als Hauptsatz folgt: „Tatsache ist:
… Hinzu kommt noch: … Fest steht: …" usw. Während sich im Um-

gang mit dem Ausrufezeichen vorsichtige Zurückhaltung empfiehlt – wer wird schon gern angeschrien? –, übt andrerseits das Fragezeichen eine positive Wirkung aus: Fragen beziehen die Angesprochenen ein, stellen sozusagen einen persönlichen Kontakt mit ihnen her, und bewirken sprachliche Lebendigkeit (vgl. auch ↗ Rhetorische Frage).

Inversion ↗ **Hyperbaton**

Ironie (Pl. -n, selten) f. ‹Äußerung, die das Gegenteil dessen sagt, was gemeint ist›

> Die elementarste und verbreitetste der alten Gedankenfiguren, als „Wahrheitstropus" bezeichnet: griech. *eironeia* ‹Verstellung› (von *eiron* ‹einer, der sich unwissend stellt›), lat. *ironia*, frz. *ironie*, engl. *irony*, dt. *Ironie* ‹Umschreibung durch das Gegenteil› als stil. Mittel, das eine zu sagen und damit etwas anderes zu meinen.

Seit der Antike gilt als gängige Definition der I., dass der Sprecher/ Schreiber gerade das Gegenteil dessen meint, was er in seinen Worten ausdrückt. Ein Grundmuster besteht darin, durch Lob zu tadeln oder durch Tadel zu loben, doch können auch Äußerungen und Texte anderer, ja aller Art ironisch sein. Ein wesentlicher Punkt und zugleich die Schwierigkeit ist dabei, dass die eigentliche, dem Wortlaut widersprechende Meinung (das wirklich „Gemeinte") in irgendeiner Form deutlich werden muss. In mündlicher Rede geschieht dies durch Begleiterscheinungen des gesprochenen Wortes wie Intonation und Akzentuierung, doch auch sprachbegleitende Mimik oder Gestik einerseits, Kenntnis außersprachlicher Verstehenshintergründe und vor allem des ‚situativen Kontextes' andrerseits, also der pragmatischen Faktoren der Kommunikationssituation: „Was für ein *schönes* Wetter!" – dieser Ausruf kann nur ironisch verstanden werden, wenn der Tatbestand strömenden Regens den Beteiligten bekannt ist. Noch schwerer fällt es beim schriftlichen Ausdruck, die I. zu verdeutlichen, etwa durch „ironische" Anführungszeichen oder Sprachmittel wie Modalwörter und Abtönungspartikeln, Über- oder Untertreibung, Beteuerung, Verzerrung, spottende oder sarkastische Formulierung. Die Diskrepanz zwischen Gesagtem und Gemeintem sollte möglichst krass sein, nicht nur wegen der stärkeren Wirkung, sondern weil andernfalls die ironische Absicht vielleicht gar nicht wahrgenommen wird. Diese Gefahr ist so groß, dass der Dichter Jean Paul seinerzeit die Einführung eines „Ironie-Zeichens" vorgeschlagen hat. Auch die moderne Linguistik fordert wenn schon kein eigenes Satzzeichen, so doch ‚Ironiesignale'. Wer sich ironisch verstellt und dies nicht klar genug anzeigt, der lüge, schreibt H. Weinrich: „Zur Ironie gehört das Ironiesignal."

Von alters her wird zwischen Wort- und Gedanken-I. unterschieden. Im ersten Fall haben wir es mit Begriffswidersprüchen zu tun, d. h. auf Gegenteiliges hinweisenden Doppeldeutigkeiten oder konträr strukturierten Ausdrucksweisen (als Extrem die Benennung nach dem Gegenteil ↑ Antiphrase, die sich als rhetorische Figur mit der Wort-I. deckt). Im zweiten Fall sind nicht Wörter, sondern ganze Aussagen betroffen, womit einzelne Gedanken gemeint sein können oder eine durchgehende ironische Geisteshaltung, die als ↑ Stilzug den gesamten Text durchzieht. Der eigentliche Gedanke ist dann durch eine Aussage gegenteiligen Sinnes ersetzt, deren Ironisierung durch ihren offensichtlichen Widerspruch zur Sprechsituation oder Kontrast zum Kontext gesteuert wird und deren ironischen Sinn zu durchschauen dem Sprachgefühl und Intellekt des Hörers/Lesers obliegt. Hauptsächliche Tendenz der I. ist versteckter, aber durchsichtiger Spott, indirekte Polemik oder Lächerlichmachen unter dem Deckmantel scheinbarer Ernsthaftigkeit, und zwar in einer Bandbreite, die von einfacher Relativierung und Distanzierung über höfliche oder scharfe Kritik bis zu satirischer Bloßstellung reicht.

Im Verlauf von mehr als zwei Jahrtausenden seiner Geschichte hat der Begriff der I. derart vielfältige Wandlungen durchgemacht, dass die einfache, sehr vage Definition des ‚Anderssagens als gemeint' allenfalls noch im Kern zutrifft. Als älteste Erscheinungsform gilt, vom Wortsinn ‹Verstellung› ausgehend, die sokratische I. der vorgetäuschten Unwissenheit, die mittels Fragen das (Nicht-)Wissen anderer aufdeckt und deren Belehrung anstrebt. Die tragische I. der antiken Tragödien und klassischen Dramen, deren Helden in hybrider Verblendung als Spielball höherer Mächte erscheinen, hat heute den Alltag erreicht, wenn wir trivialisierend von „Ironie des Schicksals" reden. Im Rahmen der rhetorisch-poetischen Tradition spielte die Stilfigur I. durch alle Zeiten hin ihre Rolle in Dichtung und Redekunst; als berühmtes Beispiel aus der Rede des Marc Anton jener mehrfach steigernd wiederholte Vers, der dem Muster des Tadels durch ironisches Lob folgt: *For Brutus is an honourable man* („Denn Brutus ist ein ehrenwerter Mann", W. Shakespeare). Im Übrigen kennt die neuere Literaturgeschichte eine dramatische, epische, romantische usw. I. mit besonderen Ausprägungen, so bei H. Heine als bewusste satirische Illusionszerstörung oder bei Th. Mann, dem „ironischen Deutschen", als artifizielles Mittel, das ihm die darstellerische Bewältigung der Diskrepanz von Geist und Leben ermöglicht. Namentlich Satiriker wie Chr. Morgenstern, J. Ringelnatz oder E. Kästner haben die I. in meist hintergründig-witziger Weise als effektvolles Sprachinstrument für ihre kritischen oder polemischen Ziele genutzt. Auch im Alltag kommt sie vor, besonders in formelhaften Redewendungen: „Das hat mir gerade noch (zu meinem Glück) gefehlt!"

In der Stillehre gilt die I. bei gekonnter Handhabung als ein attraktives, doch nicht ungefährliches Stilistikum. Vorsicht sei geboten, heißt es auch von journalistischer Seite. Denn wie sehr die Gefahr des Un- oder Missverständnisses droht, zeigt der alltagssprachliche Gebrauch, in dem viele ironisch gemeinte Äußerungen gar nicht als solche verstanden und damit für ernst genommen werden. Die linguistische Theorie sieht in I. einen indirekten Sprechakt, der gegen die Grice'sche Konversationsmaxime der Qualität („Sei wahr!") verstößt. Trotz dieser „Unwahrhaftigkeit" haben wir es aber, falls durch Ironiesignale kennlich gemacht, ebenso wenig mit einer Lüge zu tun wie im Falle nicht wörtlich gemeinter Komplimente und Höflichkeitsfloskeln. Im Gegensatz zum Humor fehlt der I. die versöhnliche Heiterkeit; verbunden mit Bitterkeit und bissiger Invektive wird sie zum ↗ Sarkasmus.

Isokolon (Pl. -la) n. ‹syntaktische Parallelstruktur von Satzteilen (Kola)›
Ein spezieller Fachbegriff der antiken Rhetorik und Metrik, dessen Stelle in der Moderne der Parallelismus einnimmt: griech. *isokolon* ‹gleich – oder „fast gleich" = *parison* – gebauter Satzteil› (Adj. *isos* ‹gleich› + *kolon* ‹Glied, Satzteil›; lat. *colon, id est membrum* ‹Glied›); schon im Lat. wie in der neueren stil. Terminologie übernommen, frz. engl. *isocolon*, dt. *Isokolon* für den gleichförmigen, gliedweise „parallelen" Satzbau.

Was heute ↗ Parallelismus heißt, war in der Antike vergleichsweise die rhetorische Figur des I. Damals erfolgte die syntaktische Gliederung sowohl der Rede (Kunstprosa) wie poetischer Gestaltungsformen nach sprechrhythmischen und metrischen Gesichtspunkten. Die ↗ Periode, das übergeordnete Satzgefüge, setzte sich aus mehreren Kola zusammen; das sind aus ein, zwei oder mehr Wörtern bestehende Sprech- und Sinneinheiten, begrenzt durch Atempausen oder rhythmische Einschnitte. Ein I. liegt dann vor, „wenn die Kola von gleicher Art sind" (Aristoteles); gemeint ist damit eine wenn nicht völlige, so doch annähernde Übereinstimmung in Silben- und Wortzahl der Kola. Diese sind in ihrer Grundform zweigliedrig, können aber auch Tri- oder Tetrakola, also drei- oder viergliedrig sein. Isokolie bedeutet Wiederholung, oft Wort für Wort, bei inhaltlicher Variation: eine „Tautologie des Gedankens", die vor allem eine strenge Kongruenz der Form aufweist. Als deutsches Beispiel: „Denn was er sinnt, ist Schrecken, und was er blickt, ist Wut, | Und was er spricht, ist Geißel, und was er schreibt, ist Blut" (L. Uhland). Zusammengehalten wurde diese Parallelstruktur durch Anaphern, Antithesen und besonders Gleichklang (bei Aristoteles *homoiosis* ‹Ähnlichkeit›, eine Art „Reim"), der in der antik-mittelalterlichen Praxis vor allem aus sich entsprechenden Flexionsendungen bestand. Um Monotonie zu vermeiden, konnte im letzten Glied die strikte Gleichförmigkeit durch eine längere, steigernde Formulierung abgerundet werden: „So war er, so starb er, so wird er leben für alle Zeiten" (F. Grillparzer).

J

Jargon ↑ **Gruppenstil**

K

Kalauer ⁊ **Wortwitz**

Katachrese (Pl. -n) f. ‹unangemessene Ausdrucksweise, Stilbruch›
Eine ursprünglich rhet.-lexikalische Trope, die in der Moderne stil. Bedeutung erlangt hat: griech. *katachresis* wörtlich ‹Missbrauch› (Präf. *kata-* ‹entgegen› + Verbalsubst. zu *chresthai* ‹gebrauchen›), lat. *catachresis*, übersetzt
abusio (Negativbildung zu *usus* ‹Gebrauch›), frz. *catachrèse* ‹fehlerhafter
Wortgebrauch›, engl. *catachresis* ‹lexikalische Abweichung›; dt. fachlich *Katachrese* (seltener *-chresis*), als Allgemeinbegriff *Stilbruch* sowie im Sinne
nicht homogener Bildlichkeit auch *Bildbruch*.

In Antike und Mittelalter war K. die „einer fremden Sache beigelegte
Benennung" (*alienae rei nomen appositum*, Isidor von Sevilla). Es handelte sich also um Gegenstände oder Sachverhalte, für die eine Bezeichnung
fehlte, und diese wurde auf dem Wege analogischer Übertragung gewonnen. Damals wie heute bildeten ⁊ Metapher und Metonymie die
Hauptmittel solcher Neubenennung, jetzt vor allem für technische, wissenschaftliche und lebensweltliche Neuerungen: *Strom* (‹fließende Elek-
trizität›), *Preisschere, Paragraphendschungel, Wortspeicher* (das ‹innere Lexikon› der Linguisten), *Raumschiff* usw. Diese bildhaft-übertragene
Ausdrucksweise galt früher als „Missbrauch"; z. B. bedeutet lat. *vindemia*
‹Weinlese›, von einer *vindemia mellis* ‹Honigernte› zu reden, wäre also
fehlerhaft. Aber wie bei allen Figuren und Tropen wird der kalkulierte
Fehler (⁊ Abweichung von der Norm, frz. *écart*, engl. *deviation*), der in
expressiver oder ästhetischer Absicht erfolgt, zum besonderen Stilistikum.
    Im Deutschen bestehen zwei Auffassungsweisen der K., die sich als
‚Stilbruch' und ‚Bildbruch' unterscheiden lassen. Während man bei Verletzung grammatischer Regeln von ‚Fehlern' spricht, sind ‚Stilfehler' im
allgemeinsten Sinne immer nur punktuelle Verstöße gegen den guten
Stil wie ein schiefer Ausdruck, störende Wortwiederholungen oder eine
verschachtelte Satzkonstruktion. Anders der Stilbruch, der die geforderte Einheit des Stils, die einheitliche ⁊ Stilebene durch„bricht". Da diese

Fehlerhaftigkeit nicht genereller Art ist, sondern erst als Missachtung der im Text aufgebauten Stilerwartung zustande kommt, bedürfen Beispiele stets eines weiteren Textrahmens: „Wenn wir *Goethen* und *Schillern* so sprechen hörten, wie sie tatsächlich sprachen, dann würde ein guter Teil unserer Hochachtung vor ihrer Klassizität *flötengehen*" (nach R. Thieberger); hier wirkt neben den heute unüblichen, flektierten Namensformen sehr gehobenen Stils das saloppe *flötengehen*, das in die tiefere Stilschicht der Pleite-Terminologie gehört, umso krasser. Vor allem humoristisch-satirische Schriftsteller haben diese im Stilbruch liegende Diskrepanz zwischen Erwartung und Bruch für überraschende Wirkungen funkelnden Witzes und einfallsreicher Pointen zu nutzen gewusst; namentlich H. Heine gilt als wahrer Meister des literarischen Stilbruchs: „Die Stadt Göttingen, berühmt durch ihre *Würste* und *Universität* …" (aus dem Anfang der «Harzreise»).

In spezieller Verstehensweise kennt die deutsche Stilistik den Begriff des ‚Bildbruchs'. Gemeint ist – das geht deutlicher aus anderen Bezeichnungen wie ‚Bildkontamination' oder ‚Bildermengung' hervor – die Vermischung semantisch nicht zusammenpassender Bilder oder Metaphern. Das heißt, unverträgliche Bildbereiche oder Ausdrücke meist phraseologischer Art (feste Fügungen) überlagern sich in einer Äußerung: „Sobald der Krach mit Fortschritt zu tun hat, drückt unser Ohr ein Auge zu." Wenn dieser Fehler als Versehen oder aus sprachlicher Unbeholfenheit unterläuft, z. B. in Schulaufsätzen, spricht man – den ursprünglichen „Redeblumen" (*flores rhetorici*) ironisch nachgebildet – von ‚Stilblüten': „Im letzten Schuljahr werden alle Schüler zahnärztlich untersucht und behandelt, damit sie bei ihrer Schulentlassung auf gesunden Zähnen ins Leben treten" oder: „Goethe ist so groß, daß er alle, die auf seinen Schultern stehen, noch um Haupteslänge überragt." Bewusst eingesetzt, ist die K. in diesem Fall auch sehr beliebt, um witzige Effekte zu erzielen (das Standardbeispiel): „Der Zahn der Zeit, der schon so manche Träne getrocknet hat, wird auch über diese Wunde Gras wachsen lassen."

Im Englischen gibt es als interessanten Sonderfall den ‚Malapropismus' (*malapropism*, auch frz. *malapropisme* ‹falscher Wortgebrauch›, nach R. B. Sheridans Figur der Mrs. Malaprop, 1775). Engl. *malapropos*, dies wiederum auf frz. *mal-à-propos* ‹zur Unzeit› beruhend, heißt ‹unangebracht›, und so geht es um lexikalische Fehlgriffe, die durch Unkenntnis des richtigen Ausdrucks verursacht werden. Solche unbeabsichtigten

„Versprecher", häufig in falscher Handhabung schwieriger, vor allem fremder Wörter, liefern Sprachkarikaturisten immer wieder Stoff für komische Wortspiele, z. B. „Unter Anwendung von Bronchialgewalt …" (statt *Brachialgewalt* ‹rohe Körperkraft›, W. Finck). Des Weiteren ist nachzutragen, dass sich die Gegenwartsphilosophie der K. angenommen hat: Sie sei, so folgert M. Foucault vor dem Hintergrund der Abweichungstheorie, grundlegend für alle rhetorischen Figuren, ja symbolisiere letztlich sogar den Ursprung der Sprache (dt. «Die Ordnung der Dinge», 1978).

Katapher ↗ **Anapher**

Kitsch ↗ **Schwulst**

Klangnachahmung ↗ **Onomatopöie**

Klarheit f. ‹gedanklich-sprachliche Evidenz von Texten›
Ein universales Stilprinzip, das sich in variierender Begrifflichkeit durch die abendländische Geistesgeschichte zieht: griech. *sapheneia* ‹Deutlichkeit› (vom Adj. *saphes*, erweitert *saphenes* ‹hell oder laut, deutlich›); als rhet. „Stiltugend" das von Quintilian fachbegrifflich geprägte lat. *perspicuitas* ‹Durchsichtigkeit, Deutlichkeit› (vom Adj. *perspicuus*, zu *per-spicere* ‹durch-schauen, deutlich sehen›), seit dem 15. Jh. auch *claritas* (vom Adj. *clarus* ‹hell und laut, klar, deutlich, verständlich›); fortgesetzt in frz. *clarté* ‹Klarheit, Deutlichkeit, Verständlichkeit›, daneben *lucidité* und *limpidité* (zu den Adj. lat. *(di)lucidus, limpidus* mit Bedeutungen wie *clarus*); engl. *clarity*, auch *clearness* sowie *perspicuity* ‹Klarheit›; dt. als Wiedergabe von *perspicuitas* zunächst *Deutlichkeit*, seit J. Chr. Adelung als Fachbegriff *Klarheit*, daneben bildungssprachlich zuweilen *Luzidität*, alle im Sinne einer Formulierungsweise, die eingängige Verständlichkeit und müheloses Verständnis eines Textes bewirkt.

Klar gedacht sei schon halb formuliert, lautet das einhellige Credo aller Stillehren nach dem Motto: „Den Stil verbessern – das heißt den Gedanken verbessern, und gar nichts weiter!" (F. Nietzsche). Was besagt das ↗ Stilprinzip der K. genau? Wenn es dabei um die Evidenz und leichte Erfassbarkeit von Texten geht, ist zwischen einer sachlich-gedanklichen und einer sprachlich-stilistischen Seite des Phänomens zu unterscheiden: Die Darstellung eines Sachverhalts bedarf erstens einer logischen, also „denkrichtigen" Ordnung der Dinge und Gedanken (Gesichtspunkte wie

Lückenlosigkeit, Folgerichtigkeit, Widerspruchsfreiheit usw.), die zu
einer vernunftgemäßen Stimmigkeit des Dargelegten führt. Zweitens
ist auf der Sprachseite eine stilgerechte Ausformung erforderlich, die
diesen Eindruck in unmittelbar eingängige, übersichtliche und eindeuti-
ge, zudem gefällige, möglichst anschauliche Formulierungen umsetzt.
Immer schon hat K. sich über ihre Funktion als logisches Ordnungsprin-
zip hinaus nicht nur durch Genauigkeit des Ausdrucks ausgezeichnet,
sondern auch durch einen „ästhetischen Mehrwert". Der Philosoph
I. Kant unterschied dementsprechend eine „discursive Deutlichkeit durch
Begriffe" und eine „intuitive Deutlichkeit durch Anschauungen" (1781).
Allerdings ist weder die Eingängigkeit der Formulierung einfach als
↗ Verständlichkeit im Sinne allgemeiner Leichtverständlichkeit aufzufassen, wie dies in den Stillehren meist geschieht, noch sind die ästhetischen Zusätze ohne weiteres gleichzusetzen mit dem früheren „Redeschmuck" (↗ Ornatus); denn an dessen Stelle ist seit etwa 1800 ein
anderes Stilprinzip getreten, die ↗ Anschaulichkeit.

Von den Lehren griechischer Rhetoriker ausgehend, nahm das Konzept der K. seit Cicero und namentlich Quintilian Gestalt an in der lat.
perspicuitas, einer der wichtigsten Stilqualitäten. Sie betrifft sowohl die
verba singula, also Einzelwörter, wie auch die *verba coniuncta*, ihre syntaktisch-textuelle Verwendung. Im ersten Fall geht es hauptsächlich um
sachliche Eindeutigkeit (korrekte Zuordnung *verba – res*), im zweiten um
übersichtliche Anordnung der Wörter und Gedankenfolge im Zusammenhang des Textes sowie um dessen sachgerechte Darstellung und intellektuelle Verstehbarkeit. Eine besondere Rolle spielten die Wirkungs-
kategorien der Veranschaulichung (Beispiele, Vergleiche, Bilder) und
rhetorischen Brillanz, die wiederum seit Cicero und Quintilian begrifflich der *claritas* zugewiesen wurden; sie bildet daher nach B. Asmuth die
stilistisch-ästhetisch „glanzvolle" Variante der primär logisch-diskur-
siven *perspicuitas*. Seit dem 16. Jh. hat sich *claritas* als synonymer Fachausdruck in den romanischen Sprachen durchgesetzt: ital. *chiarezza*, frz.
clarté, span. *claridad* usw. Insbesondere die K. der französischen Sprache,
ihre unübertroffene *clarté*, entsprach einer im späteren 17. und 18. Jh.
weit verbreiteten Meinung, die zum Mythos wurde, gipfelnd in dem
berühmten Satz A. de Rivarols: *Ce qui n'est pas clair n'est pas français*
(„Was nicht klar ist, ist nicht französisch", 1784).

Zur gleichen Zeit gelangte die antike *perspicuitas*, die aufgrund
schlechter Überlieferung des gekürzten, sog. „verstümmelten" Quintilian

(*Quintilianus mutilatus*), doch auch als Folge des allegorischen Denkens im Mittelalter erst von den Humanisten wieder als Stilprinzip entdeckt worden war, in England zu neuen Ehren. Auf der Suche nach einer adäquaten Wissenschaftssprache für die damals aufblühenden Naturwissenschaften propagierte die britische Royal Society im 17. Jh. den *plain style*: einen Stil, der sich als sachlich, schlicht, vor allem unrhetorisch verstand und so transparent sein sollte wie klares Glas. Namengebend für diesen *plain style* (älter schon *planus sermo*) war das Adjektiv lat. *planus* ‹eben, ebenmäßig, einfach, schmucklos›; es liegt bereits in der klassischen Formel *plane et dilucido* vor, später bei Descartes *clare et distincte*, im Deutschen *klar und deutlich*. Jene Forderung, der Wissenschaftsstil solle in seiner Sprachform den Blick des Lesers in unbehinderter Objektivität auf die exakten Aussagen des Textes fallen lassen, besteht noch heute in Form von J. Gusfields „Fensterscheiben-Theorie" (*windowpane theory*, 1976) – nicht uninteressant zu sehen, wie hier die optische Metaphorik der antiken *perspicuitas* in modernem Gewand fortlebt.

In Deutschland herrschte zunächst eine Doppelheit der Begriffe: K. wurde in den Barock-Rhetoriken des frühen 18. Jh. immer als *Deutlichkeit* wiedergegeben. Eine Aufspaltung erfolgte zur Zeit der Aufklärung, die dem Denken unbedingten Vorrang vor der Sprache einräumte: Nun wurde *Deutlichkeit* zu einer Stilqualität, das Wort *Klarheit* aber zur Denkqualität. J. Chr. Adelung, der maßgebende Sprachgelehrte dieser Epoche, schrieb in seinem zweibändigen Werk «Ueber den Deutschen Styl» (1785): „*Klarheit* und *Deutlichkeit* sind zwey Nahmen einer und derselben Eigenschaft, nur mit dem Unterschiede, daß der erstere ein wenig mehr figürlich ist … Die *Klarheit* des Styles, bei den Römischen Schriftstellern *Perspicuitas*, ist also diejenige Eigenschaft desselben, nach welcher die ganze Vorstellung, welche der Sprechende hat, rein und unvermischt durch die Worte gleichsam durchscheinet" usw. Damit wurde K. endgültig zum stilistischen Fachbegriff des Deutschen, neben dem das ältere *Deutlichkeit* allmählich verblasste.

Klimax (Pl. -e, selten) f. ‹Sinn- und Ausdruckssteigerung›
Eine immer noch aktuelle Wiederholungsfigur der rhet.-poet. Tradition: griech. *klimax* ‹Steigerung› (wörtlich ‹Leiter›), lat. *climax* und gleichbedeutend *gradatio* (zu *gradus* ‹Schritt, Stufe›, im Pl. ‹Leiter›), frz. *gradation*, „gelehrt" auch *climax*, engl. *climax* (nur fachlich *gradatio*), dt. *Klimax*, in engerem Sinne auch *Gradation* als Reihung graduell steigernder Ausdrucksmittel.

Jede ↑ Wiederholung fällt auf, hebt hervor und steigert, aber die darüber hinausgehende Steigerungsfigur schlechthin ist die K. Sie besteht aus einer Folge nach Art und Funktion zusammengehöriger Wörter, Satzteile oder Sätze, die stufenweise in meist symmetrischer Anordnung entweder inhaltlich vom weniger Bedeutenden zum Wichtigen oder formal vom schwächeren zum stärkeren Ausdruck aufsteigen. Gemeint ist also keine simple Aufzählung mehrerer Synonyme (↑ Akkumulation); vielmehr handelt es sich bei den Gliedern einer K. stets um nicht gleichwertige Sprachelemente, die sich gewissermaßen gegenseitig überbieten: „Es regnete stundenlang, nächtelang, tagelang, wochenlang" (F. Dürrenmatt).

Im Französischen gilt stattdessen der Begriff *gradation*, eine Fortführung der lateinischen Entsprechung *gradatio*, die als rhetorische Figur gewisse Gesetzmäßigkeiten wie Wortwiederholung, wachsende Glieder usw. vorsah. Die englische Sprache kennt dasselbe Wort nur als ‹Abstufung› ohne stilistische Bedeutung. Im deutschen Sprachgebrauch deckt sich die Gradation weitgehend mit der grammatischen Adjektivsteigerung, der ‚Komparation' also, und nur in Verbindung mit dieser kann sie auch zur K. werden: „Goethe, *groß* als Forscher, *größer* als Dichter, *am größten* als Mensch" (Duden) oder in der Werbung raffiniert mit dem beworbenen Produkt als höchster Steigerung: „Das ist gut. Das ist sehr gut. Das ist Uralt Lavendel." Klarer lässt sich die Zunahme an Nachdruck und Aussagegehalt nicht formulieren. Demgegenüber äußert sich die K. selbst lediglich in ihrem Sinnfortschritt und steter Intensivierung mit dem Höhepunkt am Schluss: „Gefährlich ist's, den Leu zu wecken, | Verderblich ist des Tigers Zahn; | Jedoch der schrecklichste der Schrecken, | Das ist der Mensch in seinem Wahn" (F. Schiller). Immer verstärkt die K. deutlich Aussage wie Ausdruckskraft, und besonderer Beliebtheit erfreut sie sich seit jeher in rhetorisch wirkungsvoller ↑ Dreigliedrigkeit.

Die Steigerungsschritte können aber auch in umgekehrter Richtung verlaufen, wenn sie in Bedeutung oder Intensität gliedweise fallend abnehmen; dann spricht man in moderner Begriffsbildung von einer ‚Antiklimax' (mit Präf. *anti-* ‹gegen, entgegengesetzt›): „Urahne, Großmutter, Mutter und Kind" (G. Schwab). Allerdings wird dies oft zur Interpretationssache, je nach Standpunkt der Betrachtung. So nimmt es der stufenweise Nieder- und Untergang Karthagos im folgenden Beispiel trotz des scheinbaren Abstiegs an Sprachwucht durchaus mit jeder K.

auf: „Das große Karthago führte drei Kriege. Es war noch mächtig nach dem ersten, noch bewohnbar nach dem zweiten. Es war nicht mehr auffindbar nach dem dritten" (B. Brecht). Im Französischen unterscheidet man entsprechend zwischen *gradation ascendente* und *gradation descendente* oder *inverse*, also Steigerung in ansteigender oder fallender Linie. Das neuere Englisch hat neben *anti-climax* eine eigene Bezeichnung: *bathos* ‹stilistische Verkleinerung› (wörtlich ‹Tiefe›, nach griech. *bathys* ‹tief›, geprägt von dem Dichter A. Pope, 1727): die Degradierung vom gehobenen Stil zum Gemeinplatz, vom Erhabenen zum Lächerlichen, meist mit humoristischer, witziger Wirkung oder in ironisch-satirischer Zielsetzung.

Knappheit ↗ **Kürze**

Kommunikative Stilistik ↗ **Pragmatische Stilistik**

Komposition ↗ **Disposition**

Konkretum ↗ **Abstraktum**

Konnotation (Pl. -en) f. ‹stilistische Nebenbedeutung›
> Gleich der Denotation primär ein Begriff aus Sprachlogik und linguist. Bedeutungslehre, der aber in die Stilistik hineinreicht: gebildet nach mittellat. *con-notatio* ‹Mit-Bezeichnung›, ein Fachwort des 20. Jh. in frz. und engl. *connotation*, dt. *Konnotation*.

Im Gegensatz zur ‚Denotation‘, dem konstanten begrifflichen Bedeutungskern eines sprachlichen Ausdrucks, bezeichnet K. dessen individuelle, assoziative, situations- oder kontextgebundene Nebenbedeutungen und Begleitvorstellungen, die eine oft eher vage Bedeutungsperipherie bilden. Die im Sprachsystem verankerte Denotation, die ‹lexikalische Grundbedeutung›, wird in Form mehr oder minder fest umrissener Bedeutungsangaben in den Wörterbüchern annäherungsweise nachvollzogen. Hingegen sind K. oder konnotative Bedeutung(en) durchaus variable Nuancierungen verschiedener, nicht zuletzt stilistischer Art. Sie enthalten zudem oft „implizite" Informationen, die assoziativ und emotional-affektiv den Begriffskern umgeben, abwandeln, ja überlagern können. Dabei handelt es sich um subjektive Gefühle, Erinnerungs- und Erfahrungseindrücke, persönliche Einschätzungen und Bewertun-

gen, die dem Wort einen sehr individuellen Nebensinn verleihen und
Auswirkungen wie Angst, Geringschätzung, Hass usw. haben können.
Dies ist nicht in der Sprache selbst angelegt, sondern im Ich des Sprachgebrauchers, weshalb einleuchtenderweise verschiedene Personen eben
auch verschiedene konnotative Vorstellungen entwickeln, die sich einer
exakten Erfassung weitgehend entziehen.

Sprachen sind nicht einheitlich. Ihre durchaus üblichen, z.T. schon
wörterbuchkundigen Differenzierungen werden unter dem Oberbegriff
sprachlicher ↑ Variation als ‚Sprachvarietäten' bezeichnet (primär ein
Fachbegriff der Soziolinguistik, so auch engl. *varieties in language*, hingegen frz. *connotations* vorwiegend literaturbezogen). Solche Varietäten
– gewissermaßen „Sprachen in einer Sprache" – lassen sich in ihrer
sprachlichen Spezifik, die sie in irgendeiner Hinsicht konnotativ charakterisiert, beschreiben und systematisch erfassen: als Differenzierungen
medialer, historischer, territorialer, situativer, sozialer oder funktionaler
Art, alle mit stilistischen Auswirkungen. So können Wörter und Redewendungen über ein spezielles Sprachkolorit verfügen, das sich mit
ihnen verbindet und emotionale Einstellungen vermittelt, z.B. „scherzhaft" wie *Evaskostüm*, „übertreibend" wie *Wolkenkratzer* oder „abwertend" wie *Geizkragen* (↑ Stilfärbung). Viele lassen sich auch, teilweise
soziolinguistisch mit „schichtenspezifischem Sprachverhalten" korrespondierend, einer bestimmten ↑ Stilschicht zuweisen; so ist die *Fliege* an
sich „normalsprachlich", als ‹Querschleife am Kragen› aber „gehoben"
und in der saloppen Wendung *die Fliege machen* ‹davonlaufen› „umgangssprachlich". In ähnlicher Weise können alle Varietäten unseres
Wortschatzes sinngemäße Nuancierungen mit eigenem Stilwert aufweisen: ‚medial' hinsichtlich der Unterschiede zwischen gesprochener und
geschriebener Sprache (↑ Mündlichkeit und Schriftlichkeit, auch Alltagssprachstil); ‚historisch', also zeitgebunden wie bei *Lindwurm*, *Superstar* (↑ Archaismus, Neologismus, auch Historismus, Modernismus)
oder ‚territorial', d.h. räumlich-landschaftlich wie norddt. *Swienegel*
‹Igel› oder ostdt. *Broiler* ‹Brathähnchen› (Dialektizismus bzw. Regionalismus). Konnotativ markiert sind auch zahlreiche Ausdrücke in bestimmten Kommunikationsbereichen, besonders Fach- und Wissenschaftssprachen, etwa das seemännische *Landratte* ‹Festlandbewohner›
oder die physikalische, mit „Atombombe" gleichgesetzte *Radioaktivität*
(↑ Funktionalstil); ferner Gruppen- und Sondersprachen, z.B. studentisches *Luftikus* oder gaunersprachliches *Knast* ‹Gefängnis› (↑ Gruppen-

stil) sowie vor allem ↗ Fremdwörter. ‚Situative' Differenzierungen werden soziostilistisch als ↗ Register beschrieben.

Kontamination (Pl. -en) f. ‹Ausdrucksverschmelzung, Wortkreuzung›
Ein ling.-stil. Fachbegriff jüngerer Zeit: nach spätlat. *contaminatio* ‹Vermischung› (vom Verb *con-taminare*, mit *tangere* ‹berühren› verwandt); im Engl. eine Reihe von Bezeichnungen, vor allem *blend* ‹Mischung, „Verschnitt"›, ferner *fusion* ‹Verschmelzung›, *hybrid* ‹Zwitterbildung›, auch *portmanteau-word* ‹Kofferwort› nach Humpty Dumptys Definition: *two meanings packed up into one word* („zwei Bedeutungen in ein Wort gepackt", L. Carroll), frz. übersetzt als *mot-valise*; dt. fachlich *Kontamination*, allgemein *Wortkreuzung*.

K. ist die Verschränkung (Vermischung, Verschmelzung) zweier Wörter, die meist über ein gemeinsames, scharnierartig wirkendes Zwischenglied erfolgt: *Kompro-miss-geburt*. Solche siamesischen Wortzwillinge kommen – das ist die linguistische Seite des Phänomens – auch in der Alltagssprache vor: teils ursprünglich scherzhaft wie *jein* (ja x nein) oder *nichtsdestotrotz* (nichtsdestoweniger x trotzdem), teils fehlerhaft wie *zumindestens* (zumindest x mindestens) oder *was anbetrifft* (betrifft x angeht), teils aber auch als bewusste Neubildungen wie *Motel* (Motor x Hotel), aus dem Französischen *Raffinesse* (*raffinement* x *finesse*) oder dem Englischen *Smog* (*smoke* ‹Rauch› x *fog* ‹Dunst, Nebel›). Darüber hinaus lassen sich ganze Redensarten und Sprichwörter, versehentlich oder mit Absicht, vermengen: „es versteht sich am Rande" (sich von selbst verstehen x am Rande bemerken), „Morgenstund x ist aller Laster Anfang" (Müßiggang) usw. Auch im normalen Sprachgebrauch werden also Wörter und Wendungen aus den verschiedensten Gründen zusammengezogen, gewissermaßen verzahnt, eben „kontaminiert". Die andere Seite ist der stilistische Einsatz von K. in Journalismus und Werbesprache, nicht zuletzt aber in literarischen Texten, und zwar als attraktives ↗ Wortspiel, das witzige, ironische oder einfach nur auffällige Spracheffekte erzeugt. Aus der Vielzahl von Beispielen: *Ehrgeizhals*, *Katzenjammertal*, *Bundesratlosigkeit*, engl. *alcoholidays* (für Prohibition), *Zeitgenossenschaft* (H. Heine), *Meisterstückwerk* (R. Wagner), *Marlitteratur* (O. Ernst, in Anspielung auf die Schriftstellerin E. Marlitt, die im 19. Jh. erfolgreiche Unterhaltungsromane schrieb) oder *Äskulapsus* ‹medizinischer Kunstfehler› (W. Finck); auch Adj. wie *jaguartig*, *mozärtlich*, *famillionär* (H. Heine), *medizynisch* (F. Nietzsche) usw. Redewendungen, bekannte Zitate und „geflügelte" Dichterworte werden ebenfalls gern in gleicher Weise „verfremdet"; zur nicht weniger beliebten Bildermengung vgl. ↑ Katachrese.

‚Kontrast im Kontext'-Theorie ↑ **Archileser**

Kreuzfigur (Überkreuzstellung) ↑ **Chiasmus**

Kürze f. als Stilbegriff ‹Knappheit des Ausdrucks›
> In den stil. Wörterbüchern selten verzeichnet, jedoch ein Hauptkapitel aller Stillehren und mit langer rhet.-poet. Tradition unter den fachlichen Stichwörtern Brachylogie und Brevitas: griech. *brachylogia* ‹gedrängte Ausdrucksweise› (aus *brachys* ‹kurz› + *-logia*, wie *logos* ‹Wort, Rede›), lat. übersetzt *breviloquium*, als Stilprinzip *brevitas* ‹Kürze› (zu *brevis* ‹kurz›); frz. *brachylogie*, *brieveté*, *concision* (zu lat. *concisus* ‹gedrängt›), engl. *brachylogy*, *brevity*, *conciseness*, *shortness*, alle gleichen Sinnes mit dt. *Kürze*, *Knappheit* in der Ausdrucksweise.

Schon in Bibel und Antike spielte die K. des Ausdrucks eine nicht unbedeutende Rolle; *brevitas* galt zeitweise im Lehrsystem der Rhetorik sogar als eines der wichtigsten ↑ Stilprinzipien. Zu voller Geltung gelangte es im 12./13. Jh., als die hochmittelalterlichen Poetiken das darstellerische Gegensatzpaar *amplificatio* ‹Erweiterung› und *abbreviatio* ‹Verkürzung› weitläufig traktierten (↑↑ Amplifikation, Abbreviatur). Hatte allerdings das Altertum beide Begriffe qualitativ verstanden, als vergrößernde Hervorhebung oder verkleinernde Bagatellisierung des Sachverhalts, so wurden sie nun in quantitativer Auffassung zur Aufschwellung oder Kürzung im Umfang. In den toposartigen „Brevitas-Formeln" der Zeit versichern die Autoren, ihr Werk *in brevi stilo* abgefasst zu haben; umgekehrt wird auch davor gewarnt, dass ein Übermaß an K. leicht zur ↑ Dunkelheit des Stils führe (*obscura brevitas*). Die Alternative Knappheit oder Abundanz des Ausdrucks spielte – mit wechselnder Gewichtung beider – bis zum Ende der Barockzeit eine Rolle, also bis zur Ablösung der Rhetorik durch die Stilistik.

In der neueren Stillehre gilt als kategorische Regel: „Fasse dich kurz!" Die Frage stilgerechter K. stellt sich beim Wort, beim Satz und beim Text. Nach vorherrschender Meinung soll ein Wort umso verständlicher sein und auch stilistisch besser, je kürzer es ist und je weniger Silben es hat. Aber die Treffsicherheit eines Ausdrucks hängt keineswegs von Wortlänge und Silbenzahl ab, sondern von den Umständen seiner Verwendungssituation (also der Stillage, Textsorte oder speziellen Gebrauchsbedingungen; vgl. ↑ Wortstilistik). Ernsthafte Diskussion verlangen die hart gescholtenen, oft vielgliedrigen Wortzusammensetzungen des modernen ↑ Nominalstils. Desgleichen bevorzugt die Stillehre eine relativ kurze Satzbildung, vor allem in Form von Hauptsätzen. In moderner Gebrauchsprosa liegt die Satzlänge im statistischen Durchschnitt bei 12 bis 16 Wörtern; die Sätze sind damit wesentlich kürzer als früher, und auch Nebensatzkonstruktionen treten zurück (↑ Satzstilistik). Grundsätzlich und vor allem textstilistisch ist zu unterscheiden zwischen sprachlicher und sachlicher K. Sprachlich wird am Wortaufwand gespart, am Ausdruck, sachlich jedoch am ausgedrückten Inhalt, d. h. an Gedanken oder Fakten des Textes (vgl. ↑ Textstilistik, auch Makrostilistik).

Wird K. des Ausdrucks zum typischen, meist individuellen Stilmerkmal, sprechen wir von *Lakonismus*, auch *Lakonie, Lakonik* (nach griech. *lakonismos* ‹knappe, schlagfertige Redeweise›). Namengebend war die einfache, wortkarge, gleichwohl sehr treffende Ausdrucksart, die seit alters den Bewohnern der griechischen Landschaft Lakonien, den Spartanern, nachgesagt wurde: Als König Philipp von Makedonien drohte, Sparta mit Feuer und Schwert zu vernichten, wenn er es erobere, lautete ihre Antwort: „Wenn!" Solche lakonische Schlagfertigkeit und die lapidare Aussagekraft des Lakonismus bilden ein Stilistikum besonderer Art, wie ja auch die Wirkung vieler Sprichwörter auf deren prägnanter K. beruht. Einen vergleichbaren Sinn haben gemeinsprachlich geläufige Begriffe wie ‚Lapidarstil' und ‚Telegrammstil'. Der erste ist eine Neubildung des 18. Jh. (*stilus lapidarius*, Adj. zu lat. *lapis* ‹Stein›; ebenso frz. *style lapidaire*, engl. *lapidary style*), die sich von dem wuchtigen, gedrängten Schriftbild und Stil in Stein gehauener altrömischer Inschriften herleitet. A. Schopenhauer hat ein Quantum davon für alles Schreiben gefordert: Es solle „jeder Schriftstil eine gewisse Spur der Verwandtschaft mit dem Lapidarstil tragen, der ja ihrer aller Ahnherr ist". Der moderne Ausdruck *Telegrammstil* für knappe, stichwortartige Formulierung (vgl. ↑ Ellipse) ist mittlerweile durch die technische Entwicklung überholt und zum historischen Begriff geworden; „im Telegrammstil" bedeutet heute nur noch so viel wie ‹in aller Kürze›. Allerdings, redet oder schreibt jemand immer lakonisch, lapidar oder telegrammstilmäßig, also auf die allernotwendigsten Informationen in äußerster syntaktischer Verein-

fachung beschränkt, so entsteht ein stilistisch keineswegs empfehlens-
werter, manieristischer Kurzsatzstil (auch als „Asthmastil" apostrophiert).

Streng genommen ist das eigentliche Stilprinzip die ‚Knappheit' des
Ausdrucks. Denn K. stellt ja eine durchweg in Maß und Zahl konkretisierbare, fixe Größe dar, die sich z.B. in exakten Angaben über die Silbenzahl der Wörter oder die optimale Satzlänge niederschlägt. Hingegen versteht sich Knappheit als ein relatives, somit flexibles Prinzip,
das fallweise die Bündigkeit einer Äußerung oder aber ihre ausführ-
lichere Formulierung regelt, je nachdem wie es den gerade vorliegenden
Kommunikationsbedingungen entspricht. Im besten Fall sollte das Ergebnis ein sprachstilistisch perfekter, nicht zu eng sitzender, nicht zu
weit schlotternder „Maßanzug" sein für das, was wir denken und zum
Ausdruck bringen wollen. Sinnvolle Knappheit gilt als anerkannter Stil-
grundsatz; sie bewegt sich stets irgendwo zwischen den Polen zu starker
Komprimierung, die ein müheloses Verstehen erschwert, womöglich sogar verhindert, und langfädiger Weitschweifigkeit, die zum aufge-
blähten ↑ Schwulst entarten kann.

Kyklos ↑ **Symploke**

L

Lakonismus (Lakonie, Lakonik), auch Lapidarstil ↗ **Kürze**

Langsatz ↗ **Periode**

Lautmalerei ↗ **Onomatopöie**

Lautstilistik, auch **Phonostilistik** f. ‹Stilistik der Ausdruckskraft von Lauten und Lautfolgen im Text›

> Teilbereich der Stilistik, der die Klangwirkung von Lautstrukturen und den stil. Einsatz der Lautung in Textzusammenhängen zum Gegenstand hat: frz. *phonostylistique*, engl. *phonostylistics*, dt. fachlich *Phonostilistik* (vgl. *Phonetik, Phonologie* ‹Lautlehre›, zu griech. *phone* ‹Stimme, Ton, Laut›), auch *Expressive Stilistik (Phonetik)* und – neben weiteren Bezeichnungen spezieller Aspekte – vor allem *Lautstilistik* (seit N. S. Trubetzkoy, 1939), im Rahmen der Stillehre für die Darstellung der Klangstilmittel.

Wenn es um die phonisch-akustische Wirkung unserer Sprache geht, dann sieht die L. sich alsbald mit dem geläufigen Vorurteil konfrontiert, das Deutsche sei eine lautlich spröde Sprache. Ihre oft extreme Häufung von Konsonanten, besonders Zisch- und Explosivlauten, wird ebenso gerügt wie das geringe Vorkommen farbiger Vokale, die jedenfalls vom blassen, aber umso häufigeren *e*-Laut erdrückt werden. Diese phonetischen Eigenschaften sind indes Sache der Sprachwissenschaft, die Stilistik kommt erst mit der Forderung des Wohlklangs ins Spiel. Diese Unterscheidung verdeutlicht das 1807 von dem Dichter Jean Paul eingeführte *Jetztzeit* ‹Gegenwart› – ein Wort, das für die Grammatiker völlig unproblematisch ist, aus stilistischer Sicht jedoch eine seit langem kritisierte ‚Kakophonie' (‹unschön klingende Lautfolge›, Gegensatz von ‚Euphonie' ‹Wohlklang›).

Wer ein gutes, also auch wohllautendes Deutsch anstrebt, der sollte alles, was er schreibt oder spricht, stets mit Auge und Ohr auf seine Klangwirkung hin prüfen. Sprachlicher Wohllaut hängt von vielerlei Umständen ab, so in mündlicher Rede vor allem von der Intonation, der

Tongebung also, sowie Stimmführung, Klangfarbe, Intensität, Betonung, Sprechtempo usw.). Für den schriftlichen Text bestehen einige stilistische Regeln, die beachtet werden sollten; die allgemeinste lautet, dass sich in normaler Prosa ein gleichmäßiger, „metrischer" Rhythmus, Alliterationen, Reime und andere klangliche Kunstmittel verbieten, weil diese der „Dichtung" vorbehalten sind (↗ Reim). Störend wirken in unmittelbarer oder relativ dichter Aufeinanderfolge sich wiederholende Laute, Silben oder Wörter (↗ Wiederholung); z.B. in Lautkombinationen wie *Sumpfpflanze, Strickstrumpf* oder sogar *Kopfschmerz* (A. W. Schlegel): Bekanntlich hat Goethe seinen ursprünglich vorgesehenen Titel «Wahrheit und Dichtung» nur wegen des Zusammentreffens der zwei *d* umgestellt! Ähnlich stört übertriebene Silbenhäufung: „*Um um* das *um*ständliche *Um*steigen her*um*zukommen ...", usw. Wohllaut und klangliche Expressivität sind in erster Linie ein ästhetisch-literarisches Anliegen. Dichter aller Zeiten haben das Spiel mit den Feinheiten der Lautung meisterlich betrieben, in der Abstimmung ganzer Verse, Strophen, ja Gedichte auf eine bestimmte Klangfarbe, in lyrischen Tönungen und dramatischen Akkorden: „So heult es verworren, und ächzet und girrt, | Und brauset und sauset und krächzet und klirrt" (H. Heine) – bis hin zu ‚Lautmalerei' und ‚Lautsymbolik'.

Als Laut- oder Klangmalerei wird die sprachliche Nachahmung von Naturlauten oder anderen akustischen (seltener auch optischen) Erscheinungen der äußeren Welt bezeichnet: das alte rhetorisch-poetische Kunstmittel der ↗ Onomatopöie, die jedoch auch sprachgeschichtlich und stilistisch von Belang ist. Nicht immer klar abgrenzen lässt sich das unter dem Namen *Lautsymbolik* bekannte Phänomen (auch *Lautsymbolismus* oder *Phonästhetik*; frz. *symbolisme phonetique*, engl. *sound symbolism*, *phonæsthesia*). Einzelnen Lauten und bestimmten Lautfolgen in Wörtern wird nicht nur besondere Expressivität zugeschrieben, sondern man sieht in ihnen eine bestimmte Bedeutung und sinnlich wahrnehmbare Vorstellung verkörpert; so findet sich beispielsweise die Vokalopposition *i : u* mit ‹Kleinheit – Größe› oder ‹Licht – Dunkelheit› assoziiert. Seit Platons «Kratylos» (daher als Bezeichnung des Phänomens auch frz. *cratylisme*, engl. *cratylism*) werden solche lautsymbolischen Überlegungen zur natürlichen Motiviertheit sprachlicher Zeichen angestellt, wogegen die moderne Sprachtheorie von deren ‚Arbitrarität' (‹Willkürlichkeit, Beliebigkeit›), also Konventionalität und damit Nichtmotiviertheit ausgeht. Gleichwohl herrscht – durch sprachpsychologische Experimente unterstützt – die verbreitete Ansicht, es bestehe zwischen Sprachlauten und Sinneseindrücken eine Ähnlichkeitsbeziehung, die universal sein soll und in der Vergangenheit zu spekulativen Sprachursprungstheorien und Ursprachenkonstrukten geführt hat.

Neuere Bestrebungen gelten im Rahmen der noch jungen Gesprächsstilistik einer Untersuchung spezifischer ‚Sprechstile' als Kontextualisierungshinweise (vgl. ↗ Pragmatische Stilistik). Mittlerweile etabliert hat sich die vor Jahren noch in Entsprechung zur Phonostilistik postulierte ‚Graphostilistik' (zu griech. *-graphos* ‹geschrieben, Schrift-›), die stilistische Möglichkeiten der Schreibung wie Groß- oder Kleinbuchstaben, verschiedene Schrift- oder Druckarten, Anordnung des Textes usw. behandelt. Im Gegensatz zur akustisch-phonischen Sprachebene geht es also um optische, in der Graphie wirksame Stileffekte wie „Rrrraus!" als Anzeichen emotional-expressiver Redeweise oder das doppelsinnige *schreIBMaschinen* (Wandreklame).

Litotes (Pl. gleich, aber sehr selten) f. ‹Untertreibung, (scheinbare) Abschwächung›

> Ein Tropus der untertreibenden Umschreibung: griech.-lat. *litotes* ‹Geringfügigkeit, Zurückhaltung› (zum Adj. *litos* ‹einfach, schlicht, gering›), lat. ferner *(di)minutio* ‹Verkleinerung› (zu *minus* ‹weniger›), frz. *litote*, auch *atténuation* ‹Abschwächung›, engl. *litotes* sowie *meiosis* ‹Verringerung› (zu griech. *meion* ‹weniger›), auch *understatement* ‹Unterschätzung›, dt. als Fachbegriff *Litotes*, allgemein *Untertreibung*.

Die L. zählt als Sonderfall der ↗ Periphrase zu den Tropen des ‚uneigentlichen Sprechens'; sie ist eine rhetorische Figur, die nach antiker Definition „weniger sagt, als sie bedeutet" (*minus enim dicit quam significat*, Donat). In einfachster Form geschieht das – beispielsweise im „Herunterspielen" misslicher Vorkommnisse mittels Formulierungen wie „macht nichts, halb so schlimm, kaum der Rede wert" – durch schlichte Untertreibung: Vorbild für dieses im Deutschen junge Wort war engl. *understatement*, das bekanntlich als eine britische Nationaltugend gilt. Dementsprechend wirkt auch die L. durch eine „Entschärfung" entschiedener Aussagen, meist mit Hilfe von Modalwörtern, die als solche die Art und Weise eines Geschehens einschränkend „modifizieren" (*möglichst, vielleicht, irgendwie*, auch *scheint mir, glaube ich* usw.); desgleichen können beigefügte Adjektive (ein *kleiner* Trost) oder Diminutivierung (ein *Ban-*

keröttchen, Th. Mann ironisch) zu solcher Abschwächung führen. Vgl.
auch ⬈ Abbreviatur.

Haupterscheinungsweise der L. und zugleich ihr Kunstgriff ist aber
die einfache oder doppelte Verneinung eines wertenden, oft super- oder
elativischen Begriffs mit dem überraschenden Resultat, dass der scheinbar schwächere Ausdruck eine Sinnverstärkung bewirkt: als *negatio con-
trarii* ‹Verneinung des Gegenteils› hat *nicht wenig* schon seit alter Zeit die
Bedeutung von *sehr viel*. Die doppelte Negation erscheint meist in der
typischen Form dt. *nicht un-* (entsprechend lat. *non in-*, frz. *pas in-*, engl.
not un-) in Verbindung mit Adjektiven zur Bezeichnung von Eigenschaften (*nicht unbemittelt* ‹reich›) analog auch substantivische Formulierungen mit *kein* (*kein Unmensch*). Stilistisch besonders effektvoll ist es, wenn
die (doppelte) Negierung mit einem stark positiv markierten Ausdruck
zusammentrifft: redensartlich „nicht gerade einer der Klügsten" oder
„kein Unschuldsengel sein". Weitere Beispiele wie *nicht unwahrscheinlich*
‹höchstwahrscheinlich›, *keineswegs unmöglich* ‹durchaus möglich›, *kein
Glanzstück* ‹eine eher schlechte Leistung› usw. zeigen aber eine breite
Skala von Nuancierungen, deren genaues Verständnis sich oft erst aus
Betonung (gesprochen) oder Kontext (schriftlich) sowie der gegebenen
Situation erschließt: „ein junger Künstler nicht ohne Talent" – das kann
als wohlwollendes Lob, doch genauso als zurückhaltende Kritik verstan-
den werden. Immerhin sorgt der sprachliche Umweg der L., allein als
Abweichung von der eigentlich zu erwartenden „normalen" Ausdrucks-
weise, stets für mehr Aufmerksamkeit und Wirkung: ein *mittelmäßiger
Schüler?* – nein, „alles andere als ein Musterschüler".

Die L. nuanciert den Gegensatz zwischen den Polen abmildernder
Untertreibung (Nähe zum ⬈ Euphemismus) und intensivierender Hervorhebung (Nähe, doch auch Opposition zur ⬈ Hyperbel). Schon bei
Homer, in der Bibel und der gesamten rhetorisch-poetischen Tradition
hat sie sich frequenten Gebrauchs erfreut (z.B. bediente sich ihrer das
Mittelhochdeutsche in landläufigen Formeln wie *lützel êre* ‹Schande›,
wörtlich „wenig Ehre"); nicht anders noch heute in alltagssprachlicher
Untertreibung oder als individuelle Stileigenart, doch auch professionell
ausgeprägt in Diplomatensprache und Journalismus. Zu nennen sind ferner Wendungen der Art *ganz zu schweigen von …*, die steigernd wirken
oder sich in ironischer Anwendung besonders für feinzüngigen Spott
eignen: „… womit natürlich nicht gesagt sein soll, dass diese Rede eine
ausgesprochene Meisterleistung war". Manche Formen doppelter Vernei-

nung gelten als gekünstelt (*nicht unschwer, nichts weniger als*), wenn nicht sogar gefährlich: „nicht ohne Mißfallen" (gemeint „mit Wohlgefallen", G. E. Lessing) oder eines zeitgenössischen Dichters „Überfluß an Geistesmangel" (H. Heine). Distanzierung, Kritik und Spott, Anerkennung und Lob, Höflichkeit und Ironie, Selbstbescheidenheit und auch die durch scheinbare Abschwächung bewirkte Verstärkung – all das lässt sich mit Hilfe dieser Stilfigur in die passende Sprachform kleiden.

M

Makrostilistik f. ‹stilistische Betrachtung des Textganzen im Gegensatz zur **Mikrostilistik** einzelner Textelemente›

Eine Ausweitung der herkömmlichen (Mikro-)Stilistik auf stil. Makrostrukturen im späteren 20. Jh., vorzugsweise im Dt.: zugrunde liegend griech. *makros* ‹groß› – *mikros* ‹klein› als Bestimmungswörter vieler Gegensatzbildungen; in Bezug auf die rhet. Figurenlehre frz. *figures macro- et microstructurales* ‹sich über den ganzen Text erstreckende und punktuelle Figuren›, engl. *macro- and microstylistics* (wie *-linguistics*, *-structures* usw.) ‹Stilistik in einer Folge von Sätzen bzw. innerhalb des Satzes›, dt. *Makro-* und *Mikrostilistik* als neue methodische Unterscheidung zwischen der stil. Gesamtstruktur eines Textes und den stil. Einzelelementen.

Mit dem Aufkommen der Textlinguistik seit den 60er Jahren des vorigen Jh. eröffnete sich auch dem Stil eine neue, übergreifende Perspektive: Schon seit den Tagen der Rhetorik in vielen Figuren, Prinzipien, Stilarten usw. textorientiert, erfuhr die ↗ Stilistik nun eine terminologische Aufgliederung in die neue M. und eine als Komplementärbegriff zu verstehende ‚Mikrostilistik'. Während sich deren Aufgabenfeld weitgehend mit dem lexikalischen und grammatisch-syntaktischen Bereich der traditionellen Stilistik deckt, zielt die M. durchaus neuartig auf die „Erforschung des Stils als Komplexerscheinung und Organisationsprinzip von Ganzheitsstrukturen" (E. Riesel/E. Schendels, 1975). Damit vollzog sich ein Wechsel des Betrachtungsstandpunktes, bildlich ausgedrückt, von der „Froschperspektive" der alten ↗ Wort- und Satzstilistik zur „Adlerperspektive" einer modernen ↗ Textstilistik.

Nach ersten Hinweisen (etwa N. E. Enkvist, 1964) waren es vor allem die Moskauer Germanistin E. Riesel (seit 1973) und in den 80er Jahren der Stilwissenschaftler B. Sowinski, die diese neue Perspektivik ausführlicher darstellten. Sie bedeutet praktisch eine Umkehrung der früheren Sicht: Bislang hatte man sich fast ausschließlich mit den sprachlichen Kleinstrukturen Wort und Satz befasst – daher auch die Bezeichnung als ‚stilistische Grammatik' – und wenn überhaupt, dann waren allenfalls gewisse übergeordnete, meist literarästhetische Gestaltungsaspekte berücksichtigt worden. Genau umgekehrt nimmt die M. nun als ihre Ausgangsgröße den ‚Text' mit seinen globalen Stileigenschaften. Makrostilistika sind Stilformen der Textebene, die mit Hilfe sprachlicher, mikrostilistischer Mittel zustande kommen. Im Wechselspiel zwischen dem Ganzen und seinen Teilen, d. h. der umfassenden, ganzheitlichen Makroorganisation des Textes einerseits und dem Mikroniveau der sie konstituierenden Einzelelemente andrerseits, ist dies eine Stilistik „von oben" statt wie bisher „von unten" (gemäß der linguistischen Methodenalternative des ‚Top-down' und ‚Bottom-up').

In der Folge wurden vor allem die konkreten Arbeitsfelder einer solchen textbezogenen Stilistik diskutiert. So gelten als makrostilistisch relevante Kategorien etwa die mündliche oder schriftliche Kommunikationsweise, Stil- und Darstellungsprinzipien, Stilarten, Stilzüge und andere Stilmuster, Argumentationstypen, Textsorten und Gattungen, Komposition und Bauformen, Erzählstrukturen usw. (↗ Textstilistik). Unübersehbar erfolgte diese Ausweitung des stilistischen Spektrums im Rückgriff auf die alte Rhetorik, insofern die mit der Verselbstständigung der Stilistik (*elocutio*) entfallenen Bereiche der Stofffindung (*inventio*) und Stoffanordnung (*dispositio*) wieder aufgenommen wurden. Dazu beigetragen hat auch der sich zur gleichen Zeit durchsetzende kommunikativ-pragmatische Theorieansatz: Mit seiner Einbeziehung aller Umstände des Kommunikationsprozesses und der Auffassung von Stil als Teil unseres sprachlichen Handelns erreichte die Stilistik eine kaum noch überbietbare Komplexität.

Malapropismus ↗ **Katachrese**

Mehrdeutigkeit ↗ **Ambiguität**

Meiosis (Diminution) ↗ **Abbreviatur, Kürze, Litotes**

Metalepse, auch **-lepsis** (Pl. -sen) f. rhetorische Figur der ‹Ausdrucksvertauschung›

> Ein umstrittener Tropus vornehmlich der antiken Dichtkunst: griech.-lat. *metale(m)psis* wörtlich das ‹Andersnehmen› (Präf. *meta-*, das für Wechsel steht + Verbalsubst. zu *lambanein* ‹nehmen›), lat. auch übersetzt *tran(s)sumptio* (zu *sumere* ‹nehmen›), frz. *métalepse*, engl. *metalepsis*, dt. Metalepse (-is) in der stil. Fachdiskussion für bestimmte Arten eigentlich „fehlerhafter" Worter-

setzung. Sonderformen sind griech. *hypallage* und *enallage*, beide sinngemäß ‹Vertauschung› (Verbalsubst. von *hyp-* bzw. *en-allassein* ‹verändern,
tauschen›, zu *allos* ‹anders›), und zwar für bestimmte Veränderungen im adj.
Bereich

Als metonymischer Tropus, der allerdings schon von den Alten als „sehr
selten" (*rarissimus*) bezeichnet wurde, ist die M. aufgrund konkurrieren-
der Auffassungen und Begriffsvermischungen bis heute sowohl in ihrer
Definition wie auch den Erscheinungsformen strittig. Ihre Verbindung
zur ↑ Metonymie ergibt sich aus der zugrunde liegenden Relation Ursache – Folge, mit besonderer Vorliebe in der Vertauschung von Vorher-
gehendem mit Nachfolgendem und umgekehrt (z. B. *Hand* für *Schrift*
oder *Grab* für *Tod*). Komplizierter ist die M., wenn ein Wort durch ein
kontextuell falsch gebrauchtes Teilsynonym ersetzt wird; in einfachster
Form geschieht das als ungenaue Wortwahl (etwa *Streit* statt *Kampf*)
oder als Übersetzungsfehler (im Gegenwartsdeutsch *Technologie*, nach
englischem Vorbild, statt *Technik*). Reines Wortspiel wird daraus, falls
die Ersetzung durch ein ‚polysemes', also mehrdeutiges Synonym in
einer innerhalb des Textzusammenhangs nicht gemeinten Bedeutung
erfolgt – als Beispiel die bekannte Bismarck-Anekdote, wie dieser einer
Diplomatengattin den Unterschied zwischen dt. *senden* und *schicken*
klarmacht: „Ihr Herr Gemahl ist zweifellos ein Gesandter, aber kein ge-
schickter". Da der Worttausch hier in mehreren Schritten vor sich geht,
spricht man in diesem Fall auch von einer „Fern-Metonymie".

Als Sonderformen der M. betreffen die heute vielfach unterschieds-
los verwendeten Figuren der ‚Hypallage' und ‚Enallage' hauptsächlich
die Adjektivverwendung. Hypallage liegt vor, wenn innerhalb einer No-
minalgruppe das Genitivattribut durch das entsprechende attributive
Adjektiv ersetzt wird: Geist der Revolution – *revolutionärer* Geist, ebenso
studentische Verbindung (der Studenten), *päpstliche* Bulle (des Papstes)
usw., auch literarisch „auf der Schwinge *sommerlicher* Schmetterlinge"
(A. von Platen). Das Beispiel „ein *trockenes* Bündel Stroh" verrät noch
den alten Genitiv „trockenen Strohs"; die gleichfalls übliche Zusammensetzung *trockenes Strohbündel* ist insofern unrichtig, als ein Adjektiv sich
stets auf das kompositorische Zweit- bzw. Endglied, das ‚Grundwort'
bezieht (der Fehler wird sprachkritisch karikiert im Typ der „reitenden
Artilleriekaserne"). Die Enallage, ursprünglich Verwechslung von Wortformen und Satzteilen, verbindet das Adjektivattribut mit einem anderen als dem logisch zu ihm gehörigen Substantiv: „das *braune* Lachen

ihrer Augen" (O. Ludwig). Natürlich sind die Augen braun, aber die Vertauschung bedeutet nicht nur eine veränderte Wortstellung, sondern mit Verschiebung der Wortbeziehung ergibt sich auch eine eigenartige semantische Wirkung, die diese Figur für Dichter aller Zeiten interessant gemacht hat: „den besten Becher Weins" (J. W. Goethe), „der Lieder süßen Mund" (F. Schiller), „ein blaues Lächeln im Antlitz" (G. Trakl) usw.

Metapher (Pl. -rn) f. ‹Ausdrucksübertragung, Sprachbild› (stilistisch auch ‚Bildhaftigkeit, Bildlichkeit')
> Die dichterischste aller rhet. Figuren: griech.-lat. *metaphora* ‹Übertragung› (Verbalsubst. zu *meta-pherein* wörtlich ‹über-tragen›), lat. übersetzt als *translatio* (entsprechend zu *trans-ferre*), frz. *métaphore*, engl. *metaphor*, dt. *Metapher* sowie *Bild* oder *Sprachbild* für den bildlich-übertragenen Ausdruck.

Schon in der Antike wurde die M. gerühmt als „der häufigste und schönste Tropus", so der römische Rhetoriklehrer Quintilian (1. Jh.). Heute gilt diese wichtigste Art des ‚uneigentlichen', d. h. nicht im eigentlichen, wörtlichen Sinn gemeinten Sprechens unter den alten Denkfiguren als die bedeutendste ‚Ähnlichkeitstrope' (↗ Trope) oder in Lausberg'scher Terminologie als der „Sprungtropus" schlechthin. In der Tat ist ihr Wesensmerkmal der überraschende Sprung in andere, irgendwie „ähnliche" Begriffswelten – der „Reitersprung der Phantasie", wie es der spanische Dichter F. García Lorca metaphorisch ausgedrückt hat. Damit beantwortet sich aber noch nicht die Grundfrage: Was ist eine M.? Über sie und zu ihrer Erklärung wurden und werden immerfort neue Bücher und Abhandlungen geschrieben, mittlerweile ins Zahllose gehend, und dementsprechend facettenreich sind die Deutungen des Phänomens: nicht nur aus rhetorisch-stilistischer, linguistischer und literaturwissenschaftlicher Sicht, sondern auch logisch-philosophisch, kognitiv-erkenntnistheoretisch, semiotisch usw. Jedenfalls gilt die M. über Zeiten, Länder, Kulturen und Sprachen hinweg als die verbreitetste aller Stilfiguren und Inbegriff des Poetischen.

Seit Aristoteles haben antike und mittelalterliche Autoren in der M. einen „verkürzten" ↗ Vergleich gesehen (*brevior similitudo*, Quintilian), in dem lediglich die explizite Vergleichsbasis entfällt, also ein *ist wie, gleicht* oder ähnliches; die „Kurzform" eines in ein einziges Wort komprimierten Vergleichs nannte sie auch Cicero, der rhetorische Kopf des klassischen Roms. Tatsächlich bietet dieser Weg die einfachste, wenngleich nicht alleinige Erklärung; im Beispiel vorgeführt:

Der Fortschritt geht *in aller Langsamkeit* vonstatten.
Der Fortschritt ist (*langsam*) *wie* eine Schnecke.
„Der Fortschritt, das *ist* eine Schnecke" (G. Grass).
In dem Augenblick, da die äußere Kennzeichnung des Vergleichs fehlt,
der Vergleichsausdruck (‚Bildspender') also direkt mit dem verglichenen
Wort (‚Bildempfänger') auf einer anderen, übertragenen Ebene gleichgesetzt wird, ist aus der Formulierung eine M. geworden – ein echtes
Sprachbild: die „Schnecke" Fortschritt! Solche Übertragung der Bildvor-
stellung setzt eine Ähnlichkeitsbeziehung voraus, die im Analogie-
schluss eine neue, überraschende Sinnhaftigkeit eröffnet. Was das Verhältnis der beiden aufeinander bezogenen Sprachgrößen angeht, wird
nicht der gesamte Bedeutungsumfang des bildspendenden Begriffs aktiviert, sondern nur ein auffälliges, signifikantes Bedeutungsmerkmal,
das in aller Klarheit vermittelt werden muss, weil es entscheidend für
das Verstehen ist. Erscheint nämlich diese Vergleichsbasis gesucht oder
zu schmal, ist sie umgekehrt zu breit oder der Kontext undeutlich, dann
wirkt die M. „schief" oder mehrdeutig, ja schwer verständlich. In moderner Dichtung wird dieser Effekt allerdings gern als distinguiertes Stilmittel genutzt: Auf der Suche nach immer neuen, unverbrauchten M.
bedient man sich künstlich konstruierter Wort- und Bildbeziehungen
oder der Kombination entfernter, eben nicht nahe liegender, oder paradox kontrastierender Bildbereiche, vor allem in der Lyrik („Schwarze
Milch der Frühe …", P. Celan). Dabei irritiert im Falle dieser „kühnen"
M. mehr die logische als die sachliche Begriffsdiskrepanz.
    Ein Wort noch zum Unterschied zwischen M. und Vergleich, der
nicht nur im bloßen Wegfall der Vergleichspartikel *wie* besteht: Die M.
ist nach alter Theorie ‚Translation' (Ausdrucksübertragung), der Vergleich ‚Substitution' (Ausdrucksersetzung). Während dieser auf der
Sachebene konkrete Ähnlichkeiten feststellt (langsam wie eine Schnecke), ändert die M. den Sinn der Wörter in einer „Doppelbödigkeit", die
Begriff und Bild in einer Art Doppelsinn verschmilzt (eben die Schnecke
Fortschritt). Im Gegensatz zum Vergleich, dessen Aussage wörtlich zu
verstehen ist, würde das gleiche literale Verständnis im Falle der figürli-
chen M. einen Widerspruch ergeben – der Fortschritt ist objektiv keine
Schnecke. Gleichwohl bestehen Übergangsformen: Wie Vergleiche zuweilen auf ihre äußere *so – wie*-Kennzeichnung verzichten können, werden umgekehrt M. nicht selten durch Einschränkungsformeln (*gleichsam, gewissermaßen, sozusagen*) in die Nähe eines Vergleichs gerückt.

Auf der antik-mittelalterlichen Systematisierung metaphorischer Übergänge gründend (vom Belebten auf Belebtes oder Unbelebtes, umgekehrt vom Unbelebten auf Unbelebtes oder Belebtes, dies allzeit die geläufigste Art), fasst sich die heutige Beschreibung der Übergangsweise eher allgemein: Eine schwierige, in der Regel abstrakte Gegebenheit erfährt analogische Verdeutlichung durch einen meist konkret-anschaulichen, bildlich-übertragenen Ausdruck, der aus einem anderen, durch partielle Ähnlichkeiten verbundenen Sinnbereich stammt. So gilt das Kamel als „Schiff der Wüste"; wie die Sonne *lacht*, so *weint* der Himmel, wenn es regnet, oder „man bleibt am Ball" (macht weiter, aus der modernen Sportsprache) usw. Solche Formulierungen, die B. Asmuths stilistischen Darstellungsprinzipien der ‚Versinnlichung, Vermenschlichung und Aktualisierung' entsprechen, setzen als bildspendenden Begriffsrahmen den Menschen voraus, seine Verhaltensweisen, Gemütskräfte, Tätigkeiten, Lebens- und Umweltbedingungen, über die wir sprachlich als universelle Grundelemente unseres alltagsweltlichen wie wissenschaftlich-enzyklopädischen und künstlerischen Wissens verfügen.

Unerschöpflich ist die Faszination metaphorischer Bildkraft in der Sprachkunst unserer Dichter und Schriftsteller; aus der Fülle poetischer Exempel nur der „Flügelstaub des Schmetterlings Augenblick" (F. Nietzsche). In der Gebrauchssprache der Journalisten und Werbetexter wird gleichfalls fleißig gebildet: „Der Lungenkrebs reibt sich vergnügt die Scheren" (Zeitungsüberschrift) oder „Der Likör, in dem das Herz des Cognacs schlägt" (Slogan); selbst im Alltagsdeutsch ist das nichts Ungewöhnliches: „Im Winter sind die Bäume nur aus Holz" (Schulaufsatz). Es gibt einfache ‚Wortmetaphern' (z.B. ein listiger, schlauer Mensch – *Fuchs*), besonders beliebt in Form der Genitiv-M. (der schon biblische „Stein des Anstoßes, Spiegel der Weisheit, Quell der Freude, Auge des Gesetzes" usw.); ferner adjektivische M. (der *eisige* Blick, die *spitze* Bemerkung), phraseologische M. (Redewendungen wie „aus dem Stegreif" oder „etwas auf dem Kerbholz haben") oder als ein Beispiel für ‚Satzmetaphern': „Golden wehn die Töne nieder ..." (Cl. Brentano). Drei grundlegende Metapherntypen lassen sich unterscheiden: 1. neue, ‚kreative' M. wie gerade beschrieben; 2. mit der Zeit in die Allgemeinsprache übernommen (*der Zahn der Zeit, der trockene Humor, vor Wut kochen*), werden sie zu „lebenden", ‚konventionellen' M., die in aller Munde sind; 3. wenn diese sich wiederum in der sprachgeschichtlichen Entwicklung

verbraucht haben, also angesichts ihrer verblassten Bedeutung nicht
mehr als M. wahrgenommen werden (*Fuß des Berges, Flaschenhals, Auto-
schlange* usw.), dann gehören sie dem Heer der „toten", sog. ‚Exmeta-
phern' an. Lexikalisiert sind sie nun Wörter und Wendungen unseres
ganz gewöhnlichen Wortschatzes, den Jean Paul treffend „eine Sammlung erblasseter Metaphern" genannt hat.

Ein einzelnes Wort für sich ist jedoch nie eine M.; um eine solche zu
sein und zu ihrem Verständnis bedarf es stets eines durch Situation und
Textumgebung geschaffenen Sinnzusammenhangs (z.B. *Flamme*, aber
„lodernde Flammen der Leidenschaft"); selbst für die kühne M. fordert
H. Weinrich wenigstens einen „Lendenschurz an Kontext". Dieser Ver-
deutlichungszwang hat oft zur Folge, dass metaphorische Formulierungen sich im Rahmen eines Bildes zu ‚Metaphernketten' ausweiten können (zu vergleichen frz. *métaphore filée*, die ‹vernetzte, ausgeführte M.›).
Noch weiter verdichtet entsteht daraus die ‚Allegorie' (griech.-lat. *allego-
ria* wörtlich das ‹Anderssprechen›, frz. *allégorie*, engl. *allegory*), eine literarische Kunstform und Gattung. In meist weitläufiger, oft personifizie-
render, immer bildhaft-anschaulicher Darstellung erscheint sie als die
„Metaphorisierung eines ganzen Textes", insofern die sinnbildliche Gestaltung einer abstrakten Vorstellung, einer Idee oder eines Begriffs eindrucksvoll in Szene gesetzt wird: beispielsweise die mittelalterliche Allegorie der „Frau Welt", die in ihrer betörenden Vorderansicht als eine
wunderschöne Frau auftritt, jedoch ein Rückenbild von abstoßender
Verunstaltung zeigt.

Nicht jedes Sprachbild ist aber metaphorisch. Der globale Begriff
‚Bild' (griech. *eikon*, lat. *icon*, *imago*, frz. engl. *image* usw.) wird unter
dem Gesichtspunkt der Bildkraft des Ausdrucks, eines wichtigen ↗ Stil-
zugs, stilistisch unterschieden in ‚Bildhaftigkeit' und ‚Bildlichkeit'
(E. Riesel). Einfacher wäre es, von Bildlichkeit in weiterem und engerem
Sinne zu reden; denn es geht um unmittelbare, direkte Bilder mit konkreter, eigentlicher Bedeutung einerseits und mittelbare, indirekte Bilder
mit übertragener, uneigentlicher Bedeutung andrerseits. Bildlichkeit in
diesem weiteren Sinn betrifft die wirkungsvolle Wiedergabe von real
Wahrgenommenem, Erinnertem oder fiktiv Erdachtem, das ohne Zuhil-
fenahme von Fotografien, Zeichnungen oder sonstigen Abbildungen
dargestellt wird. Allein durch die bildhaft-anschauliche Sprache soll eine
visuelle Vorstellung hervorgerufen werden, die den Rezipienten im geistigen Nachvollzug deutlich vor Augen steht. Die Stillehre bietet dazu

folgende Regel: „Erstens: die sichtbaren Dinge muß man so schildern, daß der Leser sie wirklich sieht. Zweitens: den Dingen, die eine anschauliche und eine begriffliche Seite haben, muß man die anschauliche Seite abgewinnen. Drittens: rein begriffliche Dinge muß man durch Bilder, Metaphern und Vergleiche lebendig machen" (L. Reiners). Demgegenüber bedient sich die „engere" Bildlichkeit neben M. und Vergleich weiterer Tropen wie ⇑ Periphrase, Metonymie, Synekdoche, Personifikation usw., alles Stilmittel der ↑ Anschaulichkeit. Allerdings gilt dieses Stilprinzip, speziell in Form reichen Bildgebrauchs, als Privileg literarischer Texte; in Sachprosa ist es, von einigen beschreibenden Textsorten abgesehen, nur in begrenztem Maße zur Verdeutlichung statthaft. In der Wissenschaft besteht seit langem sogar ein „Metaphern-Tabu": Streng sachliche Informationen sind gefragt, nicht schöne Bilder.

Metaplasmus (Pl. -men) m. ‹sprachliche Umformung entgegen der Sprachrichtigkeit›

> Eine mehr gramm.-metrische als rhet. Figur, die wegen ihres Abweichungscharakters auch von stil. Interesse ist: griech. *metaplasmos* ‹Umformung› (Präf. *meta-*, das Wechsel, Veränderung signalisiert + Verbalsubst. zu *plassein* ‹bilden, formen›), lat. *metaplasmus*, wörtlich übersetzt *transformatio* f., frz. *métaplasme*, engl. *metaplasm*, alle wie dt. *Metaplasmus* reine Fachausdrücke.

In Antike und Mittelalter wurde der M. meist im Zusammenhang, wenn nicht sogar in Gleichsetzung mit dem ,Barbarismus‘ behandelt. In beiden Fällen geht es um Ausdrucksweisen, die eigentlich als fehlerhaft gelten: beim Barbarismus (griech. *barbarismos*, lat. *barbarismus*, auch *barbarolexis*) um den oft unrichtigen Gebrauch fremder Wörter, die das Gebot der Sprachreinheit verletzen (↑ Fremdwort); beim M. in der eigenen Sprache um Veränderungen der Wort- oder Satzgestalt, die gegen die Sprachrichtigkeit verstoßen. Beide sind primär Gegenstand der Grammatik, und die stilistische Perspektive gerät erst in den Blick durch ihren Unterschied: Barbarismen werden nämlich, aus Unkenntnis und ohne Absicht zustande kommend, der prosaischen Umgangssprache von „Ungebildeten" zugeschrieben, während M. der Dichtung vorbehalten sind und bewusst aus metrischem Zwang oder Gründen des Wohlklangs (*ornatus*) erfolgen. Eine solche Kennzeichnung läuft auf die Bewertung des Barbarismus als *vitium* ‹Sprachfehler› hinaus, des M. hingegen als *virtus* ‹Sprachtugend›; legitimiert wird diese stilistische

Qualität als Abweichung von Sprachgewohnheit und Sprachnorm kraft „dichterischer Freiheit" (*licentia poetarum*). Damit ist er als eine rhetorische Kunstform anerkannt, die sich hauptsächlich grammatisch-metrischer Mittel bedient, und wird vorzugsweise in Grammatiken und Poetiken traktiert.

Bereits seit dem 5./4. Jh. v. Chr. hat man die metaplastischen Eingriffe auf vier fundamentale Veränderungskategorien zurückgeführt, die schon Platon allerdings kritisch als sophistische Kunstgriffe erwähnt. Unter den Philosophen waren es besonders die Stoiker und in der Folgezeit viele namhafte Grammatiker wie Donat (4. Jh.), die zunächst griechisch, später lateinisch das allgemein gültige „vierteilige" Lehrsystem aufstellten, Quintilians klassische *quadripartita ratio* der Veränderung von Sprachelementen:

1. *adiectio* ‹Hinzufügung, Zusatz›,
2. *detractio* ‹Wegnahme, Auslassung›,
3. *transmutatio* ‹Umstellung, Platzwechsel›,
4. *immutatio* ‹Veränderung, Ersetzung›.

Es verdient angemerkt zu werden, dass diese vier Grundoperationen ihre Entsprechung in modernen Grammatikmodellen haben; auch dort werden Elemente hinzugefügt (‚Addition'), getilgt (‚Deletion'), umgestellt (‚Permutation') oder ersetzt (‚Substitution').

Die alte Abweichungs-Theorie ist heute in der Stilkonzeption ↗ Abweichung von der Norm wieder aufgenommen worden. Sie beschreibt die neuzeitlichen Deviationsmuster, die sich wie damals über den regulären Sprachgebrauch hinwegsetzen und dafür gleichfalls auf die poetische Lizenz berufen; die Beschreibung erfolgt jedoch nicht mehr rein grammatisch, sondern mit Hilfe von ↗ Stilfiguren. Beispielsweise kommt durch die Hinzufügung von Sprachelementen stilistisch eine ausdrucksverstärkende Redundanz zustande, so in vielen Formen von ↗ Wiederholung. Auslassung hat, stilistisch oder sprachökonomisch motiviert, Verkürzung der Ausdrucksweise zur Folge (vgl. ↗ Kürze als Stilprinzip), in Figuren wie ↗ Ellipse, Aposiopese, Zeugma usw. Umstellung erzeugt durch Änderung der Reihenfolge und Anordnung zumeist mehr Nachdruck, z. B. in ↗ Prolepse oder Chiasmus. Ersetzung schließlich bewirkt durch synonymische Umschreibung, Begriffsübertragung oder bildliche Veranschaulichung jene überraschenden Formulierungseffekte, durch die sich Tropen wie ↗ Personifikation, Metonymie und Metapher auszeichnen. Solche Veränderungen der erwarteten und erwartbaren

Sprachform bilden Abweichungen, die stilistische Varianten von besonderer Auffälligkeit und Wirkung sind.

Metonymie (Pl. -n) f. ‹Begriffsersatz durch eine andere, sachlich oder logisch verwandte Bezeichnung›
Ein mit der Metapher eng verbundener Tropus des rhet.-poet. Figurensystems: griech.-lat. *metonymia* ‹Namenvertauschung› (Präf. *meta-*, das Änderung, Wechsel ausdrückt + *onyma*, wie *onoma* ‹Name, Bezeichnung›), lat. auch übersetzt *de-* oder *transnominatio* ‹Umbenennung›, frz. *métonymie*, engl. *metonymy*, dt. *Metonymie* als stil. Fachbegriff für bestimmte Arten der Ausdrucksvariation.

Die M. wird meist mit der Metapher in einem Atemzug genannt. Beide sind rhetorisch die bekanntesten Worttropen (↑ Trope) und linguistisch gesehen Ausdrucksersetzungen, allerdings auf verschiedene Weise: Die ↑ Metapher, in der ein bildlich-„übertragener" Ausdruck aufgrund einer Ähnlichkeitsbeziehung an die Stelle des Ausgangswortes tritt, ist ‚Begriffstranslation' (Übertragung). Die M. hingegen, die ein Wort mit einem anderen Ausdruck wiedergibt, der zu ihm in einem zeitlichen, räumlichen, besonders aber sachlich-gegenständlichen oder logisch-kausalen Abhängigkeitsverhältnis steht, gilt heute durchweg als ‚Begriffssubstitution' (Ersetzung). Die Antike verstand den Vorgang als „Umbenennung"; genauer bezeichnet der metonymische Ausdruck eigentlich eine andere Sache, die in „verschobener Referenz" mit der gemeinten in einer realen Beziehung steht: „Von der *Wiege* (Geburt) bis zur *Bahre* (Tod) ..." Es kommt immer wieder zur Bildung neuer, sog. ‚okkasioneller' M. (↑ Neologismus), die einfacher Wortvariation, wirksamerer Formulierung des Sachverhalts, sprachökonomischer Kürze oder besonderer Pointierung dienen können. Mit der Zeit werden sie usuell und schließlich ‚lexikalisiert'; sie gehören dann zum Normalwortschatz. Als Beispiel unsere Redewendung „die erste Geige spielen" im Sinne von ‹den Ton angeben, dominierend sein›; voraus geht ihr die *erste Geige* als deutlich metonymische Benennung für den Spieler dieser ersten Geige, die – ob Streichquartett oder Orchesterkonzert – den wichtigen, „tonangebenden" Part spielt. Die alte Formel wird dem direkten „erster Geiger" immer noch vorgezogen, und entsprechendes frz. *le premier violon – le violoniste* zeigt, warum: Diese M. verdankte sich sprachlicher Notwendigkeit, weil es das Wort *violoniste* erst seit dem 19. Jh. gab.

Außer ungeklärten Fragen metonymischer Kategorien gilt derzeit in Sprachphilosophie und Linguistik das Hauptinteresse den Gesetzmäßigkeiten aktueller Metonymik, die ihrerseits ein Licht auf die oft nur vage oder widersprüchlich formulierten Probleme der rhetorischen Tradition werfen. Die alte Rhetorik wäre jedoch nicht das systematische Lehrgebäude gewesen, wie wir es kennen, wenn man damals nicht auch versucht hätte, für die Zusammenhänge metonymischen Wortersatzes Regeln und Muster aufzustellen. Zu diesem Zweck wurden die verschiedenen Relationen kategorisiert, innerhalb derer sich die M. abspielt. Der so zustande gekommene Katalog ist ansehnlich, aber insgesamt uneinheitlich, kompliziert und niemals vollständig. Hier einige dieser Relationen (die meist auch in ihrer Umkehrung gelten) mit Beispielen:

Ursache – Wirkung: „So weit die deutsche *Zunge* klingt ..." (E. M. Arndt) für Sprache;

Konkretes – Abstraktes: „schmutziger *Lorbeer*" für zweifelhaften Ruhm, „das *Zepter* führen" für Herrschaft ausüben;

Gefäß (Enthaltendes) – Inhalt (Enthaltenes): „ein *Glas* zu viel" oder „eine gute *Flasche*" trinken, für Alkoholika, Wein;

Materie (Rohstoff) – Produkt (Erzeugnis): *Traube* für Wein, *Gold* für Ring, *Blatt* für Zeitung oder Zeitschrift;

Autor (Erfinder) – Werk (Erfindung): „den ganzen *Goethe* auswendig können", für Goethes Werke, oder *Zeppelin* für Luftschiff; – und weitere Arten.

Die reale oder logische Sachbeziehung wird stets unmittelbar deutlich. Dies im Gegensatz zur Metapher, deren Gedankensprung zu einem assoziativ-übertragenen Ersatzausdruck oft nur mit Mühe einsichtig und nicht von ungefähr dichterischer Sprachkunst vorbehalten ist. Der Gedankenschritt der M. bleibt demgegenüber auf dem Boden der Sprachrealität und darum ohne weiteres nachvollziehbar. Metonymische Formulierungen stehen in allgemeinem Gebrauch: ausgiebig genutzt in den Massenmedien (*Weißes Haus*, *der Kreml* für die amerikanische und russische Regierung), verbreitet in gängigen Formeln (*Krone* für Monarchie, *Bühne* für Theater, *Presse* für Zeitungen) und auch im Alltag geläufig („Das *ganze Dorf* war auf den Beinen", alle). Nicht nur was das mühelose Verstehen angeht, ist die M. keine akademische Größe, trotz ihres griechischen Namens; vielmehr steht sie auch in aktiver Verwendung *aller Welt* (*Jung und Alt*, *Arm und Reich*, *Hinz und Kunz* usw., lauter M.

für *jedermann, alle*) zu Gebote – sogar zu individueller Prägung: Man muss nur *Köpfchen* haben!

Einige Varianten der M. treten unter eigener Bezeichnung als selbstständige Tropen auf; so die seit der Antike bekannte Relation *pars pro toto* (Teil – Ganzes und umgekehrt) ↗ Synekdoche, die umschreibende Namenersetzung der ↗ Antonomasie und als nicht unumstrittene Wortfigur die ↗ Metalepse (Benennung des Vorhergehenden durch das Nachfolgende oder synonymische Wortspielereien).

Mikrostilistik ↗ **Makrostilistik**

Modernismus ⇑ **Neologismus, Konnotation, Modewort**

Modewort n. ‹modischer, eine Zeit lang in hoher Geltung stehender Ausdruck (später Klischee)›
> Sprachmoden sind ein allgemeines Sprachphänomen, das speziell lexikalisch-phraseologisch in der dt. Stillehre und Sprachkritik größere Resonanz gefunden hat: frz. *mot à la mode*, engl. *vogue-word*, dt. *Modewort* für zeitweilig stark gebrauchte Wörter und Wendungen mit besonderem Prestigewert.

Zu den Redeweisen von zeitlich begrenzter Geltung (⇑ Archaismus, Neologismus) gesellt sich, ohne Stilfigur zu sein, das M. als sprachlicher ‚Modernismus'. Der Art nach sind das Wörter (neu gebildete oder alte mit neuem Sinn), die eines Tages „in Mode" kommen, auf dem Höhepunkt weiter, „modischer" Verwendung in aller Munde sind und allmählich wieder an Reiz verlieren. Am Ende ihrer Wortkarriere werden sie zu abgenutzten Klischees: *interessant*, im 18. Jh. aus dem Französischen übernommen und lange sehr beliebt, gilt heute als ein nichtssagendes Allerweltswort. So ist auch vom Glanz des Modewörtlichen der 20er/30er Jahre wie *das Menschliche, hundertprozentig, irgendwie* usw. (K. Tucholsky) nicht viel übrig geblieben, und desgleichen sind die schon vor der Jahrhundertwende von G. Wustmann gesammelten Beispiele („allerhand Sprachdummheiten") längst im allgemeinen Wortschatz aufgegangen.

M. kommen und gehen also, genauso wie auch Moden im Wandel der Zeit wechseln: „Früher würd' ich gesagt haben zeitgemäß, jetzt sagt man opportun" (Th. Fontane). Wie der *Backfisch* dem *Teenager* Platz machte, hat die ältere Generation noch miterlebt; oder an die Stelle des in die Jahre gekommenen *Minderwertigkeitskomplexes* der Psychologie ist mittlerweile das *mangelnde Selbstwertgefühl* soziologischer Provenienz getreten. Namentlich kreative Schriftsteller und Journalisten, auch erfindungsreiche Werbetexter sind es, die in griffigen Formulierungen immer wieder neue M. propagieren. Eine sprachinteressierte Öffentlichkeit greift diese auf und popularisiert sie maßlos, bis sie in postmodischer Formelhaftigkeit erstarren. Einige Beispiele: *Problembewusstsein, Stellenwert, Lernprozess, Reizüberflutung, Treibhauseffekt, Lebensabschnittspartner, unverzichtbar, frustriert, chic* (so in Modejournalen), *hinterfragen, „in" sein, davon ausgehen,* ferner „Füllsel" wie *praktisch* oder *echt*; als Vertreter der vielen ↗ Fremdwörter, deren Beliebtheit offenbar mit Bildungsansprüchen oder Bildungsdünkel zu tun hat, das noch immer aktuelle *Akzeptanz* (wahrscheinlich nach engl. *acceptance,* aus der Werbesprache).

Seit Jahrzehnten schon stehen die M. im Kreuzfeuer der Sprachkritik (in Sprachglossen und Büchern, auch Stillehren). Der Vorwurf lautet, es handele sich – durch die exzessive Gebrauchshäufigkeit bedingt – um abgegriffene „Worthülsen, Sprachschablonen, Formeldeutsch", kurz floskelhafte Wortemacherei. Dazu sagt die Linguistik: „Modewörter sind kein Problem der Sprache, sondern des Stils" (H. Weinrich); sprachlich erledige sich das Problem von selbst, weil sie nach einiger Zeit unmodern werden. Letztlich liegt die Erklärung aber in Händen der Psychologen und Soziologen, denn das Phänomen zeigt bemerkenswerte individuell und sozial begründete Aspekte. Man schmückt sich mit M. – genauso wie man sich mit Kleidung, Frisur, Schmuck usw. modisch ausstaffiert –, um zu zeigen, dass man sprachlich auf der Höhe der Zeit ist, dass man „mitreden" kann: Wer sich solcher Prestigevokabeln gekonnt zu bedienen weiß, gewinnt damit an äußerem Ansehen in der Gesellschaft und stärkt sein persönliches Ichgefühl. Stilistisch gilt indes noch heute, was G. Chr. Lichtenberg schon im 18. Jh. zum Gebrauch von M. angemerkt hat: „Ich mag immer den Mann mehr lieben, der so schreibt, wie es Mode werden kann, als den, der so schreibt, wie es Mode ist."

Mündlichkeit und **Schriftlichkeit** (stilistisch) f. ‹Stil des Sprechens – Stil des Schreibens›

Die Unterschiedlichkeit von Rede und „Schreibe" wird nicht einheitlich wahrgenommen: Antike Begriffe wie *lingua, sermo, dictio* usw. geben nur unvollkommen wieder, was seit den 70er Jahren als grundlegende Divergenz von Mündlichkeit und Schriftlichkeit herausgearbeitet worden ist; frz. *l'oral* ‹Gesprochenes› und *l'écrit* ‹Geschriebenes› (*langue parlée – écrite*) münden stil. in den Gegensatz von *oralité* und *littérarité* ‹Mündlichkeit› und ‹Literarität›, d.h. die poet. Qualität, die einen Text zu Literatur macht; in gleicher Weise korrespondiert engl. *spoken language* ‹gesprochene Sprache› mit der *written* oder *literary language* als ‹lit. Schriftsprache›; im Dt. besteht terminologisch eine klare Gegensätzlichkeit in begrifflicher Vielfalt: *Sprechsprache, gesprochene Sprache, Alltagssprache, Mündlichkeit* einerseits, *Hoch- und Schriftsprache, geschriebene Sprache, Schriftlichkeit, Standardsprache* oder *Literatursprache* andrerseits.

Neben die frühere trichotomische (dreiteilige) Sprachdifferenzierung in ‚Hoch- und Schriftsprache – Umgangs- oder Alltagssprache – Mundart‘ ist seit der linguistischen Erforschung der Gegenwartssprache in den letzten Jahrzehnten eine übergeordnete Zweiteilung in M. und Sch. getreten. Gesprochene und geschriebene Sprache bilden die beiden sprachlichen Repräsentationssysteme (fachlich ‚Medien‘). Das Sprechen gilt als die primäre, das Schreiben als daraus abgeleitete, sekundäre Kommunikationsform: hörbare Rede und deren Übertragung in sichtbare Schriftzeichen also, die ihrer Natur nach einen jeweils anderen, grundsätzlich verschiedenen Gebrauch von unserem Sprachsystem machen. In der Vergangenheit hat man alle Eigenarten gesprochener Sprache, ob Mundart oder Umgangssprache, als defizitäre Abweichungen von der normierten, an der Literatur orientierten und höher bewerteten Schriftsprache betrachtet. Neuere Erkenntnisse besagen jedoch, dass die M. anderen Gesetzmäßigkeiten als die Sch. mit ihrem rigiden Regelsystem folgt. Ein spezifischer Unterschied besteht schon darin, dass Sprechen zusätzlich zur Äußerung von Sprachlauten wichtige Verstehenshinweise durch die Intonation, also den Tonhöhenverlauf, ferner Klangfarbe und Lautstärke, Sprechtempo und Pausengliederung, Hervorhebung mittels Wort- oder Satzakzentuierung usw. vermittelt. Oft macht allein die Art der Betonung den Sinn klar: „Heute so und morgen so" – falls die Wörter *heute* und *morgen* betont werden, drückt das Konsequenz aus, falls der Ton auf dem zweimaligen *so* liegt, Inkonsequenz. Solche prosodischen Merkmale lassen sich im Schriftbild durch Unterstreichungen, Groß- oder Sperrdruck, Anführungszeichen, Gedankenstriche usw. nur sehr unvollkommen nachvollziehen. Das gilt in noch höherem Maße für die nichtsprachlichen Mittel redebegleitender Mimik und Gestik (‚nonverbale Kommunikation‘).

Wesentliche Unterschiede von M. und Sch. verdeutlicht die Gegenüberstellung: Flüchtigkeit, Einmaligkeit und Unwiederbringlichkeit des
gesprochenen Wortes – Dauerhaftigkeit, Wiederholbarkeit und Kor-
rigierbarkeit des geschriebenen Textes. Im Gegensatz zur vorbedachten,
vielleicht sogar konzipierten schriftlichen Formulierung, die sich um
grammatische Richtigkeit bemüht und jederzeit noch verbessert werden
kann, ist die spontane Äußerung natürlich für „Fehler" anfällig. Meistens
erklären diese sich aber aus der typischen Strukturierung mündlicher
Rede und nur im Vergleich mit der Glätte schriftsprachlicher Texte werden Wiederholungen, „schiefe" Wortwahl, assoziative Gedankenrei-
hung, Abbrüche oder Wechsel im Satzbau usw. als fehlerhaft angesehen.
Das beeinträchtigt weder die natürliche Ausdruckskraft der gesprochenen Sprache noch ihre kommunikative Leistung; vielmehr lebt sie gerade
durch die grundlegenden Faktoren der M.: Spontaneität des Sprechens,
direkter Kontakt zwischen Sprecher und Hörer, simultane Verbindung
mit der Redesituation. Zumal diese Redesituation (auch ‚Redekonstellation‘, vgl. ↗ Register), in der sich spontanes, direktes „face-to-face"-Spre-
chen abspielt und immer wieder ‚deiktische‘ (hinweisende) Sprachmittel
auf die situativen Umstände des „Hier und Jetzt" Bezug nehmen, ist derart kennzeichnend für die mündliche Kommunikation, dass man von
einem ‚Situationsstil‘ gesprochen hat. Jedenfalls kann der Situationskontext partielle Funktionen der Sprache übernehmen: Die Gesprächspartner in Blickkontakt und beiderseitigem Sprechen wie Hören, der ihnen
gemeinsame unmittelbare Wahrnehmungskreis und in der Regel auch
ihr persönliches Bekanntsein und Wissen voneinander – dies alles führt
zur typisch „situationsentlasteten Sprache", die gar nicht alles sagen
muss, vieles nur andeutet und so stark „verkürzt", dass Transkriptionen
normaler Gespräche oft ohne Kommentierung fast unverständlich sind.
Vor diesem Hintergrund erscheinen wichtige sprechsprachliche Phänomene, die von der älteren Stilistik stets negativ bewertet wurden, in
einem anderen Licht: Wiederholungen und eingeschobene Erläuterungen, als „Weitschweifigkeit" gerügt, bieten den durchaus notwendigen,
verständnissichernden Informationsüberschuss des Mündlichen (↗ Redundanz). Umgekehrt erhalten fragmentarische Textstrukturen, das
Weglassen entbehrlicher Satzglieder vor allem in ↗ Ellipsen, ihre Legiti-
mation als sprachliche „Sparformen"; da diese Verkürzung durch ihre
Einbettung in die aktuelle Redesituation abgesichert ist, haben wir es
mit völlig normalem Sprachgebrauch zu tun. Syntaktische „Entgleisun-

gen", wenn im Satzverlauf die Konstruktion unversehens in eine andere wechselt, wurden bisher meist auf mangelnde Konzentration, sprachliche Nachlässigkeit oder Unbeholfenheit, Begrenztheit unseres Kurzzeitgedächtnisses und andere psychologische Ursachen zurückgeführt. In Wirklichkeit gehen solche ↑ Anakoluthe nach neuerer, kommunikationsgerechter Erklärung vielfach auf spontane Korrekturvorgänge während des Sprechens zurück, also eine Umstellung der Sprachplanungsstrategie, sei es als sprecherseitige Selbstkorrektur oder als vom Hörer veranlasste Reaktion, und beide sind verbunden mit Änderungen des ursprünglichen Rede- und Satzkonzepts. In allen Fällen handelt es sich nicht nur um charakteristische Elemente der gesprochenen Sprache, sondern um althergebrachte Kommunikationstechniken, wie man sie nicht erst seit der antiken Tradition kennt.

M. und Sch. sind in der Tat zweierlei, schon von den medialen Voraussetzungen her: Steht der Sprecher während des Sprechvorgangs sozusagen mitten in seiner spontan formulierten Äußerung, so nimmt der Schreiber gegenüber seinem ohnehin vorreflektierten und schriftlich fixierten Text stets eine Distanzhaltung ein; diese erlaubt es ihm, sich in Ausdruck wie Inhalt kritisch prüfend und korrigierend um eine gute Sprach- und Stilgestaltung zu bemühen. Kein Wunder, dass die ohnehin stark auf das Ideal literarischer Sprachkunst ausgerichtete Stillehre stets den schriftlichen Stil im Auge hatte als die bewusst gestaltete, vorbildhafte und am ehesten in Regeln zu fassende Form des Sprachstils. Dem scheint die seit dem 19. Jh. weit verbreitete Stilmaxime zu widersprechen: „Schreibe, wie du sprichst!", die mit der Steifheit, Unlebendigkeit, Trockenheit usw. der als „Papierdeutsch" karikierten Sch. begründet wurde. Indem man vorschlug, auf die Natürlichkeit des mündlichen Ausdrucks zurückzugreifen, also die klare Verständlichkeit, Schlichtheit und anschauliche Darstellungskraft des spontanen Sprechens, wurde als Idealfall eine Sprachform angestrebt, die stilistisch so lebendig wie gesprochenes Deutsch und in grammatischer Hinsicht so korrekt wie geschriebenes sein sollte. Wenn gutes Schreiben nicht zuletzt auf der Fähigkeit beruht, seine eigene Sprache und die anderer mit kritischem Ohr zu hören, dann verhilft die Vergegenwärtigung des Sprechens tatsächlich „zu jener Einfachheit, Leichtigkeit und Luzidität, die den ,guten Stil' ausmachen" (G. Storz).

Die definitorisch schriftliche Literatur nutzt gesprochene Sprache – sieht man von reinen Mundarttexten ab – im Sinne einer „schriftlich

konzipierten Mündlichkeit" (S. Grosse): Diese tritt, sei es in Prosa-
dialogen zeitgenössischer Theaterstücke und Hörspiele oder Passagen
wörtlicher Rede in Romanen und Erzählungen, nicht als durchgängig
stilisierte Sprechsprache auf, sondern nur angedeutet in einzelnen, typischen „Versatzstücken" der M., die signalisieren sollen: Hier wird gesprochen. Ansonsten bleibt noch anzumerken, dass es versierte Redner gibt,
die in freiem Vortrag „wie gedruckt" reden; umgekehrt kennt man die
Praxis, dass der Rede ein fix und fertig ausformuliertes, alsdann „vor-
gelesenes" Manuskript zugrunde liegt. Nicht jeder mündliche Text bietet
also, nur weil er gesprochen wird, schon Sprechsprache und umgekehrt
nicht jeder schriftliche Text, nur weil geschrieben oder gedruckt, echte
Schriftsprache.

N

Nachtrag ↗ **Satzstilistik**

Namen, redende (sprechende) ↗ **Namenstilistik**

Namenersetzung ↗ **Antonomasie**

Namenstilistik f. ‹stilistische Aspekte von Eigennamen›
Auch Namen verfügen über die Möglichkeit stil. Variation und bilden so einen eigenen Teilbereich der Stilistik: vorgängig in der rhet. Topik griech. als Beweisgrund *apo tou onomatos* ‹nach dem Namen›, entsprechend lat. *argumentum a nomine* (griech. *onoma*, lat. *nomen* n. ‹Name›); als moderne Fachbezeichnungen frz. *stylistique du nom propre*, engl. *stylistics of names*, dt. Namenstilistik.

Schon Aristoteles hatte den ‚enthymemischen', d. h. sich auf das Wahrscheinlichkeitsprinzip stützenden Beweisgrund der „Bedeutung des Namens" eingeführt – wenn man beispielsweise von den strengen Gesetzen des Drakon sage, sie seien nicht die eines Menschen, sondern eines Drachen (griech. *drakon*). Wie bei den „redenden Namen" der antiken Dichtung von Homer bis Vergil steht dahinter die Überzeugung, dass sich aus dem Namen das Wesen herauslesen lasse. Solche letztlich etymologisierende Argumentation *a nomine* gehörte in der Folge zum rhetorisch-poetischen Handwerkszeug, auch während des christlichen Mittelalters (schon in der Bibel zahlreiche Beispiele) und bis in die Barockzeit hinein; so bei G. Ph. Harsdörffer in seinem «Poetischen Trichter» als Lehrsatz: „Wann man die Namen der Person betrachtet …/und auf selbe mit dem Inhalt zielet" usw. (um 1650). Auch heute noch gilt das Spiel mit den Namen in jederart Sprachverwendung als Mittel, um Gefühlsreaktionen, Anreize und Aufmerksamkeit zu erreichen; bekannt ist der zugkräftige Wahlkampfslogan „I like Ike!" des amerikanischen Präsidenten D. D. Eisenhower, genannt Ike (1952).

Der Eigenname (fachlich ‚Nomen proprium', frz. *nom propre*, engl. *proper name*) steht für Personen oder Sachobjekte wie Länder, Orte, Gewässer usw., die er eindeutig benennt, dies im Gegensatz zum ‚Appellativum' (Gattungsname, fachlich ‚Nomen commune', frz. *nom commun*, engl. *common noun*). Im Falle unserer Personennamen sind es heute Vor- und Familiennamen, die zusammen ein Individuum unverwechselbar identifizieren: Johann Wolfgang von Goethe. Interessant wird die Namengebung dadurch, dass sie Varianten und Dubletten mit stilistischer Wirkung zulässt. Zu nennen wären Kurzformen wie *Wolf*(gang), *Fritz* (Friedrich), *Ulli* (Ulrike) usw., die oft ‚hypokoristisch', im Sinne von Kosenamen gebraucht werden (*Wolfi*, *Wölfchen*); da emotional-vertraulich, lassen sie sich nicht offiziell verwenden. Sog. „Prestige-Graphien" liegen in Fremdschreibungen vor wie latinisierend *Constantin*, französelnd *Monique*, anglophon *Kitty*); als moderner Touch auch die Anführung eines zweiten, meist abgekürzten Namens, vgl. George W. („double-u") Bush. Vielfach werden Fremdnamen als solche übernommen; so gab es zeitweise eine biblische, skandinavische, amerikanische usw. Vornamenmode. In anderen Fällen, besonders geographischer Art, bestehen verschiedensprachige Namendubletten: ital. *Lago Maggiore* – schweizerdeutsch *Langensee*, auch Übertragungen wie *Sächsische Schweiz* für das Elbsandsteingebirge oder Verdeutlichungen wie Himalaya-*Gebirge*, Shetland*inseln*, Elb*strom* (dies neben einfachem Elbe mit gehoben-literarischer Wirkung, ähnlich wie die ↗ Personifiation „Vater Rhein"). Besonders beliebt ist umschreibende Ausdrucksvariation, etwa „Spree-Athen" (Berlin), „der Große Teich" (Atlantik), Th. Storms Ägypten „das Land der Pyramiden" usw. (↗ Periphrase). Als zusätzliche Beinamen kennen wir eine Fülle von Spitz-, Neck- oder Übernamen, die bestimmte Menschen aufgrund irgendeiner Auffälligkeit sehr persönlich und durchaus nicht immer nur negativ (‚pejorativ') kennzeichnen.

Im Alltag und journalistischen Schreiben spielen Namenassoziationen stilistisch eine nicht unwichtige Rolle, und zwar in Klangeffekten, Anspielungen und sprachlichen Charakterisierungen, besonders jedoch in der Literatur, wo sie sich mit den meist ‚fiktiven', also erfundenen Namen der Dichtung verbinden. Die anschauliche Sinnhaftigkeit der schon erwähnten „redenden (sprechenden) Namen" kommt dadurch zustande, dass sie eine Art appellativischer Bedeutung anklingen lassen; z. B. *Wucherpfennig*, *Nachtvogel*, *Wüterich*, im Märchen *Aschenputtel*, *Dornröschen* und *Schneewittchen*, bei W. Busch Maler *Klecksel*, Lehrer *Lämpel*, der „Dichter" *Balduin Bählamm*, literarisch «Professor *Unrat*», Herr *Klöterjahn* oder Tobias *Mindernickel* bei den Brüdern Mann usw.

Die ausgelösten Assoziationen können Sympathie oder Abneigung, Hochachtung oder Spott und viele andere Gefühlseindrücke suggerieren. Fingiert sind auch die „Künstlernamen", die viele Schriftsteller, Schauspieler, Musiker und andere Kunstschaffende sich zugelegt haben: bekannt die vier Pseudonyme K. Tucholskys (Kaspar Hauser, Peter Panther, Theobald Tiger und Ignaz Wrobel – «Mit 5 PS»), *Wendelin Überzwerch* (K. Fuß, Schüttelreimsammler) oder *Joachim Ringelnatz* (H. Bötticher), um nur einige zu nennen. Höchster Beliebtheit erfreute sich zu allen Zeiten der Namenwitz, der Scherz, Ironie oder bissige Invektive sein kann. Im Unterschied zum ↗ Wortwitz wird hier mit Namen gespielt, so wie Herder das einst mit dem Goethes getan hat: „Der von Göttern Du stammst, von Goten oder vom Kote, Goethe …" – ein vom Adressaten höchst unwillig aufgenommener Spaß («Dichtung und Wahrheit» II, 10).

Neologismus (Pl. -men) m. ‹Neuwort, sprachliche Neuerung›
Wenngleich die rhet. Wirkung von neuen, „erfundenen" Ausdrücken (Stichwort *fictio*) durchaus schon in der Antike erörtert wurde, erfolgte die endgültige Terminologisierung erst im Rahmen der Neologie-Diskussion des 18. Jh. in Frankreich: frz. *néologisme* (moderne Bildung aus griech. *neos* ‹neu› + *logos* ‹Wort›, latinisiert *neologismus*), danach engl. *neologism*, auch *neology*, und dt. *Neologismus* (gelegentlich auch *Modernismus*) als Fachbegriff für lexikalische Innovation in Wort, Wendung und Sinn.

Es ist eine bekannte Tatsache, dass sich im ‚Sprachwandel' der Wortschatz am schnellsten verändert. Wie einerseits Ausdrücke aus den verschiedensten Gründen veralten (↗ Archaismus), kommen andrerseits immer wieder Wortschatzneuerungen in unserer Sprache auf. Sie entstehen auf dem Wege der Wortprägung, der Wortbildung und der Wortentlehnung, wobei ein beachtlicher Anteil auch auf Umwandlung oder Übernahme nur der Bedeutung beruht. Der N. ist definitionsgemäß eine neue, im allgemeinen Sprachgebrauch schon verbreitete, aber noch nicht alltäglich gewordene Begriffsbildung, die ihre Entstehung in der Regel zeitbedingt veränderten Bezeichnungs- oder Ausdrucksbedürfnissen verdankt. Auf eine gewisse Zeitdauer beschränkt, verbreiten sich neu aufkommende Ausdrücke mehr und mehr im allgemeinen Sprachgebrauch und können auf der Höhe ihrer Geltung, womit zugleich der Neuheitswert verloren geht, zum ↗ Modewort aufsteigen. Neuwörter werden meist mit der Zeit „usualisiert" (fachlich ‚lexikalisiert'), also zu

Bestandteilen unseres Normalwortschatzes, manche geraten auch wieder
außer Gebrauch.

,Wortprägung' – im Sinne der Schaffung einer völlig neuen Laut-
struktur als Vehikel für eine bestimmte Bedeutung, daher auch
„Urschöpfung" – bleibt in neuerer Zeit, wenn man vom Sonderfall onomatopoetischer, also klangnachahmender Bildungen absieht (↗ Onomatopöie), äußerst selten. Das immer wieder angeführte neuzeitliche Beispiel *Gas* relativiert sich, weil der Brüsseler Arzt und Chemiker J. B. van
Helmont († 1644) damals so – nur in seiner niederländischen Schreibweise mit *g* für den *ch*-Laut – das griechische Wort *chaos* wiedergab, das
nach Paracelsus ‹Luft› bedeutete. Gleichwohl besteht gerade in unserer
modernen Lebenswelt, namentlich in Bereichen wie Technik und Wissenschaft, Kultur und Politik, ein riesiger Bedarf, für neu aufkommende
Erscheinungen im weitesten Sinne auch neue Benennungen zu finden.
Hauptsächliches Mittel dazu ist die ,Wortbildung': Man greift einfach
auf schon zur Verfügung stehendes Sprachmaterial zurück und formt es
nach den gültigen Sprachregeln zu neuartigen Wortkomplexen um, oder
man versieht Althergebrachtes mit neuen Bedeutungen. So erklären sich
Zusammensetzungen wie *Müllschlucker*, *Wettersatellit*, Ableitungen wie
Nachfragedeckung, *Primitivling* – auch schon das merkwürdige *eidesstatt-
lich*, Adjektiv zu „an Eides Statt", im Juristendeutsch des 19. Jh. – und
Neubedeutungen (fachlich ,Neosemantismen') wie *Wagen*, scherzhaft
Kutsche, für Auto oder *Gehirnwäsche*, das dem engl. *brainwashing* nachgebildet ist; als ebenso bekannte wie originelle Beispiele *Geisterfahrer*
und *Elchtest*.

Bezeichnungen, die mit den zugrunde liegenden Sachverhalten aus
anderen Sprachregionen – in der Gegenwart vornehmlich Amerika,
doch auch sonst aus aller Welt – zu uns gelangen, werden verständlicherweise zunächst in ihrer Fremdwortform übernommen, mit unterschiedlichem Grad späterer Eindeutschung (↗ Fremdwort). Historisch gesehen,
lässt sich in der ganzen Menschheitsgeschichte ein meist wechselseitiger
Wortaustausch nachweisen, wann und wo immer man in engerem politischen oder kulturellen Kontakt gestanden hat. Ein besonderes Kapitel
bilden die bewussten Verdeutschungen vor allem der vielen französischen Entlehnungen des 17./18. Jh. Dieser ,Purismus' erreichte seinen
Höhepunkt um 1800 mit J. H. Campe, der in mehreren Wörterbüchern
über 11 000 deutsche „Ersatzwörter" vorschlug oder sogar durchsetzen
konnte; z. B. *Ein-* und *Mehrzahl* (für Singular/Plural), *Feingefühl*, auch

feinfühlig, Gemeinsprache, Stelldichein, verwirklichen oder *Zerrbild* (für Karikatur). So hat jeder N. seine eigene Geschichte.

Schon Aristoteles hatte Neubildungen, „vom Dichter geprägt", weniger der Redekunst als der Poesie zugewiesen, eine Auffassung, die sich durch alle Jahrhunderte zieht: „Newe wörter … zue erdencken, ist Poeten nicht allein erloubet, sondern macht auch den getichten, wenn es mässig geschiehet, eine sonderliche anmutigkeit" (M. Opitz, 1624). In der Tat sind es vor allem Dichter, Denker und Gelehrte gewesen, die sich in künstlerischer Kreativität die Freiheit der Worterfindung genommen haben. Man kann Tausende von damals oft kühnen Neuerungen auflisten, die uns heute selbstverständlich scheinen: *Donnerkeil* (M. Luther), *Begeisterung* (J. Chr. Gottsched), *Bücherwurm* (G. E. Lessing), *Zeitgeist* (J. G. Herder), *Gänsefüßchen* (Jean Paul), *Weltliteratur* (J. W. Goethe), *Gedankenfreiheit* (F. Schiller) usw. Der N. eignet sich auch als Mittel der Poetisierung und für andere stilistische Zwecke wie Zeitkolorit oder Sprachporträtierung. In den modernen „Raffbildungen" (vgl. ↗ Nominalstil) sprachökonomischer Kompaktwörter dient er konzentrierender Kürze.

Aber der N. fand, bereits als der Begriff in Frankreich allgemein bekannt wurde (1726), nicht nur positive Bewertung. Oft war seither von „sprachwidriger" Neuerung die Rede. Noch heute deutet sich diese kritische Einstellung gegenüber solchen neuen Ausdrücken darin an, dass sie mittels Anführungszeichen, vorgesetztem „auf Neudeutsch …" oder ähnlich gekennzeichnet werden, um ihren „Auffälligkeitseffekt" zu mildern. Von den meist sach- oder kontextbedingten ‚Ad-hoc- oder Augenblicksbildungen' unterscheidet man den individuellen ‚Okkasionalismus', der sich als spontan für eine einmalige Gelegenheit geschaffene Formulierung versteht. Als aktuelles Beispiel für diesen Unterschied der *Wendehals*: Ursprünglich ein Vogel mit typischen Kopfdrehungen, wird das Wort 1880 einmal von F. Nietzsche in übertragenem Sinn auf sich bezogen – ein klarer Okkasionalismus; nach der Wende (deutsche Einheit, 1990) ist derselbe *Wendehals* schnell als Bezeichnung für ehemalige DDR-Funktionäre, die sich opportunistisch den neuen Verhältnissen anpassten, zum gesamtdeutschen N. geworden, der mittlerweile längst im Duden steht.

Neuwort ↗ **Neologismus**

Nominalisierung ↑ **Nominalstil**

Nominalstil m. ‹Formulierungsweise, die sich im Gegensatz zum **Verbalstil** vergleichsweise vieler Nominalfügungen bedient›
Trotz vergleichbarer Erscheinungen in anderen europäischen Kultursprachen ein dt. Phänomen, das seit dem zweiten Weltkrieg den Zeitstil unserer Gegenwartssprache mehr und mehr prägt: dt. *Nominalstil*, auch *Substantiv-* oder *Nominalisierungsstil*, von Sprachkritik und Stillehre durchweg negativ als *Hauptwörterei*, „*Substantivitis*", *Kanzleideutsch* oder *Papierstil* apostrophiert; komplementärer Gegensatzbegriff ist *Verbalstil*.

Seit dem 17./18. Jh. bildete sich in Deutschland allmählich heraus, was im Zusammenspiel mehrerer Tendenzen der neueren Sprachentwicklung zum Gesamtphänomen des N. geführt hat. Typische Einzelzüge sind Nominalisierungen, sog. Augenblickskomposita und Funktionsverbgefüge, mit bemerkenswerten Folgen: Syntaktische Vereinfachung und nominale Komprimierung, begriffliche Präzision und gedankliche Abstraktion führen insgesamt zu einer hochgradigen Informationsverdichtung, die nicht geringe Anforderungen an Formulierung wie Verstehen stellt. Ziel ist eine klare, zweckorientierte Sachinformation, wie sie heute vornehmlich in Rechts- und Gesetzestexten, in der neueren Amts- und Verwaltungssprache sowie im wissenschaftlichen und technisch-fachlichen Schrifttum angestrebt wird. Erst seitdem die nominalstilistische Ausdrucksweise verstärkt auch in die Gemeinsprache Eingang gefunden hat, ist sie zum Gegenstand heftiger öffentlicher Kritik geworden; diese betrachtet den N. als Hauptsymptom eines fortschreitenden „Sprachverfalls" in der Gegenwart.

,Nominalisierung' (auch ,Substantivierung') bedeutet, dass Wörter anderer Wortarten – da es die Regeln der deutschen Wortbildung ermöglichen, jedes Wort zu substantivieren – in Nomina, vorzugsweise Substantive umgeformt werden. Sie sind dann meist als Präpositionalfügungen oder Attribuierungen in den Satz integriert; z. B. *bei Anbruch des Tages* (statt „der Tag bricht an"), *mit behördlicher Genehmigung* („die Behörde hat genehmigt"), *das in einen schweren Verkehrsunfall mit erheblichem Sachschaden verwickelte Fahrzeug* („das Fahrzeug war in einen schweren Verkehrsunfall verwickelt, der erheblichen Sachschaden verursachte"). Durch solche Bevorzugung der nominalen Ausdrucksvarianten werden oft ganze Sätze, vor allem Nebensätze, zu Nominalgruppen zusammengezogen und so auf Satzglieder reduziert. Denselben Hang zum Komprimieren zeigen auch die ‚Augenblickskomposita‘, ad hoc geprägte, oft vielgliedrige Substantivzusammensetzungen, die als ausgesprochene „Raffwörter" den Inhalt ganzer Wortgruppen oder sogar Sätze in ein Kompaktwort zusammenfassen: *Kraftfahrzeugschadenhaftpflichtversicherungspolice* ‹eine Versicherungspolice, die im Schadensfall von Kraftfahrzeugen die Haftpflicht regelt" (↗ Wortstilistik).

Mit dem quantitativen Übergewicht nominaler Satzglieder in den beschriebenen Formulierungsmustern geht eine qualitative Veränderung des Verbalkomplexes einher. Trotz Rückgang des Verbgebrauchs im Allgemeinen, der statistisch belegt ist, gibt es eine relativ kleine Anzahl von desto frequenter verwendeten, semantisch äußerst blassen Verben, die nur noch eine syntaktische Rolle im Satz spielen und daher als ‚Funktionsverben‘ bezeichnet werden: *bringen, kommen, stellen, nehmen, durchführen, erfolgen* usw. Sie sind mit variablen ‚Verbalsubstantiven‘ (von Verben abgeleiteten Substantiven, vor allem solchen auf -ung) gekoppelt, auf die sich nun die nicht mehr vom Verb selbst getragene Bedeutung verlagert; vgl. *zum Ausdruck bringen – ausdrücken, in Rechnung stellen – berechnen, eine Untersuchung durchführen – untersuchen.* Analytische Verbalkonstruktionen dieser Art nennt man ‚Funktionsverbgefüge‘ oder ‚Funktionsverbformeln‘, die einen weiteren der mit den schon genannten in typischer Weise verzahnten Trends moderner Sprachentwicklung darstellen. Obwohl sie generell angefeindet werden, hängt die jeweils gewählte Aussageform dennoch immer von Situation, Kontext und stilistischer Zielsetzung ab: „Ich danke Ihnen – Ich spreche Ihnen meinen Dank aus – Ich möchte meinen aufrichtigsten Dank zum Ausdruck bringen …" usw. Insgesamt ist die Konsequenz eine rationell-ökonomische Verknappung und Verdichtung des Ausdrucks: kürzere, vereinfachte Satzbildung (Funktionsverbgefüge), dafür kompakte Satzglieder in Form von Nominalisierungen und Substantivzusammensetzungen, verbunden meist mit einer präzisen, abstrahierenden Begrifflichkeit, wie sie vor allem fachsprachlich und in der Wissenschaft üblich ist.

Die stilistische Wertung des N. kommt nicht ohne sein Gegenstück aus, den ‚Verbalstil‘ – auch dies eine Bezeichnung des 20. Jh. und vermutlich als Konträrbegriff gebildet: Verbalstil bedeutet eine relativ hohe Gebrauchsfrequenz „anschaulicher", aussagekräftiger Vollverben. Wie verträgt sich das mit einem Zeitstil, der offenbar verstärkt von Nominalisierungen Gebrauch macht und immer weniger Nebensätze, kaum noch finite Vollverbformen, dafür umso mehr bedeutungsarme Funktionsverben verwendet? In den gängigen Stillehren werden die Verben als „Königswörter" gefeiert; sie seien ausdrucksvoller, schlanker, dynamischer als Substantive, deren Vielsilbigkeit, Nominalkonstruktionen und oft hoher Abstraktionsgrad die Anschaulichkeit minderten. Folgerichtig gilt als Regel, nie ein Substantiv zu verwenden, wo an seiner Stelle ein Verb stehen könne. In der «Stilkunst» von L. Reiners (1944), die auf Jahrzehnte hin das Bild des guten deutschen Stils bestimmt hat, wird vehement gegen die „Hauptwörterei" polemisiert, insbesondere die „Abstrakta auf -*ung*, -*heit* und -*keit*, die die Zeitwörter auffressen", wie auch gegen die saft- und kraftlosen „Streckverben" (Funktionsverben) statt anschaulicher „Tatwörter", die Seele und Rückgrat jedes Satzes seien. Unbestritten bleibt die stilistische Forderung, Vorgänge oder Handlungen wann immer möglich in sinnkräftige, lebensvolle Verben zu fassen. Aber das viel beschworene Stilprinzip der ↑ Anschaulichkeit kann uneingeschränkte Geltung nur für Textsorten beschreibender und erzählender Art beanspruchen. Ein gleichartiger Stil in Sach- und Fachtexten wäre jedenfalls ebenso fehl am Platze wie umgekehrt ein exzessiver N. in belletristischer Darstellung. Anzustreben ist – als Aufgabe heutiger Stilistik – eine kommunikations- und textsortengerechte Ausgewogenheit zwischen Nominal- und Verbalorientiertheit unserer Ausdrucksweise.

O

Obscuritas ↗ **Dunkelheit**

Okkasionalismus ↗ **Neologismus**

Onomatopöie (Pl. -n) f. ‹Lautmalerei, Klangnachahmung›
Eine Klangfigur der rhet.-poet. Tradition: griech. *onomatopoiia* wörtlich ‹Namengebung› (aus *onoma* ‹Name› + Verbalsubst. zu *poiein* ‹machen, schaffen›), übersetzt lat. *fictio nominis, nominatio* ‹Namenerfindung, Benennung›, spätlat. *onomatopoeia* als Grundlage von frz. *onomatopée*, engl. *onomatopoeia* und ebenfalls als Fachbegriff dt. *Onomatopöie*, daneben allgemein *Lautmalerei, Klang-* oder *Schallnachahmung* für die Wiedergabe von Gehöreindrücken in Wort und Satz.

Heute versteht man unter O. hauptsächlich den bewussten Einsatz bestimmter Laute oder Lautkombinationen, um stilistische Effekte zu erzielen (Wohllaut, Klangwirkung, Expressivität; vgl. auch ↗ Lautstilistik). Ihr Ursprung lag aber, wie der Begriff andeutet, in der Schaffung neuer Wörter, also ‚Wortschöpfung‘, die sich in der Regel als Wiedergabe mit Sprachmitteln oder einfache Nachahmung von akustischen (seltener auch optischen) Erscheinungen der außersprachlichen Welt erklärt: Es entstehen Wörter, die so klingen wie das, was sie benennen. Hinzu kommt, dass einzelnen Lauten oder Lautfolgen im Wortzusammenhang ein bestimmter Ausdruckswert zugeschrieben wurde, den sie als Laute nicht haben und der letztlich nur einen Gefühlseindruck spiegelt. Entgegen der linguistischen Auffassung, dass es zwischen Bezeichnung und Bezeichnetem keine direkte Beziehung gibt (Wörter gelten im Allgemeinen als ‚arbiträr‘, konventionell und damit unmotiviert), wird hier eine Ähnlichkeit zwischen Sprachlautung und Wortsinn suggeriert, die beim Hörer oder Leser die gleiche Sinnesvorstellung hervorrufen soll.

Sprachgeschichtlich wird für einen nicht unbeachtlichen Teil unseres Wortschatzes onomatopoetischer Ursprung angenommen, auch in anderen Sprachen: frz. *crac!, siffler, coucou*; engl. *bang!, to sizzle, cuckoo*; dt. *bums!, zischen, Kuckuck*. Wie die Beispiele zeigen, handelt es sich erstens um ‚Interjektionen', zweitens um Verben, die bestimmte Geräusche oder mit solchen verbundene Tätigkeiten ausdrücken (auch andere Naturereignisse, etwa *blitzen, flimmern*), und drittens um Tierrufe, die zu deren Namen geworden sind. Die Interjektionen gelten als sprachliche Außenseiter, die völlig isoliert und ohne grammatische Reglementierung der Äußerung von Schmerz, Überraschung, Abscheu und anderen Empfindungen dienen: *Au! oh! pfui!* usw.; klar lautmalend etwa *papperlapapp* ‹Unsinn!›. Vielfach beruhen sie als echte „Schallwörter" auf Klangnachahmung wie *bautz! kracks! rums!* – alle bei W. Busch, der damit zum Ahnherrn der neueren Sprechblasensprache in Comics geworden ist: *ächz! blaff! päng!* bis hin zum auch graphisch eskalierenden Knalleffekt *WUMM!*, der „onomatopoetischen Explosion". Sie alle verfügen über keine eigentliche Bedeutung, sondern geben einen diffusen Klangeindruck wieder. In der Folge wurden derartige Ausdruckswörter oft sprachlich-grammatisch integriert, und zwar meist in Form von Verben: *klatschen* von dem Ausruf *klatsch!*, *bimmeln* vom Klang kleiner Glocken, *piepsen* vom Ruf junger Vögel usw.

Die bekannteste Kategorie bilden Wortherleitungen von Tierstimmen, so schon als Exempel der antiken O.: *hinnitus equorum* ‹Wiehern der Pferde›, *mugitus boum* ‹Brüllen der Kühe›, *balatus ovium* ‹Blöken der Schafe›. Besonders Vögel werden gern nach ihrem charakteristischen Ruf benannt wie im Deutschen *Fink, Krähe, Uhu* und viele andere. Durchweg liegt keine genaue Klangimitation vor, sondern eine modifizierte Angleichung der vorgegebenen Tonqualitäten an Lautinventar und Klangeigenart der jeweiligen Sprache: Der Hahn kräht dt. *kikeriki*, frz. *cocorico*, engl. *cock-a-doodle-doo*. Nicht selten erfolgt auch eine sekundäre Anpassung und geistige Ausdeutung. Interessant sind ähnliche Bildungen der Kindersprache wie *wauwau* ‹Hund› oder *ticktack* ‹Uhr›, die eine formale Parallele in Reduplikationswörtern haben (*zickzack, Wirrwarr* oder *Krimskrams*).

Klangfiguren sind immer Schmuckformen der Sprache, und so ist die O. stilistisch seit jeher ein Vorrecht der Dichtung gewesen, die in der Lautgebung von Wörtern und ganzen poetischen Wendungen immer wieder Natur- wie Kunstlaute nachbildet. Berühmt ist lat. *taratantara* als Wiedergabe von Trompetengeschmetter (Ennius). Oft bringt erst die Häufung und Wiederholung bestimmter Kunstmittel die angestrebte Klangwirkung. So führt uns in der Ballade «Der Taucher» eine Folge rhythmisierter Verben den gischtigen Wasserstrudel hör- und sichtbar

vor Augen: „Und es wallet und siedet und brauset und zischt …"
(F. Schiller); das gleiche Stilmittel erzeugt im Nachvollzug des Reigens,
den Erlkönigs Töchter veranstalten, echte Sprachmusikalität in Rhythmus und Vokalklang: „… Und wiegen und tanzen und singen dich ein"
(J. W. Goethe), mit ähnlicher Wirkung die Alliteration: „Die Lüfte we-
hen lieblich lind …" (H. Heine). Moderne O. im Sinne von Wortschöpfung praktiziert A. Kerrs durch Dehnung noch gesteigerter Lautkomplex
schlllff für „die Saugbewegung von Gourmands", und bei Chr. Morgenstern gerät die Lautmalerei oft zum reinen Klangspiel, das komische
Effekte erzielt: „Es schreit der Kauz: pardauz! pardauz! | da tauts, da
grauts, da brauts, da blauts!" (in den «Galgenliedern»).

Ordo artificilis und naturalis ↗ **Disposition** und **Komposition**

Ornatus m. (nur im Sg. üblich) rhetorischer ‹Redeschmuck›
Eine der zentralen Maximen der rhet.-poet. Tradition, die bis ins 18. Jh. Bestand hatte: griech. *kosmos* m. außer ‹Ordnung, Welt, Universum› auch
‹Schmuck›, *kataskeue* f. ‹Wohlbeschaffenheit, Bekräftigung› (aus Präf. *kata-*
hier ‹gänzlich› + Verbalsubst. zu *skeuein* ‹bereiten, gestalten›), lat. *ornatus*
m., auch *ornamentum* n. (*exornatio* f.) ‹Schmuck, Ausschmückung der Rede›;
neben dem Fachausdruck auch umschreibend *flores rhetorici*, frz. *fleurs de
rhétorique* wörtlich ‹Redeblumen›, engl. noch das Adj. *ornate* ‹ausge-
schmückt, geziert›, dt. meist *Redeschmuck* für kunstvolle Sprachgestaltung.

In der antiken „Quadriga der Stilqualitäten" (*virtutes elocutionis* ↗ Stilprinzipien) hatte – neben ⇑ Angemessenheit, Klarheit und Sprachrichtigkeit (‚Latinitas') – der O. seinen festen Platz als Oberbegriff für die
kunstvolle Stilisierung mittels Figuren und Tropen (*elocutio*) und die
syntaktisch-textuelle Formung einer Rede (*compositio*); er betrifft also
den Sprach- wie Darstellungsstil. Die Bedeutung des Schmuckprinzips,
das alle über einfache Verständlichkeit und sachliche Klarheit des Textes
hinausgehenden Formulierungsanteile umfasste, fand im 17. Jh. mit der
Gleichsetzung des rhetorischen *bene dicere = ornate dicere* beredten Ausdruck: „Der Weg zum Herzen des Lesers führt über den Ornatus"
(J. Dyck).
　　Einen neuen Höhepunkt erlebte die Maxime kunstvollen Redeschmucks nach ihrer rhetorischen Blütezeit in Griechenland und Rom,
als die Poetiken des 12./13. Jh. den „mittelalterlichen Stil" zweier
Schmuckformen propagierten: *O. difficilis* ‹schwerer Schmuck› mit rei-

chem Tropengebrauch, *O. facilis* ‹leichter Schmuck› mit einer bestimmten Art der Ausdruckshäufung (,Determination' genannt) und einfacheren Figuren. Erst in der Renaissance kehrte man wieder zu den klassischen ↗ Stilarten zurück. Während der Aufklärung kam es dann seit Mitte des 18. Jh. zugleich mit einer allgemeinen Abkehr von der traditionellen Schulrhetorik vor allem zu einer radikalen Kritik ihres zentralen Schmuckprinzips, das in der jungen Stilistik neuen Leitbegriffen wie ,Natürlichkeit, Lebhaftigkeit, Anschaulichkeit' Platz machen musste. Damit fand um 1800 ein jahrhundertelanger Streit sein Ende: Ist der O. nur bloßes „aufgesetztes" Sprachornament als wohllautende Einkleidung des Gedankens, dass man also dem Text sekundär Schmuckmittel gewissermaßen als rhetorischen Aufputz hinzufügt? Oder aber versteht sich die kunstvolle Eleganz der Darstellung als natürliche Ausdrucksexpressivität, die zu größerer Wirkung verhilft? Heute ist man der Ansicht, dass guter Stil sich nicht in leerer Wortkunst und Sprachartistik erschöpft, dass aber die Attraktivität der Formulierung durchaus und nicht unwesentlich zur Überzeugungskraft eines Textes beiträgt.

Oxymoron (Pl. -ra) n. ‹Verknüpfung zweier sich widersprechender Begriffe zu einer überraschenden Sinneinheit›
Eine Sonderform der Antithese im Interferenzbereich von Logik, Grammatik und Rhetorik: griech. *oxymoron* ‹Scharfsinnigdummes› – ein Begriff, der wie sein eigenes Beispiel nach der bezeichneten Figur gebildet ist (Adj. *oxys* ‹spitz, scharfsinnig› + *moros* ‹stumpf, dumm›), im späteren Latein übernommen, frz. *oxymore*, auch *oxymoron* (umschrieben *alliance des mots* f.), engl. *oxymoron*, dt. *Oxymoron* als ein rhet.-poetologisches Fachwort, das für paradoxale Wortantithetik steht.

Im O. sind zwei kontradiktorische, also sich im Grunde ausschließende Begriffe zu einem Wortkompositum oder einer Wortkombination verbunden, deren scheinbarer Widersinn in neuer sinnvoller Einheit aufgehoben wird. Demgemäß tritt es, grammatisch gesehen, in zwei Hauptformen auf: erstens als addierende Zusammensetzung (,Kopulativkompositum') wie *bittersüß* oder *Hassliebe*, wozu auch entsprechende Bindestrich-Kopplungen gehören (*schaurig-schön, Freund-Feind*-Verhältnis); zweitens als Kombination von gegensätzlichem Adjektivattribut und Substantiv wie *bittere Süße, stummer Aufschrei, offenes Geheimnis, beredtes Schweigen* (sinngemäß das lat. *Cum tacent, clamant,* Cicero). Diese Variante hat unter dem Namen ,Contradictio in adiecto' (Widerspruch im Beiwort) den Rang einer eigenen Stilfigur. Seltener bleiben verbale Muster, etwa G. Chr. Lichtenbergs Wortkontraktion *verschlimmbessern* oder, als Verbindung von Verb und gegensätzlichem Adverb, lat. *festina lente* ‹eile gemächlich!› (nach gleichbedeutendem griech. *speude bradeos*), entsprechend unsere Redewendung „Eile mit Weile".

Seit Homers Tagen war das O. vor allem in der antiken Redepraxis und Kunstprosa, doch auch Dichtung geläufig (etwa die *concordia discors* ‹zwieträchtige Eintracht› des Horaz). Im christlichen Mittelalter gelangte die Figur zu neuer Bedeutung (eine Schrift des Nicolaus Cusanus nennt sich «De docta ignorantia», d. h. gelehrtes, wissendes Nichtwissen). Als aus seiner „Widerspruchsspannung" lebende Denkform bildet das O. auch in klassischer wie neuerer Literatur ein beliebtes Stilmittel: *ernstheiter* (J. W. Goethe), *traurigfroh* (F. Hölderlin), *quicklebendig-sterbensmüde* (M. W. Schulz) oder „dumm-schlaue Diplomaten" (K. Tucholsky); ferner *betrogene Betrüger* (G. E. Lessing), ein *dunkler Ehrenmann* (J. W. Goethe), die „schwarze Milch der Frühe" (P. Celan) usw. Manche Formulierungen meist scherzhaft-humoristischer Art gehören dem allgemeinen Sprachgebrauch an, so die *süßsaure* Miene, das vertrauliche *alter Knabe* oder witzig der *eingefleischte Vegetarier*. Andere lassen sich nur noch historisch erklären wie der *Silbergulden*, in dem sich Silber und Gold additiv zusammengefunden haben, oder der *trockene Humor*, da lat. *humor* ja einstmals ‹Feuchtigkeit, Flüssigkeit› bedeutet hat. Formal ist das O. eine verkürzte, intellektuell zugespitzte ↗ Antithese; inhaltlich entspricht es im Wortbereich dem, was das ↗ Paradoxon im Rahmen einer Aussage ist. In beiden Fällen läuft das Ergebnis auf eine neue, sinnvoll pointierte „Einheit im Widerspruch" hinaus.

P

Paarformel ↗ **Zwillingsformel**

Paradoxon (Pl. -xa), **Paradox** n., auch **Paradoxie** f. ‹Scheinwiderspruch; scheinbar falsche Aussage, in der sich eine tiefere Wahrheit verbirgt›
Diese antike Gedankenfigur hat es zum europäischen Fachwort und Begriff der Allgemeinbildung gebracht: griech. *paradoxon* ‹Unerwartetes› (Präf. *para*‹entgegen› + Adj. *doxos*, zu *doxa* ‹Meinung›, also ‹anders als die allgemeine Meinung›), spätlat. übernommen, latinisiert *paradoxum* (Begriffsvarianten wie griech. *aprosdoketon*, lat. *improvisum* oder *inopinatum* drücken ebenfalls das ‹Unerwartete› in Formulierung und Sinn aus); frz. *paradoxe, paradoxisme* sowie *antilogie* f. ‹Widerspruch› (auch für Oxymoron), engl. *paradox* sowohl für wirkliche wie nur scheinbare Widersprüche; dt. *Paradox* oder fachlich *Paradoxon*, heute weitgehend synonym mit *Paradoxie*, der früheren Allgemeinbezeichnung des Phänomens, in dem zwei antithetische, in ihrer Verbindung unlogisch erscheinende Ideen hintergründig kombiniert sind.

Wer etwas „paradox" nennt, meint damit einen der Erwartung, Alltagserfahrung oder Denkrichtigkeit zuwiderlaufenden Sachverhalt. Tatsächlich bildet das Adjektiv die Grundlage dieser rhetorischen Gedankenfigur (↗ Trope). Sie versteht sich als selbst-kontradiktorische, d.h. in sich einen Widerspruch vereinigende Aussage im größeren syntaktischen Rahmen, dies als Unterschied zur sonst entsprechenden Wortantithese des ↗ Oxymorons. Ausgangspunkt waren schillernde, oft bewusst vieldeutig formulierte Lehrsätze der Stoiker, die durch ihre Kunstfertigkeit auffallen sollten; weil sie aller Logik und normalem Weltwissen zu widersprechen schienen, galten sie als widersinnig, sonderbar, absurd – was genau die Bedeutung des Adjektivs *paradox* wiedergibt. Solche „verrätselnde" Fomulierungsweise hat als Stilmittel künstlicher Verfremdung wie eindringlicher Expressivität in die Zukunft gewirkt. Um das Gedankenspiel der Vereinigung vordergründig unvereinbarer Begriffe und Aussagen sprachlich effektvoll umzusetzen, bedient das P. sich verschiedener rhetorischer Wort- und Sinnfiguren wie ↗ Chiasmus, Hyperbel, Periphrase, Ironie usw., besonders der Paronomasie und anderer

Wortspielarten. Als anekdotisches Exempel eine paradox formulierte Sprachperfidie: Der Arzt einer ebenso schwerreichen wie schwer kranken Erbtante wird von einem der Erben gefragt: „Ehrlich, Herr Doktor – *muss* ich das Beste *hoffen* oder *darf* ich das Schlimmste *fürchten?*" P. und ↗ Figura etymologica verbünden sich in der Zeitungsüberschrift «1 000 Verkehrstote sprechen eine deutliche Sprache».

Die moderne Definition im Rahmen der stilistischen Terminologie betrachtet das P. als eine scheinbar zugleich falsche und wahre Aussage, die in ihrer Widersprüchlichkeit zunächst unsinnig erscheint und erst bei genauerer Einsicht eine überraschende Sinnhaftigkeit erkennen lässt. Seit der Antike viel diskutiert das Beispiel: „Alle Kreter lügen", sagt ein Kreter – eine Aussage, die nur dann wahr sein kann, wenn sie falsch ist; die Linguistik spricht hier von ‚semantischer Antinomie' (griech. *antinomia* ‹Widerspruch eines Satzes in sich›). Ebenso paradox heißt es im Sprichwort: „Einmal ist keinmal" – objektiv falsch, gleichwohl mit einem wahren Kern in der Lebenswirklichkeit. Ähnlich scheint F. Schiller, nicht von ungefähr der Schöpfer unseres Worts *Gedankenfreiheit*, die einfachsten Tatsachen auf den Kopf zu stellen: „Eng ist die Welt, und das Gehirn ist weit"; Th. Mann hat einmal geschrieben: „Ein Schriftsteller ist ein Mensch, dem das Schreiben schwerer fällt als allen anderen Leuten", und von G. B. Shaw stammt der aphoristisch pointierte Realitätswiderspruch: „Die Engländer unterscheiden sich von den Amerikanern nur durch ihre Sprache" – den beiden sonst in vielem verschiedenen Nationen ist ausgerechnet ihre englische Sprache gemeinsam, aber sprechen sie darum immer die gleiche Sprache?

Wo die Sprache in das Gewand des P. schlüpft, will sie verblüffen: Das Widersprüchliche, ja Unlogische enthüllt jenseits des literalen Verständnisses einen hintergründigen Sinn, oft philosophischen Tiefsinn. Ziel und Zweck ist zum einen der gedanklich-sprachliche Effekt der Aufmerksamkeitserregung, zum andern das glanzvolle Stilmittel selbst. Es hat sich in bestimmten Epochen und Dichtarten großer Beliebtheit erfreut: in der Mystik und anderen religiösen Strömungen, in Manierismus, Barockdichtung und der Liebeslyrik aller Jahrhunderte. Als besonderer Kunstgriff diente es z. B. im hochmittelalterlichen Minnesang, wo paradoxerweise ein formell liebender Sänger trotz der Unerfüllbarkeit dieser Liebe unbeirrt um die geliebte, verheiratete Herrin wirbt, und das vor Augen des höfischen Publikums. Auch im Dienste von Belehrung (Sentenzen), Humor und Satire erfüllt das P. seine stilistische Aufgabe,

durch zugespitzte Gedanklichkeit und rhetorisch geschliffene Sprachform Auffälligkeit und Beifall zu erreichen. Ein Meister des paradoxen
Ausdrucks war im 19. Jh. der britische Literat O. Wilde, der damit ein
geistreiches Spiel in seiner brillanten Formulierungskunst trieb.

Parallelismus (Pl. -men) m. ‹Gleichlauf von syntaktischem Bau und inhaltlicher Gedankenführung in Satzgliedern, Sätzen oder Satzfolgen›
Obwohl die Bezeichnung jüngeren Datums ist, eine Grundform aller rhet.
und poet. Ausdrucksweise: griech. *parisosis* f., *parison* n. wörtlich ‹fast Gleiches› (Präf. *para-* ‹bei, neben› + Adj. *isos* ‹gleich›) sowie *isokolon* n. ‹gleicher
Bau der Satzglieder› (*kolon* ‹Glied, Spracheinheit›), lat. *compar* ‹gleich› (verbal
com-parare ‹gleichstellen, vergleichen›), umschreibend *aequalia membra* n.
‹gleichförmige Glieder (Kola)›, *exaequatio* f. ‹Gleichstellung› (zu *aequus*
‹gleich›); Grundlage der modernen Begriffsbildung im 16. Jh. das Adj. griech.
parallelos (lat. *-us*) ‹nebeneinander, gleich laufend› (Präf. *para-* + *allelon* ‹einander›), frz. *parallélisme*, auch *construction parallèle* f., engl. *parallelism*, dt.
seit dem 18. Jh. als Fachausdruck *Parallelismus*, der aber erst in der Stilistik
des 20. Jh. vermehrt für die gleichförmige Sprachführung in Worten und
Gedanken verwendet wird.

Während in der Antike als Hauptbezeichnung der sich strukturell entsprechenden Reihung von Satzgliedern (Kola) das ↗ Isokolon galt, entwickelte die Neuzeit für den gleichmäßig gestalteten und gedanklich
korrespondierenden Sprachduktus von Sätzen (Teilsätzen) oder Satzsequenzen, auch Verszeilen den Begriff des P. Dieser besteht in der Wiederkehr symmetrisch sich entsprechender Satzeinheiten, verbunden mit
Gleichläufigkeit des Sinns. Daraus resultiert ein harmonischer Sprachfluss in Wortreihung, grammatischer Konstruktion und Gedankenführung – bis hin zu wörtlichen Wiederholungen: „Gottes ist der Orient!
Gottes ist der Okzident!" Diese Form höchster Konzinnität kann durch
zusätzliche Kunstmittel wie ↗ Anapher, Klimax, Antithese usw., in der
Poesie auch durch Versform und Metrum noch gesteigert werden: „Der
König sprach's, der Page lief; | Der Knabe kam, der König rief ..." (bei-
des J. W. Goethe).

Der P. entspricht aber nicht nur einer elementaren Denkart und
Sprechweise des Menschen, sondern gilt darüber hinaus als eine „Ur-
form der Poesie". Tatsächlich ist er ein grundlegendes, textkonstituieren-
des Stilmittel in vielen Literaturen dieser Welt. Vor allem in Sakralspra-
chen wie dem Alten Testament, in den Psalmen und Klageliedern, in der

christlichen Liturgie usw. schafft er Feierlichkeit, Emphase und ein-drückliches Pathos. Nicht anders auch germanisch in stabreimenden alt-deutschen Beschwörungsformeln: *ben zi bena, bluod zi bluoda, lid ze geli-den* … („Bein – in der alten Bedeutung ‹Knochen› – zu Bein, Blut zu Blut, Glied zu Gliedern …“, so im «Zweiten Merseburger Zauberspruch», 9. Jh.). Die Alltagssprache kennt den P. in vielen Sprichwörtern („Jung gewohnt, alt getan“) und Lebensweisheiten („Mit Gott fang an, mit Gott hör auf“) sowie auf knappstem Raum in synonymischen ↑ Zwillingsfor-meln wie *Ach und Weh, angst und bange, zaudern und zögern.* Letztlich ist der P. ein ausgesprochenes Wiederholungsphänomen mit allem, was die ↑ Wiederholung im Guten wie im Schlechten kennzeichnet. Gleichmäßi-ge Formulierungsabläufe erzeugen einerseits eine stilistisch ansprechen-de, harmonische Ausdrucksform; andrerseits können gleich gebaute, womöglich sogar gleich lange, also in höchstem Maß „parallele“ Sätze leicht monoton wirken. Mit seiner schematischen Bauform AB – AB … hat der P. als formales Gegenstück den ↑ Chiasmus (AB – BA) und als gedanklich-inhaltlichen Gegenpol die ↑ Antithese. Im Unterschied zu dieser als *figura sententiae* (Gedankenfigur) ist er eine ausdrückliche *figura verborum* (Wortfigur). Gemeinsam aber vertreten P. und Antithese als universale Grundmuster menschlichen Denkens und Redens die Po-larität von Übereinstimmung und Widerspruch, Harmonie und Kon-trast in der Sprache.

Paraphrase (Pl. -n) f. ‹Alternativformulierung, umschreibende Verdeut-lichung›

> Im Gegensatz zur rhet.-poet. Periphrase ein jüngerer, bildungssprachlicher und vor allem von der modernen Linguistik in Anspruch genommener Be-griff, der ursprünglich für rhet. Umformulierungsübungen stand: griech. *paraphrasis* wörtlich ‹Hinzufügung, Erweiterung› (aus Präf. *para-* ‹daneben, dazu› + *phrasis* ‹Ausdruck, Rede›), mittellat. *paraphrasis* ‹Umschreibung, Kommentar›, frz. engl. *paraphrase*, dt. seit dem 17. Jh. Paraphrase für eine Umschreibung, die umformuliert oder verdeutlicht (auch ‹freie Überset-zung›).

Das Wesen der P. besteht darin, das Gleiche „mit anderen Worten“ zu sagen (entweder in erweiterter oder verkürzter Form), eine sinngemäße Wiedergabe also desselben Sachverhalts zum Zwecke der Verdeutli-chung oder Raffung, der Erklärung oder Interpretation. Formal können alle sprachlichen Einheiten davon betroffen sein: Wort, Satz, Äußerung,

Text. Die linguistische Theorie unterscheidet demgemäß lexikalische (Synonymausdruck), syntaktische (Konstruktionswechsel), pragmatische (z. B. „Hier zieht es aber!" statt expliziter Bitte, das Fenster zu schließen) und die kommunikative P. Diese ist eine Grundform zwischenmenschlicher Verständigung, wenn eine Formulierung in umschreibender, meistens erweiterter Abwandlung des Wortlauts wiederholt und präzisiert wird (mündlich als verständnissichernde ↗ Redundanz, schriftlich meist erläuternd, ergänzend oder vertiefend). Umgekehrt gibt es aber auch „reduzierte", d. h. textverkürzende Paraphrasierungen, etwa Inhaltsangaben oder andere Zusammenfassungen, extrem vor allem in Überschriften.

Für die Stilistik ist dies in zweifacher Hinsicht von Interesse: Erstens existieren – dies als Ergänzung – auch aus Stilgründen variierte Formulierungen, also stilistische P. Ein ganzer Bereich, dessen spezielle Ausdruckseigenart sich in diesem Sinne und nur so erklären lässt, ist die sprachliche ↗ Höflichkeit: „Wenn ich Sie vielleicht freundlichst bitten dürfte …?" – nur gemäß den konventionellen Regeln der Etikette und des üblichen Sprachverhaltens gelten in diesem Fall weitschweifige, vage, in Komplimenten oft „halbwahre" Formulierungen situationsangemessen als guter Stil. Zweitens, und das ist ein wesentlicher Gesichtspunkt, bildet die P. als Möglichkeit, dasselbe auf verschiedene Art auszudrücken oder sprachhandelnd zu bewirken, eine der theoretischen Grundlagen für das Stilphänomen: Dadurch, dass die Sprache uns eine Vielfalt von synonymen und eben „paraphrasierenden" Ausdrucksmitteln bereitstellt, aus denen die Sprachbenutzer jeweils ihre charakteristische Wahl treffen, kommt jene Sprachvarianz zustande, die wir „Stil" nennen (↗ Stil als Wahl).

Parenthese (Pl. -n) f. ‹Satzeinschub›

Obwohl in Altertum und Mittelalter praktisch wie theoretisch durchaus geläufig, eine erst seit dem späteren 15. Jh. unter dem heutigen Namen eingeführte gramm.-stil. Satzfigur: spätlat. *parenthesis* nach dem Griech. (aus Präf. *para-* ‹neben› + *enthesis* wörtlich ‹Einfügung›), vorher entsprechend lat. *interpositio, -clusio* wörtlich ‹Zwischenstellung›; frz. *parenthèse*, engl. *parenthesis*, dt. *Parenthese*, auch *(Satz-)Einschub* oder – spezieller – *Schaltsatz* für Einschiebungen im Satzzusammenhang.

Unter P. versteht man die Einfügung eines neuen, relativ geschlossenen Gedankens in einen Satz, mit inhaltlichem Bezug, doch meist ohne grammatische Verknüpfung, sodass der Satzzusammenhang unterbrochen wird. Es gibt parenthetische Fügungen engeren und weiteren Sinnes, die aus Wörtern, Wortgruppen oder Sätzen bestehen (z. B. Interjektionen, Anredeformen, stereotype Floskeln wie „auf gut Deutsch gesagt", auch ‚freie', also nicht in die Satzkonstruktion einbezogene Appositionen oder elliptische Sätze). Um P. zu sein, müssen sie alle die Bedingung erfüllen, dass sie autonom, also „satzwertig" verwendet sind. Sie können verschiedenen Zwecken dienen: einer wirklichen oder scheinbaren Kontaktherstellung zum Hörer/Leser, der sachlichen Erläuterung oder Ergänzung, der Präzisierung oder Kommentierung. Unter den Sätzen ist der sog. Schaltsatz am häufigsten, ein vollständiger Satz, in dem sich vielfach redebewertend oder -steuernd die persönliche Meinung des Sprechers/Schreibers zum Sachverhalt äußert: „Der Wein ist – und ich sage dies, ohne ihn über Gebühr zu loben – ausgezeichnet" (nach J. Erben). Da solche vorwiegend in Mittelstellung eingeschalteten Formulierungen merklich aus dem Satzganzen herausfallen, bedürfen sie sprachlich einer eigenen Markierung. Diese erfolgt mündlich durch Intonation (Pausen und kontrastierende Stimmlage), schriftlich durch Interpunktion (paarige Klammern, Gedankenstriche oder Kommas). Welches dieser doppelten Satzzeichen im Einzelfall gewählt wird, ist stilistisch nicht ohne Belang: Kommasetzung stört den Satzfluss am wenigsten, hebt jedoch nicht sonderlich hervor; visuell am auffälligsten wirken Gedankenstriche, die darum als regelrechte Zäsuren auch den größten Nachdruck haben, wogegen einem in Klammern gesetzten Ausdruck stets etwas Beiläufiges, Nebensächliches anhaftet. Die P. ist immer Einschub im Satzrahmen, Einfügungen im größeren Zusammenhang von Texten heißen ‚Exkurs'.

Wie ⇑ Anakoluth, Aposiopese und Ellipse gilt die P. als ein genuin mit der gesprochenen Sprache verknüpftes Phänomen (beispielsweise in alter Volksdichtung). Häufig genug beruht sie außerhalb der Schriftlichkeit auf Assoziationen oder einem plötzlichen Einfall, wie auch die neuere Literatur sie zur Kennzeichnung fingiert mündlichen Vortrags nutzt. Daneben kann ihr Einsatz unterschiedlichen Sinnes sein: emotional-expressiv, auflockend-belebend, humoristisch-witzig, polemisch-satirisch usw. So wenn der legendäre Kurfürst Jan Willem einen kunstvollen Holzbecher „selbst in seinen Freistunden – er hatte deren täglich vierundzwanzig – geschnitzelt" hat (H. Heine); oder: „Wir sahn dich durch den Schlachtendonner reiten | (auf Ansichtskarten und im Lesebuch)" – die Beiläufigkeit der Klammerbemerkung E. Weinerts über Kaiser Wilhelm II. unterstreicht nur deren ironische Absicht. Als der Frühhumanist H. Steinhöwel 1473 erstmals *perentesis* als „eingeworfene Rede" im Deutschen erwähnte, stand sie längst in schriftlich-literarischem Gebrauch. Auch in der Gegenwart bedient man sich ihrer noch gern: „Die Dichter, wenn sie Romane schreiben, pflegen so zu tun, als seien sie Gott" (H. Hesse) oder: „Korf – man kennt ihn wohl genügend –, | Korf begibt sich nach Berlin ..." (Chr. Morgenstern). So erscheint die P., zuweilen schlicht, öfter auffällig, als ein geläufiges Stilmittel der Moderne.

Parodie (Pl. -n) f. ‹überzeichnende Nachahmung von Texten›
Ein lit. Gattungsbegriff (daher in den meisten Stilwörterbüchern kein Stichwort), doch von beachtlichem Aufschlusswert für die stil. Theorie: griech. *parodia* ‹Gegengesang› (Präf. *para-* ‹neben, abweichend› + *odia*, wie *oide* ‹Gesang, Lied, Gedicht›, als Vb. *paroidein* ‹ein Lied komisch nachahmen, verspotten›), mittellat. *parodia*, frz. *parodie*, gleichbedeutend *pastiche* m. (von ital. *pasticcio* ‹Pasta›, auch ‹Pfuscherei›), engl. *parody*, dt. *Parodie* seit dem 17. Jh. für scherzhafte Nachahmung und Verspottung.

Antike und Mittelalter folgten der poetischen Imitationslehre (*imitatio auctorum/veterum*, die Nachahmung der berühmten, musterhaften Autoren der Vergangenheit). Erst als dieses Prinzip seit der Renaissance zugunsten eines Wettstreits mit der Dichtungstradition aufgegeben wurde, konnte die P. zur eigenen Gattung werden. Sie versteht sich als die überzeichnende, d.h. übertreibende Nachahmung eines ernsthaften Werks oder Künstlers unter Beibehaltung der Form, jedoch mit einem anderen, nicht passenden Inhalt (dies im Gegensatz zur literarischen ‚Travestie', die den vorgegebenen Inhalt als Stoff in verschiedenen Formen darstellt). Der Kontrast zwischen Form und neuem Inhalt erzeugt den parodistischen Effekt, der je nach Absicht des Parodisten humoristisch, ironisierend, kritisch, satirisch usw. sein kann: Je größer die Diskrepanz, desto effektvoller die Wirkung. Daher sind immer mit Vorliebe die bekanntesten Werke der Weltliteratur parodiert worden (am häufigsten F. Schillers «Lied von der Glocke»). So weit der literaturgeschichtliche Vorspann.

Imitation bedeutet Nachahmung, und P. ist die überspitzende Nachahmung, die unabhängig vom Stoff nur der Form gilt. Diese Form ist die Sprachform des parodierten Textes, sein Stil, und zwar im Hinblick auf den ‚Autorstil‘ des Verfassers (seltener Werk- oder Gattungsstil). Der Parodist wird erstens bestimmte stilistische Charakteristika herausarbeiten; denn sie stellen die augenfällige Verbindung zwischen P. und Original her, das ja erkennbar bleiben muss. Zweitens wird er diese charakteristischen Stilelemente und Stilzüge kräftig übertreiben, ja verzerren bis zur Karikatur; denn das verleiht der Parodierung die erstrebte Wirksamkeit. Stiltheoretisch interessant ist daran, dass diese Stilmuster gerade in ihrer Überzeichnung offensichtlich die persönliche „Handschrift" des Autors, seinen ↗ Individualstil, makro- wie mikrostilistisch spiegeln, und je ausgeprägter dieser ist, desto klarer tritt er in der P. hervor. Jedenfalls gibt es, wie die parodistische Praxis zeigt, kein überzeugenderes Indiz für einen persönlichen Stil, als dass er sich imitieren und parodieren lässt.

Paronomasie (Pl. -n), auch **Annominatio(n)** f. ‹Wortspiel›
In der alten Rhetorik und Poetik eine spezielle Form des Wortspiels: griech. *paronomasia* ‹Zusammenstellung klanglich übereinstimmender Wörter› (zu *para-* ‹neben› und *onoma* ‹Name, Benennung›), spätlat. *paronomasia*, übersetzt *adnominatio*, frz. *paronomas(i)e*, *annomination*, engl. *paronomasia*, seit dem 17. Jh. *pun* (unbekannter Herkunft), dt. fachlich *Paronomasie*, *Annominatio* oder *Annomination*, allgemein *Wortspiel*.

In ihrer Hauptform war P. ursprünglich Wiederholung gleich oder ähnlich lautender Wörter, die – im Gegensatz zu ↗ Figura etymologica und Polyptoton – nicht gleichen Stammes sein müssen und sich durch ihre Bedeutung unterscheiden. So hat, um ein deutsches Beispiel zu geben, in Schleiermachers bekanntem Spruch: „Eifersucht ist eine Leidenschaft, die mit Eifer sucht, was Leiden schafft", das Suffix *-sucht* weder etymologisch noch semantisch irgendetwas mit dem Verb *suchen* zu tun; indem diese Assoziation trotzdem hergestellt wird, entsteht jener Effekt, der das Wortspiel ausmacht. In der Regel wird eine Formulierung zu diesem Zweck formal verändert, wobei solche Eingriffe alle sprachlichen Ebenen betreffen können: Laute, ja Schreibungen, Silben, Wörter, Sätze usw. Bekannt ist z. B. das Luther'sche *Lügende* für Legende; oder mancher im Knast denkt nicht an wunderschön blühende Veilchen, sondern: „Gott sei Dank gibt es *Feilchen*, die im Verborgenen blühen!" (J. Ringelnatz). Andere Möglichkeiten sind Umstellungen wie „Nicht jeder, der kommen will, ist *willkommen*" (W. Finck), Vorsilbenvariationen wie „Es soll vorkommen, dass Nachkommen mit ihrem Einkommen nicht auskommen", Versprecher wie *buddhistisches Standesamt* (statistisches Bundesamt) oder Missverständlichkeiten wie jene Widmung der Genter Metzger an Kaiser Napoleon: *Les petits bouchers de Gand | A Napoléon le Grand* („Die kleinen Schlächter von Gent für Napoleon den Großen" ...). Kunstvolle Sonderformen bilden Wortkreuzungen der Art *Ehebruchrechnen* (↗ Kontamination) oder F. Nietzsches durchsichtig-antithetische Prägungen wie *Freudenschaften, Busenfeind, Tugend-Bock* usw. All diese Fälle, die als Wortspiele modernen Zuschnitts z. T. über die verschiedenen Spielarten der alten P. hinausgehen, beziehen ihre Wirkung aus der Verfremdung der Wortform, und die Provozierung eines unerwarteten, jedenfalls anderen als des „normalen" Verständnisses ist es, die den witzigen oder geistreichen Effekt hervorruft.

Periode (Pl. -n) f. (stilistisch) ‹gegliederter Satz, Satzgefüge, Langsatz›
Ein hist. Begriff, der sprachbezogen (sonst ‹Zeitabschnitt› sowie naturwissenschaftliche Verwendungen und in der Musik) eine besondere Rolle für die rednerische Praxis und Metrik gespielt hat, später auch in der Stilistik: griech.-lat. *periodos (-us)* f. wörtlich ‹Um- oder Rundgang, wiederkehrender Ablauf› (Präf. *peri-* ‹ringsum, um ... herum› + *hodos* ‹Weg, Gang›), lat. gleichbedeutendes *ambitus, circuitus*, mittellat. *periodus* m.; frz. *période, enchâinment des phrases* ‹Satzgefüge›, engl. *period*, auch *periodic (complex) sentence*; dt. in lat. Form und Flexion entlehnt (15. Jh.), seit dem 18. Jh. das heutige *Periode* als Fachbegriff der Satzgestaltung.

In der Antike erfolgte die grammatische Prosagliederung mittels P., Kolon und Komma: Die P. wurde als abgeschlossene Sprecheinheit gebildet durch mehrere Kola (2–4 gleich gebaute Glieder ↗ Isokolon), ein Kolon durch mehrere Kommata (die kleinsten Bauteile aus ein oder mehreren Wörtern). Die alte sprechrhythmische bzw. metrische Begründung dieser Bezeichnungen verrät sich noch daran, dass sie als Namen von Interpunktionszeichen der Satzgliederung fortleben, so unser *Komma* und *Semikolon* (wörtlich ‹halbes Kolon›) neben *Strichpunkt*, engl. *period* auch ‹Punkt›. Im Deutschen charakterisiert sich die ältere Satzbildung als einfach und weitgehend ‚parataktisch' (nebenordnend), also syntaktisch vergleichsweise ungegliedert. Längere, komplexe Satzfügungen, die erst seit dem 16. Jh. vermehrt vorkommen, stehen deutlich im Gefolge des Humanismus, der auf die klassische Latinität zurückgreifend auch die „ciceronianische" P. wieder aufleben ließ. Die neuen, nun stark ‚hypotaktischen' (unterordnenden) Satzstrukturen mit Nebensätzen verschiedener Art sind nach den Regeln lateinischer Kunstprosa geformt. „Deutschen Stil lernt man am besten von Cicero", lautete damals die Devise. Dieser kunstvolle Periodenbau mit weit gespannten Satzgefügen erreichte seinen Höhepunkt im 17./18. Jh.

Seitdem mehrten sich die kritischen Stimmen, und vor allem in der Stillehre des 20. Jh. wurde eindringlich vor langen Sätzen und zu vielen Nebensätzen gewarnt. Diese Kritik stützte sich zunächst, im Vergleich mit dem Lateinischen, auf die Verschiedenartigkeit des deutschen Satzbaus. Später argumentierte man vor allem mit der Langatmigkeit, Unübersichtlichkeit und Schwerverständlichkeit zu langer Sätze; stildidaktisches Schreckbild wurde der berüchtigte deutsche ‚Schachtelsatz': „Denken Sie, wie schön der Krieger, der die Nachricht, die den Sieg, den die Athener bei Marathon, nach Athen, das in großer Sorge, ob es die Perser zerstörten, schwebte, erfochten, verkündete, brachte, starb!" (H. Weis). Wie in diesem „klassischen" Beispiel die kompliziert verschlungene Konstruktion, so bewirkt beim sog. ‚Kettensatz' (engl. *loose sentence*), der ein Glied ans andere reiht, sein Übermaß an Länge eine dementsprechende Schwer- bis Unverständlichkeit. In beiden Fällen handelt es sich aber um Sprachkarikaturen, wie sie heute kein Mensch mehr ernsthaft zu Papier bringen würde.

Lange Sätze treten in der Form erweiterter Einfachsätze (wie im ↗ Nominalstil), als Satz- und Satzgliedreihungen (z. B. in Aufzählungen) sowie als Satzgefüge auf: Diese Verbindung eines Hauptsatzes mit unterschiedlichen Gliedsätzen ist die P. Ohne Zweifel sind überlange, dazu hochkomplizierte Satzgefüge stilistisch nicht die beste Wahl. Gerade in der deutschen Sprache besteht mit zunehmender Länge und syntaktischer Schwierigkeit die Gefahr, dass speziell bei Endstellung der Negation, eines trennbaren Verbpräfixes oder anderer „nachhinkender" Satzteile der Sinn des Satzes bis zuletzt im Unklaren gelassen, wenn nicht gar entstellt wird (↗ Satzstil). Da ein Langsatz nur gut ist, wenn mehrere, dann natürliche kürzere Sätze im gegebenen Formulierungszusammenhang nicht besser sind, läuft es letztlich auf die Faustregel hinaus: Unsere Sätze sollten weder zu kurz noch zu lang sein; am besten Abwechslung zwischen mäßig kurzen und nicht übermäßig langen Sätzen, die in der Zahl und Art ihrer Gliedsätze variieren.

Um lange Sätze gut formulieren zu können, brauche man „einen langen Athem", schrieb F. Nietzsche. Schon die antike Lehre besagte, dass eine P. nicht länger sein dürfe, als man in einem Atemzug vortragen könne. In der Tat spielt der Atem auch eine Rolle für die schriftliche Formulierung, insofern ihre Grundlage unbewusst immer das Denken in der Mündlichkeit ist. Namentlich in literarischen Werken hat der wohlgeformte deutsche Langsatz nach wie vor seinen Platz. Dass z. B. große Stilisten wie Heinrich von Kleist oder Thomas Mann berühmt für ihre meisterhafte Satzarchitektur sind, ist hinlänglich bekannt, und viele Schriftsteller rühmen die Schönheit der harmonischen, organisch gegliederten P. mit ihrer Fülle von Gedanken, Eindrücken, Bildern usw. Allerdings wird auch ein Schwinden des allgemeinen Sinnes für gekonnten, anspruchsvolleren Satzbau beklagt: „Das Vergnügen, dem Reiz einer Satzperiode, ihrem Auf- und Abschwellen nachzugeben, ihrem Rhythmus mit dem inneren Ohr des Geistes nachzueifern", sei verloren gegangen (E. Langgässer). Heute liegt der Gebrauch kürzerer Sätze im modernen Trend. Dennoch gibt es komplexe Sachverhalte oder vielschichtige Gedanken, die oft in einen Satz gefasst sind, und dieser wird dann notgedrungen lang (vor allem in philosophischen, wissenschaftlichen und anderen theoretischen Texten). Letztlich entscheidet aber nicht allein die Länge darüber, ob wir einen Satz schwierig oder sogar unverständlich finden: Jeder Satz, ob kurz oder lang, ist vielmehr so gut oder schlecht, wie ihn sein Verfasser formuliert hat. Auch längere, gut gegliederte P. können von größter Klarheit sein – Th. Mann hat das ausdrücklich für seine oft monumentalen Satzgebilde in Anspruch genommen.

Periodenstil *↗* **Zeitstil**

Periphrase (Pl. -n) f. ‹Umschreibung›
> Eine schwer einzuordnende, sich mit anderen umschreibenden Tropen berührende Grundfigur der rhet.-poet. Tradition: griech.-lat. *periphrasis* wörtlich das ‹Herumreden› (aus Präf. *peri-* ‹um, herum› + *phrasis* ‹Ausdruck, Rede›), lat. auch entsprechendes *circumlocutio*, frz. *périphrase*, engl. *periphrasis*, dt. *Periphrase*, alle fachlich für umschreibende Ausdrucksweisen, die ein Wort ersetzen.

Die P. gilt als eine der allgemeinsten, wichtigsten und vor allem „poetischsten" Redeformen, deren Tropus-Charakter nicht unbestritten ist. Als Umschreibung einer Person, Sache, Eigenschaft oder Tätigkeit – damit jeder Hauptwortart – durch meist mehrgliedrige, in der Regel gewähltere, oft sogar ungewöhnliche Ausdrücke oder ganze Sätze dient sie größerer Ausführlichkeit oder stilistischer Ausschmückung (*↗* Amplifikation). Im Gegensatz zur ↑ Paraphrase, der sachgebundenen Umformulierung hauptsächlich von Texten, geht die periphrastische Variation vom einfachen Wort aus, das durchweg bildkräftiger und wirkungsvoller, kurz „rhetorisch" umschrieben wird; z. B. *Mozart* – „der Komponist der «Zauberflöte»", das *Auge* – „Spiegel der Seele", *arm* – „nicht auf Rosen gebettet", *schlafen* – „in Morpheus' Armen ruhen" oder ein *Sträfling* – «Wer einmal aus dem Blechnapf frißt» (Buchtitel H. Falladas). Während die primäre Bezeichnung, sei es Name oder Wort, als Begriffsbildung gewissermaßen die Gesamtheit aller Einzelmerkmale erfasst, macht die sekundäre Umschreibung in der Regel nur einzelne Kennzeichen zu ihrem Ausgangspunkt; je nach Ausdrucksabsicht kann also die Perspektive wechseln: *Rom* – „die Ewige Stadt, Hauptstadt Italiens, Stadt der sieben Hügel" usw. Die stilistische Bedeutung der P. liegt – von der Vermeidung unanständiger, niedriger, schmutziger Wörter abgesehen (*verba obscena, humilia, sordida*, Quintilian) – hauptsächlich im Reiz der ↑ Variation des sprachlichen Ausdrucks: Umschreibungen ermöglichen attraktive Alternativformulierungen für ein einfaches, oft eher schlichtes, allgemeines oder wirkungsschwaches Wort. Der Rhetorik war dies schon seit dem Altertum bekannt, und nicht von ungefähr hat die Poesie daraus eines ihrer durch alle Jahrhunderte hin beliebtesten Kunstmittel gemacht.

Hingewiesen sei auf einige Tropen, die ebenfalls umschreibender Natur sind und zuweilen in Verbindung mit der P. angeführt werden: die verhüllende Bezeichnung (*sterben* – „das Zeitliche segnen") ↑ Euphemismus; die Ersetzung eines Wortes durch einen sich nicht voll deckenden, doch zu ihm in sachlicher oder logischer Beziehung stehenden Ausdruck (*Verstand* – „Köpfchen müsste man haben!") ↑ Metonymie; als Sonderfall die Verwendung eines engeren Begriffs für den umfassenden (*Kiel* für „Schiff") ↑ Synekdoche; schließlich die Umschreibung eines Namens durch eine begriffliche Wiedergabe (*Krösus* – „ein reicher Mann") ↑ Antonomasie. Auch Formen der Abschwächung und Übertreibung (⇑ Litotes, Hyperbel) sowie die absichtliche Verstellung der ↑ Ironie gehören in den weiteren Zusammenhang der P.

Perlokution ↑ **Stilwirkung**

Personalstil ↑ **Individualstil**

Personifikation, Personifizierung f. ‹Vermenschlichung; verlebendigende Ausstattung nichtmenschlicher Wesen, lebloser Dinge oder abstrakter Begriffe mit menschlichen Attributen›

Moderne Bezeichnung für eine antike Gedankenfigur der Veranschaulichung: griech. *prosopopoiia* ‹Darstellung in menschlicher Art› (aus *prosopon* ‹Person›, ursprünglich ‹Maske, Rolle› + Verbalsubst. zu *poiein* ‹machen›), lat. *prosopopoeia*, auch *conformatio* wörtlich ‹Gleichförmigkeit› (zu *forma* ‹Form, Gestalt›) sowie weitere Umschreibungen, mittellat. *prosopopoiesis*; frz. *prosopopée* und als gelehrt-latinisierende Neuerung *personnification* ‹Vermenschlichung› (vom Vb. *personnifier* ‹etwas als Person darstellen›), engl. *prosopopoeia (-popey)*, *personification*, dt. fachlich *Prosopopöie*, noch bis ins 19. Jh. hinein wiedergegeben als *Personendichtung*, dann *Personifikation*, heute meist *Personifizierung* für die Übertragung von Leben, Bewusstsein und anderen menschlichen Eigenschaften auf nichtmenschliche Wesen, Unbelebtes oder Abstrakta.

Die begrifflich erst im 18. Jh. aufkommende P. wird mit ↑ Metapher und Allegorie zu den sog. ‚Sprungtropen‘ gerechnet. Das Phänomen selbst ist uralt und allgemein: Leblose Dinge wie besonders Naturerscheinungen werden verlebendigt (z. B. „die Sonne lacht“), Bäume, Blumen und andere Pflanzen zu menschlichen Wesen gemacht („Röslein sprach: Ich steche dich …“, in Goethes «Heideröslein»); vor allem Tiere reden in Sagen, Fabeln oder Märchen wie Menschen, und abstrakte Begriffe treten als Personen auf: *Mutter* Natur, Liebe in Verkörperung *Amors*, das Alter als *Greis*, der *Sensenmann* Tod usw. Die P. stellt Abstraktionen, leblose Konkreta und nichtmenschliche Wesen in Gestalt oder mit den Eigenschaften einer „Person“, also vermenschlicht dar. Im vorgängigen Fachausdruck ‚Prosopopöie‘ setzt sich noch die antike Tradition fort, die darunter vorzugsweise das Gespräch mit abwesenden, erfundenen oder toten Personen verstand (wie z. B. noch Shakespeares Hamlet mit dem Geist seines Vaters); daraus erklärt sich die allgemeine Bedeutung ‹fiktive Rede›. Die P. bedarf der Abgrenzung gegenüber dem Symbol, das im Gegensatz zu ihr nicht „ist“, sondern etwas „bedeutet“; sie kann auch weder als eine „Art von Metapher“ (Verbildlichung) verstanden noch mit der Allegorie gleichgesetzt werden, der sie allenfalls als Ausgangspunkt dient (unter ‚Allegorie‘ versteht man ein Sinnbild, das einen Abstraktbegriff oder eine Idee in bildhaft eingekleideter, rational fassbarer und meist weitläufiger Ausgestaltung darstellt).

In der Sprachpraxis werden abstrakte Begriffe gern in Figuren „konkretisiert", z. B. in Frauengestalt die Justitia mit Augenbinde und Waage, die Fortuna mit Füllhorn oder Glücksrad; besonders im Mittelalter stand dies hoch in Mode, so die *Frô Minne, Mâze, Unfuoge*, alle bei Walther von der Vogelweide, wie auch die *Frô Welt* mit ihrer allegorischen Beschreibung im Sinne des Topos der „unheilen Welt" (lat. *mundus immundus*, vgl. ⁊ Metapher). In heutiger Zeit tritt die P. als wichtiges Stilmittel der Verlebendigung vor allem in der Dichtkunst auf, ohne dem Journalismus, politischer Rhetorik oder kabarettistischer Unterhaltung fremd zu sein – dort natürlich in witziger Form: „Jetzt trat eine Pause ein, blieb aber an der Tür stehen, so daß sie keiner bemerkte" (W. Finck). Ihre bekannteste Erscheinungsart besteht jedoch nach wie vor darin, dass nichtmenschliche Wesen wie Menschen denken, handeln und vor allem reden: „„Die Tiere sprechen nicht immer mit dem Mund', sagte der Papagei mit spitzer Stimme und zog die Augenbrauen hoch. ‚Sie sprechen mit den Ohren, mit den Pfoten, mit den Schwänzen – mit allem'" (in H. Loftings «Dr. Doolittle»). Übrigens unterscheidet sich die P. dadurch, dass sie bewusst eingesetztes Kunstmittel ist, von jener gleichfalls ‹Vermenschlichung› bedeutenden, aber unreflektiert vollzogenen ‚Anthropomorphisierung' der Welt und Natur im mythischen Denken.

Persönlichkeitsstil ⁊ **Individualstil**

Perspicuitas (auch Plain style) ⁊ **Klarheit**

Phonostilistik ⁊ **Lautstilistik**

Phraseologismus (auch Idiom) ⁊ **Wortstilistik, Zwillingsformel**

Pleonasmus (Pl. -men) m. ‹stilistisch kritisierte Redundanz sinnverwandter Ausdrücke›
> Der rhet.-stil. Parallelbegriff zur Tautologie, insbesondere unnötigen Wortaufwand betreffend: griech. *pleonasmos* ‹Überfluss, Übermaß› (zu *pleon* ‹mehr›), spätlat. *pleonasmus*, frz. *pléonasme*, engl. *pleonasm* (17. Jh., vorher lat.), ebenso als Fachwort dt. *Pleonasmus* für die störende Häufung von Synonymbegriffen.

Der P. war ursprünglich eine rhetorische Wiederholungsfigur, sogar als positiv verstandene Ausdrucksabundanz eine Form des Redeschmucks. Heute bezeichnet dieser Begriff die kritisch bewertete Häufung von Synonymen, also sinnverwandten Ausdrücken, die im Gegensatz zur ↑ Tautologie nicht gleicher Wortart sind. Schuld an der negativen Sicht tragen vor allem überflüssige Doppelaussagen verschiedener Art: *der weiße Schimmel, ein wirklich großer Riese, die rundum von Wasser umgebene Insel* usw. Als aktuelle Beispiele der Sprachkritik: *Vorbedingung* oder *Rückerstattung; neu renovieren, bis obenhin voll füllen, nochmals wiederholen, retrospektiv zurückschauen, etwas zentral in den Mittelpunkt stellen*; ferner das *exemplarische Beispiel, eine seltene Rarität, die obligatorische Schulpflicht, die schöpferische Kreativität, spezifische Besonderheit, potentielle Möglichkeit* usw., auch *immer zu tun pflegen, der Zwang ... zu müssen, imstande sein ... zu können* und ähnlich redundante Formulierungen (↑ Redundanz). Sie enthalten Überflüssiges, Selbstverständliches, ja Widersinniges, indem Sprachelemente ohne zusätzlichen Informationswert gehäuft oder solche Informationen wiederholt werden, die ohnehin schon in der Äußerung enthalten sind. Wenn es Verwendungsweisen des P. gibt, die stilistisch Sinn haben, dann einerseits in Formen expressiver Ausdrucksverstärkung des Typs *kohlrabenschwarz* oder Beteuerungen wie: „Das habe ich *mit meinen eigenen Augen* gesehen"; ihre Motivation liegt in dem Gefühl der Sprachbenutzer, so besser verstanden zu werden. Andrerseits kann der P. – vorwiegend in literarischen Texten – auch humoristische Effekte in Komik, Ironie und Parodie bewirken.

Polyptoton (Pl. -ta) n. ‹Wiederholung desselben Wortstamms in verschiedenen Formen›
> Eine spezielle Wiederholungsfigur der Rhetorik und Stilistik: griech.-lat. *polyptoton* ‹Wortwiederholung in unterschiedlichen Flexionsformen› (aus *polys* ‹viel› + *ptoton* wörtlich ‹verändert›), frz. *polyptote*, auch *dérivation* f. ‹Ableitung›, engl. *polyptoton*, dt. *Polyptoton*, alle als Fachausdruck.

Wie der Begriff P. zeigt (zu griech. *ptosis*, entsprechend lat. *casus* ‹Fall›), handelte es sich ursprünglich um die „variierte" ↑ Wiederholung ein und desselben Wortes in verschiedenen Flexionsformen, hauptsächlich Substantivkasus: *homo homini lupus* („Der Mensch ist dem Menschen ein Wolf", Plautus); artifiziell in Chr. Morgensterns durchflektiertem *Werwolf, Weswolfs, Wemwolf* usw. Im Französischen und Englischen, denen diese grammatische Möglichkeit abgeht, versteht man darunter weiter gefasst beliebige Variationen eines Wortes bzw. Wortstamms. Außer der ↑ Figura etymologica können das unterschiedliche Verbformen, Ableitungen oder selbständige, aber gleichstämmige Wörter sein, z.B. engl.

make grief's strength seem stronger (wörtlich „des Grams Strenge strenger erscheinen lassen", W. Shakespeare). Im Deutschen gibt es das P. von reinen Kasusvarianten wie „Buch der Bücher", die Bibel, oder „das Beste vom Besten" (Werbung) bis zu weiter gehenden Wiederholungen des Verbs in verschiedenen Formen: „Besser als gerührt sein, ist sich rühren" (B. Brecht) oder: „Wer nicht will, der wird gewollt" (E. Strittmatter). Beliebt sind Adjektivabwandlungen wie „die schwärzeste aller schwarzen Künste" oder „dieser deutscheste aller deutschen Schriftsteller" (M. Reich-Ranicki), auch in Wortbildungskombinationen der Art *betrogene Betrüger*, „Aus einer Menschenschlange | schlangenstehender Menschen ..." (H. Arp) usw. Es wird deutlich, dass – über die Klangwirkung solcher Wiederholungen hinaus – das P. dem ↗ Wortspiel sehr nahe kommt, besonders der rhetorischen Figur der Annominatio (↗ Paronomasie und Wortspiel).

Pragmatische Stilistik f. ‹Theorie und Praxis einer von den kommunikativ-pragmatischen Bedingungen des Sprachgebrauchs ausgehenden Stilistik›

> Die modernste und zugleich umfassendste Stilkonzeption, die sich auf die grundlegenden Gesichtspunkte der Kommunikations- wie der Sprechakttheorie stützt, auch die aktuelle Gesprächsanalyse einbezieht und vor allem in enger Wechselbeziehung mit der Textlinguistik steht: auf Literatur und speziell das Verhältnis von Autor – Leser – Text bezogen frz. *pragmatique, stylistique actantielle,* engl. *literary pragmatics* (im Gegensatz zu *pragmalinguistics*); dt. allgemeiner und primär gebrauchssprachlich ausgerichtet (*kommunikativ-)pragmatische Stilistik,* begrifflich zugrunde liegend griech. *pragma* n. ‹das Tun, Handeln›.

Eine Erklärung dieser Stilauffassung (federführend B. Sandig, 1986) geht am besten von der Skizzierung ihrer verschiedenen Wurzeln aus. Stilistik ist die Wissenschaft vom Stil, aber was bedeutet ‚pragmatisch‘? In seiner Philosophie des Pragmatismus hatte Ch. S. Peirce im Amerika des späten 19. Jh. eine allgemeine Zeichentheorie begründet (↗ Stilsemiotik), die erst 1938 durch Ch. W. Morris popularisierend verbreitet wurde. In seinem triadischen Beziehungssystem des ‚semiotischen Dreiecks‘ nannte er die Relation zwischen Zeichen und Zeichenbenutzer ‚Pragmatik‘ (*pragmatics*), ein Begriff, der sich in der Folge auf die verschiedensten Aspekte von Zeichenprozessen ausweitete und in die Soziolinguistik, Kommunikationswissenschaft, Handlungstheorie usw. ausstrahlte. Während der 60er/70er Jahre des vorigen Jh. wurde im Zusammenhang mit der Philosophie der Alltagssprache (*Ordinary language philosophy*) maßgeblich von J. L. Austin und J. R. Searle die ‚Sprechakttheorie' entwickelt. Danach wird die Sprache als eine spezielle Form menschlichen Sozialverhaltens mit Handlungscharakter betrachtet, und als Grundeinheit aller Kommunikation gilt der ‚Sprechakt' (*speech act*), mit dem intentional, d. h. absichtsgeleitet sprachliche Handlungen vollzogen werden: „etwas mit Worten tun" (*doing things with words*). Für den Vollzug solcher Sprechhandlungen hat H. P. Grice sog. ‚Konversationsmaximen' aufgestellt (1968/75), das sind Regeln, die – ausgehend von einem allgemeinen ‚Kooperationsprinzip' als Voraussetzung sinnvoller Kommunikation – einen „vernünftigen" Ablauf der zwischenmenschlichen Verständigung gewährleisten sollen.

Zur gleichen Zeit wurde die Sprachkommunikation selbst meist in Form von ‚Kommunikationsmodellen' dargestellt, worin alle wesentlichen Faktoren der Kommunikation nach Art der viel zitierten Lasswell'schen Formel erfasst sind: „Wer sagt was auf welchem Kanal (Übermittlungsweg) zu wem mit welcher Wirkung?" (*Who says what in which channel to whom with what effect?*, H. D. Lasswell, 1948). Dem liegt letztlich ein altes rhetorisches Schema einprägsamer W-Fragen zugrunde: WER, WAS, WEM usw., auf die sich auch eine kommunikationsorientierte Stilistik stützt, die jene mit der entscheidenden Stil-Frage des WIE verbindet: „Wer – sagt was – mit welcher Art von Text – zu wem – zu welchem Zweck – wie?" (B. Stolt). Um 1970, als der Text zur linguistisch dominierenden Größe wurde, trat die neue ‚Textlinguistik' ihren Siegeszug an. In einem Perspektivenwechsel vom lexikalisch-grammatischen Mikroniveau der Sprachstruktur zur globalen Sicht der Makroorganisation des Textganzen berücksichtigt sie nicht nur satzübergreifende Regularitäten wie Textkonstitution, thematische Entfaltung usw., sondern vor allem die im Text wirksamen kommunikativen und pragmatischen Umstände. Da dies in gleicher Weise für den Stilaspekt zutrifft (↗ Makro- und Mikrostilistik, Textstilistik), wäre es im Grunde genauer, von einer kommunikativ-pragmatischen Stilauffassung zu sprechen.

Als eine Eigenschaft von Texten ist Stil in das sprachliche Handeln mit Stilabsichten und potentiellen Stilwirkungen eingebunden. Wie andere Spracheinheiten hat er eine Struktur, die Äußerung (sprechakttheoretisch der Teilakt der ‚Lokution'), und eine über die Sprachstruktur vermittelte Funktion, das Vollziehen der Sprechhandlung (‚Illokution'), wodurch Bedeutung und stilistischer Sinn des Sprechakts festgelegt werden; problematisch bleiben die möglicherweise als Handlungsfolgen ausgelösten Wirkungen (,Perlokution', vgl. ↗ Stilwirkung). Grundsätzlich hat jeder Text, ob gesprochen oder geschrieben, seinen Stil; dabei verallgemeinert sich die Sprechhandlung im Schrifttext nur zur Sprachhandlung. Dieses sprachliche Handeln läuft in der Gebrauchsprosa meistens konventionell geregelt, d. h. nach vorgeprägten, erwartbaren Formulierungsmustern ab, weshalb dort eine stilistisch eher unauffällige Ausdrucksweise vorherrscht. Literarische und andere sprachlich ambitionierte Texte weisen hingegen oft eine bewusst abweichende Stilisierung auf, um im Verstoß gegen die Lesererwartung erhöhte Aufmerksamkeit und Wirkung zu erzielen. Diese beiden allgemeinsten Formen des Handlungsvollzugs (,Stilverfahren') bezeichnet man in stilpragmatischer Terminologie und Notation als DURCHFÜHREN ‹Typisieren› (der Konvention folgen) und UNIKALISIEREN ‹Originalisieren› (individuell abweichen, ↗ Abweichung von der Norm); andere geläufige Formen sind GESTALTEN, VARIIEREN, WIEDERHOLEN usw. Solche in der Sprachpraxis usuellen Formulierungsprozeduren, die in bestimmten Textsorten, Stilzügen und Funktionalstilen zur Anwendung gelangen, werden ,stilistische Handlungs- bzw. Textmuster' oder ,Stilmuster' genannt. Als prototypische Stilelemente sind seit ältester Zeit die rhetorischen Figuren (↗ Stilfiguren) vorgegeben.

Stil ist aber nicht die Sprachhandlung selbst. Da Handlungen prinzipiell unterschiedliche Möglichkeiten der Realisierung bieten, liegt er vielmehr in der spezifischen Art ihrer Durchführung: als ein Mittel zur Handlungsanpassung an die Gegebenheiten der aktuellen Situation, das „Zuschneiden", das „Zurechtstutzen" für den konkreten Fall. Der dadurch entstehende Kontext, der die Handlung mit zusätzlichem stilistischen Sinn versieht, enthält Hinweise darauf, wie der Text verstanden werden soll (sog. ,Kontextualisierungshinweise'). Dies gibt einen wichtigen Gedanken der neueren ,Interaktionalen Stilistik' wieder, die das Gespräch – als eine Sonderform von Texten – zu ihrem Gegenstand gemacht hat. Der weitaus größte Teil unseres Sprachgebrauchs besteht ja, und das in früheren Jahrhunderten noch weit mehr als heute, aus mündlicher Alltagskommunikation. Infolge ihrer Komplexität und besonderen Untersuchungsproblematik (verglichen mit schriftlich fixierten Texten) hat sich die Sprachwissenschaft diesem Bereich erst spät, und zwar im Gefolge der um 1970 einsetzenden Erforschung gesprochener Sprache, intensiver zugewandt. Die hieraus hervorgegangene Disziplin der textlinguistischen ‚Gesprächsanalyse' und eine spezielle ‚Gesprächsstilistik' konnten sich außerdem auf die angelsächsische Fachrichtung der ‚Konversationsanalyse' (*Conversational analysis*), namentlich in ihrer ethnomethodologischen Form, wie auch auf die Sprechakttheorie stützen. Das Gespräch, so der Ansatzpunkt, ist die alltägliche Interaktion von Kommunikationsteilnehmern, die sich mündlich und überwiegend dialogisch vollzieht.

‚Dialog' bedeutet wörtlich ‹Zwiegespräch, Wechselrede›, seltener liegt in Dialoge eingebetteter ‚Monolog' vor, also längere Passagen des Alleinsprechens oder der Selbstreflexion; wenn eine Mehrzahl von Sprechern gleichzeitig agiert, nennt man das ‚Polylog'. Die sprechakttheoretische Methodik steuerte die Möglichkeit bei, Dialoge in ihrem Ablauf zu beschreiben, in Gesprächsmustern (Sprechaktsequenzen), Gesprächsstrukturen (z. B. Themen- und Sprecherwechsel, sog. Turns), Gesprächstypen usw. Bestimmt wird die Gesprächsstilistik jedoch durch ihre Auffassung von Stil als ‚Interaktion': Dieser nach lat. *inter-actio* neu gebildete Begriff bezeichnet das wechselseitige, aufeinander bezogene Handeln mehrerer Gesprächspartner in kommunikativen Situationen, das sich in einem meist dialogischen Herstellen von stilistischem Sinn mittels Kontextualisierungshinweisen vollzieht. Diese schaffen nicht nur im Gespräch, sondern in jederart Text einen Verstehensrahmen, indem sie den Situationskontext, die Selbstdarstellung und Beziehungsgestaltung der Gesprächspartner, ihr gemeinsames Interaktionswissen und andere Umstände des Textes verdeutlichen. Unter Einbezug dieser interaktionalen Variante lautet die pragmatische Stildefinition (B. Sandig): „Sprachlicher Stil ist die sozial relevante Art der Durchführung einer Handlung mittels Text oder interaktiv als Gespräch. Diese Art der Handlungsdurchführung wird durch Eigenschaften des Textes oder des Gesprächs im Kontext ausgedrückt und ist bezogen auf Komponenten der Interaktion; in Bezug auf diese wird die Handlung mit stilistischem Sinn angereichert."

Prokatalepse ↗ **Prolepse**

Prolepse, auch **Prolepsis** (Pl. -sen) f. ‹Vorwegnahme›
Ein Fachausdruck teils gramm., teils rhet. Tradition: griech.-lat. *prole(m)psis* (Verbalsubst. zu *pro-lambanein* ‹vorwegnehmen›), lat. daneben entsprechen-

des *anticipatio* und *praesumptio*, frz. *prolepse, anticipation, antéoccupation*, engl. *prolepsis, anticipation*, dt. *Prolepse (-is)*, entsprechend auch *Prokatalepse*, alle für Vorwegnahme oder Neuansatz.

Im engeren, grammatischen Sinn wird unter P. die Herausstellung – linguistisch ‚Linksversetzung' – eines Satzgliedes verstanden, meist des Subjekts oder direkten Objekts als proleptischer Nom./Akk., die vor oder in den Hauptsatz gezogen und folgend durch eine Proform (Pronomen) wieder aufgenommen werden: „Und der Haifisch, der hat Zähne …" (B. Brecht) oder: „Hörst du den Wind, wie er heult?" (statt „Hörst du, wie der Wind heult?"). In dieser Form dient die P. stilistisch besonderer Hervorhebung wie auch ihr Gegenstück, die ‚Rechtsversetzung' im lexikalischen Nachtrag: „Wie er wieder heult, der Wind!" (vgl. unter Ausklammerung, ↗ Satzstilistik). Im weiteren, rhetorischen Sinn ist P., dann meist genauer als *Prokatalepse* ‹Zuvorkommen› bezeichnet, die Antizipation möglicher Einwendungen und deren vorwegnehmende Widerlegung oder Entkräftung. Das war namentlich bei spätrömischen Rhetoren eine beliebte Argumentationstechnik und ist auch noch eine moderne Sprachstrategie, die nach dem Redemuster verfährt: „Sie werden sagen … – in Wirklichkeit aber" usw.

Prosopopöie ↗ **Personifikation**

R

Redeabbruch ⇗ **Aposiopese**

Redekunst ⇗ **Rhetorik**

Redeschmuck ⇗ **Ornatus**

Redundanz (Pl. -en) f. ‹Informationsüberschuss›
Vor allem ein ling. Fachbegriff des 20. Jh., der als theoretische Grundlage für manche stil. Phänomene der Ausdrucksökonomie von Nutzen ist: lat. *redundantia* ‹Überfülle des Ausdrucks› (von *red-undare* ‹überströmen›, zu *unda* ‹Welle, Woge›), frz. *redondance* ‹Wortschwall, Weitschweifigkeit›, engl. *redundance, -dancy* ‹Überfluss› (auch für Pleonasmus), dt. fachbegrifflich *Redundanz*.

In der Informations- und Kommunikationstheorie bezeichnet R. alle überschüssigen Informationen, die ohne Informationsverlust wegfallen können, und dies entspricht dem allgemeinen fachsprachlichen Verständnis (z. B. in der Nachrichtentechnik). Die Sprache gilt als ein Kommunikationsmittel von vergleichsweise hoher R., bedingt durch äußere Störanfälligkeit, Unterschiede in den Kommunikationssystemen, Sprechfehler usw. Daher ist vor allem in mündlicher Kommunikation ein nicht unerheblicher Informationsüberschuss vonnöten, um ein problemloses Verstehen sicherzustellen. In schriftlicher Kommunikation spricht man hingegen bei mehrmaliger expliziter oder impliziter Wiederholung desselben Sachverhalts von Redseligkeit, Weitschweifigkeit und Wortemacherei (fachlich ⇗ Tautologie, Pleonasmus). Es gibt also eine positive R., die der Verständnissicherung dient, und eine negative R., die lediglich eine sprachliche Aufblähung bewirkt. Demgemäß ist stilistisch in Texten stets auf Ausgewogenheit zu achten zwischen verständnisgefährdender Informationsdichte (die „Komplexitätsschwelle" darf nicht überschritten werden) und unnötiger Informationsfülle (die „Banalitätsschwelle" darf nicht unterschritten werden). Als Faustregel: Redundant, und das heißt „überflüssig", ist alles, was die Adressaten selbst schon wissen, was sich dem Text sowieso entnehmen lässt, was für die anderen unerheblich oder nicht von Interesse ist. Wie immer geht die Literatur ihre eigenen Wege: „... aber allein, ganz allein, insgeheim, unter vier Augen" (G. E. Lessing) – ein Beispiel, das uns eindringlich vor Augen führt, wie sehr wörtliche oder sinngemäße ↑ Wiederholung eines der kunstvollsten Steigerungsmittel überhaupt ist.

Register (Pl. gleich) n. ‹sprachlich-stilistische Variation gemäß dem Sprachgebrauch in sozialen Situationen›

Ein spezieller Begriff der neueren brit. Sprachwissenschaft, der allgemein Beachtung gefunden hat: engl. *register*, auch *language variety* (mittellat. *registrum* ‹Verzeichnis›, später ‹Pfeifenzug der Orgel›, daher die Redewendung „alle Register ziehen", auch ‹Ton- oder Stimmlage›), übernommen frz. *registre*, dt. *Register (Registertheorie)* für die Untersuchung situativer Sprachvariation vor allem in der Praxis sozialen Rollenverhaltens.

Unser Sprachverhalten ist keineswegs einförmig. Jeder Mensch verfügt vielmehr – wenn auch unterschiedlich ausgeprägt – über die Fähigkeit, sich sprachlich den Gegebenheiten einer Situation anzupassen, oder in der Terminologie der Varietätenlinguistik gesprochen: das passende R. zu wählen (‚Varietäten', engl. *varieties*, sind „Spielarten" oder ‚Subsprachen' innerhalb einer Sprache, so dialektale, soziale, situative usw. Sprachvarianten, vgl. ↑ Variation). Die Wahl des Sprachregisters ist ein stilistischer Akt, für den die Soziolinguistik Begründungen liefert: Sprachliches Verhalten vollzieht sich in sozial normierten ‚Rollen', die ihrerseits an bestimmte ‚Situationen' gebunden sind. Die soziale Situation umfasst alle Faktoren der Kommunikation, gemäß deren speziellen Umständen in der jeweiligen Redekonstellation auch das Sprachverhalten mit entsprechenden Stilunterschieden variiert.

Nach den wichtigsten Variablen, die situationsspezifische Grundzüge markieren, wird von folgenden drei Dimensionen eines R. ausgegangen:

1. *field of discourse*: das „Feld" der Äußerung, d. h. Inhalt und Sachgebiet, Redegegenstand, Textthema, Gesprächsdomäne, Handlungstyp usw.;

2. *mode of discourse*, auch *medium* (‹kommunikativer Kanal, Übermittlungsweg der Äußerung›): primär die sprachlichen Unterschiede von gesprochener und geschriebener Sprache (↑ Mündlichkeit und

Schriftlichkeit), in allgemeinerem Sinne der „Modus", die Art und Weise der Verständigung;

3. *style* oder *tenor* (‹Inhalt, Verlauf›) *of discourse*: das Verhältnis der Kommunikationspartner zueinander, ihre sozialen Rollen (z. B. Vorgesetzter – Untergebener), wodurch vor allem der Grad der ‚Formalität' auf einer Skala von äußerster Förmlichkeit bis zu völliger Ungezwungenheit bestimmt wird. Hier liegt der Kern der Theorie, insofern die Beteiligten nach Definition der Beziehung und sozialen Rolle sowie der gegebenen Situation das passende R. aus dem ihnen zu Gebote stehenden „Repertoire stilistischer Nuancierung" wählen (E. W. B. Hess-Lüttich). In diesem triadischen Konzept besteht zwischen den drei Dimensionen selbstverständlich eine Wechselwirkung. Erkenn- und beschreibbar sind die verschiedenen R. hauptsächlich in ihrer Lexik, z. B. ein medizinisches Gutachten, der Wetterbericht, Geschäftskorrespondenz oder ein familiäres Telefongespräch. Signifikant ist stets das typische Wortgut der betreffenden Sachbereiche oder Textformen, insbesondere fachspezifisches Vokabular, auch Fremdwörter (weniger aussagekräftig morphologisch-syntaktische oder gar phonetisch-prosodische Eigenschaften).

Wenn als Hauptgesichtspunkte die sprachliche Variation, situatives Handeln und soziales Rollenspiel sowie die stilistische Selektion im kommunikativen Rahmen hervorgehoben werden, so meint das konkret Sprachsituationen wie: der Prediger auf der Kanzel, die Lehrerin in ihrer Schulstunde, der Gelehrte beim öffentlichen Vortrag – derselbe Professor aber auch im wissenschaftlichen Disput, im Fachsimpeln mit Kollegen, in einem lockeren Party-Gespräch usw. Immer wird, und zwar weitgehend intuitiv-unbewusst, das jeweils rollen- und situationsangemessene Sprachverhalten gewählt, was gleichbedeutend mit dem von Fall zu Fall passenden R. ist. Jede Rollen- oder Situationsveränderung bedeutet zugleich *register-switching* (‹Umschalten›), einen Stilwechsel. Da die treffende Registerwahl ein gewisses Sprachvermögen und gutes Stilgefühl voraussetzt, kann sie auch misslingen: Man hat dann die stilistische ↑ Angemessenheit verfehlt; aber wie immer gibt es in Literatur und Journalistik auch den gewollten Fehlgriff zur Erzielung meist humoristischer oder satirischer Effekte. Im Übrigen gilt das R. als ein Allgemeinbegriff, dessen Theoretisierung durchaus ‚Subregister', modifizierte Versionen und terminologische Varianten einschließt. Hinzuweisen ist ferner auf die konzeptionelle und methodische Affinität zur Funktionalstilistik der Prager Schule (↗ Funktionalstil), jedoch in durchaus unabhängiger Parallelentwicklung.

Reim m. ‹Endreim›

> In erster Linie natürlich ein Begriff der Verslehre, jedoch mit stil. Implikationen: griech.-lat. *homoioteleuton* wörtlich ‹gleiche Endung› (genauer noch *homoioptoton*, lat. *similiter cadens* oder *desinens* ‹übereinstimmende(r) Fall bzw. Endung›), zu vergleichen auch das lautlich-semantisch ähnliche mittel- und neulat. *ritmus*, *r(h)ythmus*; namengebend frz. *rime* f., engl. *rhyme*, daneben *rime* ‹Reim, Vers› wie dt. *Reim* (mhd. *rîm*) im 12. Jh. entlehnt aus altfrz. *rime*, das selbst wahrscheinlich auf gemeingerm. *rîm* ‹Reihe, Reihenfolge, Zahl› zurückgeht.

‚Homoioteleuton' (heute nur noch Fachausdruck) hieß der antike Vorläufer unseres Endreims, und der Name beschreibt ziemlich genau den Sachverhalt: Übereinstimmung sich parallel wiederholender Wortformen, d. h. Flexionsendungen: *Maerentes, flentes, lacrimantes, commiserantes* („Trauernde, Weinende, Jammernde, Klagende", Ennius); als deutsches Beispiel: „Rosen, ihr blendenden, | Balsam versendenden! | Flatternde, schwebende, | Heimlich belebende…" Chor der Engel, J. W. Goethe). Diese sprachliche Schmuckfigur galt als eine Art des Wortspiels. Der Endreim griff später aus der mittellateinischen christlichen Hymnendichtung auf die europäischen Literaturen über und nahm im Deutschen, als eine bahnbrechende Neuerung, seit dem 9. Jh. allmählich die Form an, in der wir ihn heute kennen. Zunächst noch vielfach assonantisch (↗ Assonanz), wurde um 1200 zur Zeit des klassischen Mittelhochdeutschen die „Reinheit" des Reimens zum poetischen Kunstgesetz erhoben: Reiner R. liegt dann vor, wenn in den zeilenschließenden Wörtern zweier Verse (Reimpaar) der letzte betonte Vokal und alles Folgende klanglich identisch sind, z. B. *Wohlklang* : *Lobgesang* oder *Verhängnis* : *Bedrängnis*. Generell steht der R. in systematischen Zusammenhängen mit Verszeile, Reimschema, Strophenform und anderen metrischen Gesetzmäßigkeiten, die insgesamt historischen Wandlungen und modischen Vorlieben unterworfen sind.

Auch wenn es üblich ist, den Endreim als R. schlechthin zu betrachten, gibt es durchaus vielfältige Reimformen: Anfangs- und Binnenreime, falls die Reimwörter am Versanfang oder im Versinnern stehen: Max und Moritz sägen „Ritzeratze! voller Tücke, | In die Brücke eine Lücke" und Meister Böck: „Schnelle springt er mit der Elle | Über seines

Hauses Schwelle" (W. Busch); folgen die Reimwörter unmittelbar aufeinander, wird daraus ein Schlagreim: „Ihm ist, als ob es tausend Stäbe
gäbe" (R. M. Rilke); besonders kunstfertig der bekannte Schüttelreim,
der die reimstützenden Konsonanten mit meist humoristischer Wirkung
vertauscht („Erst klapperten die Klapperschlangen, | Bis dann die Klap-
pern schlapper klangen", W. Überzwerch). Gegenstück zum Endreim ist
der Anlautreim, speziell als germanischer Stabreim (↑ Alliteration). Weitere Erscheinungen wie Paarreim, Kreuzreim, Schweifreim usw. betreffen ausschließlich die Metrik, und in Kinderreim oder Kehrreim liegt
noch die alte Bedeutung ‹Vers› vor. Erst durch M. Opitz ist R. zum Fachbegriff heutigen Verständnisses geworden (1624).

An die Stelle der mittelalterlichen „Allmacht des Verses", alle Gattungen epischer, dramatischer und lyrischer Wortkunst erfassend, ist in
neuerer Zeit eine ebenso allmächtige Vorherrschaft der Prosa getreten,
sogar im „Gedicht" (Konkrete und Experimentelle Poesie, Freie Rhyth-
men und andere reimlose Versmuster). In der Allgemeinheit gelten
gleichwohl Versform und Reimung nach wie vor als ein wichtiges Krite-
rium und äußeres Erkennungszeichen poetischer Sprachgestaltung. Zumal der R. erscheint so dichterisch, dass er geradezu den Vers macht,
„und wem zufällig ein Reim über die Lippen kommt, wird scherzhaft
als Dichter angesprochen" (W. Kayser). Wie Vers, Rhythmus, Strophik
und andere Elemente „gebundener" Sprache ist der R. in aller Regel eben
„Gedichten" vorbehalten: In normaler ‚Gebrauchsprosa' (als Gegensatz
zur ‚Kunstprosa') hat daher Gereimtes grundsätzlich keinen Platz; unterläuft es zufällig doch, also unbeabsichtigt, so gilt dies erst recht als Stilfehler – das Stichwort „Zufallsreim". In der Tat wird sich ein sprachsensibles Ohr unangenehm berührt fühlen, wenn es in einem Sachtext
plötzlich heißt, dass sich „Investitionen lohnen", oder wenn von *Presse-
essen, probaten Daten, nackten Fakten* usw. die Rede ist. Andrerseits kennen wir im Alltag zahlreiche Reimformeln wie *Schutz und Trutz, weit und
breit, schalten und walten,* sodass eigentlich nichts im Weg stehen sollte,
nach gleichem Muster zu verfahren: „Goethe, ein Name von *Rang und
Klang*" – sog. Prosareime.

Prinzipiell sind dem R. jedoch als immer auffälligem Klang- und
Wiederholungsphänomen in seiner Verwendung enge Grenzen gesetzt.
Sogar Werbetexter, die sonst jeden Spracheffekt exzessiv nutzen, bedie-
nen sich seiner zwar, aber nur mit spürbarer Zurückhaltung (z.B. ein
Putzmittel „nimmt Flecken | den Schrecken" oder „… Hämorrhoiden

geben Frieden" (TV-Werbung). Offensichtlich hat das mit der heutigen
Abnutzung des R. und der zweifelhaften Wirkung versifizierter Formulierungen zu tun. Fazit: Auch wenn in der modernen Literatur gegenüber der traditionellen Reimform deutliche Skepsis herrscht, ist diese
immer noch am besten in der Hand von Schriftstellern und in künstlerischen Sprachtexten aufgehoben.

Repetition ↗ **Epanalepse**

Rhetorik (Pl. -en) f. ‹Redekunst; Praxis und Lehre der auf Wirkung be-
dachten Sprachgestaltung›; auch ‹Lehrbuch der Rhetorik›
 Im griech.-röm. Altertum seit dem 5. vorchristlichen Jh. ausgebildete, vom
 Mittelalter modifiziert übernommene und nach einem letzten Höhepunkt
 im Barock gegen Ende des 18. Jh. von der Stilistik zurückgedrängte Theorie
 und Technik des wirksamen Ausdrucks in Rede, Kunstprosa und auch Poesie:
 griech. *rhetorike techne*, lat. *ars rhetorica* (Adj. *rhetorikos, -cus* von *rhetor* ‹Redner›, verbunden mit *techne* bzw. *ars* ‹Kunst, Lehre, Wissenschaft›), lat. auch
 ars oratoria, eloquentia, frz. *rhétorique*, engl. *rhetoric*, dt. *Rhetorik*, älter *Wohl-
 redenheit, Beredsamkeit*, heute *Redekunst*.

Die Wurzeln der Rh., hier mit besonderem Augenmerk auf ihre Rolle als
Vorgängerin der ↗ Stilistik, liegen in dem uralten Bestreben des Menschen, seine Sprache dekorativer (Redeschmuck) und wirkungsvoller
(Redezweck) zu gestalten. Analog zur Grammatik als Kunst des „richtigen" Sprechens (*ars recte loquendi*) wurde in der Antike die Rh. definiert
als die Kunst des „guten" Redens (*ars bene dicendi*), dies im Sinne eines
ebenso effektvollen wie effektiven Sprachgebrauchs.
    Vor zweieinhalb Jahrtausenden legten griechische „Weisheitslehrer",
Sophisten wie Protagoras, Gorgias, Hippias u. a., nicht nur den Grund
für eine blühende Redekunst, sondern auch für jenes System enzyklopä-
discher Geistesbildung, das wir unter dem späteren Namen der „Sieben
Freien Künste" (*septem artes liberales*) kennen. Innerhalb dieser Lehrdis-
ziplinen, in denen auf lange Jahrhunderte hin das weltliche Wissen vermittelt wurde, hatte die Rh. im ‚Trivium' der Sprachfächer ihren Platz
zwischen Grammatik und Dialektik (das „naturwissenschaftliche" ‚Qua-
drivium' umfasste Arithmetik, Geometrie, Musik und Astronomie).
Nach einem erneuten Aufschwung der antiken Beredsamkeit in Rom,
namentlich durch den großen Redner Cicero und den Redelehrer Quintilian, wurde dieser Fächerkatalog auch im christlichen Mittelalter zur

Bildungsgrundlage für Gelehrte und Geistliche (insbesondere Predigt-
lehre). Obwohl die ‚Poetik' ursprünglich den Gegenbegriff zur prosaischen Rh. bildete, bedienten sich vor allem seit dem 12./13. Jh. auch
literarische Texte, also die Dichtung, der bekannten Redefiguren und so
noch bis zur Barockzeit, die mit ihrem oft überladenen Sprachschmuck
und Wortgepränge den Höhepunkt der klassischen Rh. bildete.
    Das „Ende des rhetorischen Zeitalters" datiert seit der zweiten Hälfte
des 18. Jh. In schrittweiser Auflösung des traditionellen Systems wichen
die starren Reglementierungen der Stilarten-Lehre einem neuen Ideal,
das sich mit der Abkehr von Regelpoetik und Gattungszwängen nunmehr in einem „natürlichen", subjektiv-künstlerischen Persönlichkeitsstil äußerte. Das zeitweilig mit *Schreibart* konkurrierende *Stil* (älter auch
Styl) setzte sich durch, und die *Stylistik* (so erstmals 1798/99) als neue
‹Lehre vom Stil› trat an die Stelle der alten Schulrhetorik – allerdings nur
als „Schrumpfform", insofern sie lediglich die Formulierungslehre (*elocutio*) fortsetzte. Seit der Mitte des vorigen Jh. zeigt sich in verschiedenen
rhetorischen Richtungen eine Wiederbelebung in überkommener Form
oder mit neuen Ansätzen und zwar weltweit: als *rhetorica nova* (W. Jens),
modern oder *new rhetoric* und *nouvelle rhétorique*, als *neue, angewandte,
wissenschaftliche, kritische* Rh. usw. im Diskussionsrahmen von sprachlicher Argumentation, Persuasion und Manipulation.
    Die Rh. des Altertums bot, was Theorie und Technik der Beredsam-
keit angeht, ein glänzend organisiertes Lehrgebäude, das durch die Jahrhunderte hin von namhaften Rhetoren und in Rednerschulen weiterver-
mittelt wurde. Die in der rhetorischen Praxis existierende Vielzahl von
Redeformen war in drei Redegattungen gruppiert:
– die ‚politische' Rede (*genus deliberativum*), die das Für und Wider
   strittiger Fragen und politischer Entscheidungen in der Volksver-
   sammlung, auf dem Forum, im Senat und in anderen öffentlichen
   Institutionen erörterte;
– die ‚forensische' Rede, Gerichtsrede (*genus iudiciale*), die es in Form
   von Anklage oder Verteidigung mit der Feststellung von Recht oder
   Unrecht zu tun hatte;
– die ‚epideiktische' Rede, später auch die kunstreiche Prunkrede (*genus demonstrativum*), die als Fest- und Gelegenheitsrede hauptsächlich Lob oder Tadel thematisierte.
Die Redefähigkeit, auf einer Verbindung von natürlicher Veranlagung
(*ingenium*) und technischer Kunstfertigkeit (*ars*) beruhend, eignete

man sich an mittels Unterweisung (*doctrina*), Nachahmung von Vorbildern (*imitatio*) und Übung (*exercitium*). Die rhetorische Lehre war systematisch von der Vorbereitung bis zur Ausführung einer Rede aufgebaut, und zwar in fünf sachlich aufeinander folgenden Arbeitsphasen, mit genauen Anleitungen und Mustern:

1. *inventio* (griech. *heuresis*): ‹Auffindung› der passenden Argumente, Gedanken, Topoi usw., also die Stoffsammlung (sie erfolgte oft nach einer alten „Suchformel": *quis* ‹wer?›, *quid* ‹was?›, *ubi* ‹wo?› usw.);

2. *dispositio* (griech. *taxis*): ‹Anordnung› des gesammelten Materials, Gedankenführung und Gliederung, die in der klassischen „Normalrede" einer festen Argumentationsstruktur folgte: *exordium* – *narratio* (*argumentatio*) – *conclusio* (vgl. ↑ Disposition);

3. *elocutio* (griech. *lexis*): ‹Formulierung›, die Umsetzung des Konzepts in sprachliche Ausdrucksformen, Stilisierung des Textes unter Beachtung der Stilprinzipien und gewählten Stilebene mit den ihr zukommenden rhetorischen Schmuckformen (*ornatus*);

4. *memoria* (griech. *mneme*): ‹Einprägung› des Wortlauts für den Vortrag, und zwar mit Hilfe einer Gedächtnislehre für das Auswendiglernen;

5. *pronuntiatio* und *actio* (griech. *hypokrisis*): ‹freier Vortrag› in eindrücklicher, geradezu „schauspielerischer" Deklamation einschließlich Intonation, Mimik, Gestik usw.

Für den Formulierungsakt selbst wurden, durch Vorschriften für die verschiedenen ↑ Stilarten (*genera dicendi*) geregelt, nicht nur übergreifende ↑ Stilprinzipien (*virtutes elocutionis*) entwickelt, sondern auch ein praktisches Instrumentarium ebenso kunstvoller wie wirkungsträchtiger Ausdrucksweisen – sozusagen als ein Inventar „gebrauchsfertiger" Stilmittel. Diese sowohl argumentativen wie ästhetischen Muster, unter dem Namen der ‚Rhetorischen Figuren' bekannt, leben z. T. noch in den modernen ↑ Stilfiguren fort.

Vorbereitet durch eine Umorganisation des Triviums im 16. Jh. (R. Agricola, P. Ramus), die das Schwergewicht auf die Dialektik verlagerte, verselbstständigte sich die sprachlich zentrale *elocutio*, nun verstanden als die stilistische Ausdrucksform von Rede oder Text, um 1800 zur heutigen Stilistik. Ihr Unterschied zur Rh. – trotz vieler historisch bedingter Berührungen und Überschneidungen – besteht darin, dass stilistisch in erster Linie eine angemessene, zweckmäßige und attraktive Sprachgestaltung angestrebt ist. Dem rhetorischen Verfahren werden dagegen eher Begriffe zugeordnet wie ‚Eloquenz' (auch im Sinne von Wortemacherei, „Schönrednerei"), ‚Sprachdekor' (künstliche Schmuckformen, „Schwulst"), nicht zuletzt ‚Persuasion' oder „Sophisterei". Dies ein schon uraltes Vorurteil; denn der Vorwurf, mit allen Sprach-Mitteln mehr überreden als überzeugen zu wollen – lat. *persuadere* kann beides bedeuten – wurde bereits jenen Sophisten in den Anfängen der Rh. gemacht: ein blendendes stilistisches Virtuosentum, das in spitzfindigen Scheinbeweisen und Trugschlüssen (die bezeichnenderweise noch jetzt ‚Sophismen' heißen) den Inhalt der wohlklingenden Form und die Wahrheit der Rede trügerischer Überzeugungskunst opfere.

Rhetorische Figur ↗ **Stilfigur**

Rhetorische Frage f. ‹Scheinfrage, die keine Antwort, sondern nur Zustimmung erstrebt›
> Eine der – vor allem rednerisch – am häufigsten verwendeten Stilfiguren: griech. *erotema* ‹Frage› (zu *erotan* ‹fragen›), lat. *erotesis, interrogatio* (zu *interrogare* ‹befragen›), frz. *question rhétorique* (von lat. *quaestio*, zu *quaerere* ‹suchen, untersuchen, fragen›), engl. *rhetorical question*, dt. *rhetorische Frage* als Bezeichnungen einer in Frageform gekleideten Feststellung oder Behauptung.

Im Allgemeinen fragt man, um in einem Frage-Antwort-Dialog eine nicht bekannte Information zu erhalten. Bei der rh.F. handelt es sich demgegenüber – wie bei Ich- und Zweifelsfragen (der Selbstbesinnung), auch suggestiven Überschriften mit Fragezeichen usw. – um eine monologische Frage. Ihre Beantwortung wird nicht erwartet; denn diese ist, wenn vom Sprecher/Schreiber nicht selbst erteilt, schon in der Frage vorgegeben, die der Hörer/Leser nur beipflichtend zur Kenntnis zu nehmen braucht. In diesem Sinne versteht sich auch der Name, dass die Frage nämlich rein rhetorisch, d.h. um der Wirkung willen gestellt wird. Sie ist also keine echte Frage, sondern bedient sich nur der grammatischen Form eines Fragesatzes, um eine nachdrückliche Aussage zu formulieren (oft Nähe zum Ausruf): „Bin ich etwa ein Dummkopf?" – „Ich bin doch kein Dummkopf!" Diese Art der Scheinfrage bildet ein auffälliges, sehr beliebtes Stilistikum der klassischen Redekunst und später Predigt, doch nicht weniger in öffentlichen Reden unserer Zeit, auch im dramatischen Dialog und anderer Dichtung: „Wer zählt die Völker, nennt die Namen …?" (F. Schiller); oder mit Beantwortung:

„Wer reitet so spät durch Nacht und Wind? | Es ist der Vater mit seinem Kind" (J. W. Goethe). Zuweilen pathetisch, immer emotional-persuasiv, bewirkt die rh.F. Aufmerksamkeit und den Schein allseitigen Einverständnisses, insbesondere zwischen Redner und Publikum. Sie belebt den Vortrag, verstärkt die Eindringlichkeit und steigert die Ausdruckskraft des Textes.

S

Sarkasmus (Pl. -men) m. ‹beißender, verletzender Spott›
Aus einer rhet. Figur der Antike hervorgegangener Allgemeinbegriff: griech.
sarkasmos ‹Hohnlachen, bitterer Spott› (abgeleitet vom Vb. *sarkazein* eigentlich ‹ins Fleisch schneiden›, zu *sarx* ‹Fleisch›, übertragen ‹übel verspotten,
verhöhnen›), übernommen in lat. *sarcasmos*, frz. *sarcasme*, engl. *sarcasm*,
dt. seit dem 16. Jh. latinisiertes *Sarkasmus*, das heute bildungssprachlich für
beißenden Hohn und Spott steht.

Der S. ist eine Form schärfster, bitterer ⟋ Ironie und daher im Grunde
nur für Streitschriften, polemische Literatur, rednerische Kontroversen
usw. als eristisches Stilmittel geeignet. In der Antike wurde er von großen Rednern wie Demosthenes oder Cicero meisterhaft eingesetzt und
im Übergang zum Mittelalter definiert als „feindselige Verhöhnung in
bitterer, kränkender Art" (*hostilis inrisio cum amaritudine*, Isidor von Sevilla). Diese verletzende Absicht, den Gegner bösartig ins Lächerliche zu
ziehen, macht den S. zu einer zweischneidigen Waffe; denn bei allem mit
Schlagfertigkeit, Witz und Ironie bewirkten Beifall oder Lacherfolg irritiert die feindselige Einstellung: „Man ist zuletzt einem bissigen Hunde
gleich, der noch das Lachen gelernt hat außer dem Beißen", urteilte
F. Nietzsche. Wer im alltäglichen Sprachumgang sarkastisch wird, macht
sich damit keine Freunde.

Satzabbruch ⟋ **Aposiopese**

Satzbruch ⟋ **Anakoluth**

Satzeinschub ⟋ **Parenthese**

Satzgefüge ⟋ **Periode**

Satzstilistik f. ‹stilistische Aspekte des (deutschen) Satzbaus›
Teilbereich der Stilistik, der theoretisch wie praktisch bestimmte stilrelevan-
te Phänomene des dt. Satzes behandelt (in der primär literaturorientierten

frz.- und engl.-sprachigen Stilistik nicht in gleicher Weise ausgeprägt): dt. *Satzstilistik, Stilistik des Satzes (Satzbaus)* oder Umschreibungen wie *Wörter und Sätze, Syntax aus stil. Sicht* usw.

Satzbau zumal der stilistisch anspruchsvolleren Art ist Spracharchitektonik: Aus Wörtern und Wendungen entsteht in bewusster, konstruktiver Gestaltung gemäß den gegebenen Sprachbedingungen jenes variable Gebilde, das wir ‚Satz' nennen (ein linguistischer Hauptbegriff, den exakt zu definieren bisher nicht gelungen ist). Unter ‚Satzlehre' oder ‚Syntax' wird in erster Linie die grammatische Beschreibung des Satzbaus verstanden, und zwar in systematischer Form. Wie andere Teilaspekte der ↗ Stilistik beschränkt die S. sich darauf, meist selektiv aus stilistischer Perspektive bestimmte morphosyntaktische Erscheinungen und Variationsmöglichkeiten der Satzgestaltung darzustellen. Als solche sind vor allem zu nennen die Satzgliedfolge, d. h. die wirkungsvolle Wortstellung im Satz (↗ Ausdrucks- und Eindrucksstelle); die hauptsächlichen Satzformen und Satzarten; die deutsche ‚Satzklammer' und ihre Vermeidung (durch Ausklammerung); sowie Kürze und Länge der Sätze.

Formal werden einfache, erweiterte und komplexe Sätze unterschieden, die hinsichtlich ihres Umfangs und Schwierigkeitsgrades stark differieren. Der einfache Satz, der sich auf die grammatisch notwendigen Satzglieder beschränkt, ist in der Regel von mäßiger Länge oder kann sogar ein ausgesprochener Kurzsatz sein. Die spontane Alltagsrede bedient sich seiner gern, und auch die Prägnanz vieler Sprichwörter und Redensarten kommt so zustande: „Frisch gewagt ist halb gewonnen". Im Allgemeinen erzeugt aber eine Folge kurzer Sätze, zumal wenn diese parallel gebaut sind, unweigerlich Monotonie, die andrerseits literarisch beabsichtigt sein kann: „Ich bin unterwegs ... Ich will zur Straßenbahn. Ich muß mit ... Ich habe Hunger. Aber ich muß mit" (W. Borchert). Ein Extrem bilden elliptische Kurzsatzmuster, oft nur gekünstelt wirkende Satzfetzen, wie sie sich zuweilen in schriftstellerischen und vor allem Werbetexten finden: „Dieser Wagen hat viel Komfort ... Kleiderhaken. Halteschlaufen. Türtaschen. Armlehnen, Sonnenblenden, Haltegriff für Beifahrer. Und so weiter" (vgl. ↗ Ellipse). Die meisten Sätze treten in erweiterter Form auf. Diese kommt im Einfachsatz zustande durch adverbiale Angaben (meist Ort, Zeit und andere Umstände), attributive Zusätze (vor allem Adjektive, auch Partizipien) sowie Nominalisierungen und Präpositionalausdrücke, besonders im ↗ Nominalstil; z.B. *bei Einbruch der Dunkelheit, vorübergehende Passanten, das Einsetzen des Re-*

gens usw. Erweiterte Sätze können aber auch ‚Satzreihen‘ oder ‚Satzgefüge‘ sein. Unter Satzreihen versteht man Satzverbindungen, die mehrere Hauptsätze nebenordnend koordinieren (‚Parataxe‘); dies entweder unverknüpft (‚asyndetisch‘) oder mit Hilfe von Konjunktionen wie *und, oder, aber* usw. (‚syndetisch‘). Als Beispiele: „Der Damm zerreißt, das Feld erbraust, | Die Flüten spülen, die Fläche saust“ (J. W. Goethe) – „Und es wallet und brauset und siedet und zischt“ (F. Schiller). Gehäufte *und*-Verknüpfungen charakterisieren im Übrigen volkstümliches Erzählen, das der Mündlichkeit nahe steht. Demgegenüber sind Satzgefüge als Kombinationen eines Hauptsatzes mit abhängigen Nebensätzen unterordnend gegliedert (‚Hypotaxe‘); subordinierende Konjunktionen wie *dass, als, weil* usw. ermöglichen eine Vielzahl unterschiedlicher Gliedsatztypen, wodurch sich die stilistische Gefahr übergroßer Länge und komplizierter Bauweise ergibt (vgl. ↗ Periode).

Die Sprachwissenschaft hat Satzmodelle entwickelt, in denen mittels abstrakter, aber in konkrete Sätze überführbarer „Satzbaupläne“ die wichtigsten Grundformen der deutschen Satzbildung dargestellt werden. Als stilistische Satzmuster haben sie nur den beschränkten Wert eines Inventars syntaktischer Formulierungsmöglichkeiten. Andrerseits unterteilt die traditionelle Grammatik nach Satzarten (auch ‚Satzmodus‘, d. h. Aussageweise) in Aussagesätze, Fragesätze, Aufforderungssätze, Wunschsätze und Ausrufesätze. Von besonderem Interesse sind stilistisch die Fragen; sie dienen nicht nur zur Auflockerung längerer, „normal“ verlaufender Satzsequenzen, sondern haben es in Form der ↗ Rhetorischen Frage sogar zum Rang einer Stilfigur gebracht.

Eine spezifische Eigenart der „Klammersprache Deutsch“ (H. Weinrich) ist ihre syntaktische Klammerbildung: die verbale oder nominale ‚Satzklammer‘, auch ‚Satzrahmen‘ oder ‚Rahmenkonstruktion‘ genannt. Im ersten, häufigsten Fall beruht sie auf der Distanzstellung zwischen finiten (personalen) oder infiniten (nicht konjugierten) Verbformen und syntaktisch mit ihnen eng verbundenen Sprachelementen, wie es den Regeln des deutschen Satzbaus und unserer Satzgliedstellung entspricht. Solche Satzklammern entstehen z. B. in Hauptsätzen durch Konstruktionen wie Hilfsverb + Partizip (*er ist ... abgereist*), Modalverb + Infinitiv (*wollte ... abreisen*), bei trennbaren Präfixverben (*reiste ... ab*), festen Funktionsverbgefügen (*machte sich ... auf die Reise*) und weiteren Möglichkeiten, ferner in eingeleiteten Nebensätzen mit Verbendstellung (*als er ... abreiste*). Immer werden die an den gepunkteten Stellen dazwischenstehenden Satzglieder – wie Begleitumstände, Zeitpunkt, Ort, Art und Weise des Geschehens usw. – in einem mehr oder weniger weiten Spannungsbogen zusammengefasst, der erst ganz am Ende des Satzes dessen Sinn preisgibt: „Herr Hinze *schlug* Herrn Kunze wegen seiner hervorragenden Fachkenntnisse, langjährigen Firmenerfahrung und großen menschlichen Qualitäten – deswegen schlug er ihn? – *als Nachfolger vor.*" Nominale Klammerbildung liegt vor, wenn zwischen Artikel und Substantiv weitere Attribute (Adjektive, Partizipien usw.) eingefügt werden: „*ein* die nordische Schönheit der Pension bildendes, sehr blondes, schlankes, junges *Mannequin*". Bei Verbal- wie Nominalklammern besteht die gleiche Gefahr: Eine übermäßige Füllung der Klammer erzeugt syntaktische Unübersichtlichkeit; vor allem aber wird das Satzverständnis, wenn die sinnnotwendige Information erst ganz zum Schluss kommt, immer verzögert, oft erschwert und nicht selten sogar fehlgeleitet (wie im Beispiel).

Das einer modernen Tendenz entsprechende, nicht nur von Schriftstellern gern gehandhabte Mittel gegen zu komplex gefüllte Satzklammern lautet ‚Ausklammerung': Indem Satzglieder, bei denen das grammatisch angängig ist, aus der syntaktischen Rahmenkonstruktion herausgenommen und sozusagen als Ergänzung angehängt werden, schließt sich die Klammer vorzeitig und der Satz gewinnt an Klarheit: „Wir waren dieses Jahr nicht sehr zufrieden *mit dem Verlauf unserer Ferienreise*" oder „Sie stiegen aus und kamen vorbei *an einem schon halb abgesperrten Platz*" (U. Johnson). Die nominale Ausklammerung bedient sich hauptsächlich des nachgestellten Adjektivs und der Apposition: „Fräulein Rahm, ein schlankes, junges Mannequin, sehr blond, die nordische Schönheit der Pension" usw. (E. Canetti). Falls die Bruchstelle vor ausgeklammerten Elementen zu hart erscheint, wird der Einschub von *und zwar* oder anderen Überleitungen empfohlen, der sog. Nachtrag. Allgemeiner spricht man mit einem Ausdruck O. Jespersens auch von ‚Extraposition' (engl. *extraposition* ‹Herausstellung›,1937). Je nachdem, ob diese am linken oder rechten Satzrand erfolgt, heißt das linguistisch ‚Linksversetzung' (↗ Prolepse) oder im Falle von Ausklammerung und Nachtrag ‚Rechtsversetzung': „Sie falten die kleinen Zehlein, die Rehlein" (Chr. Morgenstern); in diesem Fall sind übrigens auch stilistisch effektvolle satzwertige Herausstellungen erlaubt: „Die gegenwärtigen Schwierigkeiten sind groß, aber wir werden sie meistern. *Heute und auch in Zukunft.*"

Als die „Gretchenfrage" der S. lässt sich die Satzlänge bezeichnen. In neuerer Zeit sind die Sätze wesentlich kürzer geworden und dadurch, dass gleichzeitig die Zahl der Nebensätze abgenommen hat, auch weniger komplex. Für die Gebrauchsprosa der Gegenwart liegt die Satzlänge im statistischen Mittel bei 12 bis 16 Wörtern, wobei allerdings das Wesen dieses Durchschnittswertes darin besteht, dass er auf einer Mischung von kürzeren und längeren Sätzen beruht. Immerhin entsprechen die angegebenen Zahlen einer mittleren Satzlänge, die auch in den Stillehren zugrunde gelegt wird. Zugleich warnen diese vor der Verwendung zu vieler Nebensätze, wie das schon K. Tucholsky provokant demonstriert hat: „Hauptsätze. Hauptsätze. Hauptsätze." Der relativ kurze, einfache, straffe Satz entspricht offensichtlich der heutigen stildidaktischen Idealvorstellung. Letztlich lebt aber der natürliche, ausdrucksstarke Stil vom Reiz der Abwechslung, die das Grund-Gesetz aller guten Sprachgestaltung ist, auch der des Satzes. Abwechslung im Satzbau bedeutet: nicht nur kurze oder lange Sätze, sondern Wechsel zwischen mäßig kurzen und nicht übermäßig langen Sätzen – das erzeugt einen harmonischen Sprachfluss. Abwechslung bedeutet auch: nicht nur Hauptsätze, sondern Variation in der Abfolge und Kombination von Haupt- und Nebensätzen, zudem der Art dieser Nebensätze (*dass*- und *wenn*-Sätze, Relativsätze, indirekte Fragesätze usw.) – das entspricht einem wenigstens annähernden Nachvollzug unserer Gedankenabläufe in der äußeren Satzgestaltung.

Satzzeichen (stilistisch) ↗ **Interpunktion**

Schaltsatz ↗ **Parenthese**

Schriftlichkeit ↗ **Mündlichkeit**

Schwulst (nur Sg.) m. ‹exzessive Fülle des Ausdrucks›
Ein altes Phänomen mit junger Benennung im Dt. (erstmals 1755): Schwulst m. (mhd. *swulst* f. noch bedeutungsgleich mit *Geschwulst*, zum Vb. *schwellen* ‹aufblähen›), Genuswandel und Übertragung der Bedeutung ins Geistige erst seit dem 18. Jh., heute meist abwertend verstanden als aufgeblasene, hochtrabende Ausdrucksweise; entsprechend frz. *enflure du style, style ampoulé* oder *emphatique*, engl. *bombast, turgidity, bombastic* oder *inflated style* ‹geblähter, schwülstiger Stil›. Nicht fortgesetzt hat sich die alte Bezeichnung

griech. *makrologia* ‹Weitschweifigkeit› (aus Adj. *makros* ‹lang, groß› + *logia*, wie *logos* ‹Wort, Rede›; gleichbedeutend *perissologia*, zum Adj. *perissos* ‹ungerade, überflüssig›), auch lat. *macrologia*, übersetzt *longiloquium* für überflüssigen Wortaufwand.

Der ‚Asianismus' in der antiken Rhetorik, der sich vom klassisch-gemessenen ‚Attizismus' vor allem durch seine pomphafte, schwülstige Wortfülle abhob, oder der schwere, dunkle, „geblümte" Stil des Mittelhochdeutschen sind Beispiele dafür, wie sich Stilmoden aus dem Geist ihrer Zeit und des zeitbedingten Lebensgefühls erklären. Nicht anders im Falle des spätbarocken Sch. mit seinem gekünstelten Überschwang und überladenen Figurenschmuck, der zeitgenössische Entsprechungen im spanischen ‚Gongorismus' und italienischen ‚Marinismus' hatte (beide nach Dichtern benannt) wie auch im englischen ‚Euphuismus' (nach J. Lylys Roman «Euphues») und französischen ‚Preziösentum' (Adj. *précieux* ‹geziert, gesucht›). Bei Sch. in diesem fachlichen Sinn handelt es sich zwar um eine eminent stilistische Erscheinung, aber eine solche des literarischen Stils wie der Kunst überhaupt. Ähnlich verhält es sich mit dem modernen ‚Kitsch' (als Ausdruck seit dem Ende des 19. Jh.), der eine als geschmacklos geltende, oberflächlich gefällige, oft gespreizt-rührselige Darstellungsweise bezeichnet, die sich nach dem breiten Publikumsgeschmack richtet.

Davon zu unterscheiden ist der Gebrauch von Sch. im landläufigen Verständnis für alles, was in der Sprache „geschwollen", d. h. wichtigtuerisch-übertrieben oder einfach nur aufgebläht wirkt: unnötige „Wortemacherei". Hierfür gab es schon in der Antike die passende Bezeichnung griech. *makrologia* wörtlich ‹Großrederei›, als Gegenbegriff zu *brachylogia* ‹Kürze›, im Lateinischen entsprechend *longiloquium – breviloquium*; kritisiert wird die „unnötige Hinzufügung vieler Worte", also redundanter Wortgruppierungen oder Phrasen (vgl. auch ⇗ Tautologie und Pleonasmus, die ihrerseits nur Einzelausdrücke betreffen). Jedenfalls reicht solcher ‚Sprachschwulst' von pompösen Wörtern oder Worthäufungen über aufgebauschte Satzgebilde bis zu sog. Bildschwulst in ausschweifenden Vergleichen und Sprachbildern. Angeführt seien z. B. das hochgestochene Modewort *Imponiergehabe* für ‹Angeberei›, ein Adjektivhaufen wie „dieses verwaschene, schlabbrige, quallige Wort" oder als ironische Satzaufblähung: „Man sagt nicht: ‚Der Tisch ist rund.' Das wäre viel zu einfach. Es heißt: ‚Rein möbeltechnisch hat der Tisch schon irgendwie eine kreisrunde Gestalt' …" (K. Tucholsky). Wo die Trivialität abgedroschener Gedanken in aufgeblasener, hochtrabender Formulierung daherkommt, haben wir es mit Sch. zu tun, der sich durch seine Diskrepanz von inhaltlicher Plattheit und unangebrachtem Sprachaufwand verrät.

Selbstdarstellung ↗ **Individualstil**

Selektion (Selektionstheorie) ↗ **Stil als Wahl**

Sentenz ↗ **Bonmot**

Sondersprache, Soziolekt ↗ **Gruppenstil**

Soziostilistik ⇗ **Funktionalstil, Gruppenstil, Konnotation, Register, Stilart**

Sprachbild ⇗ **Vergleich, Metapher, Metonymie**

Spracheffizienz ↗ **Stilwirkung**

Sprachgefühl, Sprachsinn ↗ **Stilgefühl**

Sprachvarietät(en) ⇗ **Gruppenstil, Konnotation, Register, Variation**

Stabreim ⇗ **Alliteration, Variation**

Steigerung ⇗ (graduierend) **Klimax,** (übertreibend) **Hyperbel**

Stil m. allgemein ‹Einheit der charakteristischen Ausdrucksformen eines Menschen, eines Kunstwerks, einer Epoche› usw., hier als **Sprachstil** ‹signifikanter Sprachgebrauch eines Menschen, eines Textes oder einer Zeit›
Ein Leitgedanke unserer Sprachkultur und Zentralbegriff der Stilistik, der als solcher im Altgriechischen und klassischen Latein noch fehlte; als Bezeichnungen allgemeineren Sinnes griech. *logos, glossa,* also ‹Wort, Sprache, Ausdruck›, später namentlich *charakter* ‹Buchstabe, Zeichen, Gepräge›, auch ‹sprachliche Eigenart, Stil› (speziell für grammatische und Redefiguren), lat. entsprechend *sermo, oratio, dictio* und Umschreibungen: Grundlage des Renaissance-Begriffs im modernen Verständnis ist lat. *stilus* ‹Schreibgriffel›,

etymologisch hergeleitet als ‹Stengel, Stiel›, dann ‹das Schreiben, Schreibart›, frz. engl. *style*, dt. *Stil* in späterer Bedeutungsausweitung als typische
Ausdrucksform in Kunst und Kultur, sprachbezogen als die korrekte, angemessene, charakteristische und einheitliche Formulierungsweise oder Dar-
stellungsart.

Der S. hat, gleich anderen Kulturbegriffen, seine Wurzeln in der natürlichen Lebenswelt des Menschen: Ein pflanzlicher ‹Stengel, Stiel, Stift›
liegt zugrunde, den man in römischer Zeit zum Schreiben benutzte (mit
ähnlichem Bedeutungsübergang wie bei *Feder* ‹Schreibkiel›). Weil damit
Wachstafeln beschriftet wurden, war das eine Ende dieses Griffels genannt *stilus* spitz, das andere abgeplattet, um das Wachs damit wieder
zu glätten: *stilum vertere* ‹den Stift wenden› bedeutete neben ‹löschen›
auch ‹korrigieren›. Von der Bezeichnung des Schreibgeräts und Schreib-
vorgangs aus erfolgte eine Übertragung ins Geistige, die zu der fortan
dominierenden Bedeutung ‹Art, wie jemand schreibt› führte, also zur
Schreibart, so auch die spätere Verdeutschung. Vom 13. Jh. an ist S. als
Lehnwort in die europäischen Volkssprachen gelangt: dt. *stil* seit 1425,
früher schon ital. *stile*, frz. und engl. *style*, deren Schreibung mit *y* sich
aus der irrtümlichen Zurückführung auf griech. *stylos* ‹Säule, Pfeiler›
erklärt (auch im Deutschen lange *Styl* neben *Stil*, das sich im 19. Jh.
durchgesetzt hat). Kennzeichnend für die neuere Entwicklung ist eine
stetige Ausweitung des Begriffs in Bedeutungsumfang und immer mehr
Anwendungsbereichen: Von seiner ursprünglich sprachlich-literarischen
Domäne aus wird er seit dem 17. Jh. auf Musik und bildende Kunst
übertragen, in der Folge auf alle Künste und Wissenschaften sowie Architektur, Technik, Sport und die allgemeine Lebensführung: Stichwörter wie *Mode, Styling, lifestyle, Verstilung der Welt* usw. Diese Expansion zu
einem „kulturwissenschaftlichen Diskurselement" der Moderne hat S.
zum Allerweltsbegriff und geradezu ubiquitären Allroundphänomen
werden lassen.

Eine in jeder Hinsicht hieb- und stichfeste Definition von S., selbst
unter Einschränkung auf den Sprachstil, gibt es nicht. In der Vergangenheit finden sich einerseits geistvolle Aussprüche, die sein Wesen auf die
griffige Formel eines Allgemeinplatzes bringen (berühmt z. B. Buffons
Satz, der S. sei der Mensch selbst, 1753). Andrerseits existieren zahlreiche Definitionsversuche der Wissenschaft, die jedoch – von einem bestimmten theoretischen Standpunkt ausgehend – nur jeweils verschiedene Teilaspekte erfassen und daher allenfalls sich gegenseitig ergänzende

Geltung beanspruchen können. Da es dieselben Sprachstrukturen sind, die sowohl die sprachliche Information als auch die stilistische Funktion „transportieren", stellt sich die fundamentale Frage: Was ist Sprache und was ist S., wenn wir etwas äußern? In der Fachdiskussion bedient man sich derzeit zur Erklärung einer analogischen Veranschaulichung: Unterschieden wird zwischen dem „Was", der sachlich-gedanklichen Information (Aussageinhalt) des Geäußerten, und dem „Wie", der sprachlich-stilistischen Äußerung (Ausdrucksform), wobei diese maßgeblich zum Sinn des Textes beiträgt, insbesondere aber für dessen Qualität und Wirkung entscheidend ist. Da S. als ein sprachliches Epiphänomen gilt, das über die Primärinformation des Textes hinausgehend noch weitere, pragmatisch-stilistische Informationen vermittelt, bestimmen zwei-Gesichtspunkte die heutige Stilauffassung: Erstens lässt sich S. als Eigenschaft von Texten nur in engem Zusammenhang mit und zugleich Abgrenzung gegenüber der modernen, linguistischen wie literaturorientierten Textwissenschaft adäquat erfassen; zweitens kann S. als komplexes Sprachhandeln nur unter Berücksichtigung aller kommunikativ-pragmatischen Umstände des konkreten Sprech- oder Schreibakts verstanden werden. Danach erklärt sich S. heute als individuell charakteristische oder funktional typische Art des mündlichen und schriftlichen Ausdrucks in Texten oder – im Sinne der Sprachhandlungstheorie formuliert – als entsprechende Durchführung sprachlicher Handlungsmuster.

Die für S. zuständige Wissenschaft heißt ↗ Stilistik. Sie lässt sich als Oberbegriff in drei Teilbereiche aufgliedern: Unter theoretischem Aspekt hat sie hauptsächlich zu tun mit Stildefinition und Erklärungsmodellen (↗ Stiltheorie); unter deskriptivem Aspekt widmet sie sich der stilanalytischen Methodik und stilistischen Untersuchung von Texten (↗ Stilanalyse); unter präskriptivem Aspekt behandelt sie Stilnormen, Stilprinzipien und Stilregeln, also die stildidaktische Perspektive (↗ Stillehre). Je nachdem, welche spezielle Sichtweise auf den S. gewählt wird, unterscheidet man bestimmte ↗ Stiltypen (Individualstil, Funktionalstile, Werk- oder Textsortenstil, Zeitstil usw.). Da alle Sprachelemente potentiell ↗ Stilelemente sein können, wird auch entsprechend den linguistischen Beschreibungsebenen systematisiert (↗ Laut-, Wort-, Satz- und Textstilistik). Die Begriffs- und Wissenschaftsgeschichte der Stilistik spiegelt sich in der ↗ Stilgeschichte.

Stil als Wahl ('Selektionstheorie') ‹Stil als Resultat einer Auswahl aus
fakultativen Ausdrucksmöglichkeiten der Sprache›
Als Allgemeinvorstellung bereits von der antiken Rhetorik vorausgesetzt,
sind Selektion und Wahl erst in neuester Zeit zu grundlegenden Begriffen
der Stiltheorie geworden: terminologischer Ansatzpunkt einerseits lat. *se-
lectio* f. ‹Auswahl› (Verbalsubst. von *se-ligere* ‹auswählen›, zu *legere* ‹sammeln,
lesen›), andrerseits altfrz. *chois* m. ‹Wahl› (Abstraktum zu galloroman. **cau-
sire*, aus germ.-got. *kausjan*, altdt. *kiosan*, mhd. *kiesen* ‹wählen›); frz. *sélec-
tion, choix*, engl. *selection, choice*, dt. fachlich *Selektion*, allgemein *Wahl* f.
(postverbal von *wählen*, und zwar an Stelle des älteren, von *kiesen* abgeleiteten, erst im 19. Jh. wieder belebten *Kür*), alle für den Akt des Auswählens.

Nach strukturalistischer Sprachauffassung gelten ‚Selektion' und ‚Kombination' als die beiden Grundoperationen des Sprachsystems. Selektion
ist primär Auswahl aus der Gesamtheit der verfügbaren Sprachmittel,
doch auch Wahl zwischen Sprachvarianten, die in einem Verhältnis differenzierter Gleichartigkeit stehen (Äquivalenz, Synonymie, Ähnlichkeit
usw.). Kombination verbindet isolierte Sprachelemente zu Sequenzen, ist
also Kontextbildung, und steht mit der Selektion in einer sich wechselseitig bedingenden und beschränkenden Beziehung. Das sind die
Voraussetzungen für eine stilistische ‚Selektionstheorie' (frz. *principe de
choix*, engl. *concept of style as choice*); danach wird der Stil „als ein Muster
sich wiederholender Selektionen aus dem Inventar der optionalen
Einheiten einer Sprache" definiert (W. Winter). Wichtig ist: Von stilistischer Bedeutung sind nur „optionale", also wählbare, mit einem Fachbegriff ‚fakultative' Sprachvarianten, nicht jedoch solche obligatorisch-
verbindlicher Art.

Die Konzeption der Stilwahl geht von der Annahme aus, dass man
dasselbe auf unterschiedliche Art und Weise ausdrücken oder, hand-
lungsbezogen formuliert, auf verschiedene Arten bewirken kann. In der
Sprachpraxis stellt sich die Frage: Gibt es tatsächlich Sprachmittel, die in
ihrer ‚Referenz', d. h. im Bezug auf einen Sachverhalt gleichwertig sind?
Der Wunsch nach Ruhe z. B. lässt sich auf vielerlei Art zum Ausdruck
bringen: „Pst! – Ruhe bitte! – Kein Wort mehr! – Könnt ihr nicht mal
den Mund halten? – Es wird um absolute Stille gebeten. – Wie laut es
hier wieder ist! – Unerträglich, dieser Lärm! – Ich wäre Ihnen sehr verbunden, wenn Sie die Freundlichkeit hätten, sich etwas ruhiger zu verhalten" usw. Jede dieser Formulierungen, von der Interjektion *pst!* über
elliptische Äußerungen bis zum floskelhaften Langsatz, bezieht sich auf

denselben Sachverhalt, und zwar mit merklichen Unterschieden der
Ausdrucksweise, die großenteils stilistischer Natur sind. Solche relativ
gleichsinnige Sprachvariation beschreibt die Linguistik mit den Fachbegriffen der ‚Synonymie‘ auf der Wortebene und ‚Paraphrase‘ im Satz-
und Textbereich. Synonyme (↑ Wortstilistik) sind Wörter, die sich in
ihrer Bedeutung nahe stehen, ohne unbedingt bedeutungsgleich sein
zu müssen, wie *Ruhe, Stille, Schweigen* usw. Unter ↑ Paraphrasen versteht
man, im Zusammenhang größerer Spracheinheiten, die Umschreibung
„mit anderen Worten", weshalb von vornherein keine völlige Bedeutungsgleichheit zu erwarten ist. Dieser theoretische Rahmen erlaubt die
Annahme ‚kovarianter‘, im gleichen Kontext austauschbarer und damit
wahlweise anwendbarer Sprachmittel, deren sich die Sprachbenutzer
von Fall zu Fall selektiv bedienen können. In der Unterschiedlichkeit
solcher Optionen liegt die stilistische Verschiedenheit von Texten begründet.

Der französische Stilforscher J. Marouzeau hat seinerzeit diesen Tatbestand auf die einfache Formel gebracht, die Sprache erscheine als eine
Gesamtheit, der „Stil als das Ergebnis einer Wahl" (*le résultat d'un choix*,
1935). Zwar nicht ohne Wenn und Aber diskutiert, ist das unter den
derzeitigen ↑ Stiltheorien die umfassendste und populärste Auffassung,
die sogar von anderen Konzeptionen als Grundannahme einbezogen
wird. Ein Haupteinwand gilt dem Begriff der ‚Wahl‘, die natürlich keine
x-beliebig freie Wahl sein kann, sondern prinzipiellen Einschränkungen
unterliegt (‚Selektionsrestriktionen‘). N. E. Enkvist hat ein Modell verschiedener Selektionstypen entworfen: pragmatisch, grammatisch,
nicht-stilistisch und stilistisch, die in gewisser Weise eine Hierarchie bilden. Die ‚pragmatische‘ Wahl bestimmt den außersprachlichen Redegegenstand (einschließlich der mit seiner Äußerung verbundenen Absicht); da es sich dabei um einen thematisch eingegrenzten Sachverhalt
der Wirklichkeit handelt, wird folglich bei seiner Versprachlichung auch
nur ein entsprechender Ausschnitt aus dem gesamten Sprachpotential
aktualisiert. Die ‚grammatische‘ Wahl legt den grammatisch-syntaktischen Rahmen der Formulierung fest, also ihre Konstrukion, die nach
obligatorischen Regeln erfolgt und für die sprachliche Korrektheit ver-
antwortlich ist. Die ‚nicht-stilistische‘ Wahl sondert im Bereich der fakultativen Ausdrucksmöglichkeiten stilneutrale Elemente von den Stilistika (↑ Stilelement). Die eigentliche Stilwahl erfolgt unter diesen
stilrelevanten Sprachmitteln, und die daraus resultierenden Formulie-

rungsmuster spiegeln stilistische Unterschiede. Allerdings hat man sich diese Wahl keineswegs immer als bewussten Akt und auch nicht derart vorzustellen, dass gedanklich sozusagen eine Auflistung aller in Frage kommenden Sprachvarianten vorgenommen wird, von denen man dann eine als die beste auswählt. Vielmehr handelt es sich um einen sehr komplexen Simultanprozess, bei dem zusätzlich biographische Voraussetzungen des Sprechers/Schreibers, Textsortenzwänge, Konventionen und andere Faktoren eine Rolle spielen. Der Bewusstheitsgrad der Stilwahl, ob etwas intentional „zum Ausdruck gebracht wird" oder unreflektiert „zum Ausdruck kommt", bewegt sich nach L. T. Milic zwischen den Polen gezielter „rhetorischer" Ausdruckswahl (*rhetorical choice*) und einer unbewussten Präferenz „stilistischer" Varianten (*stylistic option*). Zur Frage einer eigenen ‚stilistischen Bedeutung' mit direktem Einfluss auf den Sinn von Äußerungen vgl. unter ↗ Textstilistik.

Die praktische, stildidaktische Auswirkung der Selektionstheorie liegt in der Wahl des „richtigen" Ausdrucks, wie das die Stillehren weitläufig erörtern. Die stilistische Wortwahl stellt, vor allem bei schriftlichen Formulierungen (von der Literatur zu schweigen), den zielgerichteten, wohlüberlegten Akt der Suche nach der im gegebenen Äußerungszusammenhang sachlich treffenden, sprachlich korrekten und angemessenen sowie stilistisch attraktiven, kurz der im vollen Sinne „guten" Ausdrucksweise dar.

Stilanalyse f. ‹stilistische Untersuchung von Texten›
> Ein moderner Begriff zur Aufgliederung der Stilistik, der in anderen Sprachen divergiert und auch im Dt. terminologische Varianten aufweist: frz. *analyse textuelle, explication de texte,* engl. *stylistic analysis, interpretation;* dt. fachlich *Stilanalyse, -deskription, -interpretation,* allgemein *Stilbeschreibung, -erklärung, -deutung,* übergeordnet *Stiluntersuchung* für methodisch unterschiedliche Arten der sprach- oder literaturwiss. Untersuchung des Stils von Texten.

S. ist im Grunde eine systematische, auf den Stil fokussierte Form des Verstehens von Texten (↗ Stilrezeption), wie sie in der Sprach- und Literaturwissenschaft – je nach theoretischer Ausgangsposition – mit wechselnden Methoden betrieben wird. Beachtung verdient, dass im französisch- und englischsprachigen Raum Stil nahezu ausschließlich als literarisches Phänomen gilt. So versteht sich in Frankreich die traditionelle Richtung der ‚Explication de texte', eine im dortigen Schulbetrieb

gängige Lehrform, primär als Erklärung poetischer Texte. Ebenso steht
die englisch-amerikanische Textanalyse, nicht von ungefähr mit dem
Begriff der ‚Interpretation' gekennzeichnet, vornehmlich im Dienste
des ‚Literary Criticism' (wörtlich Literaturkritik, oft mit Literaturwissenschaft verquickt). Im Deutschen hat sich seit den 60er Jahren eine
selbstständige linguistische Stilistik neben der vorher dominanten literaturwissenschaftlichen entwickelt – angesichts des gleichen Gegenstands-
bereiches Sprache und Stil mit gegenseitigen Beeinflussungen und Überschneidungen. Dabei war die literarische Stiluntersuchung vor allem
bemüht, sich die „exakten" linguistischen Analysemethoden nutzbar zu
machen; die Sprachstilistik ihrerseits erklärte namentlich in der sog. Linguistischen Poetik auch die dichterische Sprache zu ihrem legitimen
Untersuchungsgegenstand.

Die große Methodenvielfalt der S. hat ihren Grund in den verschiedenen theoretischen Ansätzen, die Art und Ziele der Untersuchung von
Texten bestimmen. Exemplarisch hervorgehoben seien L. Spitzers ‚Her-
meneutischer Zirkel' und die ‚Werkimmanente Interpretation' unter Federführung E. Staigers, beide rein literaturorientiert, sowie M. Riffater-
res strukturalistisches ‚Kontrast im Kontext'-Modell (↑ Archileser); nicht
zuletzt gibt es aber zahlreiche neuere Abhandlungen zur Methodik der
S. und praktische Stiluntersuchungen (eine Übersicht bei B. Sowinski,
1999, 182 ff.). Als Grundoperation aller S. gilt das Vergleichen: Erst im
↑ Vergleich mit anderen, entweder gleichartigen oder kontrastierenden
Texten tritt der individuell charakteristische oder funktional typische, in
vielerlei Hinsicht kennzeichnende Stil eines Textes hervor, ob es dabei
speziell um den ↑ Individualstil des Autors, den Textsortenstil des Werks
bzw. seiner Gattung, den Zeitstil der Epoche oder anderes geht. Die signifikanten Stilübereinstimmungen und Stilunterschiede bilden die
Grundlage einer Bestimmung und Beschreibung der stilistischen Eigen-
art eines Textes, woraus sich dann im Erfassen ihrer Textfunktion und
Textwirkung das Gesamtprofil seines Stils ergibt.

Selbstverständlich werden alle ↑ Stilelemente und Stilzüge von den
Sprachstrukturen des Textes getragen, die damit den primären Unter-
suchungsstoff einer intensiven Analyse bilden: „Die Kennzeichnung des
zu untersuchenden Textes nach der Art, Länge und Struktur der Sätze,
der bevorzugten Form der grammatisch-syntaktischen Mittel (Satzbaupläne, Satzformen, Verbformen, Tempora und Modi, Worttypen und
Wortarten usw.), nach Klang, Rhythmus und Textgliederung, nach

Lexik, Bilderwahl und stilistischen Figuren führt zu einer nahezu vollständigen Charakterisierung der jeweiligen Sprachverwendung" (B. Sowinski). Da aber nicht nur die Mikrostilistik, sondern auch die ↗ Makrostilistik von Belang ist, darf es nicht bei einer einfachen Inventarisierung der sprachlich-stilistischen Mittel des Textes bleiben. Der Analyse muss vielmehr eine Synthese des Zusammenwirkens aller Stilmittel folgen, die meist unter eigenen Bezeichnungen wie ‚Erklärung, Deutung' oder, vor allem literaturwissenschaftlich, ‚Interpretation' firmiert. Der Text als Ganzes, in Aufbau wie Gestaltung sowie im Bezug der Stilmittel auf die Gestaltungsabsicht bis zur inhaltlich-gehaltlichen Sinngebung, ist der Prüfstein für die Stimmigkeit seiner stilistischen Form und die erzielte Stilwirkung. Im Falle dichterischer Texte bedarf es, über die reine S. hinaus, ergänzender Interpretationsschritte literaturgeschichtlicher, poetologischer und ästhetischer Art.

Stilart, meist Pl. **Stilarten** f. ‹historische Einteilung in drei, später zwei Arten oder Grade des Stils (den modernen ‚Stilebenen' vergleichbar)›
> Die antike Dreistillehre und ihre mittelalterliche Form zweier Ornatus-Arten bildeten das alte Schema der Genera dicendi, das in der lit. orientierten Stilistik des franko- und anglophonen Raums bis heute eine Rolle spielt und auch in der dt. Literaturtheorie, vor allem der Gattungspoetik, noch bis um 1800 nachgewirkt hat: lat. *genera* (Sg. *genus*) *dicendi* wörtlich ‹Arten der Redeweise, des Stils›, so allgemein als Fachausdruck üblich, frz. auch *les trois styles (niveaux)*, ebenso engl. *the three styles (types)*, dt. *Stilarten* für die stil. Graduierung gemäß der klassischen Einteilung.

Im rhetorischen Lehrsystem der Antike galt für alle Stilvorschriften der leitende Grundsatz des *aptum* oder *decorum* ‹das Schickliche, Passende, Angemessene› (entsprechend griech. *to prepon*, ↗ Angemessenheit). Der Stil sollte Gegenstand, Gattung, Situation usw., in Kurzform: dem Gebrauchsrahmen angepasst, ihm gemäß sein; danach regelte sich dann die Anwendung der rhetorischen Figuren und Tropen, der Topoi (Gemeinplätze) und anderer Stilmittel. In diesem Sinne war die Stilskala eingeteilt in drei *genera dicendi* ‹Stilarten› mit dem ihnen zugeordneten Redeschmuck (↗ Ornatus):

1. *genus humile, tenue* (oder *extenuatum*), *subtile*: der einfache, später niedere Stil. Er diente in schlichter, schmuckloser Form, wie es dem Prinzip der *simplicitas* ‹Einfachheit› entsprach, unter Anlehnung an die gewöhnliche Umgangssprache, doch förmlicher als ein vertrautes Ge-

spräch dem Zweck des *docere*, der Belehrung oder bloßen Mitteilung, modern ausgedrückt: der Information (entsprechend frz. *style simple*, engl. *plain* oder *low style* ‹einfacher, niederer Stil›).

2. *genus medium* oder *mediocre*, auch *floridum* ‹blühend, lieblich›: der mittlere Stil. Die stilistische Mittellage (frz. *style moyen*, engl. *middle style*) – formeller als der leichte, weniger kunstreich als der hohe Stil – strebte als Ziel das *delectare* an, die gefällige Unterhaltung, für die eine maßvolle Verwendung von rhetorischen Sprachreizen statthaft war. Mit der Zeit allerdings wurde dieser mittlere als der sozusagen „normale" Stil angesehen. Das hatte zur Folge, dass einerseits der einfache Stil klassischen Verständnisses, wie er z. B. in den Schriften Caesars vorlag, zur niederen Stilschicht des Derb-Vulgären absank (im ‚Grobianismus' des 15./16. Jh. sogar literaturfähig); andrerseits ging dadurch dem mittleren Stil selbst seine frühere Leichtigkeit und geistreich-witzige „Urbanität", das im *delectare* geforderte Vergnügen verloren.

3. *genus sublime, grande* (oder *grandiloquum*): der hohe, erhabene Stil. Die anspruchsvolle Gestaltungsweise dieser S., der alle Möglichkeiten künstlerischer Ausschmückung zu Gebote standen, verfolgte die rhetorisch-poetische Absicht des *movere*, der Gemütsbewegung und leidenschaftlichen Erschütterung des Publikums (frz. *style élevé, noble*, engl. *grand, high, elevated style*). Feierlichkeit und Pathos, die nur ernsten, erhabenen Themen zukamen, ließen den hohen Stil zu einem Glanzstück der Dichtung werden, wobei allzu ornamentales Wortgepränge in Manierismus und Schwulst ausarten konnte.

Diese eindrucksvolle Lehre der drei S. erfuhr im Laufe des Mittelalters mehrere Umgestaltungen. War die rhetorische Einteilung ursprünglich von den Qualitäten des rednerischen Ausdrucks ausgegangen, so bezogen die Poetiken des 12./13. Jh. sie auf die Gesellschaftsordnung ihrer Zeit: Die drei Stile wurden nun der sozialen Hierarchie dreier Stände zugeordnet, wie das „Rad des Vergil", die berühmte *rota Vergiliana* (Johannes von Garlandia), es symbolisch darstellte. Dort korrespondierte der hohe Stil mit dem Ritter (*miles*), der mittlere mit dem Bauern (*agricola*), der niedere mit dem Hirten (*pastor*) als Repräsentanten, verbunden mit weiteren Attributen des höfischen Rittertums sowie des Bauern- und Hirtenlebens. Zugrunde lag die Trias der klassischen Meisterwerke Vergils, das heroische Nationalepos der «Aeneis», sein Lob des Landlebens («Georgica») und die idyllischen Hirtengedichte («Bucolica»). Noch in den Barockdramen erforderte ein „erhabenes" Thema wie

z. B. Königsmord unbedingt den hohen Stil, während umgekehrt Figuren des „einfachen Volks" als ungebildet, tölpelhaft oder allenfalls „bauernschlau" agierten, natürlich in niederem Stil. Nicht von ungefähr wandelte sich damals auch die Dreiheit der S., vor allem wohl als Konsequenz ihrer Mischung, in eine Polarität zweier Ornatus-Arten:

–   *ornatus facilis* oder *sermo levis*: der leichte Stil, der mit einfachem Figurendekor dem mittleren Stil am nächsten stand;

–   *ornatus difficilis* oder *modus gravis*: der schwere Stil, der den hohen Stil fortsetzte; er zeichnete sich durch reiche Schmuckformen aus, besonders solche des übertragenen, tropischen Ausdrucks, und neigte zu Künstlichkeit, Originalitätsstreben und dunkler Rätselhaftigkeit.

Auch in den Volkssprachen traten diese S. auf, etwa im *trobar clus* der altprovenzalischen Troubadours (Gegensatz *trobar leu, plan*) oder in der „geblümten" Rede mittelhochdeutscher Dichter (*bluemen* ‹mit Blumen – gemeint die *flores rhetorici* – schmücken›) als Beispiele des schweren, „dunklen" Stils neben der einfachen, „lieblichen" Ausdrucksart, und so noch bis ins 18. Jh.: Der II. Band des damals epochalen Stilwerks von J. Chr. Adelung handelte über die besonderen „Arten des Styles" (1785).

Im modernen Vergleich werden die S. oft als ‚Stilebenen' oder ‚Stilschichten' bezeichnet, was beides, wenn auch zu verschiedenen Zeiten, eine gewisse Richtigkeit hat: In der antiken Rhetorik ist das *genus dicendi* eine bestimmte, sich gemäß dem Stilprinzip der Angemessenheit regelnde und durch dementsprechende Stilmittel zustande kommende Stillage oder Stilhöhe, die in dieser Form für die betreffenden Texte, Textsorten oder Gattungen verbindlich gilt; das ist eine echt stilistische Graduierung und damit eine Stilebene (vgl. ↗ Einheitlichkeit des Stils). Die in der hochmittelalterlichen Poetik vorgenommene Umdeutung, derzufolge S. jetzt eine ständische Ordnung mit schichtenspezifischen Sprachformen widerspiegeln, entspricht in etwa dem auf eine soziostilistische Wortschatzgliederung gestützten Modell von ↗ Stilschichten, wie aus der z. T. übereinstimmenden Terminologie hervorgeht. Beide Begriffe, ‚Stilebene' und ‚Stilschicht', die auch sonst nicht immer exakt getrennt werden, haben ihre Bedeutung für die Stilistik der Gattungen und Textsorten (↗ Textstilistik).

Stilblüte, Stilbruch ↗ **Katachrese**

Stilcharakteristik ↗ **Stiltypologie**

Stildidaktik ↗ **Stillehre**

Stilebene ↗ **Einheitlichkeit des Stils,** auch **Stilart, Stilschicht**

Stileinheit ↗ **Einheitlichkeit des Stils**

Stilelement n. ‹in stilistischer Funktion verwendetes Sprachelement›
Die Begrifflichkeit ist, wie sich aus ihrer Heterogenität in den verschiedenen
Sprachen ergibt, jüngeren Datums: frz. *fait de style* wörtlich ‹Stilfaktum›,
engl. *stylistic device* ‹Stilkriterium›, dt. *Stilelement, Stilistikum, Stilmittel,* auch
Stileffekt – alle im Sinne expressiver, stil. markierter Ausdrucksmittel.

Wie zwischen Sprache und Stil, so besteht auch zwischen Sprachelement
und S. ein Verhältnis irreversibler Inklusion, d. h. des nicht umkehrbaren
Einschlusses: Alle S. sind notwendigerweise Sprachelemente, diese aber
keineswegs immer auch S. Wenn in den Stilistiken zu lesen ist, alle
sprachlichen Mittel seien zugleich stilistische Mittel, dann nur in poten-
tiellem Sinne: Jedes Sprachelement kann, wenn es in expressiver Wirkungsabsicht verwendet wird, eine besondere stilistische Funktion übernehmen, die ihrerseits zur Übermittlung impliziter Textinformationen
und damit zur Textbedeutung beiträgt. Stil als „Absicht, Wahl und Wirkung" (B. Sandig) – erst dies lässt ein Sprachelement zum bewusst einge-
setzten Stilmittel werden und verleiht ihm damit seine Funktion als S.
Folglich begründet der Sprachgebrauch im konkreten Text die Unterscheidung von stilistisch ‚nicht markierten' = stilneutralen und ‚markierten' = stilrelevanten Sprachelementen, die dann S. sind. Sie zeichnen sich
aus durch eine besondere, zuweilen „auffällige" Ausdrucksverstärkung
(↗ Expressivität), die eine bestimmte Stilwirkung anstrebt. Dafür werden im Deutschen außer S. noch weitere Begriffe verwendet wie ‚Stilistikum', eine neulateinische Gelehrtenbildung, oder unter Betonung des
instrumentalen Gesichtspunkts ‚Stilmittel'. Äußert sich die sprachliche
Auffälligkeit in exzeptioneller Weise, z. B. in „dichterischen Freiheiten"
der Literatur, sog. Abweichungen der Linguistik oder sprachlichen
„Gags" der Werbung, so spricht man auch wohl von einem ‚Stileffekt'.
Die bekannten ↗ Stilfiguren (‚rhetorische Figuren'), als solche die Stilistika schlechthin, bilden einen seit der griechisch-römischen Antike ent-

wickelten Grundbestand sozusagen gebrauchsfertiger, stilistisch wirkungsvoller Formulierungsmuster.

Stilfärbung f. ‹emotional-wertende Konnotation von Wörtern und Wendungen›

Ein Begriff, der nur in der dt. Stilistik terminologisiert ist: allenfalls vergleichbar frz. *nuance*, das neben Bedeutungen wie ‹feiner Unterschied, Farb- und Tonabstufung› auch für begriffliche und darstellerische „Schattierungen" steht, oder engl. *tone (of voice)* als phonetisch-intonatorische Stimmqualität, die bestimmte Gefühlseindrücke artikuliert, in der Literaturbetrachtung außerdem im Werk deutlich werdende Autoreinstellungen wie ironisch, vertraulich usw.; dt. vor allem *Stilfärbung* (von R. Klappenbach im «Wörterbuch der dt. Gegenwartssprache» als Fachbegriff eingeführt, 1961), auch *Stilkolorit* oder *Stilqualität*, alle für die konnotativ markierte Stilwertigkeit bestimmter Ausdrücke.

Der junge Begriff der S. erfasst in dem weiten Feld der ↗ Konnotationen, d. h. lexikalischer Nebenbedeutungen und Begleitvorstellungen, gewisse stilistisch-expressive ‚Nuancierungen' (Duden), die sich konventionell mit bestimmten Ausdrucksweisen verbinden. Sie geben gefühlsmäßigwertend positive oder negative Einstellungen des Sprechers/Schreibers zum Sachverhalt wieder, wie Respekt, Zuneigung, Liebe oder Distanziertheit, Ablehnung, Hass, und stellen sich oft in den Dienst von Humor, Spott oder Ironie. In Stil- und anderen Wörterbüchern werden solche ‚Markierungen' oder ‚Gebrauchsangaben' hinsichtlich ihres speziellen Sinns gekennzeichnet:

– scherzhaft: *Dichterling* ‹„Versemacher"›, *Leseratte, Neptun opfern* ‹seekrank sein, sich übergeben›;
– spöttisch, ironisch: *bessere Hälfte* ‹Ehefrau›, *Pantoffelheld, neunmalklug* ‹besserwisserisch›, *sich auftakeln* ‹sich auffällig kleiden, „fein machen"›;
– gespreizt, preziös: z. B. *Gnädigste, tiefstempfunden, sich die Ehre geben* und andere Zierformeln (↗ Höflichkeit);
– abwertend (‚pejorativ'): *Weib*, das früher wertneutral ‹Frau› bedeutet hat, *miesepetrig* ‹übellaunig›, *anschmieren* ‹täuschen, hintergehen›;

ferner vertraulich, über- bzw. untertreibend, grob oder derb (speziell Schimpfwörter, Flüche und Vulgarismen), häufig verhüllend (↗ Euphemismus), womit aber längst noch nicht alle Möglichkeiten genannt sind.

Mag die konnotative Markierung derartiger Sprachgebrauchsweisen an sich auch wichtig sein, so betrifft sie doch nur einen relativ geringen Teil des Wortschatzes: Die Mehrzahl unserer Wörter und Wendungen ist nicht konnotiert (‚Nullfärbung‘); zudem kann ihr Gebrauch je nach Situation oder Kontext wechseln. Zum Beispiel gilt das sehr gehobene, ja „dichterische" Wort *Lenz* in der Redensart *einen faulen Lenz schieben* ‹es sich bequem machen› als abwertend. Da sich derartige Affekte meistens in spontaner Alltagsrede äußern, ist die S. durchweg umgangssprachlich-salopper Natur mit einer subjektiven, emotional „gefärbten" Betonung, die Hervorhebung und stärkere Expressivität bewirkt. Jedoch hat die Verwendung derselben „saloppen" Ausdrücke auf anderer, höherer Stilebene unweigerlich einen ↗ Stilbruch zur Folge: „Der Wein, ein edler Tropfen, mundete ihm köstlich, und er führte den fein geschliffenen Kristallpokal an seine Lippen, um sich einen *hinter die Binde zu kippen.*" In witziger oder satirischer Absicht kann dieser Effekt gleichwohl als bewusstes Stilmittel eingesetzt werden.

Stilfigur/Rhetorische Figur f. ‹expressives Sprachmittel, mit dem eine bestimmte Stilwirkung bezweckt ist›
Meist pluralisch als Bezeichnung für das System der antik-mittelalterlichen Rede- und Sinnfiguren: griech. *schema* n. (Pl. *schemata*) ‹Gestalt, Form›, lat. zunächst übernommen, seit Quintillian *figura* ‹Form, Beschaffenheit, Art›, frz. *figure de rhetorique/de style*, engl. *scheme* (16./17. Jh.), *figure of speech*, dt. als Fachausdruck *rhetorische Figur*, sonst *Stilfigur*.

Nicht nur in ihrer praktischen Ausübung war die alte ↗ Rhetorik als Redekunst hoch geschätzt, sondern ebenso sehr als Lehrgegenstand in der Vermittlung ihrer raffinierten Techniken einer überzeugenden Argumentation und emotionalen Beeinflussung der Zuhörerschaft. Die Lehre von den rh. F. und ihrer zweckvollen Anwendung in der politischen, forensischen und epideiktischen Rede, wie sie in der griechisch-römischen Antike entwickelt wurde, hat im Laufe der Jahrhunderte zu dem bekannten, mehr oder weniger systematischen Kanon sozusagen gebrauchsfertiger Sprachmuster für bestimmte Ausdrucksabsichten geführt, die in den traditionellen S. fortleben. Das Ziel war ein möglichst effektvoller Einsatz der Sprachmittel, da man sich vor allem von der kunstreich ausgestalteten Formulierung (↗ Ornatus) die angestrebte Wirkung versprach – daher der Figurenschmuck der *colores rhetoricales* oder *flores rhetorici* ‹Redeblumen›. Kein Wunder, dass sich alsdann die Poesie dieser beliebten Kunstformen nicht weniger exzessiv bedient hat.

Was heute unter dem Begriff der S. gewissermaßen in ihrer Nachfolge steht, ist ein modernisiertes Instrumentarium großenteils übereinzelsprachlicher Grundmuster wirkungsvollen Formulierens und Sprachhandelns. Die Beibehaltung der griechisch-lateinischen Bezeichnungen in vergleichsweise vielen Fällen bedeutet (zusätzlich zum terminologischen Vorteil als ‚Internationalismen', ⟋ Fremdwort) eine Reverenz an ihre mehr als 2000-jährige Tradition. Obwohl von Anfang an uneinheitlich, im mittelalterlichen Latein stark modifiziert und in den Einzelsprachen oft unterschiedlich weiterentwickelt, gelten diese Figuren noch heute als die Stilistika schlechthin. Sie stellen eine Auswahl von vornherein stilrelevanter, darum auch beschreib- und lehrbarer Formulierungsweisen dar, wie sie die alte Schulrhetorik unter dem Gesichtspunkt verbaler Effizienz als fest vorgeprägte Ausdruckselemente und -kombinationen für bestimmte Denkvorgänge zusammengestellt und in den Rang verbindlicher Stilmuster erhoben hatte. Letztlich machen sie aber nur einen Teil der im Grunde unbegrenzten Vielfalt stilistischer Darstellungsmöglichkeiten aus und sind keineswegs reine Kunstformen; vielmehr entsprechen sie universalen Gestaltungsweisen von Sprache wie auch allgemein menschlichen Kommunikationstendenzen, die vielfach ebenso in spontaner Alltagsrede vorkommen.

S. ist ein Pauschalbegriff, der differenziert werden muss. Seit ältester Zeit unterscheidet man zwischen ‚Wort- und Gedankenfiguren' (griech. *schemata lexeos – dianoias*, lat. *figurae verborum – sententiarum*, frz. *figures de mots – de pensée*, engl. *figures of speech – of thought*). Bei den Wortfiguren geht es immer um Wortlautung, Wortstellung, Wortvariation usw. im Zusammenhang, in Wortgruppen also wie z. B. bei ⟋ Alliteration, Chiasmus, Periphrase. Eine Sonderform der Wortfiguren bilden die ⟋ Tropen, die sich auf die Wortbedeutung beziehen, und zwar von Einzelwörtern, etwa im exemplarischen Fall der ⟋ Metapher. Die Sinn- oder Gedankenfiguren betreffen, ohne an eine bestimmte Sprachform gebunden zu sein, einzig Inhalt und Gestaltung des Gedankens bzw. Textes, haben es also mit übergreifenden Stileinheiten wie Gedankenführung oder Textaufbau zu tun (vgl. ⟋ Disposition und Komposition, Themenentfaltung). Prinzipiell sind alle sprachsystematischen Ebenen im Spiel, von stilistischen Schriftvarianten bis zu Elementen der Textpragmatik.

In neuerer Zeit liegen zahlreiche Versuche rhetorisch, linguistisch, logisch usw. begründeter Systematisierung der Figuren und Tropen vor; kaum weniger zahlreich sind auch Erklärungen des Phänomens. Schon in der Antike (namentlich der römische Rhetoriklehrer Quintilian, 1. Jh. nach Chr.) hatte man als eigentliches Wirkprinzip der rh.F. die bewusst vollzogene Abweichung von der Sprachrichtigkeit erkannt – eine Ansicht, mit der man heute unter dem Etikett der Stilkonzeption ↗ Abweichung von der Norm neuen Wein in alte Schläuche gießt. Tatsächlich bezweckt auch der moderne Gebrauch solcher S., statt des gewöhnlichen Ausdrucks eine sprachlich auffallende, expressive Formulierung zu wählen, die eine kalkulierte Wirkung anstrebt. Ihr Sprachreiz beruht, da immer nur auffällt, was vom Gewohnten abweicht, auf der Überraschung des Erwartungsbruchs. In diesem Punkt hatten bereits die alten Sophisten gelehrt, dass alle Ausdrucksvariation auf vier fundamentalen Veränderungskategorien beruhe: in der lateinischen Terminologie *adiectio* ‹Hinzufügung›, *detractio* ‹Auslassung›, *transmutatio* ‹Umstellung› und *immutatio* ‹Ersetzung› von Sprachelementen (vgl. ↗ Metaplasmus). Die Prozeduren des Hinzufügens, Auslassens, Umstellens und Ersetzens bewirken im Kontrast zur „normalen" Ausdrucksweise eine unerwartete, effektvolle Verdichtung und „Verfremdung" des Textes (dies ein nicht erst seit B. Brecht literaturwissenschaftlich viel diskutierter Begriff). Beides führt über die Erregung von Aufmerksamkeit hinaus auch zu stilistischer Eindrücklichkeit und rhetorischer Überzeugungskraft – eine Wirkung, mit der die Rhetorik stets ihre praktischen, die Poesie eher ästhetische Ziele verfolgt hat.

Stilgefühl n. ‹intuitive Sensibilität für guten Stil›
Eine junge Begriffsbildung, die als stil. Variante des allgemeineren Sprachgefühls meist terminologisch von diesem nicht unterschieden wird: frz. *sens linguistique, stylistique* und Umschreibungen, engl. *linguistic, stylistic instinct, sense, intuition* „what the Germans call ‚Sprachgefühl'" (E. Bach); dt. *Stilgefühl* oder auch *Sprachsinn* für das individuelle Einfühlungsvermögen in Stilfragen.

Die Beurteilung des korrekten Sprachgebrauchs unterliegt unserer grammatischen Regelkenntnis oder, weniger bewusst und exakt, unserem ‚Sprachgefühl'. Dieser „vorwissenschaftliche" Begriff, von der Fachwelt nicht ohne Skepsis betrachtet, meint ein gefühlsmäßiges Reagieren auf Sprachliches hinsichtlich dessen, was richtiges oder falsches Deutsch ist. Über diese korrekte Sprache hinaus gibt es aber auch eine angemessene, gute, ja – meist literaturbezogen – „schöne" Sprache, die in die Zuständigkeit des Stils fällt. Man hat daher von dem einfachen Sprachgefühl ein höheres ‚Stilempfinden' und ‚Stilvermögen' unterschieden, wofür als Bezeichnung ‚Sprachsinn' vorgeschlagen worden ist (vgl. Sammelband «Sprachgefühl?», 1982). In der linguistischen Stilistik wird die über den Grammatikbereich hinausgreifende Seite des Sprachgefühls schon seit längerem S. genannt: „Ein alltagssprachlicher Ausdruck für Stilkompetenz ist Stilgefühl" (B. Sandig, 1986). Als oberste Leitinstanz sprachlichen Handelns gilt in der Linguistik die ‚Sprachkompetenz', die auch über die grammatische Korrektheit des Sprachgebrauchs entscheidet, mit dem Fachausdruck seine ‚Grammatikalität'. Häufig begegnen jedoch grammatisch völlig korrekte und damit der Sprachnorm entsprechende Ausdrucksweisen, die trotzdem aus oft nur schwer exakt zu fassenden Gründen als nicht „gut" oder im Zusammenhang nicht angemessen erscheinen. Dem trägt der Komplementärbegriff der Gebrauchsangemessenheit von Äußerungen Rechnung, fachlich die ‚Akzeptabilität'. Sie vertritt offensichtlich die Stilperspektive: Gutem Stil entspricht die in vollem Umfang akzeptable Ausdrucksform. Die Funktion des S. besteht folglich darin, unter Berücksichtigung eben nicht nur der Grammatik (deren Beherrschung vorausgesetzt wird), sondern aller Kommunikationsumstände anzuzeigen, ob wir etwas gut oder schlecht formuliert finden. Dies kann sogar dazu führen, etwas an sich gut Formuliertes in irgendeiner Hinsicht noch besser auszudrücken. Im Gegensatz zu *richtig*, das kein *richtiger* erlaubt, ist *gut* steigerungsfähig, und die Bewertung als *besser* oder *schlechter* spiegelt individuell wahrgenommene Stilunterschiede.

Das als „subjektiv, naiv, unterschwellig" usw. charakterisierte S., das im Gegensatz zum wissenschaftlichen oder künstlerischen Sprachbewusstsein meist unreflektiert arbeitet, lässt sich als eine Art stilistisches „Fingerspitzengefühl" umschreiben. Ihm liegt, bei jedem Menschen verschieden ausgeprägt und mit unterschiedlichem Bewusstheitsgrad gehandhabt, eine jeweils individuelle Mischung aus angeborenem Sprachtalent, erworbenem Sprachwissen und lebenslanger Spracherfahrung zugrunde. Auch die fachliche ‚Stilkompetenz' wird entsprechend als ein mehr oder weniger intuitives Wissen von Sprachbenutzern definiert, das den Einsatz sprachlicher Mittel unter stilistischem Aspekt reguliert. In seiner Überschneidung mit dem Sprachgefühl unterscheidet sich das S. dadurch, dass ihm über die Beurteilung satz- wie textgrammatischer Sprachrichtigkeit hinaus die weit schwierigere Aufgabe zufällt, auch über die stilistische Angemessenheit und Wirksamkeit von Formulierungen und Texten zu befinden. Die Stillehre sieht einen wichtigen Weg zum guten Stil in der gezielten Förderung, Verfeinerung und Sensibilisierung dieses S.

Stilgeschichte f. ‹Darstellung der Begriffsentwicklung und historischen Ausformungen des Stils›

Ein Allgemeinbegriff, der die Beschreibung des Stilphänomens in seiner geschichtlichen Perspektive und Periodisierung umfasst: frz. *histoire du style*, engl. *history of style*, dt. *Stilgeschichte*.

Streng genommen beginnt alle S. mit dem lateinischen Wort *stilus* ↑ Stil, aber als Wissenschaft *ante litteram* (vor der ausdrücklichen Benennung) hat die ↑ Stilistik, die es so erst seit dem 18. Jh. gibt, ihre antiken Wurzeln vor zweieinhalb Jahrtausenden in der griechischen ↑ Rhetorik. Dies zur allgemeinen Vorgeschichte. Da Sprachstil immer an Texte gebunden ist, lässt sich von einer deutschen S. frühestens mit dem Einsetzen der altdeutschen Überlieferung im späteren 8. Jh. reden.

Die S. stellt Veränderungen in der Auffassung des Stilbegriffs und die jeweils zeittypischen Erscheinungsweisen des Stils dar. Die Theorie solcher Darstellungen folgt der ‚metachronischen' Methode, die in einer Abfolge sowohl ‚synchronisch'-gleichzeitiger als auch ‚diachronisch'-geschichtlicher Querschnitte durch die Sprache die stilgeschichtlichen Zustände und Änderungen in einem rasterartigen Modell zu beschreiben versucht. Sprachentwicklungen im Zeitverlauf vollziehen sich auf dem Wege des ‚Stilwandels', eines meist erst in der Rückschau deutlich werdenden Phänomens, das sich zur S. verhält wie der Sprachwandel zur Sprachgeschichte. Entscheidend in diesem Prozess ist letztlich der Mensch, der sich den wechselnden Bedingungen seiner äußeren Lebenswelt, Denkweisen, Einstellungen usw., vor allem auch seines Wissens und technischen Könnens in neuen Kommunikationsformen anpasst: Stil- und Sprachwandel als Reaktion auf sozial- und kulturgeschichtliche Normveränderungen. Solche Präferenzen im Sprachgebrauch, die auf der natürlichen Veränderlichkeit menschlicher Sprachen beruhen, sind zunächst stilistische Varianten, die dann allgemein gebräuchlich und damit „Grammatik" werden: Grammatik sei, so L. Spitzers bekanntes Diktum, „nichts als gefrorene Stilistik". Ursprünglich individuelle Stileigenheiten, die von den anderen Sprachbenutzern akzeptiert werden und in die Gemeinsprache gelangen, bilden nach dieser Auffassung die Grundelemente der Sprachentwicklung.

S. und Stilwandel gehören theoretisch in die Zuständigkeit einer ‚Historischen oder diachronen Stilistik‘, zu der es in jüngster Zeit neue sprachwissenschaftliche Ansätze gibt. Zentraler Begriff ist der ↑ ‚Zeitstil‘, woneben die geläufigen Bezeichnungsvarianten ‚Epochen- oder Periodenstil‘ mit aller Deutlichkeit zeigen, dass die zeitstilistischen Einteilungen der Vergangenheit aus literaturwissenschaftlicher oder kunstgeschichtlicher Tradition herrühren. Unbestritten verdanken wir namentlich den „Dichtern und Denkern" zu allen Zeiten nicht nur viele Sprachneuerungen, sie waren es auch, die den jeweiligen „Zeitgeist" wesentlich mitgeprägt haben. Aber derselbe, unentwegt fortschreitende Stil- und Sprachwandel ist wiederum daran schuld, dass wir heute den rhetorischen Sprachdekor des Barock als gekünstelt oder z. B. Goethes und Schillers Sprache bei aller Bewunderung ihrer dichterischen Kraft als altertümlich empfinden. Jede Zeit hat ihre typische Sprache, und die Menschen einer solchen Epoche teilen, mit gewissen Toleranzen, eine gemeinsame Spracheinstellung wie auch stilistische Wertungen. Das gilt jedoch im Verlauf der S. immer nur für die Aktualität einer historischen Zeitspanne; besonders schwierig und nur tendenziell zu erfassen ist der Zeitstil unserer ‚Gegenwartssprache‘.

Stilhöhe, auch Stilsphäre ↑ **Stilschicht**

Stilideal ↑ **Stilnorm**

Stilistik f. ‹Wissenschaft vom Stil (Sprachstil)›
> Eine junge Wissenschaft, die in der Nachfolge der Rhetorik steht; ihre Bezeichnung – vom Wort *Stil* abgeleitet – kam im Frankreich des 18. Jh. auf: frz. *stylistique*, auch *art du style*, engl. *stylistics*, dt. *Stilistik* (*Stilistik* erstmals bei dem Frühromantiker Novalis, 1798/99) sowie vor allem älter *Stilkunde*, Stillehre, *Stilkunst*.

Während des 18. Jh. vollzog sich eine allmähliche Ablösung der alten ↑ Rhetorik durch die S., die als neue ‹Lehre vom sprachlichen Ausdruck› nur einen der fünf klassischen Hauptteile des rhetorischen Systems fortsetzte, die Darstellung der sprachlichen Stilisierung (*elocutio*). Terminologisch fungiert die S. erstens als umfassender Oberbegriff – daneben ‚Stilwissenschaft, Stilforschung‘, älter auch ‚Stilkunde‘ (sogar ‚Stilologie‘) – für die wissenschaftliche Beschäftigung mit Stil schlechthin, speziell als Sprachstil. Zweitens wird derselbe Ausdruck in einem enge-

ren Sinn auch für praktische Stiluntersuchungen verwendet, so namentlich im Titel vieler Stilbücher. Als die für Stil zuständige Wissenschaft
lässt sich die S. systematisch in drei Teilbereiche aufgliedern. Unter theoretischem Aspekt hat sie zu tun mit Stildefinition, Erklärungsmodellen,
Herausarbeitung stilistischer Elemente, Strukturen usw., auch der Rekonstruktion des produktiven Prozesses der Stilbildung (↑ Stiltheorie).
Unter empirisch-deskriptivem Aspekt widmet sie sich der stilanalytischen Methodik und praktischen Stiluntersuchung von Sprache und Texten, speziell der Beschreibung von Stilelementen, Stilstrukturen usw. sowie der Rekonstruktion des rezeptiven Stilverstehens (↑ Stilanalyse, das
ist S. im engeren Sinn). Unter präskriptiv-normativem Aspekt behandelt
sie Stilnormen, Stilprinzipien, Stilregeln, die Anwendung von Stilmit-
teln usw. wie auch die Rekonstruktion des kreativen Umgangs mit Sprache (Stildidaktik, ↑ Stillehre). Die deskriptive und präskriptive Praxis
wird auch als ‚angewandte S.‘ zusammengefasst.

Im Kanon der philologischen Wissenschaften fand die S. zuerst
ihren Platz in der Reihe «Poetik – Rhetorik – Stilistik» (so W. Wackerna-
gels Basler Vorlesungen, 1836/37). Da Stil damals grundsätzlich als dichterischer Personalstil verstanden wurde, oblag die Federführung lange
uneingeschränkt der Literaturwissenschaft; erst seit Ch. Ballys «Traité de
stylistique française» (1909) gibt es auch eine sprachwissenschaftliche
Stilforschung. Aufgrund des gemeinsamen Gegenstandes Sprache und
ihrer wechselseitigen Beziehungen betrachtete man in der Folge die S.
als eine Disziplin, die gewissermaßen die „Brücke" zwischen Sprach- und
Literaturwissenschaft bildete. Der Höhenflug der modernen Linguistik
seit den 60er Jahren brachte es mit sich, dass einerseits die Richtung der
‚Linguistischen Poetik‘ auch die Sprachkunst der Dichtung zu ihrem
Untersuchungsobjekt machte, wie andrerseits die Sprachstilistik meist
der Linguistik zugeordnet wurde (terminologische Unterscheidung
‚Poetostilistik – Linguostilistik‘).

Als die neu aufkommende ↑ Textlinguistik seit Mitte der 60er Jahre
das vorher durch Rhetorik und S. mitberücksichtigte Textganze zu ihrer
Domäne erklärte, schien das eine eigene stilistische Disziplin überflüssig
zu machen, und tatsächlich findet man diese auch als „Teil der Textlinguistik" bezeichnet. Es ist aber wissenschaftlich durchaus nichts
Ungewöhnliches, wenn ein und derselbe Gegenstand aus wechselnden
Perspektiven und damit von verschiedenen Wissenschaftszweigen behandelt wird (Wasser etwa als chemisches, medizinisches, meteorolo-

gisches usw. Phänomen). Heute sieht man S. und Textlinguistik durchweg in einem Komplementärverhältnis der Eigenständigkeit bei gegenseitiger Ergänzung: Sucht die Textlinguistik hauptsächlich in syntaktisch-semantischer Strukturbeschreibung das grammatisch Regelhafte der Textkonstitution festzustellen, und zwar systematisch, so geht es der S. eher auswählend und vergleichend um das Erfassen charakteristischer Sprachmuster eines Textes, ihrer Wiederholung und Variation. Auch wo nur von *Stil* die Rede ist, wird darunter im Allgemeinen „guter Stil" verstanden (oder andere Qualifizierungen); textlinguistische und stilistische Betrachtung unterscheiden sich daher grundlegend im Gegensatz Beschreibung – Bewertung. Folgerichtig gilt die S. als eine selbstständige Paralleldizplin zur Literatur- wie Sprachwissenschaft, namentlich auch zur Textlinguistik, insofern sie ihren gemeinsamen Gegenstandsbereich ,Sprache in Texten' mit jeweils verschiedenen Prämissen, Methoden und Zielsetzungen angehen.

Die Komplexität der Sprache hat die Sprachwissenschaft veranlasst, sie aus methodischen Gründen in eine Anzahl sich gewissermaßen additiv aneinander reihender Sprachaspekte aufzuteilen (entsprechend den linguistischen Beschreibungsebenen). Ihnen sind üblicherweise grammatische Teildisziplinen zugeordnet: Phonetik/Phonologie, Morphologie, Syntax, Textlinguistik usw. (ferner anwendungsbezogene Disziplinen wie Sozio-, Psycho- oder Pragmalinguistik). Schema Konfigurationssystem der „Wissenschaften von der Sprache":

Sprachwissenschaft/	Phonologie	*Linguostilistik*
Linguistik	Morphologie	
	Syntax	
	Textlinguistik usw.	
Stilwissenschaft/	entsprechende	Stilanalyse (S. im engeren Sinn)
Stilistik	stilistische	Stiltheorie
(im weiteren Sinn)	Aspekte	Stildidaktik (Stillehre)
	Metrik	*Poetostilistik*
	Poetik	
Literaturwissenschaft	Literaturtheorie	
	Literaturgeschichte usw.	

Die „entsprechenden stilistischen Aspekte" bedürfen einer Erläuterung:
Da grundsätzlich jedes Sprachelement vom Buchstaben bis zu Texteinheiten als Stilelement verwendet werden kann, legt die S. nicht einen
Querschnitt durch all jene Teilgebiete der Sprache, wie sie linguistisch
vorgegeben sind, sondern hat es jeweils parallel dazu mit den Stilqualitäten von Lautung, Formen, Satzbildung usw. zu tun. Diese Segmentierung in verschiedene Teilaspekte hat ihre Aufgliederung in entsprechende Spezialgebiete zur Folge: ↑ Lautstilistik, Wortstilistik, Satzstilistik,
Textstilistik, immer mit klar eingegrenzten Aufgabenstellungen. Erst in
jüngster Zeit ist eine sachliche und terminologische Scheidung der genannten „grammatischen" von den textübergreifenden Kategorien vollzogen worden (vgl. ↑ Makro- und Mikrostilistik).

Stilklassifizierung ↑ **Stiltypologie**

Stillehre f. ‹Anleitung zum angemessenen schriftsprachlichen Ausdruck›
    In der Aufgliederung der Stilistik ihr dritter, „praktischer" und öffentlich-
    keitswirksamer Teil: frz. *enseignement, traité de style, art du style* ‹Lehre, Lehr-
    buch, Kunst des Stils›, engl. (fachlich) *pedagogical stylistics*, (literarisch) *art
    of composition* ‹didaktische Stilistik, Darstellungskunst›; dt. als Fachwort
    Stildidaktik, allgemein *Stillehre* oder *Stilkunde*, vor allem in Buchtiteln *Stilistik*
    (veraltet *Stilkunst*), und zwar sowohl für den Vorgang praktischer Stilunter-
    weisung wie konkret für Stil-Lehrbücher.

Die S. als normativ-präskriptiver oder stildidaktischer Teilbereich der
↑ Stilistik wird seit dem späteren 19. Jh. weitgehend außerhalb des fachwissenschaftlichen Rahmens als „populäre" Stilunterweisung betrieben.
Nachdem sich schon vorher die Schul- und Aufsatzdidaktik verselbstständigt hatte, kamen damals für bestimmte Sparten des öffentlichen
Lebens – wie das „Amtsdeutsch" in Behörden und Verwaltung, Geschäftskorrespondenz, Journalistensprache usw. –, nicht zuletzt auch
für den allgemeinen Sprachgebrauch spezielle Stil- und Sprachlehr-
bücher auf den Markt: Neben ‚Briefstellern', einer jahrtausendealten
Textart, waren dies insbesondere ‚Antibarbari' (veralteter Titel sprach-
kritischer Werke zur Bekämpfung von Sprach- und Stilfehlern, am bekanntesten G. Wustmanns «Allerhand Sprachdummheiten», 1891), eine
vielfältige Ratgeber-Literatur in Sprachfragen, Stillehren aller Art, neuerdings sog. Schreib- und Kommunikationstrainings.

Seit ihrem Aufkommen gegen Ende des 18. Jh. (in Fortsetzung der rhetorischen *elocutio*) war die Stilistik, als neue Lehre vom Stil, mit der Gestaltung des sprachlichen, genauer schriftsprachlichen Ausdrucks befasst. Diese Festlegung als Schreibstil hatte nicht nur damit zu tun, dass die ↗ Rhetorik fortan wie in alten Zeiten als Lehre der mündlichen Rede fortlebte; vielmehr lag das wohl in der damaligen Auffassung des Stils als Persönlichkeitsstil dichterischer Prägung begründet: Nicht von ungefähr schmückten sich ältere Stillehren gern mit dem Titel «Stilkunst» (am bekanntesten E. Engel, 1911; L. Reiners, 1944). Der moderne Trend geht in Richtung wirksamer Stil-Sachbücher, die meist von Schriftstellern, Journalisten oder Lehrern verfasst werden. Einerseits haben sie sich von wissenschaftlicher Seite des Einwandes zu erwehren, es fehle ihnen an den notwendigen fundierten Fachkenntnissen; andrerseits sind sie aber perfekt „gemacht" (griffige Titel, eingängige Darstellung, attraktive Formulierung), womit ihnen der Bucherfolg in einer weiteren Öffentlichkeit sicher ist. Diese praktische S., von Laien für Laien geschrieben und darum als „laien-linguistisch" bezeichnet, entspricht offenbar einem verbreiteten Bedürfnis. Sie hat ihre gleichwohl nicht problemlose Berechtigung, solange die sich in strikter Deskription übende Fachwissenschaft und die sich aufs Schulische beschränkende Fachdidaktik nicht bereit sind, ihrerseits die Aufgaben einer kompetenten Stilkritik, Stilbewertung und auch S. wahrzunehmen.

Stilnorm, meist Pl. **Stilnormen** f. ‹allgemeine Handlungsanleitungen, die sich auf die stilistische Gestaltung von Texten beziehen›

> Ansätze für moderne sprachstil. Normierungen bot die antike Rhetorik mit ihrer umfassenden Theorie und Technik der Rede- und Sprachkunst, fortgeführt im mittelalterlichen Trivium der sieben „Freien Künste" (*artes liberales*); dort sind typische und in ihrem Gebrauch genormte Grundverhaltensweisen menschlichen Denkens und Redens fixiert: griech.-lat. *norma* f. ‹Maßstab, Regel, Vorschrift› (Herkunft unklar, ursprünglich ein handwerkliches Winkelmaß), frz. *norme (stylistique)*, engl. *(stylistic) norm*, dt. *Norm* als Bezeichnung für allgemein anerkannte, als verbindlich geltende Leitvorstellungen menschlichen Sozialverhaltens, auf Sprache bezogen *Sprach-* oder *Stilnorm*.

Es gibt – neben obligatorischen Reglementierungen der Sprache wie z. B. orthographischen und grammatischen Regeln – tendenzielle Leitvorstellungen, allgemeine Grundsätze, Verhaltensmuster oder wie immer man sie benennt, die den individuellen Sprachgebrauch der Menschen mehr oder weniger verbindlich ordnen. Der Fachausdruck ist ‚Sprachnormen‘ oder S., wenn es nicht um die feste grammatische Struktur, sondern um die flexiblere stilistische Handhabung des Sprachgebrauchs geht.

Sprachtheoretisch beruht die linguistische Urteilsfähigkeit auf der ‚Sprachkompetenz‘ der Sprecher/Schreiber; sie richtet sich nach der ‚Sprachnorm‘ als Regulativ aus und wird empirisch fassbar im persönlichen ‚Sprachgefühl‘, das wiederum Sprachwissen und Spracherfahrung eines Menschen spiegelt. Die Beurteilung stilistischer Qualität obliegt entsprechend einer ‚Stilkompetenz‘, die über der sprachlichen Grundkompetenz operiert und nicht nur die grammatische Korrektheit (‚Grammatikalität‘), sondern im Bereich der ‚Akzeptabilität‘ auch die erwartbare, situativ angemessene und charakteristische Ausdrucksweise betrifft. Mit „charakteristisch“ kann die individuelle Stileigenart gemeint sein, doch auch die Typik von Funktional- oder Textsortenstilen, Zeitstilen usw. Das hierfür zuständige feinere ↗ ‚Stilgefühl‘ wertet unter dem Einfluss einer S., die sich auf schulische Stilunterweisung oder eigene Wertmaßstäbe gründet. Wie das Stilgefühl ist das Normbewusstsein von Mensch zu Mensch verschieden ausgeprägt, im Allgemeinen stärker für die geschriebene als gesprochene Sprache. S. sind überindividuell geltende Sprachanleitungen, die individuelle Gestaltungsmöglichkeiten offen lassen; sie erscheinen als weitgehend verbindliche Richtlinien eines konventionell festliegenden und gesellschaftlich sanktionierten Sprachverhaltens.

Im Zusammenhang mit der Stilauffassung ↗ Abweichung von der Norm, die während der 60er/70er Jahre sehr populär war, stellte sich die Frage nach der Art dieser Norm. Die damals diskutierten Möglichkeiten, ob Deskription des Sprachsystems, Gebrauchsnorm des sog. „guten“ Sprachusus, statistische Durchschnittsnorm oder normativ gesetzte Idealnorm, haben alle ihre Probleme. Letztlich lief es meist auf den Ansatz einer irgendwie „normalen“ Sprache (im Sinne eines undifferenzierten Standards) hinaus, die als gewissermaßen „neutrale“ Basis diente, von der abgewichen wurde. Der Grundfehler war, von einer ‚extratextuellen‘, d. h. in welcher Form auch immer außerhalb des Textes liegenden Norm auszugehen. Da Stil aber eine Eigenschaft von Texten ist, manifestiert sich die S. erst in den typischen Stileigenheiten eines Textes; mithin gibt es keine absolute S., sondern differierende, stets an Texte und Textsorten gebundene Stilnormen. Nicht nur, dass diese sich ständig im

Verlauf der Zeit auf dem Wege des Stilwandels verändern (↗ Zeitstil), sie
unterscheiden sich auch je nach Kommunikationspartnern, Kommunikationssituationen, Kommunikationsbereichen usw. Folgerichtig wäre
es, als oberste stilistische Leitinstanz – etwa im Sinne eines übergeordneten ‚Stilideals‘ unserer Zeit – eine ‚kommunikative Gebrauchs-
adäquatheit von Äußerungen‘ zu formulieren, in der alle relevanten Faktoren des Kommunikationsaktes im Rahmen des menschlichen
Sprachhandelns angemessen berücksichtigt werden.

Wenn die S. textgebundene Handlungsanleitungen freilich all-
gemeinster Art sind, dann sollte es sich, auch wenn ihre Definition und
Beschreibung Schwierigkeiten bereitet, um relativ konkrete oder wenigstens konkretisierbare Vorstellungen handeln. In der Stilistik wird diese
Konkretisierung in zwei Schritten vollzogen: erstens durch ↗ Stilprinzipien, die in normativer Form bestimmte, umfassende stilistische Leit-
begriffe darstellen, wie ‚Kürze, Klarheit, Anschaulichkeit‘ usw.; zweitens
durch ↗ Stilregeln, die solche relativ weit gefassten Grundsätze präskriptiv in explizit formulierte, detaillierte Stilanweisungen umsetzen, z. B.
sich kurz, klar, anschaulich auszudrücken. In dieser Hierarchie haben
die S. als nicht eigentlich fixierte, doch in der üblichen Sprachpraxis
vorausgesetzte Handlungsorientierungen den Charakter von „Rahmen-
vorschriften“; sie werden in ihren Hauptpunkten durch eine wechselnde
Anzahl von Stilprinzipien konkret ausgefüllt, die ihrerseits wiederum
Ausführung in praktischen, wenn auch nicht immer unproblematischen
Stilregeln finden.

Während die wissenschaftliche Stilistik sich in Fragen der Normie-
rung, Wertung und Reglementierung immer zurückgehalten hat, bilden
strikte Regularitäten das Reich der sog. populären ↗ Stillehre, die als
‚normativ‘ und ‚präskriptiv‘ gekennzeichnet wird. Obwohl es keineswegs
an modernen Rede- und Schreibanleitungen, Sprachratgebern, Kommunikationstrainings usw. fehlt, folgen die maßgebenden älteren Stillehren immer noch einer traditionellen S., die als ‚Idealnorm‘ eines „guten Stils“ in ihrem humanistisch-bildungssprachlichen Fundament aus
dem 18. Jh. stammt und sich ausdrücklich auf die klassische Vorbildhaftigkeit unserer großen Dichter und Schriftsteller beruft. In der Herausstellung von Stilprinzipien wie z. B. ‚Schönheit, Anschaulichkeit,
Leichtverständlichkeit‘ sowie Regeln in autoritativer Ge- und Verbots-
form wird ein Absolutheitsanspruch erhoben, der moderne Gesichtspunkte wie etwa den kommunikativen Handlungsrahmen, die Funktio-

nalität aller Stile oder die Wichtigkeit der Textsorten (↗ Textstilistik), vor allem aber die grundsätzliche Variabilität der S. selbst außer Acht lässt. Wie die Verletzung sprachlicher Regeln einerseits als Fehler, andrerseits in poetischer Lizenz als ‚Abweichung' gelten kann, so entwickeln literarische Texte auch ihre eigenen Normen, die Spielräume für kreativen Sprachgebrauch erschließen. Außerhalb der Sprachkunst jedoch richtet sich die stilistische Gestaltung weitgehend nach den jeweiligen Textsorten, die in ihren Anforderungen und Toleranzgrenzen teilweise kodifiziert, d. h. in normativer Weise festgelegt, oder intuitiver Bestandteil unseres Alltagswissens sind.

Stilprinzip, meist Pl. **Stilprinzipien** n. ‹Grundsätze einer stilistisch wirkungsvollen Textgestaltung›
  Auf antiken Grundlagen fußende moderne Begriffsbildung (18. Jh.), geläufig vor allem in der Stillehre: pluralisch griech. *aretai* (Sg. *arete*) *tes lexeos*, lat. *virtutes* (Sg. *virtus*) *dicendi* oder *elocutionis*, wörtlich ‹Tugenden der Rede, Stilmaximen› und als solche Hauptgesichtspunkte der antik-mittelalterlichen Formulierungslehre; neuzeitlich aufgenommen in frz. *principe(s) de style*, engl. *principle(s) of style*, dt. *Stilprinzip, -prinzipien* (alle hergeleitet von lat. *principium* ‹Anfang, Grundlage›, später auch ‹Grundsatz›) – stil. Grundsätze also, die besonders der praktischen Stillehre als Richtlinien bewusster Formulierung und Textgestaltung dienen.

S. sind bestimmte, im Zeitverlauf wandelbare, normative Ziel- und Leitvorstellungen, nach denen sich Ordnung und Einsatz der Stilmittel regeln. Als grundlegende Prinzipien der Sprachgestaltung leisten sie einerseits die Auffächerung des jeweils herrschenden Stilideals (↗ Stilnorm) in seine verschiedenen Aspekte. Andrerseits stellen sie relativ weit gefasste Ordnungsbegriffe dar, die deswegen einer Umsetzung in konkrete Regeln (↗ Stilregel) bedürfen, um für die stilistische Praxis wirksam zu werden. Dieses Begriffsgefüge, hierarchisch in Form einer Pyramide darstellbar, lässt sich mit einem Vergleich aus dem politischen Leben verdeutlichen: S. verhalten sich zum dominanten Stilideal wie Gesetze zur Verfassung, und die ihnen wiederum untergeordneten Stilregeln liefern die speziellen „Ausführungsbestimmungen". S. stellen folglich eine Art „Vermittlungsinstanz" dar zwischen den ↗ Stilelementen und dem Stilganzen eines Textes, und zwar aus der Sicht des ‚Produzenten'; aus der ‚Rezipienten'-Optik trifft diese Beschreibung übrigens genauso auf ↗ Stilzüge zu.

Seit den Tagen der alten Rhetorik gab es ein System sog. „Stiltugenden": an ihrer Spitze die Angemessenheit (*aptum, proprietas*), weiterhin Klarheit oder Deutlichkeit (*perspicuitas*), Redeschmuck (*ornatus*) und Sprachrichtigkeit, damals auf das Lateinische bezogen, auch als Sprachreinheit bezeichnet (*latinitas*, griech. entsprechend *hellenismos*, allgemein *puritas*) – eine klassische „Quadriga der Stilqualitäten" (B. Asmuth), denen sich seit den Stoikern als fünfte noch die Kürze (*brevitas*) zugesellte. Diese „älteren" S. hielten sich durch Antike und Mittelalter bis ins 18. Jh., als Wortgepränge und Schwulst der barocken Sprachkunst nicht nur den Redeschmuck, sondern die ganze Rhetorik in Misskredit brachten. An ihre Stelle trat die junge Stilistik, und gleichzeitig kamen damals „neue" S. auf, vor allem ‚Natürlichkeit' und ↗‚Anschaulichkeit', die sich aus der Abkehr von den früheren rhetorisch-poetischen Reglementierungen erklären.

In den heute gängigen Stillehren der deutschen Sprache, unserer ‚Gegenwartssprache' also, wird eine wechselnde Anzahl von Leitbegriffen ins Feld geführt, alte wie neue, die als derzeit aktuelle S. zu gelten beanspruchen. Sie präsentieren sich durchweg in vager, d. h. undefinierter Verwendung, mit vielerlei Sach- oder Formulierungsvarianten, alle aber mit dem Eindruck unsystematischer Zufälligkeit. Es folgt eine kleine, „sortierte" Auswahl: *Angemessenheit (in Ton und Sache); Klarheit, Eindeutigkeit, Vollständigkeit; Leichtverständlichkeit, Übersichtlichkeit, Eingängigkeit; Knappheit, Kürze, Mäßigkeit, Sparsamkeit; Genauigkeit, Sachlichkeit, Natürlichkeit; Anschaulichkeit, Lebendigkeit, Farbigkeit.* Ein Hauptmangel dieser Gesichtspunkte liegt im Fehlen klarer Zielvorstellungen der stilistischen Ausrichtung: etwa die persönliche Individualität, adressatenbezogene Verstehbarkeit, Logik der Sache oder Begriffsschärfe, sprachliche Ökonomie, sachliche Funktionalität usw. Grundsätzlich verkannt ist die Text- und Textsortenorientiertheit des Stils, der sich – als eine Eigenschaft von Texten – immer erst im konkreten Textbezug einer speziellen Kommunikationssituation manifestiert (↗ Textstilistik). Daher lassen sich die S. durch ihre Verankerung im Kommunikationsmodell systematisieren und durch ihre Anbindung an einzelne Kommunikationsfaktoren linguistisch fundieren. Im Zusammenwirken aller relevanten S. ergibt sich die Stilbildung eines Textes – entsteht, anders ausgedrückt, sein signifikanter Stil.

Stilregel f. ‹regelhafte Anleitung zu stilistisch guter Ausdrucksweise und Darstellung›

In dieser spezialisierten Form hauptsächlich ein Begriff der dt. Stillehre, der gleichwohl auf allgemeine Regelvorstellungen der älteren Zeit zurückgreifen kann: griech. *kanon* m. eigentlich ‹Richtscheit› (Stab), dann ‹Regel›, lat. *canon* sowie *doctrina* f. ‹Unterweisung, Lehre›, *praeceptum, praescriptum* n. ‹Vorschrift, Regel›, vor allem das in den jüngeren Sprachen fortgesetzte *regula* f. ursprünglich ebenfalls ‹Richtschnur, Maßstab›, später ‹Grundsatz, Vorschrift, Norm› (dabei sowohl Kanon als auch Regel zunächst vorzugsweise in kirchlichen Verwendungen für Rechtsvorschriften und besonders als klösterliche Ordensregel); in allgemeinem Sinn frz. *règle*, engl. *rule*, dt. *Regel*, hier speziell auch als Sonderform der Sprachregel fachlich *Stilregel*, daneben in den Stillehren eine Vielzahl von Umschreibungen (*stil. Lehrsätze, Ge-* und *Verbote, Vorschriften, Anweisungen, Instruktionen, Ratschläge, Faustregeln, ja Rezepte*).

Die S. sind es, die neben ↑ Stilprinzipien den Bereich der präskriptiven oder normativen Stilistik prägen, eben die ‚Regelstilistik' (↑ Stillehre). Theoretisch handelt es sich um konkrete, zu praktischer Anwendung gedachte Stilvorschriften, die jene allgemeineren Grundsätze in eine klare Regelformulierung umsetzen, z. B. das Prinzip sprachlicher Knappheit in die prägnante Anweisung: „Fasse dich kurz!" Zur Form solcher Regeln ist zu bemerken, dass sie früher meist in direkter *du-* oder *Sie*-Anweisung erfolgten (*schreib, schreibt, schreiben Sie* …); moderner sind, der Rezeptform aktueller Kochbücher entsprechend, kurze Infinitivsätze der Art: „Mit Wörtern geizen. Kompliziertes gläsern gliedern. Die deutsche Syntax überlisten" usw. – stilistische „Rezepte', ganz wörtlich genommen" (W. Schneider, 1994).

Ein stildidaktisch höchst zweifelhaftes Mittel bilden die – neben den positiven Geboten – sehr beliebten Verbote, die vielfach schon seit langem als grammatisch unzulässig geltende Sprachfügungen anprangern (der antiquierte „Satzdreh nach *und*", logisch falsche *um zu*-Sätze, Adjektivverbindungen wie *der heiße Würstchenverkäufer, die seltene Rarität* usw.). Von solcher Negativexemplifizierung trivialer Nichtigkeiten abgesehen, zeigt sich, dass derartige S. im Falle exakter Regelfassung oft undifferenziert, nämlich ohne Berücksichtigung der Kommunikationssituation, der Textsorte, der stilistischen Angemessenheit und anderer Umstände, verabsolutiert werden – soll man sich immer in lakonischer Kürze äußern? Meistens aber sind sie umgekehrt in gummiartiger Dehnbarkeit und damit nicht klar nachvollziehbar formuliert – wie lässt sich die deutsche Syntax überlisten? Das erklärt, warum die Stilwissenschaft sich lieber auf strikte Deskription beschränkt: Sie beschreibt nur, was stilistisch ist, nicht wie es sein soll. So bleibt dieses Arbeitsfeld der „populären Stillehre" überlassen, einer sog. Laien-Linguistik, die – von Laien für Laien – eine in ihrer Darstellungsweise gekonnte, jedoch nicht durchweg sachgerechte Stilbelehrung betreibt.

Der Begriff der S. ist aus sprachwissenschaftlicher Sicht problematisch. Alle Regeln, also auch die des Stils, sind im Ablauf der Zeit Veränderungen unterworfen: Was heute Regel ist, kann morgen schon nicht mehr gelten, oder was wir jetzt noch als Ausnahme betrachten, bald schon gültige Regel sein (Wandel der ↗ Stilnorm). Verglichen mit den weithin obligatorischen Sprachregeln, erlauben S. streng genommen keine verbindliche Festlegung im Sinne einer dudengerechten Vorschrift: Erstens gibt es immer verschiedene Möglichkeiten, denselben Sachverhalt stilgerecht auszudrücken; eine von diesen Varianten für die absolut und generell maßgebende zu erklären, scheitert daran, dass die von Fall zu Fall gerade „richtige" Stilgebung von den jeweils wechselnden Kommunikationsbedingungen abhängt. Zweitens kann jede Stilvorschrift durchbrochen werden und dieser Verstoß, eigentlich „Fehler", gilt fatalerweise sogar als besonderes Stilistikum, wenn er einer stilistischen Absicht entspringt (↗ Abweichung von der Norm).

Stilrezeption f. ‹Prozess der Stilwahrnehmung und -verarbeitung›
Moderner, vor allem im Dt. theoretisierter Begriff, der im Zusammenhang mit ling. Textrezeption und literaturwiss. Rezeptionsästhetik zu sehen ist: frz. allgemein *réception* (*du discours, style*), engl. *reader-response theory*, dt. fachlich *Stilrezeption* für das stil. Wahrnehmen und Verstehen von Texten.

Die S. ist begriffliches Pendant zur ‚Stilproduktion', dem Akt des Stilisierens einer Äußerung oder eines Textes. Beide sind Teilprozesse der Sprachverarbeitung. Obwohl es nahe liegt, die S. als Umkehrung des Vorgangs der Stilproduktion aufzufassen, besteht kein reziprokes Verhältnis: Stilistische Informationen können anders rezipiert werden, als sie vom Autor intendiert sind. Der Rezipient eines Textes (Hörer/Leser) tritt stiltheoretisch in zwei Funktionen auf: erstens sozusagen als Zielfigur, die der Textproduzent (Sprecher/Schreiber) im Auge hat, vgl. ↗ Adressatenbezug; zweitens aber in seiner spezifischen Rolle als Leser, da jeder Text bei seiner Rezeption eine Eigenwirkung entfaltet, zu der auch der Rezipient nicht unwesentlich beiträgt. Stilistische Phänomene treten also nicht nur bei der (aktiven) Sprachäußerung auf, sondern ebenso bei der (passiven) Textaufnahme. Es gibt folglich eine spezielle Stilistik des Hörens und vor allem Lesens, die als ‚Rezeptionsstilistik' bezeichnet worden ist (R. Thieberger, 1988).

Unter den Modellen der Leser-Text-Beziehung, die großenteils von literaturwissenschaftlicher Seite stammen, hat die Vorstellung eines ‚idealen Lesers' besondere Faszination ausgeübt. Wie bei seinem Vorbild, N. Chomskys berühmt gewordenem ‚idealen Sprecher' mit seiner absolut perfekten Sprachkenntnis, ist das Adjektiv im Sinne von „idealisiert" zu verstehen: ein Leser also, der Bedeutung und Sinn eines Textes in allen Einzelheiten und jeder Hinsicht ebenso richtig wie vollständig erfasst, ohne die Unzulänglichkeiten und Subjektivität normaler Leserreaktion – aber ein Leser auch, der unberührt von allen sprachpsychologischen und -soziologischen Bedingtheiten eine als *homo linguisticus* apostrophierte Abstraktion bleibt. Dieser ideale Leser spielte eine Hauptrolle in verschiedenen strukturalistischen Modellentwürfen; so sind in Frankreich, wo dem *récepteur* im Hinblick auf das stilistische Verstehen (*lisibilité*) und die literarische Qualität (*littérarité*) von Texten großes Gewicht beigemessen wird, namentlich R. Barthes und M. Riffaterre zu nennen, der eine operationalisierbare Lösung in dem Konstrukt des ↗ Archilesers suchte.

Im Deutschland der 70er Jahre entwickelte die „Konstanzer Schule" (federführend H. R. Jauß und W. Iser) ihr Konzept einer Rezeptionsästhetik, in deren Mittelpunkt die Figur des ‚impliziten Lesers' steht. Der Autor projiziert seine Vorannahmen über den intendierten Leser in Form von ‚Präsuppositionen' (das sind implizite Voraussetzungen von Aussagen) in seinen Text, wo sie als offene oder versteckte Verstehenssignale dienen. Der Text enthält außerdem sog. Leerstellen, die dadurch, dass der Leser sie dem Textzusammenhang entsprechend und mit Hilfe seines kulturellen Wissens ausfüllen muss, seine direkte Mitwirkung bedingen; überhaupt bauen erst sein Verständnis, Bildungsniveau, Geschmack usw. einen speziellen ‚Erwartungshorizont' auf, der bestimmend für den Rezeptionsprozess und die Interpretation von Texten ist. Diese Vorstellungen hatten nicht nur Einfluss auf andere Wissenschaftszweige wie Linguistik, Psychologie und Philosophie, sondern auch auf die englisch-amerikanische Rezeptionstheorie (*reception theory, reader-response criticism*), wo man neben dem idealen Leser nun auch den impliziten (*implied reader*) diskutierte. Kritische Einwände galten vor allem dessen ausschließlichem Bezug auf die Textstruktur, und so wurde ihm ein „unterrichteter" Leser (*informed reader*) entgegengestellt, der im aktuellen Umgang mit dem Text real, in der vorausgesetzten extrem feinfühligen und klugen Literatureinsicht jedoch ideal ist. In seiner ‚Affektiven Stilistik' (*affective stylistics*) geht es St. N. Fish nicht so sehr um emotionale Leserreaktionen als vielmehr in erster Linie um die mentalen Operationen beim Lesevorgang.

Alle vorgeführten Leserfiguren, so die grundsätzliche Kritik, bleiben letztlich subjektiv, vage und schwer zu verifizieren. Obwohl sie durchweg auf die Rezeption literarischer Werke ausgerichtet sind, lassen sich manche Erkenntnisse über die Aktivitäten des Lesers auch für Texte anderer Art und damit die S. im Allgemeinen nutzbar machen (die Leerstellen-Theorie etwa, der sich mit der Textlektüre aufbauende Erwartungshorizont des Lesers usw.). Als grundlegende Feststellung bleibt, dass der Hörer/Leser nicht nur als Adressat eines Textes, sondern auch bei dessen Rezeption (Aufnehmen, Verstehen, Interpretieren) eine große Rolle im Stilprozess spielt.

Stilschicht, meist Pl. **Stilschichten** f. ‹Modell zur Markierung der stilistischen „Höhenlage" von Sprachelementen›

Ein in dieser Form dem Dt. vorbehaltenes Stilschichten-Modell, das auf einer Skala Wörter und Wendungen einer bestimmten Stilhöhe zuordnet: frz. *niveaux de langue,* auch *les trois styles* (*relevé, neutre, bas*), folgt ebenso wie die Dreiergruppe engl. *high (grand), middle, low (plain) style* literaturorientiert dem alten Muster der drei Genera dicendi (Stilarten); dt. *Stilschicht* (weniger terminologisiert *Stilhöhe, -sphäre*), meist inkorrekt mit Stilebene gleichgesetzt, dient im Pl. als soziostil. Ordnungsschema für lexikalische ‚Nuancierungen' in Wörterbüchern.

Auch das Modell der S., wie es erstmals im «Wörterbuch der deutschen Gegenwartssprache» und im «Duden-Stilwörterbuch» zugrunde gelegt und seither viel diskutiert worden ist, steht in der Tradition der rhetorisch-poetischen ‚Stilarten', der antiken „Dreistil-Lehre" also und folgend im Mittelalter der zwei Arten eines „schweren" und „leichten" Sprachschmucks im Rahmen der Ornatus-Vorschriften (↗ Rhetorik). Die moderne Klassifizierung, sprachwissenschaftlich und soziostilistisch fundiert, bietet ein ‚diastratisches', d. h. schichtenspezifisches Raster hierarchisch gegliederter Sprachebenen, denen sich entsprechend ‚markiertes' Wortgut zuordnen lässt. Trotz aller Unterschiede im Einzelnen wird immer noch die alte Drei- bzw. Zweigliedrigkeit („oben – neutral – unten") sichtbar.

Stilskala der Sprachebenen nach den einschlägigen Wörterbüchern (mit Beispielen):

höher: über dem Standard	‚poetisch, dichterisch'	*Antlitz, Zähre, raunen, gülden*
(hoher Stil des *genus sublime*)	‚gehoben, gewählt' (auch ‚gespreizt')	*Vermählung, munden, Beinkleid, sich befleißigen*
Standard **neutral** = „normal" (mittlerer Stil des *genus medium*)	(‚bildungssprachlich') ‚normalsprachlich' ‚umgangssprachlich' (auch ‚familiär')	*Religion, Kultur, Stil Gesicht, Träne, flüstern Krimi, auf Knall und Fall, kriegen*
tiefer: unter dem Standard (niederer Stil des *genus humile*)	‚salopp' ‚derb' ‚vulgär'	*Visage, das Dingsda, dufte, einen zwitschern Arsch, Mistvieh, sich besaufen* „Gossensprache"

Dieses Modell hat, wie alle Systematisierungen, seine Schwächen: Begriffe und Beispiel-Zuordnungen differieren stark, und vielfach überschneiden sich benachbarte Schichten, etwa im Falle von „gehoben – gespreizt". Hinzu kommt, dass unser Wortschatz zum größten Teil stilneutral ist (sog. ‚Null-Markierung'); diese „normalsprachliche" Rubrik wird nur im Vergleich stilistischer Varianten greifbar, so in Beispielreihen wie *Mund, Maul, Schnauze, Fresse* oder *tafeln, speisen, essen, fressen*. Ferner können die gleichen Wörter je nach Sinn und Kontext verschiedenen Sprachebenen angehören, sei es in landschaftlichen Varianten (*Ross – Pferd – Gaul*) oder aufgrund historischen Wandels, dies vor allem in festen Wendungen (heute *Kopf- und Gliederschmerzen*, in alter Formel jedoch *an Haupt und Gliedern*).

Trotzdem ist die ausdrücklich angestrebte „stilistische Charakterisierung des deutschen Wortschatzes" (R. Klappenbach) sinnvoll, weil die Wörterbücher damit nützliche Hinweise bieten, welches Wort in welchem Zusammenhang angemessen verwendbar ist. Allerdings wäre dazu erstens ein homogenes Markierungssystem vonnöten und zweitens eine

möglichst extensive, durch Variantenvergleich bewerkstelligte Erfassung
aller zu markierenden Wörter und Wendungen. Linguistisch handelt es
sich um ↗ ‚Konnotationen‘, also jene über die lexikalische Bedeutung
(‚Denotation‘) hinausgehenden Nebenbedeutungen oder Begleitvorstellungen, die bei einem Teil unseres Wortguts auftreten und in verschiedenen Kategorien zusammengestellt werden: spezielle, räumliche, zeitliche und stilistische ‚Nuancierungen‘ des Wortgebrauchs. Neben
↗ Stilfärbungen (wie „scherzhaft, übertreibend, abwertend" usw.) gelten
die S. als wichtigste Kategorie. Die Zuordnung bestimmter Ausdrücke zu
einer entsprechenden Stilhöhe oder Stilsphäre erfolgt mittels praktischer ‚Stilkennzeichnungen‘ und ‚Gebrauchsangaben‘; sie legen das betreffende Wortgut auf die ihm gemäße Sprach(gebrauchs)ebene fest, die
im hierarchischen Schichtenmodell einem lexikalischen Stilniveau entspricht.

Sachlich nicht gerechtfertigt, wohl aber durch die gleichartige Terminologie nahe gelegt ist die fast allgemein übliche Gleichsetzung der S.
mit ‚Stilebene‘. Diese definiert sich als die verbindliche, in sich einheitliche und angemessene Stillage eines Textes: Man kann die richtige Stilebene verfehlen, d. h. gegen den Grundsatz stilistischer ↗ Angemessenheit verstoßen, oder sich innerhalb einer Stilebene eines nicht passenden
Sprachelements bedienen, das die geforderte ↗ Einheitlichkeit des Stils
verletzt: ein ‚Stilbruch‘ (↗ Katachrese). Die Stilebene, die erst in der konkreten Sprachverwendung realisiert wird, versteht sich als Festlegung auf
der stilistischen Höhenskala und damit als ein Textphänomen; die S.
hingegen ist, beruhend auf entsprechenden Merkmalen der Sprachelemente, eine sprachsystematische Größe im Bereich der ‚Lexik‘ (↗ Wortstilistik). Eine Stilebene wie z. B. „gehoben" setzt sich keineswegs nur aus
lauter Sprachelementen der betreffenden S. zusammen, die allenfalls als
einzelne ↗ Stilelemente mitwirken, sondern legt makrostilistisch auch
eine bestimmte ästhetische Qualität und das intellektuelle Niveau des
ganzen Textes fest. Nicht zuletzt wird dieser jedoch von durchgängigen,
charakteristischen ↗ Stilzügen geprägt.

Stilsemiotik (ohne Pl.) f. ‹Stilaspekte im Rahmen einer allgemeinen Zeichentheorie›

Die semiotische Perspektive, die Sprache und Stil im Zusammenhang mit
anderen Kommunikationsformen als Zeichensysteme betrachtet; der stil.
Aspekt wird meist nicht eigens bezeichnet: zugrunde liegend griech. *sema,*

semeion n. ‹Zeichen›; davon abgeleitet (mit Suffix *-logie* ‹Wissenschaft, Lehre von etwas›) frz. *sémiologie,* auch *sémiotique,* engl. *semiotics* (vom Adj. *semiotikos*), dt. *Semiotik, Semiologie,* speziell *Stilsemiotik* sowie Umschreibungen (*Stil und Semiotik, stilistische S.,* semiotische Stilistik).

Der amerikanische Philosoph Ch. S. Peirce, Begründer des Pragmatismus, und der Genfer Sprachwissenschaftler F. de Saussure postulierten Ende des 19. bzw. zu Beginn des 20. Jh. unabhängig voneinander eine allgemeine Zeichentheorie als umfassenden Rahmen für die Sprache und andere Formen der Kommunikation, diese aufgefasst als Systeme sprachlicher und nichtsprachlicher Zeichen. Ihre unterschiedlichen Benennungen der Disziplin stehen als ‚Semiotik‘ und ‚Semiologie‘ bis heute nebeneinander, *semiotics* mehr im anglophonen Raum, *sémiologie* vorzugsweise in Frankreich (ein weiterer Begriff des Sprachpsychologen K. Bühler ist ‚Sematologie‘). Die Peirce'sche Lehre erlebte seit den 30er Jahren ihre eigentliche Verbreitung durch Ch. W. Morris. Sein ‚semiotisches Dreieck‘ unterscheidet im Anschluss an die Faktoren der ‚Semiose‘, des semiotischen Zeichenprozesses, drei Relationen: die Beziehungen Zeichen – andere Zeichen (‚Syntaktik‘), Zeichen – Bedeutung (‚Semantik‘) und Zeichen – Benutzer (‚Pragmatik‘); später wurde als vierte noch die Relation Zeichen – Wirklichkeit (‚Sigmatik‘) hinzugefügt.

Die Semiotik ist eine äußerst umfassende Disziplin, die nicht nur Linguistik, Stilistik und Literaturwissenschaft betrifft, sondern darüber hinaus Ästhetik, Philosophie, Kommunikationstheorie, Sozialpsychologie, Kulturanthropologie usw. Wenn Stil eine epiphänomenale Eigenschaft von Texten ist (⇑ Stil, Textstilistik), hat auch die S. es in Theorie wie praktischer Analyse mit „Signalen“ zu tun, die von Texten ausgehen. In jederart strukturierter (also nicht diffuser) Kommunikation übermitteln sie „Bedeutungsmuster“ als Verstehenshinweise im Rahmen des soziokulturellen Verhaltens der Menschen. Die verschiedenen ‚Medien‘ als Übermittlungsträger solcher Signale – und zwar hörbare, sichtbare sowie Berührungs-, Geruchs- und Geschmackssignale – werden semiotisch in all ihren Facetten als eigene Zeichensysteme untersucht: Sprache, Film, Musik, Tanz, Kleidung, Haartracht usw. Die S. befasst sich mit den stilrelevanten Erscheinungsformen und Begleiterscheinungen verbaler wie nonverbaler Kommunikation, natürlich mit dem Schwerpunkt auf Sprache und Stil.

Folgend eine knappe Übersicht:

1. Akustisch-auditive, hörbare Signale: Hör- oder sichtbar ist in erster Linie die verbale Kommunikation, sei es als gesprochenes Wort oder schriftlicher Text (↗ Mündlichkeit und Schriftlichkeit). Der Sprechsprache sind über ihre Lautung und Bedeutung hinaus besondere intonatorische, auch ‚prosodisch' genannte Mittel eigen, wie Stimmführung und Tonhöhe, Lautstärke und Betonung, Sprechtempo, Rhythmus usw., die für das Verständnis wichtige Zusatzinformationen liefern. Die Stimmwerkzeuge können daneben noch anderen Zwecken dienen, z. B. der Persönlichkeitsmarkierung durch stimmliche Merkmale, musikalischer Nutzung beim Pfeifen (in bestimmten Regionen der Welt gibt es spezielle Pfeifsprachen mit kommunikativer Funktion, wie man ja auch Trommelsignalsysteme kennt), ferner physiologische Reflexe wie Husten oder Heiserkeit; zu Lautimitation und Lautexpressivität vgl. ↗ Lautstilistik.

2. Optisch-visuelle, sichtbare Signale: Darunter versteht man zunächst alle „körpersprachlichen" Begleiterscheinungen des Sprechens, die unter dem Fachbegriff der ‚Kinesik' oder ‚Kinetik' (zu griech. *kinein* ‹bewegen›) zusammengefasst werden: Mimik, vor allem Gesichtsausdruck und Mienenspiel, Gestik und Körpersprache, letztlich alle Bewegungen mit Ausdrucksfunktion. Solche visuell wahrnehmbaren nonverbalen Signale vermitteln ‚paralinguistische', d. h. sprachbegleitende Aufschlüsse, die für das Gelingen der Kommunikation und sozialen Interaktion bedeutungsvoll sind. So werden verbale Aussagen oft durch Kopfnicken oder Gesten unterstrichen, ein Lächeln oder Stirnrunzeln verrät Gefühle, Einstellungen oder Reaktionen, und nach G. B. Shaw kann sogar Schlafen eine gewisse Art der Kritik sein (etwa im Theater). Allein sichtbare Verständigungsmittel sind Zeichensprachen, Gebärdensprachen (etwa von Blinden), auch technische Formen wie die Flaggensignale der Seefahrt oder das Morse-Alphabet. Die geschriebene Sprache, als Umsetzung primär gesprochener Sprache, verfügt über zusätzliche Ausdrucksmöglichkeiten graphostilistischer Art: Hervorhebung durch Fett- oder Kursivdruck, Sperrung, Unterstreichung usw. oder Anführungszeichen, die eine besondere Verstehensweise (wie z. B. Ironisierung) nahelegen können. Seit ältester Zeit kommen in der Literatur sog. Figurengedichte vor, deren Form den dargestellten Gegenstand nachbildet; ein modernes Beispiel von Chr. Morgenstern:

Zwei Trichter wandeln durch die Nacht.
Durch ihres Rumpfs verengten Schacht
fließt weißes Mondlicht
still und heiter
auf ihren
Waldweg
u. s.
w.

Allgemeiner Beliebtheit erfreuen sich kombinierte ‚Wort-Bild-Texte' beispielsweise in Werbeanzeigen, Comics, Karikaturen oder gezeichneten
Witzen, wobei der Bildteil meistens die Situationsdarstellung enthält
und der Schriftteil (etwa ein Slogan, Sprechblasen oder ein der Kommentierung dienender Begleittext) den Sinnbezug im visuell-verbalen
Zusammenspiel klarstellt; als Sonderform die für sich selbst sprechenden „Bilder ohne Worte". Treten zum Visuellen noch weitere Faktoren
hinzu, z. B. auditive wie in Film und Fernsehen, so spricht man von ‚mul-
timedialen' oder ‚semiotisch komplexen Texten'.
      3. Taktile, d. h. Berührungssignale: Der gehörlose Blinde muss ver-
bale Informationen mit Hilfe einer ‚Blindenschrift' ertasten; es gibt auch
Geheimcodes ähnlicher Art. Das eigentliche Stichwort lautet aber ‚Pro-
xemik', ein modernes Kunstwort des amerikanischen Anthropologen
E. T. Hall (gebildet aus dem Anfang von lat. *prox-imus, -imitas* ‹der
Nächste, Nähe› und dem linguistischen Suffix *-emik* zur Bezeichnung
vieler Wissenschaftsdisziplinen, 1959). Der Begriff steht für kommunikative Signale im Rahmen des menschlichen Berührungs- und Raumver-
haltens, also körperlicher Nähe oder Distanz. Es geht um hauptsächlich
von Psychologen, Soziologen und Kulturanthropologen erforschte Phänomene wie Händedruck, Umarmung, Kuss, Ohrfeige usw., worin sich
Begrüßungszeremonien, Zuneigung, sexueller Reiz, Aggression und andere subjektive oder konventionalisierte Verhaltensmuster äußern. Sie
unterliegen weltweit sehr verschiedenen Normen; in unserem Kultur-
kreis wird beispielsweise ein normales Gespräch im unmittelbaren, kör-
pernahen Kontaktbereich als aufdringlich empfunden, in Südamerika
entspricht dies der Regel.
      4. Geruchs- und Geschmackssignale: Sie treten – im Gegensatz zu
vielen tierischen Kommunikationsformen, wo sie hochgradig ausgeprägt erscheinen – beim Menschen so stark zurück, dass sie kaum
mehr eine Rolle spielen (immerhin, das aufreizende Parfüm einer

Dame oder delikater Bratengeruch lassen sich durchaus als Signale verstehen).

Was leistet die Perspektive der S. stilistisch? Es gibt Vorschläge, für die Fundierung der Stiltheorie zeichentheoretische Kategorien nutzbar zu machen und sich für die Stilanalyse komplexer Texte semiotischer Beschreibungsverfahren zu bedienen. Zweifellos tragen die aufgelisteten „Signale" gerade als zusätzliche, über die reine Sprachaussage hinausgehende Informationen zum Textverstehen, zum stilistischen Sinn und zur Stilwirkung wesentlich bei. Das gilt für alle linguistischen Ebenen und in allen Varianten: „Ein wahrer Héld!" (phonostilistisch, Betonung), „So ein Held!!!" (graphostilistisch, Zeichensetzung), „Wahrhaftig, ein Held wie er im Buche steht!" (Formulierung, vielleicht mit spöttischer Miene oder anzüglichem Unterton) usw. – alles Möglichkeiten, um Ironie auszudrücken. Von nicht geringerer Wichtigkeit ist die Feststellung, dass Zeichensysteme sich im Laufe der Zeit wandeln und interkulturell stark differieren können. Als Beispiel das menschliche Grußverhalten auf der ganzen Welt, das als eine variable Form der ↗ Höflichkeit in früheren Jahrhunderten anders war als heute und etwa in Japan ganz anders ist als in Europa. Für den Stil hat diese semiotische Weite des Blicks über Geschichte, Kulturen und Sprachen hinweg einen hohen Vergleichs- und Aufschlusswert.

Stilsphäre, Stilhöhe ↗ **Stilschicht**

Stilstatistik (Pl. -en) f. ‹statistisch fundierte Methode der Stilanalyse wie auch deren Ergebnisse›

> Eine junge, in ihren Bezeichnungen variierende Disziplin (Mitte 20. Jh.), die Stilanalyse mittels statistischer Operationen betreibt: frz. *stylostatistique, stylistique statistique, stylométrie*, engl. *stylistic statistics, computational stylistics, stylometry* (auch *-metrics*), dt. *Stilstatistik, Stilometrie, statistische Stilanalyse* und andere Umschreibungen für statistisch-mathematische Verfahren bei der Stiluntersuchung.

Im Zuge der Wissenschaftsentwicklung (besonders Informationstheorie, Aufschwung der modernen Linguistik, allgemeine Forderung exakter, objektivierbarer Methoden nach naturwissenschaftlichem Vorbild, nicht zuletzt die Fortschritte der Computertechnik) wurden seit den 50er Jahren – im anbrechenden „Zeitalter der Statistik" – vermehrt auch statistische Stiluntersuchungen vorgenommen. Sie stützten sich auf Definitionen wie Stil als „die Gesamtheit aller quantitativ faßbaren Gegebenheiten in der formalen Struktur eines Textes" (W. Fucks) oder: „Der Stil eines Textes ist das Aggregat kontextbedingter Wahrscheinlichkeitswerte seiner linguistischen Größen" (N. E. Enkvist). Die S., die sich als Teilbereich der ‚mathematischen Linguistik' versteht, geht von der Annahme aus, dass die Stilmerkmale eines Textes in ihren Häufigkeitsverteilungen einen zumindest tendenziell beschreib- und vor allem messbaren ‚Wahrscheinlichkeitswert' ergeben, der in Übereinstimmung mit oder Abweichung von anderen Texten oder der Normalsprache bestimmte voraussagbare Stilkonturen umreißt. Mit dem Anspruch, die Wahrscheinlichkeitsauffassung sei als „eine adäquate Theorie des Stils" anzusehen (L. Doležel), überschätzte man damals allerdings die Möglichkeiten solcher quantifizierbaren Analyseprozeduren, die nicht mehr als eine spezielle Beschreibungstechnik mittels Zahlen, Durchschnittswerten, Verteilungsprofilen usw. sein können.

Die S. verdankte ihre zeitweilige Hochschätzung dem Umstand, dass sie im Gegensatz zur subjektiven, intuitiv verfahrenden Stilinterpretation streng objektive, quantifizierte, in graphischer Veranschaulichung durch Wortlisten, Tabellen, Diagramme usw. darzustellende und somit empirisch verifizierbare Ergebnisse bot. Immer geht es um Frequenz und Distribution von Stilelementen innerhalb der sprachlichen Formalstruktur, also Quantitäten wie z. B. Wort- und Satzlänge, Worthäufigkeit und -verteilung, das Verhältnis von Verben zu anderen Wortarten oder zur Gesamtwortzahl eines Textes. Mit Hilfe des Computers, dies verstärkt seit den 60er Jahren, ließen sich große Datenmengen bearbeiten, wie es aus Gründen der statistischen Aussagekraft erforderlich ist. Zusammen mit mathematischen Symbolen, Formeln und anderen Operationen vermittelte das den Eindruck hoher Objektivität: Der Stilstatistiker sagt nicht, dass ein Wort in einem Text sehr häufig ist, sondern belegt präzise, wie oft es vorkommt. Unbestreitbare Erfolge hatte die S. aufzuweisen bei der Klärung der Verfasserschaft anonymer Werke, Feststellung der Einheit oder Nichteinheit eines Werks oder der Chronologie von Werken eines Autors. Eine spezielle, weitgehend literaturorientierte Richtung vertritt J.-M. Zembs ‚Stilometrie' (*stylométrie*), die er als „angewandte statistische Stilkunde" versteht.

Es fehlt nicht an Einwänden gegen die „sogenannte ‚stilstatistische' Methode" (St. Ullmann): Sie sei zu grob für stilistische Feinheiten. In der Tat verleihen ihre auf Zahlen gestützten Resultate einem so schwierigen

Phänomen wie Stil leicht eine falsche Genauigkeit, etwa bei Wörtern in phraseologischen Wendungen, Metonymien oder Metaphern; der entscheidende Einfluss des Kontextes bleibt ebenso unberücksichtigt wie das Verhältnis der Stilistika untereinander und ihre Funktion im Text. Hinzu kommt eine unübersehbare Ineffizienz, wenn ohnehin einsichtige Fakten numerisch belegt werden: wo also der Hase Statistik seine eindrucksvollen Zahlenreihen durchläuft und am Ende immer schon der Igel Interpretation längst zum gleichen Ergebnis gelangt ist. Darüber hinaus bedürfen die exakten Daten des Statistikers stets einer inhaltlich-formalen Aufschlüsselung durch den Linguisten (Normalsprache) oder Literaturwissenschaftler (Dichtung). Ohne solche stilistische Interpretation bleibt eine Sammlung von Zahlen eben auch nicht mehr als das. Im Rahmen ihrer Möglichkeiten bildet die S. gleichwohl eine nützliche Ergänzung anderer Methoden der Stilanalyse.

Stiltheorie f. ‹theoretische Stilistik›
Moderner Begriff zur Aufgliederung der Stilistik, der nicht in allen Sprachen terminologisiert ist: frz. *théorie stylistique*, engl. *theory of style*, dt. *Stiltheorie* sowie Umschreibungen für den theoretischen Aspekt der Stilistik.

In methodischer Hinsicht lässt die ↗ Stilistik sich in drei Bereiche aufteilen: Einer ist der theoretische Aspekt, die S., neben dem empirisch-deskriptiven der ↗ Stilanalyse (Stiluntersuchung) und dem normativ-präskriptiven der Stildidaktik (↗ Stillehre).

Theoretisches Hauptproblem ist die Gegenstandsbestimmung des ↗ Stils, also die Frage seiner Definition und Erklärung: Was ist Stil und wie „funktioniert" er? Ob sich ‚Stil', ähnlich wie andere sprachwissenschaftliche Grundbegriffe von ‚Wort' bis ‚Text', einer schlüssigen Definierung entzieht oder ob eine solche durch die Komplexität des Stilphänomens, vielleicht auch nur die Pluralität der herrschenden Vorstellungen verhindert wird – Tatsache ist, dass die S. sich nach wie vor schwer tut, einigermaßen aussagekräftige Begriffsbestimmungen zu formulieren. Am liebsten weicht man derzeit in die analoge Bildlichkeit des „Chamäleons Stil" aus, vergleicht also mit der irritierenden Erscheinungsvielfalt des Chamäleons, das bekanntlich seine Farbe je nach Situation und Umgebung wechselt.

Die vorliegenden Definitionsversuche (im weitesten Sinne) lassen sich drei Gruppen zuordnen:

1. Meist ältere, ein geistvolles Aperçu beinhaltende Aussagen, wie:

le style est l'homme même („Der Stil ist der Mensch selbst", Comte de
Buffon, 1753); *Style is the dress of thoughts* („Stil ist das Kleid der Gedanken", Lord Chesterfield, 1749); „Der Stil ist die Physiognomie des Geistes" (A. Schopenhauer, 1851), usw. Als Dikta aphoristischen oder topi-
schen Zuschnitts, die immer wieder gern zitiert werden, schillern sie
ihrerseits nicht weniger als der Stilbegriff. Auch in neuerer Zeit gibt es
derartige, mehr andeutende als ausführende Gedankensplitter: „Stil ist –
der Wortbedeutung nach – die Art, wie einer schreibt" (R. Ohmann,
1964); „Man kann Stile als eine Sorte von Sprachen in einer Sprache
auffassen" (P. Hartmann, 1966) oder „Stil ist die Art und Weise der
Konstitution von Texten" (R. Harweg, 1972), usw.

2. Teildefinitionen – dies die häufigste Vorkommensweise –, in denen Stil zwar möglichst exakt, doch aus einer speziellen methodischen
Perspektive dargestellt wird. So im Falle der Stilauffassung als ‚Abweichung' von einer wie immer gearteten „normalen" Sprachform: „Stil
wird definiert als Abweichung eines Individuums von Normen für die
Situationen, die ‚enkodiert' (in Sprache gefasst) werden, wobei diese Abweichungen durch die statistischen Eigenschaften solcher strukturellen
Merkmale bestimmt sind, für die in seinem ‚Kode' (Sprachpotential) ein
gewisses Maß an Wahl besteht" (übersetzt nach Ch. E. Osgood, 1960).
Das Konzept ↗ Abweichung von der Norm ist klar auf den häufig exzep-
tionellen Sprachgebrauch der Dichtung zugeschnitten, da solche Irregularitäten in der Normalsprache schlicht „Fehler" wären. Doch auch in der
Literatur tragen sie zwar als wirkungsvolle Stilistika nicht selten entscheidend zur poetischen Qualität eines Textes bei, ohne dass jedoch
eine Sprache, die auf dieses Kunstmittel verzichtet, darum weniger poetisch sein muss. Generell gilt für die Abweichungsstilistik wie für andere
Stilkonzeptionen: Sie decken jeweils nur einen Ausschnitt des gesamten
Stilphänomens ab. Solche Teiltheorien des Sprachstils sind z. B. der ↗ Individualstil, Funktionalstile oder die Registertheorie.

3. Eigentliche Definitionen, die eine umfassende Beschreibung des
Stils in all seinen Facetten anstreben, deshalb aber zwangsläufig von
großer, panorama-artiger Allgemeinheit bleiben. Ein aktuelles Beispiel
liefert die ↗ Pragmatische Stilistik, die von der modernen Sprachhandlungstheorie ausgeht: „Sprachlicher Stil ist die für die Beteiligten sinnvolle und Wirkungen auslösende Art der Durchführung konkreter
Handlungen mittels Texten/Äußerungen in Situationen, bezogen auf
das (nicht notwendig bewußte) Wissen der Beteiligten über Situations-

typen, Handlungsmuster, Text- und Wissensmuster, Typen stilistischen Sinns und stilistischer Wirkung, stilistische Strukturtypen und -prinzipien, Stiltechniken, Stilinventare und Stilmuster" (B. Sandig, 1986). Diese Begriffsbestimmung erschließt sich trotz oder gerade wegen ihres Strebens nach Vollständigkeit nur mit Hilfe weiterer Erklärungen oder entsprechendem Vorwissen; genau genommen bedarf es der Lektüre des ganzen zugrunde liegenden Buches, damit die Definition in allen Einzelheiten zu verstehen ist.

Ziel der Stilforschung muss es sein, derartige Stildefinitionen durch Systematisierung, Präzisierung und terminologische Vereinheitlichung aller Einzelaspekte in eine allgemein gültige Form zu bringen, die sowohl die verschiedenen Teiltheorien sinnvoll integriert als auch einen übergeordneten Stilstandpunkt (↗ Stilnorm) vertritt.

Stil ist eine Eigenschaft von Texten. Den dadurch bedingten Kompetenzstreit zwischen Stilistik und Textlinguistik sieht man heute in einem Verhältnis der Komplementarität geregelt, d. h. Eigenständigkeit bei gegenseitiger Ergänzung. Insofern Stil immer durch das stilistisch signifikante Wie der Formulierung zustande kommt und eben dadurch im Text wahrgenommen wird, hat er fundamental mit Gestalt und Gestaltung zu tun. Während die Textgestalt Gegenstand der ↗ Stilanalyse (Stilrezeption) ist, fällt der produktive Prozess der Textgestaltung in die Zuständigkeit der S. Auf dem Wege der Rekonstruktion ermittelt sie an konkreten Texten die allgemeinen Stilfaktoren insbesondere individueller, funktionaler und historischer Art. Wichtige Aspekte sind z. B. persönliche Voraussetzungen des Sprechers/Schreibers wie spezielle Veranlagungen und Interessen, Ausbildung, Wissensstand, sozialer Status und subjektiver Ausdruckswille (↗ Individualstil), seine Beziehung zu und Einschätzung von Hörer/Leser oder weiterem Publikum (↗ Adressatenbezug), Gegenstand oder Thematik des Sprech- oder Schreibaktes, also Sachbezug und Situation, in der er sich abspielt (↗ Themenentfaltung), usw. Jedes Individuum gehört andrerseits einer menschlichen Sprachgemeinschaft an, sodass auch sozial-kollektive Verhaltensnormen und entsprechende ‚soziostilistische‘, also gesellschafts- und funktionsbestimmte Sprachverwendungsweisen zu beachten sind (↗ Register, Funktionalstile). Im Vordergrund stehen derzeit textstilistische Gesichtspunkte wie z. B. die Beachtung aller kommunikativ wichtigen Faktoren, die richtige Wahl und Ausführung von Textsorten oder der pragmatische Rahmen des Sprachhandelns, der durch nahezu obligatorische

Spracherwartungen und historisch verfestigte Konventionen geprägt wird (↑ Textstilistik). In Summierung all dieser Aspekte entsteht ein hochkompliziertes Modell des stilbildenden Prozesses, kurz der Stilproduktion. Eine über die Grenzen der Disziplinen und Sprachen hinausgehende Ausweitung der S. bietet die ↑ Stilsemiotik.

Stiltypologie (Pl. -n) f. ‹Ordnungsschema typischer Stilkonfigurationen›
Eine Klassenbildung von Texten, Texttypen, Textsorten nach stil. Kriterien,
wie sie in der literaturorientierten anglo- und frankophonen Stilistik kaum
thematisiert wird: dt. als Fachbegriff *Stiltypologie*, auch *Stilklassifizierung*
(älter *Stilcharakteristik*).

Eine S., die nach üblicher Kurzdefinition auf einer „Abstraktion gemeinsamer Stilzüge" in Texten beruht, ist der an sich sinnvolle, aber nicht unproblematische Versuch, die Vielzahl höchst unterschiedlicher Textformen aufgrund bestimmter Gesichtspunkte in Kategorien typischer Stilkonfigurationen zu ordnen. Unter dem Oberbegriff ‚Stiltyp' (auch ‚Stilklasse, Stilart') wird eine unbestimmte Menge von Texten zusammengefasst, die sowohl in Textmerkmalen (wie Inhalt, Funktion, Kommunikationssituation) als auch übereinstimmenden Stilmerkmalen (↑ Stilelemente und Stilzüge, die Ausdruck einer bestimmten Stilnorm sind) über ein für die betreffende Textgruppe gleichartiges Stilprofil verfügen. In der Praxis gibt es bisher keine wissenschaftlich allen Ansprüchen genügende S. (eine Übersicht bei W. Fleischer/G. Michel/G. Starke 1996, 28 ff.) – die Komplexität der Spracherscheinungen und die Varianz der Texte lassen eine exakte, völlig homogene Typisierung auch wohl kaum zu. Es ist nicht einmal möglich, für die zu einem Stiltyp gehörigen Texte einen einheitlichen Kriterienkatalog aufzustellen, und dieselben Texte können, je nach Wahl der Kriterien, durchaus verschiedenen Stiltypen angehören (ein persönlicher Brief beispielsweise unter dem Aspekt der Textsorte ‚Brief', des Individualstils seines Verfassers, womöglich auch als Zeitdokument usw.). Aus diesen Gründen empfiehlt sich das methodische Verfahren, die Typologisierung auf einem mittleren Verallgemeinerungsniveau vorzunehmen, und die Zuordnungskriterien sollten nicht zu weit (auf zu hoher Abstraktionsstufe, z. B. ‚Wissenschaftsstil'), aber auch nicht zu eng gefasst sein (zu spezielle Abstraktionen unterhalb der Textsortenebene). Nur so, indem man also eine gewisse, der Empirie entsprechende „Unschärfe" in Kauf nimmt, lassen sich praktikable Einteilungen erreichen.

Alltagssprachliche und geläufige fachwissenschaftliche Bezeichnungen wie *Briefstil, Predigtton, Amtsdeutsch* oder *Barocksprache* legen die Annahme nahe, dass im allgemeinen Sprachbewusstsein ein intuitives oder geschultes Wissen über bestimmte Typen von Texten besteht, die sich durch spezifische Darstellungs- und Ausdrucksformen mit Stilqualität kennzeichnen. Linguistisch spricht man im Falle solcher konventionell verfestigten Textmuster von ,Textsorten': *Zeitungsnachricht, Sportreportage, Forschungsbericht* usw. Gruppen von Textsorten mit relativ einheitlicher Stilcharakteristik bilden einen Stiltyp. Die Einschränkung „relativ einheitlich" besagt, dass die Merkmalstruktur der einzelnen Gruppenmitglieder keine strenge Homogenität erfordert; vielmehr gibt es dem Idealtyp mehr entsprechende, ,prototypische' Vertreter und andere, die merklich abweichend an der Peripherie des Stiltyps liegen.

Da jeder Text einen Verfasser (Autor) hat, spielt der ↗ Individualstil in allen S. eine zentrale Rolle, wobei auch chronologische (als Beispiel Goethes ,Altersstil'), geschlechtsspezifische oder andere persongebundene Aspekte zu berücksichtigen sind. Aus kollektiv-sozialem Blickwinkel werden sog. ↗ Gruppenstile thematisiert, etwa Altersgruppen der Kindersprache, Schülersprache, Jugendsprache sowie ,Sondersprachen' (z.B. die alte „Gaunersprache" des Rotwelsch) oder berufliche Gruppierungen wissenschaftlicher, fachlicher oder handwerklicher Art. Jeder Text hält sich weiterhin im Rahmen einer mehr oder minder typisierten Textsorte, sodass die speziellen Stilmerkmale des Textsortenstils (↗ Textstilistik) nie außer Acht gelassen werden dürfen. Der von den Prager Strukturalisten und namentlich der Moskauer Germanistin E. Riesel vertretene funktionalstilistische Gesichtspunkt besagt, dass die funktionsgerechte, zweckmäßige und gesellschaftlich konventionalisierte Sprachverwendungsweise für bestimmte Kommunikationsbereiche spezifische ↗ Funktionalstile ausprägt; einen ähnlichen Ansatz vertritt die britische ,Registerlinguistik' (↗ Register). Schließlich ist der Zeitfaktor von Bedeutung, insofern Texte in aller Regel zeittypische Stilistika aufweisen (↗ Zeitstil).

Stiluntersuchung ↗ **Stilanalyse**

Stilwandel ↗ **Stilgeschichte**

Stilwechsel ↗ **Einheitlichkeit des Stils**

Stilwert ↑ **Stilwirkung**

Stilwirkung f. ‹Beeinflussung und Effekte, die sich als Folge stilistisch wirkungsvoller Sprache einstellen›
Ein ebenso komplizierter wie umstrittener Begriff hauptsächlich der dt. Stilistik (in frz.- und engl.-sprachigen Stilinterpretationen geht es vorab um ästhetisch-lit. Auswirkungen), allgemein frz. *valeur, effet, efficacité,* engl. *value, effect, effectiveness, efficacy* ‹Wert, Wirkung, Wirksamkeit›; dt. *Stilwirkung* als spezielle Form der Sprachwirkung.

In der allgemeinen, rhetorischen und kommunikationstheoretischen Wirkungsforschung versteht man unter sprachlicher Wirkung eine Veränderung von Bewusstseinsinhalten oder Verhaltensweisen, die durch die Überzeugungskraft von Rede- oder Schrifttexten verursacht ist. Allerdings gibt es Fachleute, die das – selbst als Möglichkeit – kategorisch ausschließen, weil potentielle Sprachwirkungen gar nicht exakt bestimmbar und letztlich Folgeerscheinungen der zugrunde liegenden Sachverhalte seien. Dies stimmt insoweit, als unser Sprachgebrauch tatsächlich stets in weitere Handlungszusammenhänge und Weltbezüge eingebunden ist, erkennbare Konsequenzen sprachlichen Handelns daher immer nur Teil größerer Wirkungskomplexe sein können. Es gilt methodisch zwischen der Textproduzenten- und Textrezipientenseite zu unterscheiden, also der Perspektive des Sprechers/Schreibers bei der Textherstellung und der keineswegs reziproken Wahrnehmung durch den Hörer/Leser. Wer redet oder schreibt, tut das in aller Regel mit einer kommunikativen Handlungsintention, die als Wirkungsabsicht auf eine bestimmtes Wirkungsziel gerichtet ist. Ob dieses erreicht wird, hängt jedoch nicht von ihm allein ab, sondern von der Art der Rezeption (↑ Stilrezeption): wie er verstanden und in welchem Maße seiner Intention entsprochen wird.

Sprachelemente und Sprachstrukturen nehmen bei ihrer Verwendung durch vielfältige Konnotationen und andere Stilfaktoren expressiver Art eine signifikante Stilwertigkeit an, die ihrerseits bestimmte stilistische Wirkungen auszuüben vermag. Dieser ‚Stilwert‘ versteht sich als ihre spezifisch stilistische Information in lexikaler (das Lexikon betreffend), kontextueller (innerhalb der Textstruktur) und kommunikativer Hinsicht (in der Gebrauchssituation). Korrespondierend mit Stilabsicht und Stilwirkung gibt es eine Aufgliederung in den ‚Ausdruckswert‘, der dem entspricht, was der Sprecher/Schreiber kraft stilistischer Information vermitteln will, und dem ‚Eindruckswert‘, der wiedergibt, was der Hörer/Leser tatsächlich als seine Information entnimmt. Beide decken sich nur dann, wenn bei der Übermittlung der Information kommunikativer Gehalt und stilistischer Sinn gleich bleiben: der eher seltene Idealfall absoluter Identität von Produktion (Formulierung) und Rezeption (Verstehen) eines Textes. Im Normalfall divergieren Ausdrucks- und Eindruckswert mehr oder weniger stark, und der ‚Stilwert‘ als ihr Oberbegriff stellt allenfalls eine Durchschnittsgröße dar.

Die „Macht des Wortes" bildet ein Dauerthema seit den Tagen der antiken Rhetorik, die völlig von der Wirkungsdimension der Sprache bestimmt war. Vor allem gemäß ihren praktischen, auf Überredung gerichteten Grundsätzen des *docere, delectare* und *movere* galt es, die Zuhörer verstandesmäßig zu belehren, sie kurzweilig zu unterhalten oder durch bewegende Gefühle aufzurütteln (vgl. ↗ Stilart) – moderner ausgedrückt: auf die Adressaten durch kluge Information, ansprechende Präsentation und mitreißende Emotion Einfluss, ja Wirkung auszuüben. In Agitation und politischer Propaganda, in den Reklametricks der Werbung, in geschliffenen Pressetexten und journalistischer Effekthascherei herrscht wie in modernen Stillehren der unbedingte Glaube an die Kraft „persuasiver" Sprache. In der bekannten Lasswell’schen Formel zählt die Wirkungsfrage (*with what effect?*) zu den fundamentalen Faktoren des Kommunikationsprozesses. In der Stilistik ist das Phänomen der S. facettenreich erörtert worden (B. Sandig): Ihre generelle Funktion besteht in einer handlungsunterstützenden Verstärkung des Textes hinsichtlich seiner Wirksamkeit. Durch diesen ‚stilistischen Sinn‘, d. h. die Bedeutung der stilistischen Textstruktur wird S. vermittelt; sie äußert sich in zu den Handlungskonsequenzen tretenden oder mit ihnen verbundenen Begleitvorstellungen wie Einstellungen, Wertungen, Gefühle usw. mit stilistischer Folgewirkung.

Auf der Grundlage allgemein geläufiger Stilqualifizierungen der Art „ein sachlicher, witziger, feierlicher, salopper, steifer oder altmodischer Stil" ergeben sich spezifische ‚Stilwirkungstypen‘, die einzelne, stereotype Wirkungsaspekte in den Blick nehmen: Das können „sprecherbezogene Unterstellungen" sein wie *humorvoll, unpersönlich, emotional*, „Rezipientenaspekte" wie *anregend, eindrucksvoll, irritierend* oder handlungsbezogene Texteigenschaften und Äußerungsinhalte, auch ästhetische Wirkungen wie *knapp, unkompliziert, lyrisch* usw. bis hin zu allgemein wertendem *gut – schlecht*. Allerdings ist die vom Rezipienten abhängige S. genauso problematisch wie die umgekehrte Perspektive der Stilabsicht, die keineswegs immer ein willentlicher Vorgang bei der Textherstellung sein muss – sie kann bewusst „zum Ausdruck gebracht werden", doch auch unwillkürlich „zum Ausdruck kommen". Neben derart beabsichtigten oder ungewollten Wirkungen treten auch Nebenwirkungen auf (z. B. wenn Sprachglossen, deren primärer Sinn und Zweck belehrende Meinungsbildung ist, in ihrer stilistischen Pointierung außerdem intellektuelles Vergnügen bereiten). Sogar eigentliche Fehler können S. haben, so in Versprechern, Stilbrüchen und Stilblüten. Während man die Sprachaussagen eines Textes und die damit verbundenen Intentionen verstehen muss, lässt sich die stilistische Wirkungsabsicht nur erkennen. Entscheidend aber ist, dass keinerlei kausale Verbindung zur S. besteht und schon gar nicht als zwingende Konsequenz – das erklärt viele Missverständnisse des Alltags wie auch manche Fehldeutung in der Rezeptionsgeschichte literarischer Werke.

Als Nachtrag noch: Im Zusammenhang mit Sprach- und S. werden linguistisch auch die Begriffe der ,Spracheffizienz' und ,Perlokution' verwendet. Spracheffizienz (lat. *efficientia* ‹Wirksamkeit›, neben *effectus* ‹Wirkung›) ist im Sinne einer möglichst „effizienten", also wirkungsvollen Formulierung die sprachstilistische Leistungsfähigkeit; S. als Ergebnis, als Effekt, kann daraus jedoch nur durch den Rezipienten werden, bei dem sich Wirkungen einstellen – oder nicht. In der sprachphilosophischen Sprechakttheorie tritt die Perlokution (auch ,perlokutionärer oder perlokutiver Akt', Neubildungen zu lat. *locutio* ‹das Reden›, vgl. *↑* Pragmatische Stilistik) als abschließender Teilaspekt eines Sprechakts auf. In ihm drücken sich bewusst kalkulierte Handlungsfolgen und mitvollzogene S. aus, die zugleich das erfolgreiche Gelingen des Sprechaktes anzeigen: *jemanden überzeugen, belustigen, in Verruf bringen* usw. Von stilistischer Seite ist vorgeschlagen worden, die schwierige, von den Sprachphilosophen nach wie vor diskutierte Perlokution als zusammenfassenden Oberbegriff für Handlungsfolgen und S. zu verstehen.

Stilzug m. ‹Kombination sich wiederholender, charakteristischer Stilelemente, die im Text eine spezifische Eindruckswirkung hervorrufen›
  Begriff und Konzept, auf das Dt. beschränkt, werden seit den 20er Jahren in Stilistik und Literaturwissenschaft mit zunehmender Akzeptanz diskutiert: dt. *Stilzug* (oft mit *Stilprinzip* oder *Stilmerkmal* gleichgesetzt), eine stil. Kategorie der Textebene, die sich vor allem in der Stilanalyse als nützlich erweist.

Stil hat eine Struktur und eine Funktion (die wiederum über die Sprachstruktur vermittelt wird). Wenn Sprachelemente eine stilistische Funktion erfüllen, werden sie zu ↗ Stilelementen, die als Bausteine der mikrostilistischen Struktur fungieren. S. sind demgegenüber makrostilistische, den ganzen Text betreffende Einheiten, die sich aus spezifischen Komplexen verschiedener, aber zusammenwirkender Stilelemente formen; sie erzeugen eine besondere Textqualität, die bei der Rezeption zu einem bestimmten, den Stil kennzeichnenden Gesamteindruck führt: Wenn ein Text uns *sachlich*, *humorvoll* oder *ironisch* erscheint, verdankt sich dies einem rekurrenten, einheitlichen Ausdruckspotential, dessen Eindruckswirkung als durchgehender S. wahrgenommen wird. Im Falle bewusster Sprachgestaltung ist das natürlich Ergebnis entsprechender Stilprinzipien, der Grund, weshalb es oft zu einer Gleichsetzung beider Begriffe kommt. Doch liegen ihnen unterschiedliche Perspektiven zugrunde: hier die Sicht des Textproduzenten, dort diejenige des Stilrezipienten. Ein Text weist in der Regel mehrere S. auf, die nicht mit dem Textstil identisch sind. Sie „bündeln" vielmehr die zugehörigen Sprachmittel und gelten so als „Vermittlungsinstanz" zwischen den einzelnen Stilelementen und dem Stilganzen des Gesamttextes.

Der S. hat als ausgesprochene Textgröße den Nachteil, sich angesichts der Vielgestaltigkeit von Texten nur im Einzelfall, in der konkreten Stilanalyse also, schlüssig belegen zu lassen; theoretische Aussagen bleiben meist im Allgemeinen und Überblickshaften. Daher sind die Konzepte zur Erfassung der S. so verschieden wie zahlreich, und eine strenge Systematisierung ist kaum möglich. Beispielsweise wird unterschieden zwischen quantitativ-strukturellen Kriterien wie Häufigkeit, Verteilung und Verbindung bestimmter Stilistika (fachlich ihre ‚Frequenz, Distribution, Kombination') und qualitativ-funktionalen Gesichtspunkten, vor allem den in Bedeutung und Gebrauchsweise von Stilelementen angelegten Wirkungen. Oder man geht von funktional bedingten S. aus, die als ‚generell' (Funktionalstil-Ebene, weit gefasste Begriffe wie *Logik*), ‚speziell' (Textsorten-Ebene, z.B. *Knappheit*) und ‚originell' (auf Einzeltexte beschränkt, „kreative" S.) untergliedert werden. Andere Ansätze versuchen eine Systematisierung nach den Stilmerkmalen bestimmter Sprachmittel im Text sowie der kognitiven und kommunikativen Funktion der Ausdruckswahl; wieder andere nach den Relationen des Kommunikationsprozesses und ihnen zugeordneter S. Alles in allem erscheinen sie als vielförmige Gebilde, entweder allgemein oder speziell, dominierend oder untergeordnet, obligatorisch oder fakultativ, und setzen sich aus einem Komplex variabler Stilelemente zusammen. Ihre Bezeichnung erfolgt meist in Form von Substantiven (*Förmlichkeit*), auch adjektivisch (*unpersönlich*) oder in Gegensatzpaaren (*konkret – abstrakt*). S. sind als „innere qualitative Wesensmerkmale" eines Stils die typisch stilbildenden Ordnungs- und Steuerungsprinzipien für bestimmte Textsorten und Funktionalstile.

So sehr daneben andere Faktoren wie Sachangemessenheit, Individualität des Verfassers und Adressatenberücksichtigung, insbesondere Textsortenzwänge eine wichtige Rolle im Text spielen, hat die Kategorie S. doch stilprägende Funktion für das Text- und Stilganze. Im Stil der Wissenschaft beispielsweise, wenn es ihn denn in dieser Verallgemeinerung gibt, gilt *Logik* als obligatorischer Oberbegriff für S. wie *Sachlichkeit, Klarheit, Eindeutigkeit, Exaktheit, Abstraktion, Sprachökonomie* usw., wogegen *(emotionale) Expressivität* und *Bildhaftigkeit* wie überhaupt „Sprachschmuck" eher vermieden werden. In Literatur und Alltag fällt ein anderer S. ins Auge: *Humor*, fakultativ oft verbunden mit *Witz, Komik* oder *Selbstironie* (Stilmittel z. B. Wortspielereien, Über- und Untertreibungen, geistreich-witzige Vergleiche und Bilder, scherzhafte Anspielungen). Der menschliche Humor, der als persönliche Grundverhaltensweise nicht immer zum Lachen bringen will, sondern sich auch mit einem heiteren Lächeln über eigene Unzulänglichkeiten lustig macht, ist insofern aufschlussreich, als er nicht oberflächliche Witzeleien meint, sondern eine Geisteshaltung, die als S. ganze Texte durchgängig prägen kann.

Substantivierung ↗ **Nominalstil**

Syllepse ↗ **Zeugma**

Symploke (Pl. -n) f. spezielle ‹Wortwiederholung›
Eine Wortfigur der rhet.-poet. Tradition: griech. *symploke* ‹Verflechtung› (zu *sym-plekein*, lat. *complecti, plectere* ‹zusammenbinden, flechten›), lat. entsprechend *complexio* ‹Verknüpfung›, frz. *symploque*, auch *complexion*, engl. *symploce*, dt. *Symploke* fachlich für eine spezielle Form der Wiederholung.

S. meint im engeren Sinn die Kombination von ↗ Anapher und Epipher, also Wiederholung derselben Wörter oder Ausdrücke am Anfang und am Schluss von Sätzen, Versen usw.: „Ich bin müde, sterbensmüde; | ich bin müde, lebensmüde …" (F. Rückert). In weiterem Sinne ist es auch die Verbindung mehrerer rhetorischer Wiederholungsfiguren innerhalb eines Satzes oder einer Satzfolge: „Es kommt zu spät, was du mir lächelst, | Was du mir seufzest, kommt zu spät" (H. Heine) oder: „O Mutter, was ist Seligkeit? | O Mutter, was ist Hölle? | Bei ihm, bei ihm ist Seligkeit, | Und ohne Wilhelm Hölle!" (G. A. Bürger). Spielt sich die S. innerhalb ein und desselben Satzes oder Verses ab, spricht man von Kyklos ‹Ringwiederholung› (griech. *kyklos* m. ‹Kreis›), in der dasselbe Wort den Textzusammenhang gewissermaßen einrahmt: „Lebt wohl, ihr Berge, ihr geliebten Triften, | Ihr traulich stillen Täler lebt wohl!" (F. Schiller). Vgl. auch ↗ Anadiplose.

Synästhesie (Pl. -n) f. ‹Verknüpfung von Wahrnehmungen verschiedener Sinne›

> Ein vor allem lit. Begriff des 20. Jh.: frz. *synesthésie* (auch correspondance, Ch. Baudelaire), engl. *synæsthesia*, dt. *Synästhesie* (nach griech. *syn-aisthesis* f. wörtlich ‹Mit-empfindung›) für die gleichzeitige Wahrnehmung verschiedener Sinneseindrücke.

Medizinisch – auch psychologisch – ist die S. als jene Erscheinung bekannt, dass im Falle der Reizung eines Sinnesorgans bei anderen ebenfalls Reize ausgelöst und simultan mitempfunden werden, z. B. Farbeindrücke bei bestimmten Klängen oder das musikalische „Farbenhören" (frz. *audition colorée*). In der Sprache äußert sich dasselbe Phänomen in Formulierungen, die eine Verschmelzung von Empfindungen aus den verschiedenen Wahrnehmungsbereichen unserer „fünf Sinne" ausdrücken, hauptsächlich das Sehen und Hören betreffend („diese farbigen Klänge", R. M. Rilke). Viele solcher Ausdrucksweisen sind bereits fest in der Umgangssprache eingebürgert, etwa Verbindungen wie „*schreiende Farben, warme, weiche* oder *süße* Töne, ein *stechender* Schmerz" usw. Da es sich stilistisch gesehen um metaphorische Übertragungen handelt (↗ Metapher), gilt die S. im Grunde als ein ausgesprochenes Kunstmittel der Dichtung. Sie war, in subjektiv-poetischen Einmalbildungen, namentlich zur Zeit der Romantik und des Symbolismus sehr beliebt. Den Romantikern diente sie vornehmlich dazu, Gegenständlichem besondere sinnliche Ausdruckskraft zu verleihen: „Golden wehn die Töne nieder … | Durch die Nacht, die mich umfangen, | Blickt zu mir der Töne Licht" (C. Brentano). Unter den französischen Symbolisten hat Ch. Baudelaire in seinen synästhetischen *correspondances* ‹Übereinstimmungen› eine Art theoretischer Grundlegung geliefert, und in A. Rimbauds Sonett «Voyelles» sind die Vokalklänge mit bestimmten Farben verbunden (*A noir, E blanc, I rouge, U vert, O bleu*). In der Moderne gehört das „kühne" Adjektivattribut zum ästhetischen Programm: *blaue* Stille oder *blaues* Orgelgeleier, *schwarzes* Schweigen (G. Trakl), *„scharlachrote* Musik" (*scarlet Music of Dvorak*, auch *black silence* bei O. Wilde) oder das *„parfümierte* Geschwätz"* (E. M. Remarque, ironisch für Salongespräche); weitläufiger E. Strittmatter: „Das Heidekraut spielte seine violette Melodie, und nur ein paar Immortellen wagten, mit ein paar Tönen Knallgelb dazwischenzuklimpern."

Synekdoche (Pl. -n) f. ‹metonymischer Begriffsersatz gemäß der Relation Teil – Ganzes›

> Eine Sonderform der Metonymie, die vielfach nicht von dieser unterschieden wird: griech. *synekdoche* wörtlich das ‹Mitverstehen› (Präf. *syn-* ‹zusammen, mit› + Verbalsubst. zu *ek-dechesthai* ‹aufnehmen, verstehen›), lat. *synecdoche*, auch gleichbedeutendes *intellectio*, frz. *synecdoque*, engl. *synecdoche*, dt. *Synekdoche*; ein ausgesprochener Fachbegriff der Rhetorik, der die Teil-Ganzes-Beziehung zur Grundlage metonymischen Ausdrucksersatzes macht.

Theoretisch gilt für die S. alles, was zur ↑ Metonymie zu sagen ist, da es sich im Grunde nur um eine schon früh begrifflich verselbstständigte Sonderform handelt. Zugrunde liegt die metonymische Relation *pars pro toto* oder *totum pro parte*, also die Umbenennung des Ganzen (Gesamtvorstellung) nach einem Teil (Einzelelement) bzw. umgekehrt. Diese Figur ist sehr alt und in Dichtung wie Alltag geläufig: Dass Frühling oder Winter stellvertretend für das ganze Jahr stehen, lesen wir bereits bei Vergil oder Ovid, und Walther von der Vogelweide dichtete im Jahr 1198: „Philippe setze den *weisen* ûf ...", worin die Kaiserkrone durch ihren schönsten, „Waise" genannten Edelstein charakterisiert wird; allgemein üblich sind *Kiel* für Schiff, *Saiteninstrument* für Zither, das *„Dach* über dem Kopf" für Haus, „keinen *Finger* rühren" für nichts tun usw.

Die übergeordnete Relation Teil – Ganzes umfasst mehrere Spezifizierungen, deren Gemeinsamkeit der quantitative Gesichtspunkt ist, dies im Gegensatz zu den qualitativen Kriterien der eigentlichen Metonymie: Eines (Singular) – Vieles (Plural), z. B. Goethes „Edel sei der Mensch ..." für alle Menschen, umgekehrt der sog. Pluralis majestatis *wir* für eine Einzelperson; ferner Art (Einzelwesen oder -form) – Gattung (Kategorie) wie *Rotkehlchen* – *Vogel, Apfel* – *Obst, Stuhl* – *Sitzgelegenheit, Brot* – *Nahrungsmittel* usw. Von der Metonymie unterscheidet die S. sich auch dadurch, dass sie stets im Rahmen des gleichen Begriffsfeldes bleibt; ersetzter und ersetzender Ausdruck stehen in einem Inklusionsverhältnis (wie in „Pro-Kopf-Einkommen" *Mensch* und *Kopf*). Geht es um den semantisch engeren Begriff, so spricht man von ‚partikularisierender S.', bei Wahl des umfassenderen Begriffs von ‚generalisierender S.' Ihre Wirkung verdankt diese ↗ Trope vor allem wohl – außer der anschaulichen Wortvariation – dem Umstand, dass es sich in aller Regel, wenn ein Teil an die Stelle des Ganzen tritt, nicht um irgendeine, sondern um eine charakteristische und damit ausdrucksstarke Einzelheit handelt.

Synonym ↗ Wortstilistik

T

Tabuwort ⇗ **Aposiopese, Euphemismus**

Tautologie f. ‹Mehrfachbezeichnung desselben Sachverhalts›
Ursprünglich rhet.-stil. Fachbegriff, der heute in den gebildeten Sprachgebrauch hineinreicht: griech.-lat. *tautologia* wörtlich ‹Dasselbesagen› (**ta
auta legein*, kontrahiertes *tauto-* ‹dasselbe› + *-logia*, zu *logos* ‹Wort, Rede›),
lat. auch übersetzt *idemloquium*, frz. *tautologie*, engl. *tautology*, dt. *Tautologie* für das Doppeltsagen.

Die T. ist eine Wiederholungsfigur, die sich letztlich auf das logische
Prinzip der Identität stützt, d. h. Aussage a = a; z. B. in dem Filmtitel «Une
femme est une femme» (J.-L. Godard), engl. „Facts are facts", dt. redensartlich „Sicher ist sicher", usw. In Rhetorik und Stilistik versteht man
darunter, dass derselbe Begriff, Gedanke oder Sachverhalt durch mehrere, meist zwei Ausdrücke gleichen Sinnes und gleicher Wortart wiedergegeben wird. Alte ⇗ Zwillingsformeln wie *hinter Schloss und Riegel*, *null
und nichtig* oder *ganz und gar* zeigen, dass dies vornehmlich der Ausdrucksverstärkung und rhythmisierender Eindringlichkeit dient. Die un-
bedachte Verwendung solcher gleichsinnigen Wörter wird jedoch als
Stilfehler gewertet: *bereits schon, wieder von neuem, sich einander gegenseitig* usw. Das gilt ebenso für zusammengesetzte Ausdrücke, deren Glieder die gleiche Bedeutung haben, wie *Grundprinzip* (Grund-Grundsatz),
Einzelindividuum, Schlussfazit, Briefkuvert, Gratisgeschenk, Wirkungseffekt
oder sogar *Examensprüfung*; manche lassen sich in pleonastische Adjektivverbindungen auflösen wie *grundsätzliches Prinzip* oder *abschließendes
Fazit*. Es gibt auch tautologische Sätze: „Wer tot ist, ist des Lebens ledig"
(G. Hauptmann). Die T. steht heute durchweg als Stichwort für stilistisch
unschöne, unnötige oder sogar störende Ausdrucks„doppelmoppelei".
Eine nicht unwesentliche Rolle spielt dabei vermutlich der Umstand, dass
zwischen ihr und dem ⇗ Pleonasmus kaum noch ein Unterschied gemacht wird.

Telegrammstil ⇗ **Ellipse, Kürze**

Textarten, Textsorten(stil) / **Textstilistik**

Textkonstitution, thematische / **Themenentfaltung**

Textstilistik f. ‹Erfassung und Darstellung stilistischer Phänomene im Rahmen des Textes›
Die jüngste der ling.-stil. Beschreibungsebenen, auf der Texte sowohl in mi-
kro- wie makrostil. Hinsicht untersucht werden: (ohne feste Terminologie
und meist auf den lit. Stil bezogen) frz. *stylistique textuelle, style du texte/
discours, de l'énonciation* ‹Text- und Redestil, Ausdrucksweise, Darstellung›,
ebenso engl. *text stylistics, st. of text/discourse*; dt. *Textstilistik* als stil. Teil-
disziplin, die es in Theorie und Praxis mit stilrelevanten Aspekten des Textes
zu tun hat.

In der Sprachwissenschaft kam es seit den 60er Jahren des vorigen Jh. zu
einem spektakulären Siegeszug der modernen ‚Textlinguistik', die mit
dem Anspruch auftrat, „über die Satzgrenze hinaus" den Text zum zentralen Gegenstand ihrer Untersuchungen zu machen. Die Vorläufer-Dis-
ziplinen ⇗ Rhetorik und Stilistik, immer schon der ganzen Rede und
einer allgemeinen Textorientiertheit verpflichtet – sollten sie durch die
junge, exakter operierende Textlinguistik verdrängt werden? Allen Un-
kenrufen zum Trotz erlebten beide einen bemerkenswerten Aufschwung,
die eine als „neue", wissenschaftliche Rhetorik, die andere als linguistisch fundierte Stilistik. Damals wurde die zukunftsträchtige Unterscheidung von / Makro- und Mikrostilistik entwickelt. Während mi-
krostilistisches Aufgabenfeld der lexikalische und grammatisch-
syntaktische Bereich ist, also die traditionelle Wort- und Satzstilistik,
liegt das Neue in der makrostilistischen Perspektive, die den Stil als
ganzheitliches Organisationsprinzip auf der Textebene sieht. In diesem
weiten Ansatz, der eine umfassende, „globale" Betrachtung des Textes
anstrebt, werden neben der stilistisch fortgeführten *elocutio* ‹Formulierungslehre› (griech. *lexis*) nun auch wieder die rhetorischen Abteilungen
der *inventio* ‹Sammlung von Argumenten, Stofffindung› (*heuresis*) und
dispositio ‹Komposition als äußerer und innerer Textaufbau› (*diathesis*)
berücksichtigt. Außerdem wirkt die gleichzeitige kommunikativ-pragmatische Stilauffassung ein, die nicht nur alle Umstände des Kommunikationsprozesses, sondern auch die pragmatischen Aspekte sprachlichen
Handelns einbezieht (jetzt B. Sandig, 2006).
    Das vielfach als problematisch betrachtete Verhältnis von Text-

linguistik (in engerem Sinne Textgrammatik, im weiteren Textwissenschaft) und T., die der Text als gemeinsamer Forschungsgegenstand verbindet, lässt sich analog zu Gleichsetzungen wie Phonetik/Phonologie – Lautstilistik usw. bestimmen (vgl. ⇗ Laut-, Wort- und Satzstilistik). Die linguistische Beschreibung erfasst generell das sprachsystematisch Regelhafte von Lauten, Wörtern, Satzbildung und auch der Textkonstitution, die T. hingegen charakteristische Sprachvariationen und Musterbildungen, ja Abweichungen von Erwartungen, Regeln und Normen. Man hat die Verschiedenheit beider Standpunkte in Begriffspaaren kontrastiert wie ,transphrastisch – kommunikativ, textintern – situationsbezogen, strukturbeschreibend – sinnorientiert' usw. Ihr methodisches Verfahren unterscheidet sich grundsätzlich als ,systematisch – selektiv' (auswählend). Die Hauptdifferenz besteht aber darin, dass die Linguistik ,deskriptiv' (beschreibend), die Stilistik jedoch ,evaluativ' (wertend) ist: Da nach stilistischer Grundannahme jeder Text Stil hat, welcher Art auch immer, äußern sich die damit verbundenen Stilunterschiede in Beurteilungen wie „guter" oder „schlechter" Stil. Das heißt: Wo es der Textlinguistik in Struktur und Funktion des Textes hauptsächlich um systembezogene Regularitäten geht, die sich exakt beschreiben lassen, trifft die T. über die bloße Richtigkeit hinaus wertende Aussagen hinsichtlich Sprachqualität und Textwirkung. Jedenfalls sieht man sie heute als Paralleldisziplinen, die im Verhältnis sinnvoller Komplementarität stehen, einer grundsätzlichen Eigenständigkeit also mit wechselseitig nutzbringender Ergänzung.

Die Größe ,Text' entzieht sich gleich anderen Grundbegriffen der Sprachwissenschaft wie ,Laut, Wort, Satz' bis heute einer stringenten Definition. Als Definitionskriterium müssen nur bestimmte Bedingungen der Texthaftigkeit (fachlich ,Textualität') erfüllt sein, gemäß denen ein Text eben als ,Text' gilt. Entgegen dem allgemeinen Verständnis meint Text linguistisch nicht nur den Schrifttext, sondern auch die mündliche Äußerung, und seine Spannweite reicht vom mehrbändigen Roman bis zum simplen „Wettergespräch". Als einige wichtige makrostilistische, d. h. textrelevante Kategorien, die derzeit zur Diskussion stehen, seien genannt: ⇗ Mündlichkeit und Schriftlichkeit, thematische Entfaltung, Stiltypen, Stilprinzipien, Stilfärbung und Stilzüge. Besondere stilistische Bedeutung kommt den ,Textsorten' zu (als Begriffsvarianten ,Texttypen, Textarten'; engl. *text types*, literarisch auch *genres* wie frz. *genres littéraires* ‹Gattungen›). Unter Textsorten versteht man unterschiedliche Klassen

von Texten, die aufgrund signifikanter sprachinterner wie -externer
Merkmale zusammengefasst werden, wobei die Einzeltexte innerhalb bestimmter Toleranzgrenzen durchaus differieren. Als kulturspezifische,
historisch wandelbare und konventionell normierte Textmuster dienen
sie der Bewältigung spezieller Kommunikationsaufgaben und -situatio-
nen; sie legen in gewisser Weise sogar fest, wie man sich in der betreffenden Textsorte ausdrücken sollte oder nicht darf. Diese nirgendwo verbindlich fixierten Regularitäten gehören als Orientierungshilfen für die
äußere Abfassung und Formulierung von Texten, zumindest bei alltäglichen Gebrauchsformen wie *Brief, Antrag, Wetterbericht* usw., zum intui-
tiven „Textsortenwissen" von Sprachbenutzern.

Textsorten bilden die gebrauchssprachlichen Gegenstücke zu den
Gestaltungsformen der Literatur, die wir als ‚Gattungen' kennen. Ihre
Oberbegriffe ‚Lyrik – Epik – Dramatik', Goethes bekannte drei „Naturformen der Poesie", teilen sich auf in eine Vielzahl formal und inhaltlich
definierter Dichtungsarten wie *Elegie, Novelle, Komödie* usw. Auch Textsorten werden zweckmäßigerweise auf einem „mittleren" Abstraktionsniveau beschrieben; so wäre der ↗ Funktionalstil der Presse und Publizistik viel zu weit gefasst, ein ‚Textsortenbündel', dem sich als einzelne
Textsorten z. B. *Zeitungsnachricht, politischer Kommentar, Sportbericht*
oder *Annonce* zuordnen (noch weiter in *Heiratsannonce, Wohnungsinse-
rat, Werbeanzeige* usw. zu differenzieren, bringt Schwierigkeiten mit
sich). Textsorten stecken einen mehr oder weniger fest umrissenen Rahmen für die Textkonstitution ab, oft mit weiten Toleranzen wie im Falle
des Briefes, oft aber auch in engen Grenzen, etwa bei Formularen, die
kaum Formulierungsfreiheit lassen. Wie es literarische Gattungsstile
gibt, deren meist ausgeprägte Gesetzlichkeiten Gegenstand der Poetik
sind, so existieren auch gebrauchssprachliche ‚Textsortenstile', deren
textsortenspezifischen Stilmuster die individualstilistischen Gestaltungsmöglichkeiten stark einschränken. Die Einsicht, dass Konventionen, Lesererwartungen und namentlich Textsortenzwänge maßgebend
auf das Stilprofil eines Textes einwirken, hat Konsequenzen für die praktische Stillehre: Viele ihrer verallgemeinerten Grundsätze gehen fehl
ohne die von Fall zu Fall notwendige funktions- und situationsbezogene
Differenzierung; z.B. seien Genauigkeit und Verständlichkeit eines Textes durchaus relative Größen, und „in der Kürze" liege nicht immer „die
Würze" (W. Fleischer). Nicht jede Stilregel, heißt das, gilt unterschieds-
los für alle Textsorten.

Thema-Rhema-Gliederung / **Themenentfaltung**

Themenentfaltung oder **Thematische Textkonstitution** f. ‹gedankliche
Ausführung der thematischen Textstruktur; Darstellung der im Text
ausgedrückten Sachverhalte in ihrem semantisch-kognitiven Zusammenhang›

> Eine Konzeption der neueren Textlinguistik, die ältere Ansätze namentlich
> der Prager Strukturalisten kritisch einbezieht: als Fachbegriffe dt. *Thema-
> Rhema*-Gliederung oder *Funktionale Satzperspektive*, engl. *theme – rheme*
> (übernommen), *topic – comment* und *functional sentence perspective*, frz. *per-
> spective fonctionelle de la phrase*; ferner dt. *Thematische Progression, Themen-
> entfaltung, Thematische Entfaltung* bzw. *Textkonstitution*. Allen Konzepten
> geht es in unterschiedlicher Form – gramm.-syntaktisch, semantisch-kogni-
> tiv, kommunikativ-pragmatisch – um Organisation oder Analyse der thema-
> tischen Gedankenabfolge in Satz und Text.

Generelle Grundlage ist, als gedanklich-inhaltlicher Kern eines Textes
und Träger seiner kommunikativen Funktion, das Thema (Textthema).
Seit 1929 wurde es satzbezogen in dem linguistischen Begriffspaar ‚Thema – Rhema‘, das den Satz nach seinem „Mitteilungswert" gliedert, wie
auch unter der Bezeichnung ‚Funktionale Satzperspektive‘ (V. Mathesius) weltweit bekannt und besonders in der Prager Schule viel diskutiert. Das Thema (aus dem Griechischen, wörtlich ‹das Aufgestellte,
Vorgegebene›) bietet als Ausgangspunkt des Satzes schon bekannte, vor-
erwähnte oder als Elemente unserer Weltkenntnis „gewusste" Informationen: „das, *worüber* etwas mitgeteilt wird". Das Rhema (korrespondierend ‹das Gesagte›) enthält dann die eigentliche Aussage, also neue,
unbekannte, nicht aus Text- oder Situationszusammenhang erschließ-
bare Informationen: „das, *was* über das Thema mitgeteilt wird". Noch
deutlicher ist diese Gewichtung des Informationsgehaltes in den englischen Entsprechungen *topic* ‹Thema, Gegenstand› (als *starting point*)
und *comment* wörtlich ‹Kommentar›; er markiert dort (als *end-focus*
‹Brennpunkt am Schluss›) auch kommunikativ in Wortstellung wie Intonation den Höhepunkt des Satzes. F. Daneš weitete später (1970) diese
Theorie über die Satzgrenzen aus, indem er den Textaufbau als eine
„Sequenz von Themen" auffasste und mehrere Strukturtypen allerdings
rein grammatisch im Verfahren der ‚Thematischen Progression‘ be-
schrieb.
     Seit den 80er Jahren kam es zu neuen Ansätzen texttheoretischer,

kommunikativer und pragmatischer Art. In einem Modell textueller Makro- und Superstrukturen (T. A. van Dijk) bildet das Textthema die Grundlage der semantischen Makrostruktur eines Textes, seiner „globalen Bedeutung". Im zentralen Konzept der Th. (K. Brinker) wird ‚Thema' ebenfalls als Grundinformation des Textes definiert. Die wesentlich durch kommunikative und situative Faktoren gesteuerte Entfaltung des Kernthemas zum Gesamtinhalt des Textes ergibt eine signifikante Struktur, die als Segmentierung des Themas bzw. von Teilthemen oder als Komplex ihrer logisch-semantischen Relationen aufgefasst wird. Die (dominierende) Textfunktion stellt ein grundlegendes Konstitutionsprinzip dar, das neben den Umständen der Kommunikationssituation die thematische Struktur des Textes stark mitprägt. Wesentliches Definitionskriterium des Textes ist seine ‚Textualtät' (Texthaftigkeit), als deren wichtigstes Merkmal wiederum die ‚Textkohärenz' (Textzusammenhang) gilt, und zwar als Kohärenz auf verschiedenen Ebenen: grammatisch zwischen den Sätzen, pragmatisch zwischen den Kommunikationsfaktoren und thematisch zwischen den Aussagen des Textes (fachlich ‚Propositionen'), wodurch insgesamt das Themennetz des Textes konstituiert wird. Die Bedingungen solcher thematischen Textkonstitution mit den Typen deskriptiver, narrativer, explikativer und argumentativer Entfaltung bedürfen allerdings noch näherer Untersuchung.

Die in aller Kürze referierten Forschungsansätze der Textlinguistik eröffnen auch beachtenswerte Stilaspekte. Mit Blick auf die Thema-Rhema-Gliederung wird sich die Gewichtung der Aussagen im Satz nicht selten nach der stilistischen Ausdrucksabsicht richten: In Nutzung der beiden Tonstellen des Anfangs und Schlusses steht emotional Hervorgehobenes eher vorne, in der Spitzenstellung, während logische Argumentationen sich meist zum Ende hin zuspitzen (↗ Ausdrucks- und Eindrucksstelle). Dass nach der gleichen Thema-Rhema-Lehre eine Äußerung vom Bekannten ausgeht, um daran die neuen Informationen anzuknüpfen, entspricht sicherlich der normalen Erwartung; aber wie immer ergibt die Umkehrung der Normalität besondere Stileffekte – so z. B. wenn am Anfang von Th. Manns Erzählung «Das Gesetz» über eine halbe Seite hin von einem „Er" die Rede ist, ohne dass dessen Name (Mose) genannt wird. Weiterhin hat die Th. viel mit dem Textaufbau zu tun; die festgestellten „thematischen Strukturen" sind häufig auch mit dem Thema verknüpfte Stilstrukturen, wie überhaupt die stilistische

Textgestaltung zu den neuen Aufgabenstellungen der Makrostilistik gerechnet wird (vgl. ↗ Disposition und Komposition). Da es grundsätzlich
verschiedene Möglichkeiten der „Entfaltung", d. h. Aus- oder Durchführung eines Themas gibt, liegt der Schluss nahe, dass dann auch der je-
weilige stilistische Sinn und die Stilwirkung des Textes anders sein werden. Nicht selten kann gerade die stilistische Gestaltungsabsicht als eine
Ursache solcher Unterschiedlichkeiten gelten.

Tmesis ↗ **Hyperbaton**

Ton, Tonart ↗ **Einheitlichkeit des Stils**

Topic-Comment-Struktur ↗ **Themenentfaltung**

Trope f., auch **Tropus** m. (Pl. Tropen) ‹Wortfigur der uneigentlichen,
übertragenen Ausdrucksweise›
> Eine semantische Wortfigur: griech. *tropos* m. wörtlich ‹Wendung› (im Sinne
> von Änderung, Ausdrucksersetzung), lat. *tropus* ‹bildlicher Ausdruck›, frz.
> engl. *trope*, dt. *Tropus*, seit dem 18. Jh. *Trope* f. als übertragener, meist bild-
> licher Ausdruck.

‚Tropus' war und ist auch jetzt noch ein historischer Begriff der Kirchen-
musik für bestimmte Gesangsweisen, vor allem des Gregorianischen
Chorals. Offensichtlich wurde für den gleich lautenden rhetorischen
Fachausdruck, um diese Doppelung zu vermeiden, im 18. Jh. aus dem
Pl. *Tropen* die heute vorherrschende Form *Trope* als Singular rückgebil-
det. Die T. stellen eine eigene, wichtige Untergruppe der Wortfiguren
dar (↗ Stilfigur). Während diese, im engeren Sinn, grammatisch-syntaktische Figuren der Hinzufügung, Auslassung oder Umstellung von Stilelementen sind, ist die T. eine lexikalische und als solche die Bedeutung
betreffende Ersatzfigur in Gestalt einer semantischen Abweichung: Auf
dem Wege der Personifizierung, Synonym- oder Sachumschreibung,
meist jedoch der bildlichen Übertragung tritt ein uneigentlicher, „übertragener" Ausdruck an die Stelle eines eigentlichen, konkreten Begriffs
(wohlgemerkt ohne *wie, als ob* oder sonst irgendeine Vergleichspartikel,
↗ Vergleich). Die wichtigsten T. sind ↗ Personifikation (z. B. *Bacchus* für
Wein), Hyperbel (das biblische „Kamel, das durch ein Nadelöhr geht"),
Litotes (*etwas nicht ungern tun*), Periphrase (*Auge des Gesetzes* für die
Polizei), Metonymie (*Zunge* für Sprache), Metapher („das *Haupt* der Fa-

milie") und Ironie. Wie bei allen Figuren gibt es auch hier ‚Muster-
mischungen‘, etwa in H. Falladas periphrastisch-metaphorischem Titel
«Wolf unter Wölfen».

U

Übertreibung ↑ **Hyperbel**

Umgangssprache ↑ **Alltagssprachstil**

Umschreibung ⇑ **Paraphrase, Periphrase**

Unklarheit ↑ **Dunkelheit**

Untertreibung ↑ **Litotes**

V

Variation f. ‹Veränderung, Abwandlung›; stilistisch ‹Wechsel im Ausdruck›

Ein Allgemeinbegriff, da sich die rhet. Variationstechnik einer Vielzahl von Figuren bedient hat: lat. *variatio* ‹Verschiedenheit› (zu *variare* ‹abwechseln›, auch ‹verschieden darstellen›, *varius* ‹vielfältig›), frz. *variation* ‹Veränderung, Wechsel› ohne stil. Bedeutung, engl. *variation*, auch *equivalence* (‹Gleichwertigkeit, Entsprechung›) im Anschluss an die klassische Rhetorik als ‹Wort- und Satzabwandlung›, dt. *Variation, Ausdrucksvariation* sowie – als nicht unproblematischer Grundsatz der Stillehre – *Wechsel im Ausdruck*.

Der Begriff der V. hat außer seinen normalsprachlichen Bedeutungen drei spezielle Facetten, die für die Stilistik von Belang sind: eine historisch-poetische, eine linguistische und eine stildidaktische. In der altgermanischen Stabreimdichtung wurde die variierende Wiederholung von Wörtern oder Wortgruppen zum charakteristischen Muster des Alliterationsverses (↑ Alliteration). Zumal die altnordischen ‚Heitis‘ und ‚Kenningar‘, ein- bzw. mehrgliedrige Umschreibungen, zeigen in stabenden Formeln und extremer Nutzung der Variationstechnik ihren Reichtum an poetischer Ausdrucksfülle, was damals nachgerade als Wertmesser der Dichtungsqualität galt. Die linguistische V. ist Grundlage verschiedener ‚Sprachvarietäten‘, die situativ, sprachräumlich, schichtenspezifisch, funktional usw. bedingt sein können. Es leuchtet ein, dass z.B. Größen wie konkrete Umstände eines Kommunikationsaktes, Dialektgebrauch, derb-vulgäre Ausdrucksweise oder die Wahl eines bestimmten Registers den Stil von Äußerungen nicht unwesentlich mitprägen. Stildidaktisch, und dies ist der Hauptpunkt, besteht seit langem namentlich in der schulischen Aufsatzerziehung als normative Vorschrift das rigoros vertretene Stilgebot: „Wechsel im Ausdruck" – also V., um ↑ Wiederholung zu vermeiden. Dennoch stehen diese beiden Begriffe zueinander nicht in Opposition, sondern sind komplementär: Wiederholung in strengem Sinne ist Repetition identischer Sprachelemente, V. deren „variierte", d.h. abwandelnde, nur gleichsinnige Wiedergabe, die mit Hilfe synonymer oder paraphrasierender Sprachmittel er-

folgt. Sie ist mithin der Ausdruck desselben Sachverhalts oder Gedankens in veränderter sprachlicher Form, und zwar als Abwandlung zuvor
verwendeter lexikalischer Einheiten (Wortvariation) oder syntaktischer
Strukturen (Satzvariation).

Lat. *variatio* war das grundlegende Prinzip einer rhetorisch-poetischen Variationstechnik, die eine ganze Reihe spezieller Stilfiguren umfasste: *expolitio* ‹Ausschmückung›, *interpretatio* ‹Ausdeutung›, *circumlocu-
tio* ‹Umschreibung› usw. Sie dienten dem Ziel der *amplificatio*, die
zunächst in der Antike erhöhende, später im Mittelalter erweiternde
Darstellung war (⇑ Amplifikation, auch Akkumulation), um gemäß
den Vorschriften des ↗ Ornatus eine dekorative Ausdrucksfülle zu schaffen. V. äußerte sich damals vornehmlich in Ausdrucksdoppelungen, oft
mit detaillierterer Ausführung des zweiten Glieds, oder Häufung von
sinnverwandten Ausdrücken. Auch die moderne V. bietet die Möglichkeit zur Verstärkung oder Verdeutlichung einer Aussage, also Informati-
onserweiterung – in erster Linie bezweckt sie jedoch einen Ausdrucksersatz aus stilistischen Gründen, um die als unschön, störend, ja fehlerhaft
angesehene Wiederholung gleicher oder ähnlicher Sprachsequenzen
(Lautfolgen, Flexionsformen, Wortbildungen, Satzstrukturen usw.) zu
beseitigen. Untersuchungen haben ergeben, dass solche Klang- oder
Sinnrepetitionen ein sensibles Sprachgefühl tatsächlich nicht nur, wenn
sie in unmittelbarer Nähe aufeinander folgen, sondern noch über Zei-
lendistanz hinweg im Text irritieren.

V. gilt als das probate Mittel, um Gleichklang und Gleichförmigkeit
im Interesse der ästhetischen Wirkung und damit eines guten Stils zu
vermeiden. Vor allem die Schulstilistik hat daraus ihre Forderung des
„Wechsels im Ausdruck" abgeleitet: Textnahe Wiederholung soll durch
pronominale oder substantivische Ersetzungen, d. h. Pronomen (der *Bär*
– *er*) oder Synonymausdrücke (*das Spielzeugtier*) vermieden werden. Je
deutlicher sich allerdings diese Ersetzungsabsicht verrät, desto mehr
können die Varianten selbst zum Stein stilistischen Anstoßes werden.
Ersatzvokabeln wie *Brummbär, Plüschteddy, Kuscheltier* usw. sind zwar
abwechslungsreich, aber krampfhaft gesucht und wirken gehäuft nur
noch lächerlich: typischer „Aufsatzstil"! In diesem Fall ist Wiederholung
oder ein Allerweltswort besser als gekünstelte Ausdrucksabwechslung
um jeden Preis.

Varietät(en) ⇑ **Gruppenstil, Konnotation, Register, Variation**

Veralteter (altertümlicher) Ausdruck ↗ **Archaismus**

Verbalstil ↗ **Nominalstil**

Vergleich m. ‹sprachliche Korrelation zwischen einer Ausgangsgröße (eigentliche Benennung) und einer verglichenen Größe (analog veranschaulichende Benennung) aufgrund bestimmter Gemeinsamkeiten (Vergleichsbasis)›

> Die einfachste, vielleicht älteste Form sprachlicher Verdeutlichung, doch auch heute noch eine wichtige Stilfigur und ein methodisches Verfahren der Stilanalyse: griech. *homoiosis* f. ‹Vergleichung› (zum Adj. *homoios* ‹gleich, gleichartig›), lat. übersetzt *similitudo* f. ‹Analogie, Vergleich› (zu *similis* ‹ähnlich›, vgl. Subst. *simile* n. ‹Gleichnis, Beispiel›), ferner *comparatio* und *collatio* f. ‹Akt des Vergleichens› (zu den Vb. *comparare* bzw. *conferre* ‹zusammenstellen, vergleichen›); modern frz. *comparaison*, engl. *comparison*, fachlich auch *simile* ‹Vergleichung, Gleichnis›, dt. *Vergleich* für Vorgang und Ergebnis des Vergleichens.

Wie im Falle der meist zur beiderseitigen Erklärung herangezogenen ↗ Metapher ist der V. ein „Ähnlichkeitstropus" (↗ Trope): Die gemeinte Grundvorstellung A wird dank eines gemeinsamen Berührungspunktes C (*tertium comparationis* ‹Drittes im Vergleich›) durch eine entsprechende, meist bildliche Vorstellung B verdeutlicht. Dies schematisch anhand des folgenden Beispiels:

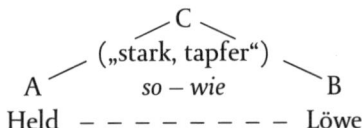

Der V. ist der erste Schritt auf dem Weg zu bildlicher Ausdrucksweise. Er stellt als formale „so – wie"-Struktur eine (nicht selten überraschende) Beziehung her zwischen durchaus verschiedenen Sachverhalten, die sich jedoch in einem bestimmten Bezugspunkt überschneiden. Nach dem bekannten aristotelischen Beispiel, das zugleich der Unterscheidung von Metapher und V. dient, kämpfte der griechische Sagenheld Achill vor Troja „wie ein Löwe" – ein deutlicher V. Denn Achill ist natürlich kein Löwe, sondern als großer Held „stark, tapfer" wie ein Löwe, und darin liegt der Vergleichspunkt des ‚Tertium Comparationis'. In der Metapher entfällt die formale Vergleichsstruktur, was den Unterschied zwischen V.

und metaphorischer Übertragung ausmacht: „Achill war ein Löwe in der Schlacht". Demgegenüber werden vergleichende Formulierungen in der Regel mit Hilfe von Vergleichspartikeln realisiert, vor allem *wie, als, gleichsam,* auch verbal *gleichen, ähnlich sein,* im Vergleichssatz *als ob, wie wenn* usw. Beispiele sind „schwarz wie der Teufel" (die einfachste und zu allen Zeiten beliebteste Form), im Komparativ „dümmer als die Polizei erlaubt", im ‚irrealen V.': „Die Möwen sehen alle aus, als ob sie Emma hießen" (Chr. Morgenstern). Noch zwei Anmerkungen: Das in anderen Sprachen geläufige ‚Komparation' (*comparatio, comparaison, comparison* ‹Vergleich›) bezeichnet im Deutschen spezieller die grammatische Gradation, also die Steigerung von Adjektiven und Adverbien. Das begrifflich nächststehende ‚Gleichnis' ist als vollständige Ausgestaltung eines V. (ähnlich wie die ‚Allegorie' neben der Metapher) eine literarische Gattung.

Berühmt sind die „epischen V." der Antike (insbesondere Homer und Vergil); auch die mittelalterliche Theorie behandelte diese noch, obwohl sie in praktischer Anwendung seit dem 11. Jh. außer Mode kamen. Für die heutige Zeit gilt eine Unterscheidung von Sachvergleich und bildlichem V. Wenn in Gebrauchstexten ein Sachverhalt zu trocken oder kompliziert dargestellt erscheint und darum für die Leser schwer fasslich ist, dann empfiehlt sich eine analogische Verdeutlichung. Neben der Wiederholung „mit anderen Worten" (↗ Paraphrase) dient der V. als beliebtes Mittel, um Texte aller Art verständlicher, klarer und überzeugender zu machen. „Nerven wie Drahtseile", so drastisch vergleicht man im Alltagsdeutsch; die journalistische Formulierungskunst lebt vom treffsicheren V., und sogar in philosophischen oder wissenschaftlichen Abhandlungen wurde er schon immer zur Präzisierung genutzt: „Ein Fragment muß gleich einem Kunstwerk von der umgebenen Welt ganz abgesondert und in sich selbst vollendet sein *wie ein Igel*", definierte F. Schlegel einst. Art und Formulierung des V. differieren – in ihrem spezifischen Situations- und Kontextzusammenhang – letztlich nach dem Anwendungsbereich: anschaulich-beschreibend in der Umgangssprache, technisch-erläuternd im Fachschrifttum, intellektuell-erklärend in Texten der Wissenschaft, bild- und sinnreich in der Literatur.

Die attraktivsten Sprachvergleiche, und als solche unverzichtbar zum poetischen Rüstzeug gehörig, verdanken wir unseren Dichtern und Schriftstellern. Meist sind es bildliche V., in denen ein Ausdruck mittels eines übertragen-sinnlichen Gegenbildes sozusagen eine neue Sehweise erhält, eine „Perspektivenverdoppelung". Vielfach besteht dann große Nähe zur Metapher, trotz ausdrücklicher *wie*-Formel: „Gerüchte waren wie ein Schwarm Krähen aufgeflogen" (E. M. Remarque). Die formale Vergleichsstruktur kann sogar völlig fehlen, so in der folgenden Umschreibung von Unwissenheit: „Konnt ich das vorauswissen? Bin ich Aristoteles? Bin ich bei der Vorsehung angestellt?" (H. Heine). Der Dichter überlässt eben vieles der Interpretation, wo ein Sachschreiber den V. um seiner Eindeutigkeit willen womöglich selbst kommentiert: „In dem endlosen Strom der Wörter wird unsere Sprache abgeschliffen wie Kieselsteine in einem Gebirgsbach. Der Unterschied ist nur, daß die Kieselsteine durch das Abschleifen schöner werden" (E. Eppler). Alles in allem entfaltet die Dichtung viel poetischen Wortzauber und die ganze Kraft des Sprachbildes: „Ein Kennzeichen höchsten Stiles ist die geschliffene Dunkelheit. Man gleitet über die Rätsel der Tiefe dahin wie auf Schlittschuhen über einen gefrorenen See" (E. Jünger).

V. erhöhen die Anschaulichkeit, Ausdruckskraft und Bedeutungsdichte eines Formulierungszusammenhangs; sie fördern mit ihrem illustrativen Charakter das Verständnis und entfalten in der Sprachkunst oft eine Bildwirkung von hohem ästhetischen Wert. Allerdings gibt es auch durch ihre stereotype Wiederholung abgenutzte, sog. stehende V.: *lügen wie gedruckt, wie eine Zeitung* oder „wie es *im Buche* steht"; man lügt „das Blaue vom Himmel", „dass sich die Balken biegen" oder *wie Münchhausen* (der „Lügenbaron"), usw. Als ein stilistischer Grundfehler gilt, wenn V. „an den Haaren herbeigezogen" werden, sich also nicht ungezwungen aus der Sache ergeben, oder wenn sie redensartlich „hinken", d.h. den Sachverhalt nicht hundertprozentig treffen: der „schiefe" V. Abschließend ein Beispiel E. Chr. Hirschs – knapp, treffend, pointiert: „Man schlägt, nichts Böses ahnend, die Zeitung auf und muß sich schon mit Satzungetümen herumschlagen wie der heilige Georg mit dem Drachen."

Aus stiltheoretischer Sicht stellt das Vergleichen ein methodisches Grundverfahren der ↗ Stilanalyse dar (U. Fix, 1991). Wer einen Text stilistisch untersucht, wird immer dessen signifikante Stilmerkmale, sei es in Form von Übereinstimmungen oder Verschiedenheiten, Ähnlichkeiten oder Abweichungen, mit bestimmten Bezugsgrößen korrelieren. Es gibt mehrere Vorgehensweisen: Erstens kann man gewissermaßen eine Beobachterposition *außerhalb des Textes* (‚übertextueller V.') einnehmen, um diesen mit Hilfe allgemeinen Stilwissens hinsichtlich stilistischer

Normen, Konventionen, Strukturen, Funktionen usw. mit den eigenen
Vorstellungen – letztlich einem „Idealtext im Kopf" – zu vergleichen.
Zweitens ist von der Allgemeinerfahrung auszugehen, dass unser Umgang mit Texten, ob schreibend, lesend oder beurteilend, sich stets vor
der Folie anderer, uns bekannter Texte vollzieht; daher geht Stilanalyse
an sich schon im Bezug auf entsprechende Erscheinungen *in anderen
Texten* („intertextueller V.') vonstatten, was Vorkenntnisse über Texte,
Textmuster und vor allem Textsorten erfordert. Drittens arbeitet jede
Stiluntersuchung, die Einheitlichkeit des Textes vorausgesetzt, ein bestimmtes Muster typischer, vom Leser erwartbarer Stilelemente und Stilzüge im Rahmen des übergeordneten Stilganzen heraus; sie spielt sich
dann *innerhalb des Textes* ab („innertextueller V.'). Selbstverständlich
greifen diese Vergleichsprozeduren meist ineinander und ergeben in
Verbindung mit weiteren Textverfahren ein abgerundetes Bild stilana-
lytischer Methodik.

Verständlichkeit f. ‹sprachliche Qualität eines Textes, die seine möglichst
gute Erfassbarkeit bewirkt›
> Eine vornehmlich dt. Stilgröße, die erst in der zweiten Hälfte des 20. Jh. zu
> voller Geltung gelangt ist, wobei Konzeptionen der Lesbarkeit von Texten, der
> psychologischen Verständlichkeits-Forschung und der Textverarbeitung be-
> teiligt sind: von dem alten Adj. lat. *intelligibilis* ‹wahrnehmbar, begreiflich›,
> jünger auch ‹verständlich› abgeleitet frz. *intelligibilité*, engl. *intelligibility* (bei-
> de unterminologisch), neueren Datums *lisibilité* bzw. *readability* ‹gute Lesbar-
> keit›; dt. *Verständlichkeit* (15. Jh.), das über Bedeutungen wie ‹Hörbarkeit, Ver-
> ständnis, Fasslichkeit› zur heutigen, auch in stil. Sinne guten Verstehbarkeit
> von Texten wurde.

Die V. spielt als Kategorie der Textgestaltung vor allem in der Stillehre
eine besondere Rolle, meist im gleichen Atemzug mit dem Stilprinzip
der ↗ Klarheit genannt (ähnlich frz. *intelligibilité* und *clarté*, engl. *in-
telligibility* und *clearness*). Im Gefolge der von Amerika ausgehenden Erforschung leichter Lesbarkeit und Verstehbarkeit von Texten (*readability,
comprehensibility*) wurden verschiedene linguistische, psychologische
und textverarbeitende Modelle der V. entwickelt. Spezielle „Lesbarkeits-
formeln" stützen sich auf die statistische Häufigkeit der in einem Text
vorkommenden Wörter, Redewendungen oder Satzmuster; andere Untersuchungen gehen von ebenfalls messbaren lexikalisch-syntaktischen
Sprachmerkmalen aus, etwa durchschnittliche Silbenzahl der Wörter,

Wortzahl der Sätze usw. Wieder andere Forschungen ermitteln leserbe-
zogene Informationen wie Wortschatz, Sachverständnis oder Wissens-
hintergrund der Rezipienten, wobei dies im Gegensatz zu den vorher
genannten objektiven Daten meist subjektiver Einschätzung unterliegt.
Schließlich werden auch außersprachliche Faktoren einbezogen wie die
Motivation der Lesenden, deren Interesse und Aufmerksamkeit für den
Rezeptionsprozess entscheidend sind. Am bekanntesten ist das sog.
Hamburger V.-Konzept. Danach gelten als Grunderfordernisse einer unmittelbar eingängigen Leichtverständlichkeit: sprachliche Einfachheit in
Wortwahl und Satzkomplexität, kognitive Ordnung durch innere Kohä-
renz und übersichtliche äußere Gliederung, Klarheit und Prägnanz der
Darstellung sowie stilistische Stimulanzmittel, d. h. „anregende Zusätze",
die den Text interessant machen sollen.

Da es keine V. „an sich" gibt (was für die einen ohne weiteres verstehe-
bar ist, kann für andere völlig unverständlich sein), bezieht diese sich
stets auf bestimmte Leser. Das eigentliche Stilprinzip im allgemeinen
Sprachgebrauch ist daher eine variabel zu interpretierende, weil adressatenbezogene ‚Verstehbarkeit' von Texten (↑ Adressatenbezug): Die Erwartungen, Einstellungen, Verstehensfähigkeiten usw. des oder der
Adressaten sind zu berücksichtigen. Im Unterschied zum bekannten Ein-
zelleser oder Leserkreis bleiben größere Lesergruppen oder ein weites
Lesepublikum meist anonym. In diesem Fall verlangt die Adressaten-
rücksicht eine dementsprechend allgemein verständliche Diktion, wie
sie von den Stillehren als generelle ‚Allgemein- oder Leichtverständlichkeit' postuliert wird. Sie kommt durch sachliche Vereinfachung und
sprachliche Einfachheit zustande, die bis zu schlichter Simplifizierung
führen kann. Der inhaltlichen Banalität und stilistischen Anspruchs-
losigkeit solcher Formulierungsweise, die bei den Lesern Langeweile
und Desinteresse zur Folge hätte, sucht die V.-Forschung mit ihrer erwähnten Forderung sprachlicher Anreize entgegenzuwirken (sog. stilistische „Attraktivmacher"). Die Fachleute raten ohnehin zu einem Ver-
ständlichkeitsgrad von Texten auf dem Niveau „mittlerer Schwierigkeit",
sodass jedenfalls nicht Leichtverständlichkeit um jeden Preis, sondern
eine von Fall zu Fall flexibel angepasste gute Verstehbarkeit die Regel
sein sollte.

Vorreiter m. ‹Wort- oder Satzvorspann, Signalformel›
Trotz Vorkommens entsprechender Formulierungsweisen auch in anderen
Sprachen eine auf die neuere dt. Stillehre und Sprachkritik beschränkte iro-
nisch-bildhafte Bezeichnung (geprägt von L. Reiners, 1944), kein eigentlicher
Fachbegriff.

Im Deutschen gibt es bestimmte Sprachelemente vorwiegend substanti-
vischer Art, die in stereotyper Anwendung anderen Wörtern oder Sätzen
„vorgespannt" werden, und zwar in der Weise, dass sie – selbst semantisch blass und vielfach überflüssig – die folgenden, bedeutungstragenden Ausdrücke oder Aussagen syntaktisch unterordnen: „die *Frage* des
richtigen Zeitpunkts, *im Zuge* der getroffenen Maßnahmen, der *Prozess*
einer strukturellen Veränderung ..."; noch deutlicher, wenn ein Satz
folgt: „Im Falle, dass ... Angesichts des Umstandes, dass ... Es versteht
sich von selbst, dass ..." Indem der Vorspann unweigerlich einen *dass*-
Satz nach sich zieht, signalisiert er nur, dass erst der anschließende Nebensatz das eigentliche Anliegen bringt. Der Hauptsatz läuft dann oft
genug in einer belanglosen Trivialität aus: „Die Tatsache, dass ..., ist hinlänglich bekannt" – eine klare Diskrepanz zwischen Form und Inhalt der
Aussage. In diesen Fällen sind V. ‚Signalformeln', die an der Spitze eines
Satzes stehen, nur um diesen anzukündigen, womit die Hauptsache zu
einer Nebensächlichkeit degradiert wird.

Stilistisch fragt es sich, wie man solche schablonenartigen Ankündi-
gungen, falls sie nicht einfach weggelassen werden, anders formulieren
kann. Zumindest die sinnwidrige Platzierung des Wichtigen im Nebensatz vermeidet die bekannte, aber umständliche Wendung: „Was (dieses
oder jenes) angeht/betrifft ..." Dasselbe erreicht man, ohne auf die
nachdrückliche Hervorhebung am Anfang zu verzichten, mit Hilfe geläufiger Doppelpunkt-Formeln, die es für viele Aussagezwecke passend
gibt: „In der Tat: ... Hinzu kommt: ... Kein Zweifel: ... So viel steht
fest: ..." usw. V. werden hauptsächlich in Schrifttexten verwendet, doch
kennt die Mündlichkeit ähnliche, das Reden einleitende Wendungen:
„Ich würde sagen, möchte annehmen, könnte mir vorstellen" usw. – vor
allem in Politikerkreisen „geht man davon aus, dass ..." Zuweilen können solche Einführungen in falsch verstandenem Formulierungsdrang
den Charakter ‚rhetorischer Floskeln' annehmen: „Gestatten Sie mir,
noch ein Wort vorauszuschicken und in aller Deutlichkeit darauf hinzuweisen, dass ..." Ob sinnvolle Ein- bzw. Überleitung oder bloße „Fan-
fare" vor dem Redebeginn, ob rhetorischer Redeschwulst oder Verlegen-

heitsfloskel zur Denkpausenfüllung – klischeehafte Formulierungsmuster bleiben in jedem Fall problematische Mittel der Sprachroutine.

Vorwegnahme (Neuansatz) ↗ **Prolepse**

W

Wiederholung f. ‹Wiederkehr gleich lautender oder gleichsinniger Sprachelemente und Sprachstrukturen im Textzusammenhang›

Für das Phänomen sprachlichen Wiederholens gibt es in der antik-mittelalterlichen Rhetorik und Poetik keinen entsprechenden Gesamtbegriff, wohl aber eine Reihe spezieller Bezeichnungen für einzelne Erscheinungsformen: unter ihnen lat. *repetitio* als einfache ‹Ausdrucksverdoppelung› (zu *re-petere* ‹auf etwas zurückgreifen, wiederholen›); danach frz. *répétition*, engl. *repetition* ‹Wiederholung›, dt. seit dem 16. Jh. *Repetition* (auch in engerer Bedeutung ‹Einübung durch wiederholendes Lernen›), allgemein *Wiederholung*.

Wenn Sprachelemente, die sich lautlich oder sinngemäß entsprechen, in bestimmten textnahen Positionen oder auch im weiteren Textzusammenhang wiederkehren, spricht man von W. Die wiederholten Sprachelemente können alle Ebenen vom Laut bis zum Text betreffen, denn alle sprachlichen Einheiten sind wiederholbar und werden durch ihre W. zum Stilistikum: Einzelwörter und Wortgruppen, Sätze und Satzfolgen, doch auch Gedanken, kompositorische Strukturen oder signifikante Textelemente. Die lautliche W., die wir am eindrucksvollsten, doch der Poesie vorbehalten im ⟋ Reim erleben, ist insofern grundlegend, als prinzipiell alle Arten wörtlicher W. klanglich wahrgenommen werden: Es sind ja bestimmte Lautfolgen, die sich wiederholen. Man unterscheidet meist zwischen wörtlicher, variierter und synonymischer W., deren verschiedene Formen unter ihren speziellen Fachbegriffen behandelt sind.

Wörtliche W. lässt sich in folgendes Ordnungsschema bringen: – A, A – die einfache Verdoppelung von Wörtern oder Ausdrücken (lat. *repetitio* und andere Begriffe) ⟋ Epanalepse; A – – | A – – W. der gleichen Wörter bzw. Wortgruppen am Anfang von Satzteilen, Sätzen oder auch Versen ⟋ Anapher; – – A | – – A als Umkehrphänomen dasselbe am Ende ⟋ Epipher; – – A | A – – Wiederaufnahme des Schlussausdrucks am folgenden Zeilenbeginn, Satz- oder Versanfang ⟋ Anadiplose; A – – | – – A umgekehrt, wenn der Anfang sich am Schluss wiederholt ⟋ Symploke. Kompliziertere Formen wörtlicher W. sind vorwiegend literarischer Art. Variierte W. liegt vor, wenn es nicht um identische, sondern abgewandelte oder erweiterte Wörter und Ausdrücke geht. Am geläufigsten ist die Veränderung der Wortformen (weshalb man auch von ‚flektierter W.‘ spricht), in erster Linie unterschiedliche Kasus, Zeitenwechsel beim Verb, Steigerung des Adjektivs usw. ↗ Polyptoton. Einen Sonderfall bildet hierbei die ‚etymologische W.‘ ↗ Figura etymologica, wenn Wörter gleichen Stammes variiert werden (z. B. „ein falsches *Spiel spielen*“). Synonymische W. nutzt, wie schon der Begriff anzeigt, die Bedeutungsähnlichkeit formal verschiedener Wörter, die also eine im Sinnbereich liegende W. schaffen, so in Aufzählungen: „Dome und Basiliken, Münster und Kathedralen, Kirchen und Kapellen, kurz alle Gotteshäuser“, oder: „Dabei hatte der Knabe ein so gläubiges, verschämtes, überzartes, frommes, gelehriges, träumerisches Wesen“ (Jean Paul). In dieser Art meist als Adjektivhäufung kritisiert, kennzeichnet dieselbe sinngemäße W., wenn sie innerhalb eines Ausdrucks auftritt, die Figuren der ↗ Tautologie und des Pleonasmus, die heute als redundante „Doppelaussagen“ gelten. Vielfältige Vermischungen, Überschneidungen und Widersprüchlichkeiten haben im Übrigen zur Folge, dass manche Figuren sich nur noch von Fachleuten so klar unterscheiden lassen, wie es ihre begriffliche Systematisierung suggeriert.

Im weiteren Rahmen von Satz und Text gibt es den sprachlichen Gleichlauf in syntaktischen Einheiten (vgl. ↗ Isokolon, Parallelismus). Dieser kann bis zur W. vollständiger Sätze gehen; als Beispiel jene sich refrainartig wiederholenden Verse W. Buschs: „Einszweidrei, im Sauseschritt | Läuft die Zeit; wir laufen mit.“ Ähnlich können wichtige Gedanken sinngemäß wieder aufgenommen werden. Von dem literarischen Phänomen der sog. epischen W. abgesehen, sind es vor allem makrostilistische Darstellungsprinzipien und wiederkehrende Gestaltungsmuster, die sich oft durch einen ganzen Text ziehen (vgl. ↗ Stilprinzip, Stilzug). Ohne Zweifel haben Antike und Mittelalter die W., gerade in der raffinierten Vielfalt ihrer Figuren, als ein Kunstmittel emphatisch-emotionaler Hervorhebung und stilistisch-expressiver Intensivierung hoch geschätzt. Demgegenüber zeigt sich in neuerer Zeit ein deutlicher Auffassungswandel, und nicht nur die allgemeine Abwendung von rhetorischer Wortkunst und -künstelei bot einen Grund: W. bedeutet immer vermehrten Wortaufwand, der angesichts des sachlich-ökonomischen Sprachgebrauchs der Gegenwart nicht mehr zeitgemäß ist – der „schlanke“ Text entspricht dem Stilideal der Moderne. Neben sprachlicher ↗ Redundanz, also überflüssigen Informationen, hat vor allem die W. derselben Wörter stilistisch Anstoß erregt, ausgenommen natürlich in fachlichen und wissenschaftlichen Texten, die auf eine feste, exakte Begrifflichkeit nicht verzichten können.

Die allgemeine Maxime, zugleich eine alte Schulregel, lautet: „Wechsel im Ausdruck!" (↗ Variation). Ihre Begründung findet sie in der Tatsache, dass schon assonantische Formulierungen wie *latente Talente*, *normkonform* oder *ausgezeichnet zeichnen* ein sprachsensibles Ohr irritieren, weil sie als ungewollte, fast reimartige Klangfolgen registriert werden. In weit höherem Maße gilt dies für die Wiederkehr gleicher Wörter in kurzem Abstand: „Wenn ich diesen See seh', brauch' ich kein Meer mehr ...". Solche störende W., als ein Zeichen sprachlicher Unbeholfenheit oder Unachtsamkeit gewertet, muss nach den Vorschriften der Stillehre durch Variation des Ausdrucks beseitigt werden (mittels Pronomen, Synonymen oder sog. ‚Proformen'; das sind sprachliche Ersetzungen, die in einer Art „Vertreterfunktion" vorher Erwähntes wieder aufgreifen und stilistisch oft zu umschreibenden Synonymkomplexen ausgeweitet erscheinen). Demgegenüber behält die absichtsvolle W. sinntragender Wörter oder anderer Texteinheiten nach wie vor ihren Wert als ein hochrangiges, akzentuierendes und intensivierendes Stilistikum. William Shakespeare, der wirkungssicherste Bühnendichter der Welt, lässt seinen König Richard III. nicht ausrufen: „Ein Pferd, ein *Reittier*, mein Königreich für *ein solches*!" – er wiederholt vielmehr und verstärkt damit: *A horse, a horse, my kingdom for a horse!* Gekonnte W. verleiht einem Text Leben, Nachdruck und Eindringlichkeit; sie ist ein besonders erfolgreiches Ausdrucksmittel zur Wirkungssteigerung. Welch hervorragende Rolle sie seit Jahrtausenden spielt, ist bekannt: in der Bibel, in orientalischer wie überhaupt jeglicher Dichtung, im Sprichwort und in allen großen Reden der Weltgeschichte, die von der rhetorischen Kraft der W. leben.

Wissenschaftsstil ↗ **Abstraktum, Dunkelheit, Fremdwort**

Wortkreuzung ↗ **Kontamination**

Wortneuerung ↗ **Neologismus**

Wortspiel n. ‹geistreich-witzige Ausnutzung überraschender Sprach-möglichkeiten im Wortbereich›
Moderner Sammelbegriff für eine Reihe historisch und in anderen Sprachen verschieden benannter Einzelphänomene (vgl. griech.-lat. *amphibolia, anno-minatio, paronomasia*); ebenso allgemein frz. *jeu de mots* und engl. *word-play, play(ing) on words* sowie *pun* (Herkunft unklar); dt. seit dem 17. Jh. *Wort-spiel.*

W. in engerem Sinne ist der „spielerische" Einsatz von gleich oder ähn-lich klingenden, aber in ihrer Bedeutung verschiedenen Wörtern und Wendungen, um eine überraschende Wirkung zu erzielen. Im weiteren Sinn kann darunter jede geistreich-witzige Handhabung des Wort-gebrauchs verstanden werden; als Beispiel die auf G. E. Lessing zurück-gehende scharfzüngige Kritik an einer Schrift seines Zeitgenossen Gott-sched, deren Sprachreiz in der antithetischen Zuspitzung und chiastischen Form liegt: „Dieses Buch enthält viel Neues und Gutes, aber das Gute ist nicht neu, und das Neue nicht gut."

Das W. nutzt in erster Linie die Wort*form*, indem – mit oft nur geringfügiger Abänderung – besondere Klangwirkungen oder unerwar-tete Assoziationen hervorgerufen werden: Chr. Morgensterns *Gymnase-weis* (↑ Kontamination) oder der Kraus'sche *Einfallspinsel*, dessen Ideen-reichtum durch den Anklang an das geläufige *Einfaltspinsel* stark relativiert wird; anekdotisch die makabre Wortverdrehung des *leberlei-dend* in ein Heilbad gefahrenen Kurgastes, der *leider lebend* zurück-kommt (J. Hellmesberger). Der Fachausdruck der rhetorisch-poetischen Tradition dafür ist ↑ Paronomasie (im Lateinischen auch übersetzt An-nominatio). Den zweiten Hauptbereich bildet das Spiel mit der Wort-*bedeutung*. Die Sprache selbst bietet hier den Ansatzpunkt: Erstens sind – als genuine Eigenschaft unseres Wortschatzes – die meisten Wörter polysem, sie verfügen also über mehrere Bedeutungen (sprachwissen-schaftlich ‚Polysemie'); zweitens gibt es Wörter, die homonym, d.h. gleich lautend, aber verschiedener Herkunft und damit auch Bedeutung sind (‚Homonymie'). In beiden Fällen wird durch die Aktivierung unge-wohnter Bedeutungszusammenhänge ein Doppelsinn bewirkt, der für Überraschung und sprachliche Attraktivität sorgt: „Ein Mensch meint, gläubig wie ein Kind, | Daß alle Menschen Menschen sind" (E. Roth) – sich also auch menschenwürdig verhalten; oder: „Hier hab' ich die Spitzen, die feiner sind | Als die von Brüssel und Mecheln, | Und pack' ich einst meine Spitzen aus, | Sie werden euch sticheln und hecheln"

(H. Heine) – *Spitzen* als textile Verzierungen und boshafte Bemerkungen. Der linguistische Begriff für solche Mehrdeutigkeit, als Nachfolger der antik-mittelalterlichen Amphibolie, lautet ↑ Ambiguität. Wunderbar mit Wortformen und -bedeutungen spielt der bekannte französische Spruch: *Poisson sans boisson est poison* („Fisch ohne Getränk ist Gift"). Das W. kommt nicht aus dem Gefühl, sondern wird als Kennzeichen von Epochen hoher Verstandeskultur betrachtet. So galt es beispielsweise in der Elisabethanischen Poesie Englands als allgemeine Kunstform, während im 17./18. Jh. mit dem *pun* eine degenerierte Art der Witzelei aufkam (vgl. auch Kalauer, ↑ Wortwitz). Heute erfüllt das W. hauptsächlich die Aufgabe, als Blickfang in Zeitungsüberschriften oder Werbeslogans Aufmerksamkeit zu erregen; es verhilft Kabarettisten und Humoristen – den modernen Nachfahren Till Eulenspiegels, dessen „Narretei" sich nicht zum wenigsten im Wörtlichnehmen alles Sinngemäßen äußerte – zu überraschenden Geistesblitzen, und in der Literatur dient es als gehobenes Kunstmittel der Anspielung, Komik oder Satire. Der Kern des W. liegt immer in seiner Wirkabsicht, mittels lautlicher Anklänge von Wörtern oder im Spiel mit ihren Bedeutungen auf geistreich-witzige Art verblüffende Sinnzusammenhänge aufzuzeigen: „Die gerechte Entrüstung ist leider viel seltener als die ungerechte Rüstung" (J. Ringelnatz).

Wortstilistik f. ‹Stilistik der Ausdrucksmittel des Wortschatzes›
    Teilbereich der Stilistik, der sich mit den lexikalischen Stilmöglichkeiten befasst (in Antike und Mittelalter innerhalb der rhet. Figurenlehre): griech. *schemata lexeos*, lat. *figurae verborum* ‹Wortfiguren›; frz. *stylistique/figures de mots*, engl. *word stylistics*, dt. *Wortstilistik* und Umschreibungen (z. B. „Wörter und Wendungen") für die Betrachtung stil. Kleinstrukturen auf der Wortebene.

Das Wort gilt nach landläufigem Verständnis als wichtigste Grundeinheit der Sprache und elementares Bauelement im Gefüge des Stils. Aus Wörtern setzt sich unsere Sprache zusammen, und die Gesamtheit aller Wörter bildet ihren Wortschatz. Weil es der Fachwissenschaft bisher nicht gelungen ist, eine allgemein gültige Definition von ‚Wort' zu finden, verwendet die Linguistik lieber den definierten Ersatzbegriff ‚Lexem' (nach griech. *lexis* ‹Wort, Ausdruck›) und entsprechend ‚Lexik, Lexikon' für den Wortschatz. Er umfasst im Falle der deutschen Sprache schätzungsweise 400 000–500 000 Wörter, von denen ein Durchschnittssprecher rund 6 000–10 000 aktiv beherrscht und ein Mehrfaches wenigstens versteht („passiver Wortschatz‘). Dieses persönliche „Wörterbuch" im Kopf jedes Menschen bildet die lexikalische Grundlage auch für seine stilistischen Entscheidungen beim Reden oder Formulieren eines Textes, insbesondere für die Wortwahl. Unser Wortgut ist zum größten Teil „normalsprachlich", d. h. stilneutral oder auch ‚nullexpressiv‘, was allerdings eine Verwendung in stilistischer Absicht, als Stilistikum also, nicht ausschließt. Manche Wörter und Wendungen verfügen von sich aus über ein bestimmtes Stilkolorit (↗ ‚Stilfärbung‘), worin meist eine emotionale Einstellung oder Bewertung zum Ausdruck kommt, sowie auch ↗ Konnotationen, die stilistischer Natur sein können. Auf diese Weise ergibt sich eine Skala der Stilwertigkeit, die von ‚unmarkiert‘ (stilneutrales Sprachelement) über ‚markiert‘ (↗ Stilelement) bis hin zu auffälligen ‚Stileffekten‘ reicht.

Wörter werden nach Kriterien der Form und Bedeutung in verschiedene ‚Wortarten‘ eingeteilt: Substantive (zur Benennung von Gegenständlichem oder Begriffen, vgl. ↗ Abstraktum), Adjektive (für Eigenschaften) und Verben (Tätigkeiten oder Vorgänge), die als Hauptwortarten über eine lexikalische Bedeutung verfügen und an die 90 Prozent des Gesamtwortbestandes ausmachen. Hinzu kommen Nebenwortarten wie Adverbien, Zahlwörter, Konjunktionen und andere Kleinwörter (heute meist unter der Bezeichnung ‚Partikeln‘), die wichtige Funktionen im grammatisch-syntaktischen Zusammenhang der Satzbildung erfüllen. Des Weiteren zeichnet sich die deutsche Sprache aus durch die Möglichkeit großzügigen Wortartwechsels; z. B. *Stimme, stimmen, stimmig; durchführen, Durchführung, durchführbar; schön, Schönheit, verschönen; Dank, dank* usw. sowie generell Substantivierung durch Vorsetzen eines Artikels: das *Niedagewesene* – eine Freiheit, die auch stilistische Ausdrucksflexibilität schafft.

Feststehende Redewendungen oder Redensarten, sog. Phraseologismen, spielen stilistisch eine Sonderrolle: Der ‚Phraseologismus‘ (auch ‚Idiom‘, beide Begriffe nach griech. *phrasis, idioma* ‹Ausdrucksweise, eigentümliche Wendung›) besteht im Gegensatz zum Wort aus mehreren selbstständigen Sprachelementen, die aber nur eine, nicht aus jenen ableitbare Gesamtbedeutung besitzen: „hinter schwedischen Gardinen" scherzhafte Umschreibung für ‹im Gefängnis›, „das Hasenpanier ergreifen" spottend für ‹eilig weglaufen›, „die Weisheit nicht mit Löffeln gegessen haben" ironisch für ‹nicht besonders klug sein›. Die Beispiele zeigen, dass solche phraseologischen Redeweisen, die wir alle trotz ihres abweichenden Sinns wie selbstverständlich gebrauchen, auf jeden Fall nicht wörtlich zu verstehen, sondern nur aus ihrer historischen, sondersprachlichen, emotionalen oder wie immer gearteten Begründetheit erklärbar sind. Feste Wortverbindungen liegen auch vor in ⇑ Zwillingsformeln (*bei Nacht und Nebel*), stehenden Vergleichen (*weiß wie Schnee*), sog. Funktionsverbgefügen (*zur Verfügung stehen*) sowie, als Sinneinheiten in Satzform, bei Sprichwörtern, Sentenzen, Denksprüchen und vielen Redewendungen.

Im Rahmen der ‚Wortbildung‘, nach deren Regeln die meisten Wörter erkennbar „gebaut“ sind, unterscheidet man als Hauptarten: Zusammensetzungen (‚Komposita‘) wie *Mutter-sprache, bild-schön, hohn-lachen*; Ableitungen (‚Derivationen‘) wie *Mär-chen, Schön-heit, buchstab-ieren*; Präfixbildungen (‚Präfixe‘ sind Vorsilben) wie *Miss-erfolg, un-schön, ver-be-amten* usw. Mittels dieser Prozeduren ist es möglich und zeitgemäß üblich, auch neue Wortbildungen vorzunehmen (⇑ Neologismus). Vor allem die Zusammensetzungen haben sich nicht nur zahlenmäßig stark vermehrt, sondern wachsen auch zu immer längeren Mehrfachkompositionen, die sprachlich-stilistisch je vielgliedriger, desto mehr Kritik auslösen: von der harmlosen *Damenarmbanduhr* über die *Lebensmittelsupermarktkette* bis zum *Hochleistungstiefkühlgefrierschrankmodell* (vgl. „Raffbildungen“ des modernen ⇑ Nominalstils). Komplizierte Sachverhalte, die sich normalerweise auf mehrere Ausdrücke oder sogar Nebensätze verteilen, werden zusammengefasst in sog. „Kompaktwörter“, die gelegentlich zu unübersichtlicher Länge und damit verbundener Schwerverständlichkeit geraten. Ein weiterer Stein des Anstoßes sind den Stilkritikern seit langem die sehr produktiven *-ung*-Ableitungen, mit deren Hilfe sich Verbalfügungen in Substantive umwandeln lassen: *Atmung, Erfindung, Problemstellung, Rückgängigmachung, Zurruhesetzung, Inerwägungziehung* usw., die zunehmend unleidlicher werden; ebenso stört ihr gehäuftes Auftreten im Satz: „Die Durchführung der Erforschung bzw. Entwicklung und Förderung ...“

Ein bedeutsames Phänomen der Lexik ist die ‚Synonymie‘: Synonyme (vom Adjektiv griech. *synonymos*, aus *syn-* ‹mit, gleich› und *onoma* ‹Name, Benennung›) sind bedeutungsähnliche Wörter, da es strikte Bedeutungsgleichheit definitorisch eigentlich kaum gibt. Sie lassen sich zur Ausdrucksvariation einsetzen und weisen trotz ihrer Sinnübereinstimmung eine markante stilistische Differenzierung auf, wie Beispiele aus dem Wortfeld *sterben* zeigen: *ableben, hinscheiden, entschlafen, das Zeitliche segnen, den Geist aufgeben* usw. Das Pendant bilden ‚Antonyme' (griech. *antonymos*, mit Präf. *anti-* ‹gegen› gebildet), wörtlich also ‹Gegenbegriffe›, die paarweise, und zwar vorzugsweise adjektivisch zueinander im Verhältnis eines relativen, graduierbaren Kontrasts stehen: *richtig – falsch* ‹unrichtig›, aber *groß – klein* (z. B. sind kleine Elefanten schon vergleichsweise groß). Die stiltheoretische Bedeutung der Synonymie liegt darin, dass erst die Existenz annähernd gleichwertiger Ausdrucksvarianten in der Sprache jene stilistischen Wahlmöglichkeiten eröffnet, die als Grundvoraussetzung von Stil gelten (⇗ Stil als Wahl, auch Wiederholung, Variation). In den Stillehren ist denn auch die Wortwahl ein entscheidender Vorgang. Die Werturteile über die Qualität des „guten, richtigen, treffenden" Wortes werden dort meist, negativ oder positiv, in adjektivische Gegensätze wie „allgemein – speziell, abstrakt – konkret, unscharf – präzise, alltäglich – besonders" usw. gekleidet. So lehrreich das im Einzelnen sein mag, lautet doch der allgemeine Grundsatz: Gut, richtig, treffend ist ein Ausdruck dann, wenn er die Sache klar und genau erfasst, den Sinn wie ein „Maßanzug für das Gedachte" wiedergibt und der Situation angemessen ist. Der gewählte Ausdruck sollte überdies zu einer stilistisch attraktiven Formulierung beitragen und auch *up to date*, der Zeit gemäß sein. Im aktuellen ⃑ Modewort und dem stilistischen Umgang mit ⃑ Fremdwörtern äußert sich, kritisch gesehen, die „Modernität" unseres Wortschatzes.

Wortwitz m. ‹auf Wortspiel beruhender Sprachwitz›
Die vielen Formen sprachbezogener Komik bedingen eine Fülle einzelsprachlicher Benennungen, die auch Differenzierungen in der Art des jeweiligen Humors und Sprachwitzes spiegeln: lat. *facetiae* ‹launige Einfälle› (zum Adj. *facetus* ‹fein, witzig›), *iocus* ‹Witz, Scherz› (fortgesetzt im studentensprachlichen *Jux*, 18. Jh.); frz. *mot d'esprit, bon mot* (ferner *trait, saillie, pointe*) ‹Geistesblitz, Witzwort, Scherz›; engl. *wit, joke* (auch *facetiæ*, älter *crank, quibble, pun*) ‹Witz, Wortspiel, geistreiche Bemerkung›; dt. pauschal *Witz* für Scherz- und Witzworte.

Schon bei Aristoteles ist die Unterscheidung von Sachwitz und W. überliefert, und aus Ciceros berühmtem Exkurs über den Witz («De oratore» II, 54 ff.) erfahren wir erstmals Genaueres über seine Handhabung in der antiken Rhetorik. Dt. *Witz*, eine Abstraktbildung zu *wissen*, bedeutete ursprünglich ‹Wissen, Verstand, Klugheit›, wie sich in manchen Wendungen noch jetzt verrät: Ein Mensch „mit Witz" (auch „Mutterwitz") ist nicht jemand, der gut Witze erzählt, sondern ein „gewitzter", heller Kopf. Seit dem 17. Jh. nahm das Wort unter Einfluss von frz. *esprit* die Bedeutung ‹Geist, geistvolle Art, Scharfsinn› an, die über ‹Findigkeit, Einfallsreichtum, witzige Bemerkung› zum heutigen ‚Witz' geführt hat. In Form des mündlich erzählten Witzes wie als narrative Kleinform verkörpert er die halb populäre, halb literarische Textsorte gleichen Namens, die als solche nicht in die Zuständigkeit der Stilistik fällt.

Aufgrund der inhärenten Doppeldeutigkeit des Wortes *Witz* gibt es auch ein zweifaches Verständnis von W.: einmal als sprachlich begründeter Witz (Sprachwitz im aristotelischen Sinn), zum andern als allgemein geistreich-witzige Formulierung. Beiden liegt letztlich ein ↑ Wortspiel zugrunde, z. B. „Streikende für Streikende". Beim Witz sehen wir es, oft anekdotisch, in eine Situation eingebettet, und zwar als Pointe: Auf seinem Italienfeldzug hatte Napoleon Bonaparte (ital. *Buonaparte*) offenbar schlechte Erfahrungen mit Land und Leuten gemacht, jedenfalls äußerte er sich nach seiner Rückkehr zu einer Italienerin: „Madame, alle Italiener sind Räuber und Schelme" – ihre Antwort: „Non tutti, ma *buona parte*!" (Nicht alle, aber ein gut Teil). Der geistreich-witzige Sprachgebrauch im Allgemeinen ist demgegenüber meist reines Wortspiel in knapper, pointierter Formulierung: „Schließlich wird der Mensch weder durch Deduktion noch durch Induktion untersucht, sondern durch Obduktion" (St. J. Lec). Eine beliebte Sonderform bildet der Namenwitz, der im Unterschied zum W. scherzhaft, spöttisch oder aggressiv-polemisch sein kann und darin besteht, dass hier eben mit Namen gespielt wird (vgl. ↑ Namenstilistik).

Eigentlich Oberbegriff, doch gemeinhin mit W. gleichgesetzt, versteht sich der weiter gefasste Sprachwitz als Ausfluss persönlicher Eigenschaften wie Sprachverstand, Esprit, Stilgefühl und Ausdruckskunst. Fehlt es daran, spricht man von einem billigen oder „faulen" Witz, dem *Kalauer* (wohl frz. *calembour* ‹Wortspiel›, in berlinischer Umdeutung nach dem Lausitzer Städtchen Kalau, 19. Jh.). Da ist z. B. ein Mann von einer 10 m hohen Leiter gefallen – schwer verletzt? „Nein, Gott sei Dank war er noch auf der untersten Sprosse." Unter dem Begriff des Sprachwitzes oder W., der wie das Wortspiel eine Sache des Verstandes, nicht des Gefühls ist, wird konkret vielerlei zusammengefasst, so das Spiel mit Wortformen und Mehrdeutigkeiten, Anspielung und Parodie, Variation fester Formulierungsmuster usw. – alles Sprachmöglichkeiten, die als geistreicher Gedankenblitz in sprachlich brillanter Form zur Erzielung meist humoristischer Effekte in Scherz, Ironie und Satire dienen.

Z

Zeichensetzung (stilistisch) ↗ **Interpunktion**

Zeitstil m. ‹Gesamtprofil der in einem geschichtlichen Zeitraum vor-
herrschenden Stilelemente, Stilzüge, Stilnormen›
Im modernen Ordnungsschema typischer Stilkonfigurationen der hist.-zeit-
liche Aspekt: frz. *style du temps, de l'époque/période*; engl. *time style, style of
a period/epoch*; dt. allgemein *Zeitstil*, in vorwiegend literar- und kunst-
geschichtlichem Sinn *Epochenstil*, auch *Periodenstil* (doppeldeutig).

Der Z. ist eine Grundgröße der ↗ Stilgeschichte und fällt theoretisch in
die Zuständigkeit einer ‚Historischen/Diachronen Stilistik'. Er lässt sich
bestimmen als die infolge äußerer materieller, historischer, sozialer, insbesondere aber geistig-kultureller Bedingungen zustande gekommene
Ausprägung bestimmter Stilerscheinungen, die als kennzeichnend für
eine geschichtliche Epoche oder Periode, allgemeiner für einen bestimmten Zeitraum (Zeitpunkt) unserer Sprachgeschichte angesehen werden.
Dieser charakteristische Sprachgebrauch konkretisiert sich in Form zeit-
typischer Stileigenarten, wie sie im Vergleich der Übereinstimmungen
(‚Stilkonstanz') oder Veränderungen (‚Stilwandel') mit anderen, vorhergehenden oder folgenden Zeitabschnitten zutage treten. In diesem Zusammenhang spielen ↗ Archaismen und Neologismen des Wortschatzes
ebenso eine Rolle wie sprachprägende Tendenzen des „Zeitgeistes" oder
ausgesprochene Modeerscheinungen. Solche signifikanten Ausdrucksformen in ↗ Stilelementen, Stilzügen und vor allem Stilnormen sind in
ihrem Auftreten selten einheitlich. Das Zeittypische mischt sich fast regelmäßig mit Individuellem, Textsortenspezifischem oder anderen Ein-
flüssen. Die Deutung hat, über das rein Stilistische hinaus, stets auch
weitere, vor allem kulturgeschichtliche und semiotische Aspekte zu berücksichtigen.
   Namentlich literatur- und kunsthistorische Darstellungen bieten oft
eine Einteilung in historische ‚Epochenstile' (z. B. Barock, Aufklärung,
Klassik; im Englischen auch geschichtsorientiert Elisabethanische, Vik-

torianische Kunst) oder chronologische ‚Periodenstile' (frühe Neuzeit, 19. Jahrhundert; im Italienischen entsprechend Trecento, Quattrocento usw.). Einsichtigerweise beruht solche von kulturgeschichtlichen Gesichtspunkten ausgehende Stilperiodisierung auf dem früheren Vorrang der Künste, insbesondere auch der Sprachkunst. Da die Bestimmung eines Z. immer auf die Textüberlieferung angewiesen ist, wirkt es sich aus, dass in den zurückliegenden Jahrhunderten literarische Werke absolut im Vordergrund standen, also die ‚Dichtung'; und zwar sowohl hinsichtlich der älteren Texttradition wie auch des gelehrten Interesses. Das je früher, desto karger überlieferte Gebrauchsschrifttum – besonders aussagekräftig, weil es eher den „normalen" Sprachusus vergangener Zeiten wiedergibt – wird erst nach und nach zugänglich und in vollem Umfang ausgewertet. Aus linguistischer Sicht bedarf es jedoch nicht nur dringend einer Ergänzung dieses normalsprachlichen Aspekts, sondern allgemein einer kulturwissenschaftlich-semiotischen Ausweitung über die Grenzen der Einzelwissenschaften wie der Einzelsprachen hinaus (so ist Barock ein gesamteuropäischer Kunststil, der damals nicht nur die Literatur, sondern genauso Musik, Malerei, Architektur und überhaupt alle Kunst- und Lebensformen prägte).

Die stilgeschichtliche Erfahrung lehrt, dass signifikante Merkmale und damit Beschreibungsmuster umso deutlicher hervortreten, je weiter die untersuchten Zeitebenen zurückliegen – anders ausgedrückt, je größer ihre Distanz vom Standpunkt des modernen Betrachters ist. Dies erklärt die besonderen Schwierigkeiten bei der Erforschung des Z. unserer ‚Gegenwartssprache'. Gleichwohl lassen sich trotz der zeitlichen Nähe in Sprache und Texten des 20. Jh. tendenzielle Entwicklungen feststellen, die auf Stilwandel hindeuten und mithin als zeitstilistische Phänomene gelten können (als ein Beispiel nur der sich neuerdings ausbreitende, hauptsatzeinleitende Gebrauch der Konjunktion *weil*: „weil das ist nun mal so und nicht anders"). Sprach- und Stilwissenschaft sind jedenfalls bemüht zu ergründen, was die „Modernität" heutiger Sprachverwendung und damit den aktuellen Z. ausmacht.

Zeugma (Pl. -s oder -ta) n. ‹Verbindung eines Wortes mit zwei (oder mehr) Satzgliedern gleicher Konstruktion, aber verschiedener Bedeutung›

Eine rhet. Figur des verkürzten Ausdrucks, die – in älterer Zeit oft kunstvoll gehandhabt – heute nur noch Fachbegriff ist: griech.-lat. *zeugma* ‹Verbin-

dung› (zu *zeugnynai* ‹zusammenspannen, verbinden›, *zygon* ‹Joch›), spätlat.
auch *syllepsis* f. ‹Zusammenfassung› (Verbalsubst. zu *syllambanein* ‹zusam-
mennehmen›), frz. *zeugme, zeugma,* auch *attelage* m. wörtlich ‹Gespann›,
engl. *zeugma,* dt. *Zeugma* fachsprachlich für eine Satzfigur, in der gewöhnlich mehrere bedeutungsverschiedene Subst. von einem (doppelsinnigen)
Verb regiert werden.

Das Z. ist in seiner geläufigsten Form die Koppelung eines gemeinsamen
Prädikatverbs (selten eines anderen Wortes) mit zwei oder mehr abhän-
gigen Satzgliedern, die syntaktisch gleich, aber semantisch verschieden
sind. Sie stehen sich durchweg in konkreter (wörtlicher) und abstrakter
(übertragener) Bedeutung oder als freie und phraseologische (feste) Fügungen kontrastierend gegenüber, was den zeugmatischen Stileffekt bewirkt: „Er nahm Abschied, seinen Revolver aus der Tasche und sich das
Leben." Von der oft gleichgesetzten Syllepse (frz. *syllepse,* engl. *syllepsis*)
unterscheidet es sich übrigens dadurch, dass diese rein grammatisch kop-
pelt: „Ich trank Wein, er Bier." In neuerer Verwendung versteht sich das Z.
vorwiegend als ↗ Wortwitz in humoristischer, satirischer oder ironischer
Absicht: „Ich führte das schöne Weib auf ihren Platz und ihre enttäusch-
te Miene auf mein Verhalten zurück" oder verbal doppelsinnig: „‚O Le-
ben!' jauchzte er und ging | Erst baden und dann unter" (W. Finck);
H. Heine hat oft in „Göttingen getrunken, | Bis wir gerührt einander ans
Herz | Und unter die Tische gesunken!". Besonders raffiniert: „Küken
werden ausschlüpfen, Hühner und geschlachtet" – das Verb *werden* in
dreifacher Rolle als Futurumschreibung, Vollverb und Passivform (nach
E. Hallwass). Eine immer auffällige, oft verblüffende Stilfigur jedenfalls,
die nicht nur mit den Regeln der Grammatik spielt (elliptische Verkürzung um ein eigentlich notwendiges weiteres Verb, ↗ Ellipse), sondern
vor allem mit unerwarteten, witzigen Diskrepanzen des Sinns.

Zitat n. ‹wörtlich angeführte Textstelle, bekannter Ausspruch›
In Altertum und Mittelalter spielte das Zitieren modernen Sinnes kaum eine
Rolle; erst im 17. Jh. kam der Begriff in den europäischen Sprachen auf: zugrunde liegend lat. *citatum,* das Part. Prät. von *citare* mit Bedeutungen wie
‹vorladen› und ‹namentlich anführen, nennen›, beides in juristischem Verständnis; danach frz. *citation* oder *passage cité,* engl. *quotation, quote* (mittellat. *quotatio* ‹Aufzählung›, älter frz. † *quotation*); dt. um 1700 noch lat.
flektiertes *Citata* für im Wortlaut wiedergegebene Stellen einer Rede oder
Schrift, daraus das moderne *Zitat.*

Unter Z. versteht man heute die genaue Wiedergabe einer fremden Äußerung oder Textstelle in anderem Kontext. Wichtig ist vor allem schriftlich der authentische Wortlaut, der darum meist wie wörtliche Rede durch Anführungszeichen oder Kursivdruck gekennzeichnet wird; durchweg erfolgt auch die Angabe des Textverfassers als „Quellennachweis" (im Text, anmerkungsweise oder in Fußnoten). Mit Ausnahme landläufiger Kurzzitate oder der „geflügelten Worte", die längst zum sprachlichen Allgemeingut gehören, gilt Zitieren ohne Verfassernennung in der Moderne als unrechtmäßiges Plagiat. Nur in Formen bewusst abgewandelter Wiedergabe wie ⇑ Paraphrase, Anspielung oder Parodie darf der Autorname fehlen. Teilzitate liegen vor, wenn diese der Syntax des eigenen Textes eingepasst sind, wenn eine Argumentation nur teilweise genutzt wird oder wenn eine stärkere Umformulierung erfolgt. Besonders beliebt ist Zitieren am Textanfang und Textende: Das Spitzenzitat ermöglicht ohne lange Vorrede den unmittelbaren Texteinstieg. Im besten Fall leistet es auch schon eine inhaltliche Hinführung zum Thema oder dient als Aufmerksamkeit schaffender „Aufhänger" (journalistische Form der attraktiven Texteröffnung). Umgekehrt verfolgt das Schlusszitat, namentlich in Aphorismen, Bonmots, Sentenzen oder anderen Formen geistreicher Pointierung, das Ziel möglichst wirkungsvoller Textabrundung.

In grober Zweiteilung ist eine dokumentierende und eine illustrierende Funktion des Z. zu unterscheiden. Der erste Fall liegt vor in wissenschaftlicher Zitierpraxis, wo der exakte Nachweis der Belegstellen aus Quellenwerken oder verarbeitetem Schrifttum als selbstverständliche Handwerksregel des Schreibens gilt. Allerdings: „Durch viele Zitate vermehrt man seinen Anspruch auf Gelehrsamkeit, vermindert aber den auf Originalität … Man soll sie also nur gebrauchen, wo man fremder Autorität wirklich bedarf" (A. Schopenhauer). Außerhalb des wissenschaftlichen Bereichs sollte auch in allen Sach- und Fachtexten sinnvollerweise stets der genaue Wortlaut gefordert sein, wenn dieser im Zusammenhang einer Erklärung, Antwort oder Entscheidung von Wichtigkeit ist. Stilistisch interessanter, doch auch problematischer wird das Z., wo es nicht nur der Bekräftigung des eigenen Textes oder der Widerlegung eines anderen dient, sondern als Bildungsbeweis oder rhetorische Ausschmückung. Dies geschieht mit Hilfe jener immer wieder angeführten Gedanken großer Geister, eindrucksvoller Weltweisheiten und glänzender Dichterworte, mit denen sich die eigenen Formulierungskünste

sozusagen vergolden lassen: „… so ein paar grundgelehrte Zitate zieren
den ganzen Menschen" (H. Heine). Doch wie allein schon das Schmücken mit fremden Federn manchen Stilisten anstößig erscheint, kann
die Häufung solchen Sprachdekors einen Text zum unansehnlichen „Fli-
ckenteppich" machen. Während also das Z. immer dann angebracht ist,
wenn es des buchstäblichen Wortlauts bedarf, um sich damit auseinan-
derzusetzen, erfordert es viel Bedacht und weise Beschränkung, zu einem
meisterhaft formulierten Diktum aus berühmter Feder zu greifen, neben
dem jeder eigene Formulierungsversuch hoffnungslos verblassen müsste. Dazwischen liegt ein Freiraum individueller Handhabung unseres reichen Zitatenschatzes, wie ihn Lexika und Sammlungen der allgemeinen
Benutzung zugänglich machen. In neuem Kontext lassen sich aus ihrem
Zusammenhang gerissene Z. auch leicht als Stilmittel humoristischer,
polemischer oder satirischer Wirkung einsetzen.

Zwillingsformel f. ‹oft altertümliches, zur festen Wendung gewordenes
Wortpaar›

> Eine stil. relevante Kategorie idiomatischer Redewendungen (Phraseologis-
> men), als Sprachphänomen universal, aber nur in der dt. Stilistik mit speziel-
> ler Bezeichnung: allgemein frz. *idiome*, engl. *idiom*, dt. *Idiom* n. ‹Spracheigen-
> tümlichkeit› (griech.-lat. *idioma* n. ‹eigentümliche Sprachausprägung›, vom
> Adj. *idios* ‹eigen›) und frz. engl. *phrase*, dt. *Phrase* f. ‹Redewendung›, hier
> meist abwertend ‹leeres Gerede› (griech.-lat. *phrasis* f. ‹Rede, Ausdruckswei-
> se›, Verbalsubst. zu *phrazein* ‹sprechen›); dt. *Zwillings-* oder *Paarformel* als
> stil. Benennung für ‚lexikalisierte', d. h. zu einer lexikalischen Einheit erstarr-
> te Wortpaare.

Es ist eine bekannte Tatsache, dass aus Zweier- oder Dreiergruppen be-
stehenden Sprachstrukturen seit jeher eine besondere Stilwirkung zugeschrieben wird. Fürs Deutsche sind das feste dreigliedrige Ausdruckskombinationen (↑ Dreigliedrigkeit) und die sog. Z., als Beispiel *Hab und
Gut* ‹alles, was jemand besitzt›. Es handelt sich um kurze, durch eine
Konjunktion oder Präposition verknüpfte und in ihrer Koppelung stabi-
le, also unveränderliche Verbindungen zweier gleichartiger Wörter, die
sprachwissenschaftlich – als zusammengehörige Spracheinheiten mit
einer Gesamtbedeutung – in den Bereich der ‚Phraseologie/Idiomatik'
fallen. Im Englischen spricht man übrigens auch von lexikalischen *bino-
mials* (wie frz. *binôme*, dt. *binomisch* ‹zweigliedrig›, ein Begriff vor allem
der Mathematik und in technischen Zusammenhängen).

Die antik-mittelalterliche Tradition verteilte die Beschreibung dieses Phänomens auf zahlreiche rhetorische Wiederholungsfiguren (vgl. vor allem ↑ ‹Akkumulation, Alliteration, Antithese, Assonanz, Hendiadyoin und Tautologie›). Das heutige Vorkommen der Z. wird meist nach dem Verhältnis ihrer Glieder zueinander systematisiert, und zwar was Lautform und Bedeutung angeht, wobei sich die Kriterien in den Beispielen durchaus überschneiden können:

– identisch: *Schritt für Schritt, halb und halb, so oder so*;
– reimend: *in Saus und Braus, hegen und pflegen, dann und wann*;
– alliterierend: *mit Mann und Maus, zittern und zagen, klipp und klar*;
– assonantisch: *von echtem Schrot und Korn, drehen und wenden, kurz und gut*;
– synonym: *die Art und Weise, sich recken und strecken, null und nichtig*;
– antonym: *Himmel und Hölle, wohl oder übel, einmal hü und einmal hott*; – und mehr.

Viele dieser Formeln – das erweisen die unterstützenden Klangmittel wie Reim, Alliteration oder Assonanz sowie die Rhythmik der Zweigliedrigkeit – verdanken dieser parallelen Fügung und Ausdrucksdoppelung ihre expressive Wirkung (↑ Wiederholung und Variation). Dabei folgt die Anordnung der beiden Wörter gleicher Wortart in den meisten Fällen O. Behaghels „Gesetz der wachsenden Glieder" (Silben): *Mord und Totschlag, zwischen Tür und Angel, fix und fertig, nie und nimmer.* Der gemeinsame Sinn solcher Doppelbegriffe wird besonders deutlich in den synonymen Z., die praktisch eine Vorstellung in zwei Wörter aufspalten (wie in *nackt und bloß, bitten und flehen*), auch in den antithetischen Zusammenfassungen des weit verbreiteten Typs *Arm und Reich* (frz. *riches et pauvres*, engl. *rich and poor* usw.) ‹jedermann, alle›. Offenbar entspricht das Denken in Zweierstrukturen – Paarigkeit oder Polarität – einer uralten menschlichen Grundeinstellung: *Mann und Frau, rechts und links, ja oder nein.*

Z. gibt es in allen Sprachen, oft durch Reim- oder Stabreimbindung gekoppelt und altüberliefert; z. B. schon in altrömischen Rechtsformeln wie *muri et moenia* ‹Stadtmauern›, *longe lateque* ‹weit und breit› oder aus altdeutscher Zeit stammend *Acht und Bann, Leib und Leben.* Ihre hohe Altertümlichkeit bezeugen noch heute vom modernen Sprachgebrauch abweichende Redensarten wie *Kind und Kegel* (‹uneheliches Kind›), *recht und schlecht* (in der früheren Bedeutung ‹einfach, schlicht›) oder *gang und gäbe* (‹allgemein üblich›). Seit alters in der Volkssprache geläufig, dienen Z. vor allem in Sagen, Märchen, Volksliedern und ähnlichen Gattungen einer volkstümlichen Stilisierung. Doch auch in der Dichtung bilden sie – seit der germanischen Stabreimdichtung, den altnordischen Kenningar oder den sog. *doublets* in englischer Prosa – ein beliebtes, wirkungsvolles Formulierungsmuster (vgl. „durch Nacht und Wind, mit Kron' und Schweif, mit Mühe und Not", alle in Goethes «Erlkönig»).

Zynismus (Pl. -men) m. ‹unverschämte, bissige, spöttische Art, insbesondere des Sprechens; zynische Bemerkung›
Allgemeine Denkart und Sprachverhalten, sowohl das Sichäußern als auch die Äußerung selbst: griech. *kynismos*, spätlat. *cynismus* ‹der kynischen Philosophie entsprechende Denk- und Handlungsweise› (vom Adj. *kynikos* wörtlich ‹hündisch›, in übertragenem Sinn ‹bedürfnislos› und so Bezeichnung für die Philosophenschule der Kyniker, die ein anspruchsloses Leben lehrte), frz. *cynisme*, engl. *cynism*, dt. (seit dem 18. Jh.) *Zynismus* als eine Geisteshaltung, die Moral und Anstand missachtet, vor allem die pietätlose, bösartig spottende, sarkastische Redeweise.

Mit dem ↑ Sarkasmus vergleichbar, ist der Z. eine bewusst verletzende Art der Äußerung, die sich über alle Regeln der Höflichkeit wie der konventionellen Umgangsformen hinwegsetzt: Die ‚zynische Bemerkung' will mit den Mitteln von Schimpf und Spott, boshafter Häme und beißender Ironie andere verletzen. Blanker Z. liegt vor, wenn z.B. ein Stillehrer lernunwilligen Adepten der Stilkunst das Schicksal Hölderlins androht: „zu Lebzeiten sechshundert Leser, dreißig Jahre Wahnsinn und ein trauriger Tod." Die zynische Sprechweise lässt sich weder als witzig noch als geistreich verstehen, sondern ist durch ihre Menschen und Werte verachtende Grundeinstellung motiviert – kein empfehlenswertes Stilistikum also.

Studieren mit Lust und Methode
Die preisgünstigen WBG-Studientitel

Das WBG-Programm umfasst rund 3000 Titel aus mehr als 20 Fachgebieten.
Aus der Programmlinie Studium empfehlen wir besonders die Reihe:

EINFÜHRUNGEN GERMANISTIK
Herausgegeben von GUNTER E. GRIMM und KLAUS-MICHAEL BOGDAL

Epochen, Gattungen und Theorien:
- *Aktueller Forschungsstand*
- *Überblick zu System und Geschichte des Themas*
- *Einführung in literaturwissen-schaftliche Methoden*
- *Einzelanalysen literarischer Werke*
- *Kernbegriffe der Sozial-, Ästhetik- und Mentalitätsgeschichte*
- *Kommentierte Bibliographie, Anhänge und Register*
- *Ideal zur Seminar- und Prüfungsvorbereitung*

Eine Auswahl der Bände der Reihe:

Titel	Autor	ISBN-Nr.
›Einführung in die Literatur des Bürgerlichen Realismus‹	Bernd Balzer	978-3-534-16269-7
›Einführung in die Literatur des Expressionismus‹	Ralf Georg Bogner	978-3-534-16901-6
›Einführung in die deutschsprachige Literatur seit 1945‹	Jürgen Egyptien	978-3-534-17446-1
›Einführung in die Literatur des Vormärz‹	Norbert Otto Eke	978-3-534-15892-8
›Einführung in die Kulturwissenschaft‹	Markus Fauser	978-3-534-15913-0
›Einführung in die Literaturtheorie‹	Achim Geisenhanslüke	978-3-534-15905-5
›Einführung in die Literatur der Jahrhundertwende‹	Dorothee Kimmich / Tobias Wilke	978-3-534-17583-3
›Einführung in die Literatur der Romantik‹	Monika Schmitz-Emans	978-3-534-16519-3
›Einführung in die Roman-Analyse‹	Jost Schneider	978-3-534-16267-3
›Einführung in das bürgerliche Trauerspiel und das soziale Drama‹	Franziska Schößler	978-3-534-16270-3